Peter Reifenberg (Hg.)

Maurice Blondel: L'Action (1893) – Die Tat

Eine Phänomenologie der Liebe

echter

Maurice Blondel zum 70. Todestag († 4. 6. 1949)

En memoria de nuestro amigo
Juan Carlos Scannone SJ (1931–2019)

Dem brillanten Theologen und treuen Freund
Eberhard Schockenhoff (1953–2020) in bleibendem Gedenken

Inhalt

Peter Reifenberg

Zur Phänomenologie in Blondels Hauptwerk L'Action (1893). Einleitung

Die Frage nach der Phänomenologie Blondels Meisterwerk »L'Action« (1893) lenkt zurück auf die grundlegende Frage auf das Selbstverständnis Blondels als Philosoph in der Auseinandersetzung mit dem Wissenschaftsverständnis des 19. Jahrhunderts in Frankreich einerseits und auf seine Auseinandersetzung mit der in der katholischen Theologie und Philosophie vorherrschenden Neuscholastik auf der anderen Seite. Die einzige metaphysisch-ontologische Aussage findet sich am Schluss von L'Action im einfachen »c'est«[1].

Im Grunde ist das gesamte Werk auf der phänomenologischen Ebene zu verstehen und zu lesen. Dass hier vor allem der groß angelegte Dritte Teil eine umfassende Phänomenologie entwickelt, ist L'Action (1893) als einer Phänomenologie des Wollens des Übernatürlichen geschuldet. Die Frage nach der Phänomenologie in L'Action (1893) ist dann auch besonders die Rückfrage an die methodischen Leitlinien wie an die existentielle Verfasstheit Maurice Blondels. So ist der Phänomenbegriff für die

---

1 Innerhalb der Akademietagung vom 23. und 24. Februar 2018 sprach der gerade auch für seine Publikationen im Bereich der Phänomenologie bekannte Philosoph Prof. Dr. Bernhard Waldenfels, München, zum Thema: Zur Grundlegung einer Phänomenologie der Erfahrung. Leider sah sich der Philosoph außerstande, seine Ausführungen noch einmal in einer konzisen Weise zusammenzufassen, da er – wie er meinte – die dort explizierten Erkenntnisse schon mehrfach in der von ihm verfassten einschlägigen Literatur publizierte und vertrat. So mögen wir lediglich auf diese wichtigen Veröffentlichungen von Waldenfels hinweisen. Vgl. Bernhard Waldenfels: Phänomenologie in Frankreich. Berlin (Suhrkamp TB 644) 1987 (2000). Ders.: Phänomenologie der Aufmerksamkeit. Berlin (Suhrkamp TB 1734) 2004 (^{3}2015). Ders.: Einführung in die Phänomenologie. München (Fink) 1992.

Action konstitutiv, beansprucht doch Blondel im Wissenschaftsbetrieb seiner Zeit – besonders in der Philosophie – angemessen Gehör zu finden. *Peter Henrici* weist darauf hin, dass die Phänomenologie demnach sowohl in wissenschaftstheoretischer Absicht eine Rolle spielt als auch als eine biographische Spiegelung Blondels selbst zu lesen ist. Das Etikett einer transzendentalen Philosophie wird der erfahrungsgetränkten Philosophie Maurice Blondels am meisten gerecht. Somit ist die Phänomenologie auf eine existentielle Erfahrungsgestalt hin begründet, die ein psychisch-spirituelles Erleben beschreibt. »Im gelebten Leben Blondels – wie es seine ›Carnets‹ erahnen lassen – wird deutlich, was die Phänomenologie von L'Action (1893) anzuzielen versucht hat« (Henrici).

Nur wer aus der tiefen Kenntnis der »Carnets Intimes« – und darin besonders auch der unveröffentlichten Texte – und dabei ganz aus den Gedanken Maurice Blondels lebt und denkt, vermag einen solchen umfassenden Blick auf L'Action (1893) zu werfen, wie dies *Peter Henrici* nach einer 70-jährigen Beschäftigung mit Blondel tun kann. Deshalb stellen wir den Beitrag zum 70. Todestag am 4. Juni 2019 an den Anfang der Veröffentlichung, sein Bekenntnis zur Philosophie Blondels an dessen Ende.

Die Entschlüsselung des Phänomenbegriffs ist aber auch eine der schwierigsten Aufgaben für die Interpretation des Frühwerks Maurice Blondels. Die Frage prägt sich bis zum Fünften Teil hin aus; selbst die dort vorgelegte Ontologie wird noch phänomenologisch verstanden, auch wenn die Überschrift des dritten Kapitels im Fünften Teil, »Das Band zwischen der Erkenntnis und der Tat im Sein« (A 424/540), ganz die ontologische Struktur des Folgekapitels anklingen lässt.

Die Skepsis in diesem dritten Kapitel bleibt, wenn Blondel fragt, »wie bildet sich unausweichlich in uns die Idee der objektiven Existenz? Wie bejahen wir unaufhaltbar die Realität als solche der Objekte unserer Erkenntnis?« (A 424/540).

Immer wieder untersucht Blondel lediglich die Bedingung der Möglichkeit einer objektiven Existenz und dies auf phänomenologische Weise als Rekonstruktion des theoretischen und praktischen Determinismus. Er zielt darauf ab, zu beweisen, dass am Ende seiner Untersuchung diese Phänomene selbst es sind, »die das Sein der Dinge konstituieren« (A 425/540f.).

Insofern wird die Phänomenologie des Wollens des Übernatürlichen zu einem die Bestimmung des Menschen erfüllenden, der philosophischen Erkenntnis noch möglichen Ende geführt. Wille und faktische Notwendigkeit können in der Vernunft begründet werden.

Die Phänomenologie des »existentiellen Erfahrungshintergrundes« in L'Action (1893) entpersönlicht – wie *Henrici* sagt – das psychisch-spirituelle Erleben und rückt dieses als allgemeine Grunderfahrung in den Mittelpunkt eines jeden Menschen. Henrici ist der Auffassung, dass hierin die »Epoché« Blondels einwurzelt, nämlich im Verschweigen seiner persönlichen Erfahrung sowie in einer Verallgemeinerung dieser persönlichen Frage und damit in der Weitung der persönlichen Erfahrung auf jeden Menschen hin. Blondel denkt den Phänomenbegriff auf die Weise eines schwachen Seinsbegriffs. Dabei ist zu beachten, so weist *Henrici* hin, dass Blondel mit Blick auf die Wissenschaftlichkeit seiner Ausführungen gemäß dem Phänomenbegriff von Claude Bernard und von Charles Renouvier die Wissenschaft immer nur als Phänomenzusammenhang begreift. Freilich muss an dieser Stelle noch ein genauer wissenschaftlicher Nachweis erfolgen. Insofern ist jede Philosophie, welche noch nicht die Option vollzogen hat, im strengen Sinn immer Phänomenologie. Erst das ganz persönliche Tun, das Abschließende und Unwiederbringliche der Tat, markiert den Schritt zum Sein. Die Tagebücher bestätigen es, dass das »c'est« ohne Prädikat Seinsaussage und Glaubensbekenntnis zugleich ist. Das Glaubensbekenntnis bewahrheitet erst in der Praxis der Eucharistie das Phänomen im Sein. Die Entscheidung ist stets eine religiöse Entscheidung, die zugleich immer auch einen wirklichen Seinsbesitz hervorruft. Allerdings bleibt dann das wahre Sein im Unsichtbaren des Jenseits, wenn nicht die religiöse Entscheidung getroffen wird. Ob damit einer philosophischen Sicht Rechnung getragen wird, scheint zumindest fragwürdig. Doch erblickt man in diesem »Herzensanliegen« das Kernstück der Philosophie Blondels, das letztlich ein uneingeschränktes Ja zum Glaubensvollzug in der Annahme des christlichen Dogmas beinhaltet. Fragwürdig bleibt, ob der christliche Glaube und das christliche Leben mit dieser Analyse auch der philosophischen Vernunft entsprechen. Geschieht hier eine Überschreitung der Grenzen des Philosophischen in das Religiös-Mystische hinein?

Hinsichtlich der Charakterisierung der Phänomenologie in L'Action (1893) unternimmt *Jean Leclercq* einen höchst komplexen Streifzug durch das Werk, immer im Blick auf die methodische Fragestellung nach dem Wesen, dem Stellenwert und der Grenze des Phänomens und zugleich mit Seitenblicken auf die phänomenologische Philosophie- und Ideengeschichte des späten 19. Jahrhunderts. Dabei steht ihm stets die Frage vor Augen, ob die L'Action (1893) überhaupt eine Phänomenologie ist, und wenn ja, welche. Die Frage nach dem, was tatsächlich ist, also die ontologische Bestätigung, erfordert, dass man schnelle idealistische oder realistische Lösungen hintanstellt. Die Vernunft ist zunächst auf Phänomene hin zu beschränken, wenn sie durch die gelebte Tat als deren Fortführung und Bestätigung erweitert werden soll. Blondel möchte aus der bloßen Methode einer phänomenalen Immanenz heraus, dies durch eine ontologische Überschreitung in die Reflexion. Dabei ist das Objekt des minimalen Wollens ebendas Phänomen selbst, das sich einfach natürlich zeigt. Deshalb muss die Reflexionsphilosophie zunächst, die etwa bei Ollé-Laprune in »La philosophie et le temps présent« zu unkritisch und schnell gefundenen ontologischen Behauptungen führt, entschleunigen und sich zuerst mit den verschiedenen Thesen auseinandersetzen, welche das Phänomen der Tat leugnen. So zeigt Maurice Blondel in seiner umfassenden Widerlegung von Schopenhauers Doktrin des Pessimismus auf, dass es weder einen Begriff noch einen direkten Willen des Nichts gibt, sondern dass es sich vielmehr in diesem philosophischen Ansatz um einen Konflikt zwischen zwei Antrieben zur Idee und zum Sein handelt. Die Bejahung des Nichts entstammt aus einer zu korrigierenden Schwäche der gewollten Tat. Der Wille des Nichts ist also fiktiv und künstlich, gründet er doch in der Abwesenheit und im Mangel an Reflexion, durch die sich das Ungenügen des Phänomens und die Größe des Seins aussprechen. Maurice Blondel zeigt den inneren Widerspruch des Pessimismus auf, denn es gibt einen Willen von Etwas *vor* jedem Phänomenalismus, Credizismus oder Idealismus. Der Mensch will ein Etwas, was behelfsweise »Phänomen« genannt wird und sowohl Unruhe als auch ein moralisches Problem mit sich bringt.

Das Phänomen wird von Maurice Blondel nicht definiert, so dass es sich letztlich um ein *»armes Phänomen«* handelt.

In seinem phänomenalistischen Realismus weist Maurice Blondel nach, dass eine absolute Reduktion nicht möglich ist. Also ist es auch durch eine mathematische Analyse nicht möglich, die sinnliche, faktische Realität einzuholen. Im Bewusstsein verbleibt ja eine nicht reduzierbare Subjektivität: Denn der Mensch ist frei und fähig zum Handeln, weil er die Fähigkeit hat, sich auf verschiedene Motive zu beziehen. Die Tat ist das Werk des Menschen in wissenschaftlichem Sinn in und mit der Welt, sie ist »Labor« und operatives Kriterium.

Die Reflexion über die Intersubjektivität in der vierten Etappe des Dritten Teils betrachtet das Phänomen in seiner soziologischen Bedingtheit. Das Subjekt setzt einen konstituierenden Austausch zwischen den eigenen Energien und den äußeren Mächten ins Werk, gemäß einem phänomenologischen Vitalismus. Wie kann der Mensch seine eigene Tat vollenden und damit sich selbst genügen? Die Tat ist das eingeschlossene Dritte, zwischen dem Praktischen und Theoretischen. Ihre Autonomie erwächst aus ihrer Heteronomie, und der Wille schafft immer neue Phänomene. Maurice Blondels Methodologie will aus der phänomenologischen Immanenz heraus und die ontologische Überschreitung bestätigt wissen, die durch die Reflexion zustande kommt und sich in einer Hierarchie von Transzendenz und Synthese zeigt.

Blondel stellt eine Minimaldefinition des Phänomens dar, nämlich als das, was sich im Bewusstsein zeigt. So ist das Phänomen das Objekt des minimalen Willens.

Was ist nun das durch das Subjekt unvermeidlich zu Bejahende? Das Phänomen gründet in dem Bewusstsein einer unmittelbaren Affirmation. Es wird in der Masse des Phänomenzusammenhangs (Determinismus) beobachtet, in dem es auch ein Moment der Bejahung und des Sich-Wollens des Subjekts zeitigt. Es hat Anziehungskraft und entspringt einem impliziten Wollen. Das wollende Subjekt muss im Phänomen der *action* die Reihe der Bedingungen studieren, um einen Zuwachs zu erreichen. Die Realität des Phänomens liegt am Schnittpunkt dessen, was wir in idealer Weise begreifen und wollen, nämlich zwischen dem Gegebenen und dem Gewollten. Für Blondel vollendet sich das Phänomen als Zusammenwirken von Vernunft und Willen. So verkennt er die Rolle des Subjekts in der Konstitution des Objekts nicht. Er stützt sich auf den Kantschen Willen, der die Existenz der Dinge an sich beibehält, um das Vertrauen des Denkens im Sein zu bezeugen. Insofern gestaltet er den Übergang zwischen der theoretischen und der praktischen Vernunft.

Fazit des äußerst dichten Beitrags von *Leclercq* ist, dass die zeitgenössische Phänomenologie mit der Lesart der Blondelschen Phänomenologie weniger zu tun habe, allenfalls Anleihen an deren äußerer Methodik nimmt. In der L'Action (1893) handelt es sich um eine spezielle Behandlung des Begriffs des Phänomens in einem Kantschen oder Postkantschen Horizont. Die Methode bleibt im strengen, auch historischen Sinn reflexiv und philosophieverpflichtet und steht nicht in der Absicht, eine eigene Phänomenologie so zu begründen, dass die Wirklichkeit gänzlich phänomenologisiert wird. Maurice Blondels Philosophie ist eine des *reflexiven* Typus, durch die sich die Bewegung des gelebten Denkens umkehrt, denn sie hebt jede angenommene Überzeugung zunächst auf, um sich mit den radikalen Thesen auseinanderzusetzen. Sie nimmt erst eine problematisierende und problemlösende Position ein, wenn sie die anderen möglichen Haltungen ausgeschlossen hat.

In seiner Suche nach der Phänomenologie in L'Action (1893) taktet der ungemein produktive Philosoph des Pariser Institut catholique, *Jean Greisch,* in seinem Beitrag mit der Frage aus Hegels »Wissenschaft der Logik« auf: »Womit muss der Anfang der Wissenschaft gemacht werden?« *Jean Greisch* findet in seinem die Phänomenologie Blondels charakterisierenden Beitrag »Eine andersanfängliche und andersendigende Phänomenologie« fünf Leitformeln auf die Frage nach dem Anfang der Wissenschaft. Dabei stützt er sich im Titel seines Beitrags auf eine Grundformel des späten Heidegger, der mit andersanfänglichem Denken die Metaphysik durch die Onto-theologie zu überwinden suchte. So wird die *erste* Leitformel in der »Tathandlung« Fichtes gefunden, der mit seiner Wissenschaftslehre im Vorgang von Hegels Wissenschaft der Logik denkt und dem Kantischen Kritizismus nähersteht als Hegels Lehre vom absoluten Geist. So findet Fichte das »Ich« im Urteil: »›Ich bin‹ den Ausdruck einer Tathandlung«. Seine Wissenschaftslehre ist ein

Wissen in der zweiten Potenz, die L'Action (1893) Blondels »ein Wissen vom Handeln, das nur dem Handelnden zugänglich ist«.

Die *zweite* Leitformel findet er in der Phänomenologie des Geistes als einer Wissenschaft des erscheinenden Wissens. Gegenstand der Philosophie Hegels ist die Sache selbst, das, was in Wahrheit ist. *Greisch* spiegelt seine fünf Leitformeln direkt auf L'Action (1893) hin und belegt sie kunstvoll mit Zitaten. Aus der Sicht Blondels müssen wir alle Begriffe durch den der Handlung ergänzen, denn er ist schließlich der grundlegende. Schließlich muss die Philosophie ihre Mitte in die Tat hineinverlagern, denn »dort befindet sich auch die Mitte des Lebens« (A XXIII/42). Der Gegenstand der Phänomenologie des Geistes ist das erscheinende Wissen. Sie ist die »Wissenschaft von der Erfahrung des Bewusstseins«. So ist die Phänomenologie eine Erfahrungswissenschaft im ganz ursprünglichen Sinn des Wortes »Erfahrung«. Nur in einem System des Wissens wird die Philosophie ihrer Berufung gerecht. Gegenstand der Phänomenologie des Geistes ist auch die Geschichte der Bildung des Bewusstseins. Sie ist eine »Phänomeno-logik«, eine Rekonstruktion der Hervorbringung von Bewusstseinsgestalten. Schließlich findet *Greisch* in der Gegebenheit der transzendentalen Phänomenologie Husserls, als strengster aller Wissenschaften, die *dritte* Leitformel und prüft, ob das Prädikat »andersanfänglich« auch auf Husserls transzendentale Phänomenologie angewandt werden kann. So ist die Gegebenheit das Grundwort eines Ansatzes. Alles, was sich in der »Intuition« zeigt, ist in einfacher Weise hinzunehmen. Für Blondel ist das Handeln nicht die Anwendung einer bloßen Idee, sondern die ursprüngliche Gegebenheit schlechthin. Bei der Wissenschaft von der *action* geht es darum, in den Phänomenen das Sein selbst zu entdecken: »In dem, was erscheint, zu sehen, was ist«.

Mit der *vierten* Leitformel untersucht *Greisch* unter dem Stichwort »vernünftig werden« existentielle »Einstellungen« und Verstehenskategorien aus neuen Ansätzen der Philosophie, so den Ansatz von Eric Weil aus dessen »Logique de la Philosophie«, die das Verhältnis der Philosophie zu den Erscheinungsformen der Gewalt untersuchte. Seine Anfangsfrage ist, ob für den Philosophen Vernunft so viel bedeutet wie eine Kohärenzgestalt und die Absage an die Selbstwidersprüchlichkeit.

Dabei kommt er zu dem Schluss, dass der diskursfähige Mensch sich nur auf Grund seiner Verwirklichung verstehen kann, was wiederum an den Ansatz von Blondel erinnert. Ohne ihn zu nennen, scheint Blondel der wichtigste Gesprächspartner für Weil, da er eine grundsätzliche Besinnung auf den Vollzugssinn des Handelns anstellt. Die grundlegendste Verstehenskategorie ist für Weil die Wahrheit. Doch als Handelnder stellt der Mensch die Wirklichkeit in seinen Dienst. Schließlich wird die *fünfte* Leitlinie geprüft anhand von L'Action (1893) und der Notwendigkeit einer »Wissenschaft des Handelns«. Wie ist der ursprüngliche und anfängliche Handlungsakt zu verstehen? Mit der Sinnfrage eröffnet er die Einleitung von L'Action (1893), die im Tonfall und Sprachduktus an die metaphysische Meditation Descartes' erinnert, so *Greisch*. Ursprüngliche Gegebenheit ist das, was tatsächlich in der Praxis getan wird und einen Pflicht- und Unaufschiebbarkeitscharakter aufweist. Der Verzichtcharakter der *action* zeigt sich in dem freien Entscheiden-Müssen für eine Tat, die eine unendliche Anzahl anderer Möglichkeiten ausschließt. Freiheit und Hingabe bedingen sich und implizieren einen Glaubensakt. So ist Blondels Antwort auf Hegels Frage nach dem Anfang der Wissenschaft klar und deutlich im Handeln selbst gegeben. Das Handeln ist der beste Garant der Selbstheit und die Ursprungswissenschaft vom Leben an sich. Die Tat ist die Präzisionsmethode des »Laborbeweises« schlechthin, und so ist die Phänomenologie eine hermeneutische Ursprungswissenschaft vom Leben, da das Handeln sich selbst genug ist. Seine bemerkenswerteste These findet *Greisch* am Ende seines Ersten Teils, in dem er L'Action (1893) in den Rang einer Ersten Philosophie, einer allumfassenden Wissenschaft setzt, deren Bedeutung über der bloßen Verdiensthaftigkeit für die Theologie des 20. Jahrhunderts steht.

Blondels Wissenschaft der Tat wird zum »intimen Mitwisser« aller Bewusstseinsgestalten. Seine Grundfrage ist die, den Knotenpunkt der Wissenschaft, der Moral und der Metaphysik zu bestimmen (vgl. A XXII, 42).

Wie steht es nun mit den *andersendigenden* Phänomenologien? Dies prüft *Greisch* im zweiten Teil seines Prüfgangs durch die bestimmenden phänomenologischen Ansätze. So ist die Wissenschaftslehre Fichtes eine

»Lebenslehre« in der Form einer Anweisung zum seligen Leben, in der die Liebe das geteilte Ich verbindet. Hegel geht den Weg vom absoluten Wissen zum absoluten Begriff. Husserl hingegen sieht das Philosophieren in einer radikalen Selbstverantwortung und versteht den Entwicklungsgang des Wissens teleologisch. Bei Eric Weil sind Handlung, Sinn und Weisheit drei »eschatologische« Kategorien. Er steigt aus der Philosophie aus im Sinne des Einstiegs in das alltägliche Leben. Sinn und Weisheit beziehen sich aufeinander. In der Wahrheit verwirklicht er seine Weltoffenheit und Freiheit. Der Punkt Omega von L'Action (1893) ist die Frage nach dem Sinn des Lebens und der Bestimmung des Menschen, die er von woandersher empfangen muss.

Die ungemein engagierte Präsidentin der Freunde der »Amis de Maurice Blondel« in Aix-en-Provence, *Marie-Jeanne Coutagne*, untersucht in ihrem Beitrag die Grundlegung und die Überwindung der Phänomenologie in L'Action (1893) durch den Willen als einer Öffnung zum Unendlichen und gibt damit Antwort auf heutige Strömungen des Transhumanismus. Um die Aktualität des Ansatzes in L'Action (1893) unter Beweis zu stellen, bringt sie die Thesen des Transhumanismus mit dem Ansatz Blondels ins Gespräch.

Der Überheblichkeit innerhalb der heutigen Lebenswissenschaften, besonders des Transhumanismus, der den Menschen in einer vergöttlichten Weise darstellt, soll in einer Phänomenologie und später in einer Metaphysik in der zweiten Potenz Grenzen gesetzt werden. Tatsächlich ist L'Action (1893) ein Werk, welches die Phänomenologie zu Ende führt und sie in einem »dépassement« zu einer neuen Metaphysik überwindet, die sich an eine Dialektik der Handlung und an die kritische Philosophie des Lebens ausspricht. Präfiguriert wurde die Auseinandersetzung Blondels mit zeitgenössischen, naturwissenschaftlichen Thesen am Gedankenaustausch zwischen ihm und Teilhard de Chardin in den Jahren 1919–1920. Beiden ist das Streben nach Vollkommenheit und die Vollendung im Unendlichen ein wichtiges Anliegen. Teilhard entwickelt ein hohes Interesse am »Panchristismus« Blondels. Die Handlungsdynamik, das geistige Streben nach Transzendenz fasziniert den jungen Teilhard; »da, wo Teilhard eine Kontinuität sieht, stützt sich

Blondel auf die Handlungsdialektik und stellt eine Diskontinuität auf, auch zwischen dem Wissenschaftssymbolismus und den philosophischen Anschauungen«. Blondel lehnt allerdings jedweden Physizismus oder Anthropomorphismus ab und ist der Meinung, dass Teilhard zu sehr die phylogenische Vergöttlichung des Universums betreibt und damit in eine Gnosis verfällt. *Coutagne* zieht nun Parallelen zu den heutigen Transhumanismen, denen es nicht genügt, Christus als die einzige Grundlegung und Vollkommenheit des Menschen anzusehen. Sie gehen von einem monistischen Mechanismus aus und entwickeln eine Geschichte des »Nachmenschlichen«. Blondel hingegen entwickelt eine »mentale« Embryogenie des Bewusstseins als universale Empfänglichkeit und als »radikale Ursprünglichkeit« und schlägt einen integralen Realismus vor.

Der Nachfolger von Peter Henrici auf dem Lehrstuhl für Philosophiegeschichte an der Gregoriana in Rom, *Simone D'Agostino*, taktet auf mit dem auch von Blondel vertretenen Diktum, dass die Philosophie lebbar sein müsse. Den aus dem Italienischen ins Französische übersetzten Vortrag beließen wir in dieser Form. Gerade die gegenwärtige Debatte um die Rolle der Philosophie, etwa ob sie eher eine »art de vivre« auf die Weise von »exercices spirituels« (Seelenführung) oder ob sie Wissenschaft ist, spiegelt zwei in Spannung stehende Auffassungen von Philosophie wider: Einmal die Philosophie als rein theoretische Disziplin und andererseits demgegenüber steht ein Begriff von Philosophie, der auf der notwendigen Unauflöslichkeit von Theorie und Praxis insistiert. Hinter dieser Dichotomie stehen ideengeschichtlich die Ansätze von Sokrates, der einen holistischen Ansatz des Wandels und des Arbeitens am eigenen Ich präferiert, und andererseits Aristoteles, der nach der wissenschaftlichen Wahrheit sucht. Beide Denker bergen Elemente des je anderen in ihren Ansätzen ein. Beide wollen eine nicht rein theoretische, sondern zugleich auch praktische Erkenntnis befördern. Doch sie unterscheiden sich in ihrem Denken zugrunde liegenden Motivationen: Während Sokrates die Erkenntnis im Blick auf ein gutes philosophisches Leben verfolgt, zielt Aristoteles das philosophische Leben allein auf die Erkenntnis hin. Die kontrastierenden Ansätze finden sich auch in der

Philosophie des 20. Jahrhunderts wieder. Einmal in Form der analytischen Philosophie und zum andern in der »kontinentalen« Philosophie. Ist die Philosophie eher ein Ausdruck von Lebenskunst, oder dient sie ausschließlich der wissenschaftlichen Perspektive? Vielleicht bietet die Philosophiegeschichte ihrerseits mit ihren einschlägigen Texten heute die größte gemeinsame Schnittmenge, in der sich beide Richtungen begegnen. Die heutige Form der Wissenschaft hat eine Tendenz der Spezialisierung und der Aufteilungen in Einzeldisziplinen, wohingegen die Philosophie der Antike durch eine holistische und integrale Vision stets versucht, zurück zu ihren Ursprüngen zu gehen, um in ihnen die eigentliche Quelle des Denkens zu entdecken. Die philosophiegeschichtliche Forschung heute ist eine gute Möglichkeit, die Ansprüche der Philosophie als Wissenschaft mit den Ansprüchen der Philosophie als Lebenskunst zu verbinden. Angesichts des aktuellen Reflexionsstandes sieht *Simone D'Agostino* das Denken Maurice Blondels inmitten dieser Diskussion, in dem L'Action (1893) in sich sowohl die Theorie als auch die Praxis, die Wissenschaft und »l'art de vivre«, die Spezialisierung und das Allgemeine, das Einzelne und das Universelle in sich vereint. Selbst die spezialisierteste wissenschaftliche Fragestellung zielt letztlich auf die Sinnhaftigkeit der menschlichen Existenz. Die Frage, die Blondel im Zusammenhang mit der »Coaction« stellt, »wie kann man eine fremde Mitwirkung wecken? (A (219)/223/303), eröffnet die Diskussion des Problems des Subjektiven im Objektiven, d. h., wie es sich vom Äußeren des Subjekts her stellt. Um in die Phänomene einzutreten, muss es der *action* gelingen, eine bestimmte Reaktion hervorzurufen. Zu dieser Fragestellung meldet sich die Stimme Bacons in L'Action (1893). Alle Punkte findet Blondel in der Spur Bacons, die der Philosophie als Interpretation der Natur dient. Die Theorie Maurice Blondels von L'Action (1893) geht in die Richtung der Natur, wie sie Bacon vertritt, und fokussiert sich einer hermeneutischen Dialektik, die sich in den Begriffen Mensch und Natur, Subjekt und Objekt, der Handelnde und das Werk ausdrücken. Bei beiden Denkern wird eine zirkuläre Dynamik freigesetzt, die zeigt, dass es zwei Subjektivitäten gibt, von der die eine auf die innere, die andere auf die äußere wirkt. Eine solche externe Subjektivität enthüllt die nicht wahrnehmbaren und unergründlichen Gründe, welche die Phänomene regulieren. Was man im unendlich Größten und im unendlich Kleinsten findet, ist eine Kraft oder eine unbekannte Kausalität, die den Menschen verwandeln oder erheben kann, um ihn über sich hinauszuführen. Maurice Blondel kann die Spannungen zwischen den beiden Begriffen der Philosophie lösen, indem er die Polarität in eine verfeinerte Dialektik legt, die eher an eine Hermeneutik denn an eine Phänomenologie denken lässt.

Der Beitrag von *Peter Reifenberg* versucht nachzuweisen, dass die Wurzeln dessen, was Papst Franziskus in »Evangelii Gaudium« ausführt, aus der Philosophie der *action* von Maurice Blondel erhoben werden können. In Blondels Philosophie findet sich eine tiefe Linie, die an die pastorale Handlungslogik des Papstes denken lässt. Angesichts der Herausforderungen, ja der Krise der Kirche antwortet der Papst nicht mit starren Sätzen eines Lehrgebäudes, das gleichsam in substanzmetaphysischen Formeln eingebolzt ist, sondern mit einer geschmeidigen Logik der Liebe, die zugleich eine Wirklichkeitssicht vorbereitet, wie sie auch Maurice Blondel in seiner phänomenologisch-transzendentalen Denkungsart verfolgt. Eine Situationsethik aus dem Glaubensakt stünde diesen Herausforderungen von Kirche besser an als eine starre Naturrechtsethik, die in einer falsch verstandenen aristotelischen Metaphysik gründet.

Welche Bedeutung kommt nun der Reallogik Blondels in der Individual- und Sozialethik im praktischen kirchlichen Handeln zu? Zur Beantwortung dieser Frage müssen zunächst die Grundzüge der Reallogik dargestellt werden und die »anthropo-ontologische« Bedeutung des Nicht-Widerspruchs-Prinzips aufgedeckt werden, um die auto-ontologische Tragweite des Ansatzes Maurice Blondels fassen zu können. Es wird gezeigt, dass die neue Logik der Liebe eine neue Metaphysik der Tat freisetzt, welche sich mit einer notwendigen Grundentscheidung des Ja oder Nein aus dem Phänomenzusammenhang befreit und seinskonstituierend auswirken kann. Methodisch wird der Erkenntnisprozess und damit die gesamte Wirklichkeit phänomenalisiert, bis sie zur wirklichen Wirklichkeit im je schon durch die Tat Verwirklichten sich bestätigt. Das Prinzip des Lebens spricht sich in der Struktur der Tat aus. Insofern dient die Logik der Tat je durch das die Widersprüche einigende Band der gelebten Praxis. Die Grundlinien entfalten die Lebensgesetze in der geschmeidigen Reallogik in einer situationellen Form der konkreten Verantwortungsethik der Tat. Sie ersetzen die rein rationalen Abstraktionen und stellen die einzigartige Berufung der Person in besonderer Weise dar. Die Bedeutung eines solchen Ansatzes, der den eingeschlossenen Dritten berücksichtigt, kann gar nicht hoch genug eingeschätzt werden. Jede Form einer abstrakten »lex naturalis-Lehre«, basierend auf einer starren Substanzmetaphysik mit der Projektion einer »natura pura«, wird durch eine Ethik des eingeschlossenen Dritten, welche der Gradualität – auch ein Schlüsselbegriff von »Amoris laetitia« des Papstes – jedes Einzelnen gerecht wird, ersetzt. Der Mensch versucht, durch sein Tun die Übereinstimmung seines Denkens und Handelns zu befördern, um damit die Übereinstimmung mit sich selbst zu finden und schließlich seiner Bestimmung nahezukommen. Christus selbst ist das einigende Band, der Mediator, der das Tatgeschehen impliziert und befördert. Maurice Blondel beantwortet die Lebensfrage des Menschen mit der Angewiesenheit auf seine transzendente Letztbestimmung hin. Man spürt in seinem Ansatz die revolutionäre Sprengkraft für das Leben der Kirche, die auch in den Äußerungen des Papstes aufleuchtet. Hier wird ein Perspektivwechsel angezeigt, der vom Sein zum prioritären Handeln hin zeigt.

Der Papst-Vertraute, der 2019 verstorbene argentinische Jesuit *Juan Carlos Scannone SJ*, der sich seit seiner Dissertation bei Max Müller zum Thema »Sein und Inkarnation. Zum ontologischen Hintergrund der Schriften Maurice Blondels« (München, 1968) mit Blondel befasst, bestätigt noch einmal die These von *Peter Reifenberg* von der gedanklichen Übereinstimmung zwischen Blondel und Papst Franziskus und führt sie weiter aus. *Scannone* liest wie Franziskus die Schriften Blondels durch die Brille von Fessards Interpretation des Ignatianischen Exerzitienbuchs. Es besteht also eine mittelbare Verbindung zwischen Blondel und Franziskus über das Werk von Gaston Fessard. Es zeigen sich Parallelen zwischen den logischen Gesetzen bei Maurice Blondel und den von Franziskus erhobenen Prinzipien in »Evangelii Gaudium«. Letztlich lenkt *Scannone* den Blick auf die Konvergenz beider Denker in einer Philosophie der Liebe, die sich einem geschichtswidrigen Integralismus (wie man ihn auch heute in einflussreichen Kreisen der Kirche findet) widersetzt. Die Erfahrung einer sapentiellen Erkenntnis durch die eine durch die Liebe bewegte *action*, die *»contemplatio ad amorem«*, drückt sich bei Thomas in der *»cognitio per connaturalitatem«* aus und wird von Franziskus in »Evangelii Gaudium« direkt in den Mittelpunkt gestellt. Die Konnaturalität gewährt eine durch die Liebe vorangetriebene Weisheit. Sowohl Blondel als auch Franziskus orientieren sich letztlich gerade auf die Weise einer kindlichen Naivität einer direkten Lebenspraxis auf die Einfachen und Armen hin. Die Wissenschaft der Praxis hingegen argumentiert phänomenologisch wissenschaftlich auf die Weise einer Kritik des Lebens. Die *»contemplatio in actione«* ist der hermeneutische Schlüssel der Pastoral des Papstes sowie das sapentielle Erfahrungsfundament der Blondelschen Philosophie. Der Papst ist als Jesuit geprägt durch die Exerzitien des Hl. Ignatius, in ihnen besonders durch die Geistunterscheidung in den »drei Zeiten der Wahl«. Auch bei Maurice Blondel findet der Autor Parallelen zur ignatianischen Spiritualität für die Gestaltung des Lebens. Es findet sich auch der Gedanke des eingeschlossenen Dritten von »Principe élémentaire« (1903), praktisch umgewandelt in »Evangelii Gaudium« (2013). Bezug genommen wird auf die Innerlichkeit des Menschen, auf seine existentiellen Konfliktfelder, die *Scannone* auf das Soziale hin spiegelt. Die Logik der Liebe aus »Principe élémentaire« kommt dabei der Logik der Liebe von Franziskus gleich. Blondel wie Franziskus widersetzen sich einem abstrakten und lieblosen Integralismus. *Scannone* findet in der *»contemplatio ad amorem«* den goldenen Leitfaden, der beide Denkansätze verbindet. Die Unterscheidung der Geister führt zur Wahl, welche individuell existentiell zur Entscheidung über das Ja oder Nein, Für oder Gegen Gott stellt. Die Erfahrung praktisch gewordener Liebe in der Philosophie Maurice Blondels bewahrheitet sich in der Hirtenpraxis des Papstes und verstetigt den hohen christlichen Wert der Philosophie Maurice Blondels.

Die Diskussion um die Bedeutung des Spätwerks Blondels, die Behauptung, er habe den jugendlichen Elan, die denkerische Dynamik und Kraft sowie die Kühnheit des Gedankens verloren und dabei sich sprach- und inhaltlich in ein neuscholastisches Fahrwasser begeben, werden im Beitrag »Der Sinn des christlichen Lebens« von *P. Reifenberg* ins Gespräch gebracht, ja schließlich durch eine Analyse des von der Forschung zu Unrecht wenig beachteten, ja verschmähten, posthum 1950 erschienenen letzten Blondel-Werks »Philosophische Ansprüche des Christentums« widerlegt.

Im Gegenteil: Es handelt sich bei den zu einer Einheit zusammengefassten zwei Beiträgen um das Vermächtnis, den Kern seines Denkens, um erfahrungsgetränkte Reflexionen über Sinn und Bestimmung des menschlichen Lebens. D. h., die »Exigences« geben zugleich Zeugnis einer lebenssatten Spiritualität und entschlüsseln das Dictum von L'Action (1893): »Die wahre Philosophie ist die Heiligkeit der Vernunft« (A 442/560). Blondel leitet mit seinem »opus ultimum« zugleich einen grundständigen Paradigmenwechsel innerhalb der Philosophie ein: Denn diese versteht sich nicht mehr als »Lehre«, sondern auf die Weise einer Besinnung, einer Meditation (des Christlichen) in reiner produktiver Einbildungskraft (Kopper). Damit schließt sich der Kreis: Das geistige Testament in den »Exigences« löst die zunächst in phänomenologischer Absicht gestellte Eingangsfrage nach Sinn und Bestimmung und stellt zugleich einen beeindruckenden Kommentar zum (philosophisch) dunklen Fünften Teil von L'Action (1893) dar.

In der Forschung gilt es als gesichert, dass die Philosophie Maurice Blondels einen großen Einfluss auf die Theologie des Zweiten Vatikanischen Konzils hatte. Gefördert und übersetzt wurde Blondel durch Henri de Lubac SJ, der 1963 einen abrupten Perspektivwechsel in der Theologischen Kommission des Konzils beobachtete. Gerade Blondels »Qu'est-ce que la foi« (1907) spielt hier eine entscheidende Rolle, wie *Christoph Theobald*, der innovative und einflussreiche Theologe der Pariser Jesuiten Universität, des »Centre Sèvres«, Paris, in seinem Beitrag »Das Zweite Vatikanische Konzil als Stil in der Nachgeschichte Blondels« feststellt. Gerade heute in der krisenhaft besetzten Zeit für die Kirche trifft das Diktum Henri de Lubacs umso heftiger, wenn er sagt, dass die Lehre in ihrer ganzen Fülle und Tiefe den Menschen entflammen und durchdringen soll. Der Wunsch nach einem pastoralen Lehramt und einem pastoralen Stil äußerte damals schon Henri de Lubac, aber auch Johannes XXIII., der diesen radikalen Perspektivwechsel mit dem Begriff der »Pastoralität« in die Mitte seines Pontifikats stellte. Der Papst wollte die »geistlichen Scheinwerfer auf die innere Beziehung, die innere Verbindung zwischen der Lehre und ihren möglichen Empfängern« schaffen. Eine dogmatische Lehre, so Kardinal Volk, muss »in sich selbst pastoral sein«, da sie eine Heilskraft in sich birgt, die die Menschen erfüllen soll. Hier eignet sich der von Johannes XXIII. ins Spiel gebrachte und von *Christoph Theobald* theologisch reflektierte Begriff des Stils am besten, der die Glaubensbeziehung in ihrer pastoralen Form zu denken versteht. Dabei ist der Weg zurück zu Blondel nicht ein Rückweg, sondern ein Weg, der weit in die Zukunft der Kirchen weisen kann. Schon in den »Carnets Intimes« findet sich am 2. Mai 1897 das Desiderat Blondels, ein Konzil einzuberufen, um der Seele der Kirche und Christi willen. *Theobald* geht in seinem sehr reflektierten Beitrag von Hinweisen zur Immanenzmethode in »Lettre« (1896) aus, indem er sich in einem ersten Gedankengang der Ekklesiologie und der Christologie widmet. Dann in einem zweiten und analogen Schritt unternimmt er eine Spurensuche in den drei dogmatisch pastoralen Konstitutionen »Dei Verbum«, »Lumen Gentium« und »Gaudium et spes« im Blick auf sein Stilprinzip. Im dritten Gedankenschritt charakterisiert er die heuristische Funktion des Stilbegriffs sowohl für das Denken Blondels als auch für das Konzil unter dem Hinblick des von Pater Lubac festgestellten radikalen Perspektivwechsels. *Theobald* setzt bei Blondels apostolischer Denkform an und stößt auf die paulinische Dialektik zwischen Buchstabe (lettre) und Geist (ésprit), wobei nach Blondel der Buchstabe der Geist in action ist. Blondel vollzieht mit seiner Akzentverschiebung von der Glaubenswahrheit zum Glaubensleben auch einen Schritt zur Spiritualität in der Tat, die ursprünglicher ist als der Gedanke.

Hier lässt sich das Programm einer laikalen philosophischen Apologetik ansetzen, welche die *action* als Lebensvollzug sowohl die Gläubigen als auch die Ungläubigen auf eine gemeinsame existentielle Basis stellt. Blondel will das Konkrete und Direkte, das Einzelne und Inkarnierte aus seiner Spiritualität rechtfertigen, genauso wie es die Pastoralität Johannes XXIII. später vorsieht. Was bindet also das Subjekt an den Glauben? Lässt sich eine philosophische Logik der *action* entwickeln, die »in ihrer Entfaltung der unmittelbaren Singularität des je Einzelnen Platz macht«? Dies zu zeigen, gilt die Sinnspitze des Stilbegriffs bei *Theobald,* der die theologischen und philosophischen Bedingungen des »apostolischen Plans Blondels« erhebt. Blondel versucht eine Übersetzung der Theologie in eine autonome Philosophie des Lebensvollzugs mit einer »Unterscheidung zwischen dem materialen Inhalt der christlichen Lehre und ihrem formalen Grund«. Die Beziehung der übernatürlichen Ordnung zur natürlichen ist das, was das Subjekt an den Glauben bindet und als Prinzip des katholischen Christentums gilt. Dies muss selbst in der autonomsten Philosophie seine Spur hinterlassen. Hierzu hilft ihm in philosophischer Hinsicht die Immanenzmethode, die ein integrales Beziehungsgeflecht des Denkens und des Tuns auf die Weise der Phänomenologie darstellt. Erst unter dieser Bedingung ist es verständlich, dass das Übernatürliche für den Menschen unerlässlich wie unerreichbar ist.

Mit dem formalen Grund der christlichen Lehre fragt *Theobald* nach der Beziehung der übernatürlichen Ordnung zur natürlichen: Was bindet das Subjekt an den Glauben als Frage der philosophischen Natur; gemeinsam mit der Logik des Lebensvollzugs wird diese Frage mit der Immanenzmethode beantwortet, die unter logischer Hinsicht der Notwendigkeit gehorcht, ontologisch jedoch eine Phänomenologie darstellt. Also geht es mit dem Perspektivwechsel um eine Bestimmung des christlich-katholischen Glaubens. Diesen Vorgängen entspricht der von Papst Johannes XXIII. bestätigten Akzentverschiebung vom Glaubensinhalt zum lebendigen Glaubensvollzug im Sinne seiner Einzigartigkeit und Exklusivität. Die philosophische Apologetik Blondels ist zwischen dem Inhalt des Buchstabens und damit zwischen der Theologie und dem tatsächlichen Geist der Praxis angesiedelt und hat die Aufgabe, den formalen Grund der Praxis als notwendig wie unerreichbar in der Form einer integralen Philosophie und Phänomenologie der Offenbarung, einer experimentalen Theologie, nachzuweisen. *Theobald* stellt die in »Lettre« (1896) aufgearbeiteten Punkte bezüglich der Ekklesiologie und Christologie, die besonders »Fortschritt des christlichen Geistes in der Menschheit« markieren, heraus. Auch in der Pastoralkonstitution »Gaudium et spes« ist Blondel der geheime Mitautor, allein schon durch den Dreischritt: »Sehen, Urteilen, Handeln«, besonders in GS 10 kann man ablesen, wie sehr die Immanenzmethode mit ihrer zirkulären Bewegung Pate stand.

Maurice Blondels Philosophie ist so gesehen für das Zweite Vatikanische Konzil stilbildend. Während das Konzil eine Theologie der Erfahrung expliziert, hat diese Maurice Blondel in »Histoire et Dogme« als experimentale Theologie philosophisch vorbereitet. Der Mittelpunkt der zirkularen Bewegung ist Christus selbst als Mittler der ganzen Offenbarung, in dessen gegenwärtiger Existenz – sakramental verstanden – sich der Perspektivwechsel konzentriert. Es zeigt sich auch im Fünften Teil von L'Action (1893), »wo diese Sakramentalität von der Eucharistie her auf die gesamte buchstäbliche Praxis« des Christentums ausgedehnt wird.

Der Stilbegriff vollendet sich in einer Singularität seiner Gestaltungskraft und in seinem Begegnungsgeschehen in der Welt als Beziehungsgeschehen und nicht allein in dogmatischen Lehrsätzen. Dieses stilistische Prinzip bestimmt Blondels Glaubensverständnis und bildet die allgemeine Denkform auch im Zweiten Vatikanischen Konzil. Gerade Blondels Logik des moralischen Lebens ist der Versuch einer die Singularität respektierenden Stilistik. Der apostolische Plan Blondels wie die Pastoralität des Zweiten Vatikanums bilden die Frage des Stils, wobei die ekklesiale Präsenz des Christentums sich als spezifisches Begegnungs- und Beziehungsgeschehen in der Welt sakramental entfaltet. Die Einzigartigkeit menschlicher Verantwortung findet ihren Grund im Beziehungsgeschehen Jesu. *Theobald* schreibt die Denkform Blondels im pastoralen Stil und im ökumenischen Stil des Zweiten Vatikanums fort, die eine Reform von Theologie und Kirche im Inneren auslöst.

Der tief reflektierte Beitrag von *Klaus Kienzler* spürt der phänomenologischen Methode von Bernhard Welte und von Klaus Hemmerle mit Blick auf die transzendentale Phänomenologie Maurice Blondels nach. Während Bernhard Welte sich auf die phänomenologische Daseinsanalytik Heideggers stützt, ist Blondels Methode im Sinne der Aussagen Henricis selbstredend und eigenständig begründet auf der Glaubenserfahrung und letztlich der französischen Wissenschaftsphilosophie des 19. Jahrhunderts verpflichtet. Die Phänomenologie Weltes stellt Kienzler in der Auslegung von Klaus Hemmerle dar. Hemmerle integriert Weltes Begriff der Grenze, indem er der Handlung der Grenzziehung (determinatio), welche die Bewegung des Denkens verfolgt, den Ansatz der Phänomenologie Weltes nachzeichnet. Er findet drei Grundworte: »Dieses, Nicht, Und«, also die Bejahung, die Verneinung und das Unterscheidende. In den Urbegriffen des »phänomenologischen Dreiecks« werden die drei großen Themen des Werks Weltes benannt. Geheimnis (»Und«) – der/das Andere (»Nicht«) – Ich (»Dieses«) und dabei wird die kritische Theorie der Erfahrung grundgelegt. Während Blondel das Ja *oder* Nein hinterfragt, betont Welte das Ja *und* Nein, wobei – so die These *Kienzlers* – das »Und« bei Blondel gleichrangig zum »Oder« wird. Jede Determination (Bestimmung) erhält von ihrer Negation ihre Gestalt. Die »Steresis« bei Blondel jedoch kennt keine reine Negativität, sondern das Ausgeschiedene ist für die Handlung insofern wichtig, als die Tat beides, nämlich den Fehl und Mangel (Steresis) und die Positivität (Ktesis) und die Negativität in sich einschließt. Die Tat schließt aus und ein (tiers inclus), also ist die Logik des Handelns dreidimensionale Logik (Ja und/oder Nein). Blondel formuliert zunächst in L'Action (1893) die Einsprüche gegen seine Positionen, also das »Nicht« in der Methode des *»se raidir contre«*, hält jedoch am letzten Ja im Nein, im zuletzt gefundenen *»c'est«* fest, weil es in der Logik der *»action«* das »tertium datur« durchaus gibt.

In der Religionsphilosophie Weltes erhält das Nichts eine besondere Wichtigkeit. In der Gestalt des Nichts geht dem Menschen anfänglich das Sein auf. Im positiven Dasein antwortet das Nichts auf der Stelle dem Nichts, das Geheimnis des Etwas. Die Dialektik von Sein und Nichts prägt die Religionsphilosophie Weltes. Das Grundwort »Und« wird in Weltes Phänomenologie zum Grundwort aller Erfahrung. »Es meint das Zueinander von Beziehungen, Korrelationen, Polaritäten«. Bei Blondel, der das *»tertium datur«* bedenkt, heißt es Ja *oder* Nein, das in der Entscheidung herbeigeführt wird. Die Logik der »action« baut auf das »Und«, das sich im Band des Vinculum von Ja und Nein ausdrückt und den »tiers inclus« begründet. Jede *action* ist ein Ja und ein Nein. Das Göttliche und das Menschliche werden im Vinculum substantiale verbunden. Das Handeln wird zum Grundphänomen des Menschen schlechthin. Denn der Mensch ist, was er tut (A 197/279). Das Hauptwort eines solchen Denkens ist nicht mehr das Substantiv, sondern das Verb. Damit zeigt Blondel Nähe auch zur Strukturanthropologie Heinrich Rombachs, der auf das Denken von Hemmerle großen Einfluss hatte: Gott ist einer, der gibt und sich gibt. Hemmerle hält für die Gottesrede die Phänomenologie des Gebens und des Gebers für entscheidend. Die Philosophie des Handelns lässt aufleuchten, was Inkarnation bedeutet. Hemmerle legt das Chalkedonense »theandrisch« aus, ähnlich wie Blondel.

Die Akademietagung fand anlässlich der Neuübertragung von L'Action (1893) ins Deutsche unter Anwesenheit des Übersetzers, *Anton van Hooff*, statt, der nicht nur auf die Reaktion des anwesenden Fachpublikums auf seine Arbeit gespannt die Tagung verfolgte, sondern selbst auch mit einer Reflexion »Aus der Werkstatt des Übersetzers« das Wort ergriff und damit auch in eine Metaüberlegung zur Übertragung überhaupt eintrat. Diese Überlegungen korrespondieren in gewissem Sinne mit dem vorausgehenden Beitrag *Peter Henricis* »Warum ich mich ein Leben lang mit Maurice Blondel beschäftigt habe«.

Anton van Hooff verweist wie *Peter Henrici* auch auf seine persönlichen Lebenserfahrungen mit dem Werk Blondels, das ja in ähnlicher Weise eine Philosophie aus Lebenserfahrung ist. »Die reflektierende Darstellung durch das Wort ist gleichsam sein eigener Meta-Vollzug seiner ursprünglichen Erfahrungen«, zu dem sich der Autor ins Verhältnis setzt. Wort und Erfahrung unterliegen selbst der Logik der Tat, die sich jeweils unter- und überbieten, und damit der Logik des eingeschlossenen Dritten. Worte drücken das Individuelle im Universellen und das Universelle im Individuellen aus (vgl. A 232/318).

Jede Einzeltat stellt als Mikrokosmos das Weltganze dar. Der hermeneutische Prozess wie die Exegese verlaufen auf der Spur der *action*. In der Differenz zwischen dem Einzelgedanken und dem denkenden Denken öffnet sich »der ›Ort‹ für andere Gedanken und andere Worte, und zwar unter Wahrung des ein und desselben Bezuges«, um den Widerspruch zum Ausdruck zu bringen, aber besonders auch Verbindendes auszusagen. Die Übersetzung nimmt selbst phänomenologische Züge an, wenn sie mit anderen Gedanken und auf sprachlich andere Weise das Original sehen lässt. Die generelle Einsicht in die Unübersetzbarkeit des Werks eröffnet jedoch zugleich auch einen Freiheitsraum, wenn der fremde Text in das Eigene des Lesers übergeführt wird. Das Fremde ist nie ganz aufgehoben, da die Übersetzung nur Fremdes als Fremdes wiederzugeben vermag.

Das Erscheinen des vorliegenden Bandes rechtfertigt sich aus einem zweiten Grunde: Am 4. Juni 2019 gedachte die Fachwelt des 70. Todestages Maurice Blondels[2]. *Peter Henrici* verfasste aus diesem Grunde seinen aus einer tiefen Kenntnis des Denkens Blondels heraus geschriebenen skizzenhaften Beitrag »Von einer Philosophie des Tuns«. Zur Frage nach einem Lebenssinn und zurück zur Philosophie«.

Danke an den Echter Verlag, insbesondere an Frau Monika Thaller, für das sorgfältige Lektorieren.

Meiner Mitarbeiterin, Frau Monika Möglich, Dank für arbeitsintensive Korrekturarbeit.

Mainz, im Juli 2020
Peter Reifenberg

2 Die Association des Amis de Maurice Blondel führte aus diesem Grunde am 15. und 16. November 2019 in Aix-en-Provence eine vielbeachtete Tagung zum Thema durch: »Une spiritualité pour demain: Maurice Blondel (1861–1949) – La philosophie ou la sainteté de la raison«.

I

Phänomene und Phänomenologie im Denken Maurice Blondels

Peter Henrici

Maurice Blondel: Von einer Philosophie des menschlichen Tuns zur Frage nach dem Lebenssinn und zurück zur Philosophie

I.

Als sich der junge Maurice Blondel nach dem Sinn seines Lebens fragte, entschloss er sich, Philosophie zu studieren. Er wollte als gläubiger Christ und praktizierender Katholik »die Geisteshaltung der Gegner des Glaubens kennen lernen, um besser auf sie einwirken zu können«. Darum bewarb er sich mit zwanzig Jahren nach zwei Studienjahren an seiner Heimatuniversität Dijon um die Aufnahme in die École Normale Supérieure in Paris, die staatliche Kaderschmiede für Universitätsprofessoren. Er wollte »eine unmittelbarere und vertiefte Kenntnis der verirrten Geister und der ehrlich Ungläubigen erwerben, um ihre Vorurteile im Sinne meines Jugendtraums dadurch zu zerstreuen, dass ich in ihrer eigenen Sprache mit ihnen redete.«[1] Blondel wandte sich somit der Philosophie, genauer einer (damals) zeitgemäßen Philosophie in apologetischer Absicht zu; doch diese Apologie sollte keine Verteidigung des christlichen Glaubens werden, sondern dessen Erhellung für modern denkende Geister und eine Einladung, sich der Frage nach einem höheren Sinn seines Lebens zu stellen. Dafür wollte Blondel eine Philosophie der *»action«*, des gelebten Lebens entwickeln, an die damals noch kaum jemand dachte. Diese auf Aristoteles und Leibniz abgestützte Philosophie der Lebenspraxis (so würden wir *»action«* wohl am zutreffendsten übersetzen) sollte sich in die große Tradition der französischen Philo-

1 M. Blondel, *»Mémoire« à Monsieur Bieil. Discernement d'une vocation philosophique*, éd. E. Tourpe. Paris 1999, S. 77.

sophie einfügen. Der damals allen Gymnasiasten bekannte Schlusssatz von Félix Ravaissons epochemachendem Werk: »La philosophie en France au XIXe siècle« lautete ja:

»Nach vielen Anzeichen darf man also eine neue Epoche der Philosophie voraussagen, die geprägt sein wird von der Vorherrschaft eines spiritualistischen Realismus oder Positivismus, der davon ausgeht, dass der Geist sich einer in ihm selbst enthaltenen Wirklichkeit bewusst ist, aus der sich alles Wirkliche ableitet und von der es abhängt. Und diese Wirklichkeit ist sein Tun *(»action«)*.[2]

Blondel zitiert zwar diesen Satz, der sein Werk sozusagen vorausnimmt, nie, aber er hatte ihn zweifellos im Hinterkopf. Stattdessen gibt es mehrere Belege für Blondels Absicht und Denken bei der – Jahre beanspruchenden – Ausarbeitung seiner philosophischen Doktorarbeit, L'Action (1893), die zugleich sein Erstlings- und sein Meisterwerk wurde. Da ist zunächst ein kleiner, zweiseitig beschriebener Notizzettel zu erwähnen, den Blondel fast so sorgfältig aufbewahrte wie Pascal sein »Mémorial«. Er ist überschrieben: »Pour une Thèse sur L'Action«, und enthält im Wesentlichen eine Reihe von Aristoteles-Zitaten. Simone D'Agostino hat der Exegese dieses wortkargen Zettels ein ausführliches Buch gewidmet.[3] Fast vierzig Jahre später hat Blondel dann in seinem »Itinéraire philosophique« rückblickend zu schreiben versucht, welche Gedanken ihn damals bewegten. Er sagt: »Mir schien es, dass ich all das *lebte*. Es jedoch wissenschaftlich zu *denken* und es andere verstehen und annehmen zu lassen, das ist noch etwas ganz anderes. *It is a long way*, wie es im Soldatenlied heißt.«[4]

Das »was er lebte« ist nun aber nicht sein ganz persönliches christliches Leben, das in den »Carnets Intimes«, seinem »Tagebuch vor Gott«[5],

2 F. Ravaisson-Mollien, *La philosophie en France au XIXe siècle*. Paris 1867, S. 258. Deutsch: *Die französische Philosophie im 19. Jahrhundert*. Eisenach 1889. Hier und im Folgenden alle Übersetzungen von mir.

3 S. D'Agostino, *Dall'Atto all'Azione. Blondel e Aristotele nel progetto de »L'Action« (1893)*. Roma 1999.

4 M. Blondel, *Itinéraire philosophique*. Propos recueillis par F. Lefèvre. Paris 1928, ²1966, S. 32. Deutsch: *Der philosophische Weg*. Übers. F. Rehm. Freiburg 2010.

5 M. Blondel, *Carnets Intimes* (1883–1894). Paris 1961. Deutsch: *Tagebuch vor Gott 1983–1894*. Übers. H. U. v. Balthasar. Einsiedeln 1964.

seinen Niederschlag gefunden hatte; es ist vielmehr eine grob umrissene Art von neuer Philosophie: »eine ganzheitliche Lehre vom Sein, vom Denken und vom Tun, die nicht ohne Bezug zur Wissenschaft, aber auch nicht von ihr abhängig sein soll, und ebenso ›ungetrennt‹ und ›unabhängig‹ soll sie von der geschichtlichen Religion sein.« Diese Lehre soll »jedoch ihrem Wesen nach, nicht nur zufällig oder aus Voreingenommenheit oder noch obendrein, religiös sein und in meinem Denken und in meinem Leben ganz selbstverständlich mit der unerschrockensten Kritik und mit der echtesten katholischen Haltung zusammenleben.« Dieses existentielle Denkvorhaben habe ihn gezwungen, auch jene Vordenker, denen er sich am nächsten fühlte, Augustinus, Pascal und Spinoza, »in eine Betrachtungsweise zu übersetzen, auf die sich noch keiner von ihnen systematisch eingelassen hat und die er noch weniger durchhalten konnte.«[6]

Näher bei den Anfängen des Denkens Blondels und zugleich noch inhaltsreicher findet sich ein weiteres Zeugnis. Schon bei seinem ersten Studium in Dijon entdeckte Blondel, was später zum Grundtenor seines Denkens und zum krönenden Abschluss seiner Philosophie werden sollte: das von Leibniz in die philosophische Diskussion eingebrachte »Vinculum substantiale«. Leibniz sah darin zunächst eine mögliche Antwort auf die Einwürfe des Jesuiten Des Bosses bezüglich der Transsubstantiationslehre und darüber hinaus eine vielleicht nicht ganz ernst zu nehmende Lösung des Problems der zusammengesetzten Substanzen.[7] Was den jungen Blondel aufhorchen ließ und ihm das »vinculum« für immer einprägte, war vermutlich der Bezug zur Eucharistie, einer Grundlage seines ganz persönlichen christlichen Lebens. Der Gedanke ließ ihn nicht mehr los, und er widmete ihr sein lateinisches Memorandum. Er sah im »Vinculum« die Grundlage jeder ernst zu nehmenden Ontologie: Die Leibnizsche Hypothese eines *vinculum substantiale*, erklärt er, dürfe nicht auf »einen theologischen, auf einen Aspekt des Eucharistiedogmas eingeschränkten Lösungsansatz«

6 Op.cit. (Anm. 4), S. 32f.

7 Zur Problematik des Leibnizschen Vinculums vgl. A. Boehm, *Le vinculum substantiale chez Leibniz, ses origines historiques*. Paris 1938, und vor allem V. Matthieu, *Leibniz e Des Bosses*. Torino 1960.

eingeschränkt werden; es sei vielmehr »die Rechtfertigung der ›inkarnierten Wahrheiten‹, – die Ehrenrettung des Buchstabens und der religiösen Praxis, – den Vorrang des Späteren, Verwirklichten und Einen gegenüber dem analytisch Zerlegten, auf seine vorgängigen Elemente oder auf Abstraktionen Zurückgeführten, – die effektive Wirksamkeit der Finalursache und den unersetzlichen Wert des Tuns, das Natur und Denken verbindet, – die wirkliche Vereinigung der *Geister*, die so etwas wie einen *Leib* bilden, eine Art ›neue Substanz‹, ein Zusammengesetztes, das mehr *eins*, mehr *substantiell* ist als seine Teile, die es überherrscht und zu seiner höheren Einheit emporhebt: *unum corpus multi sumus.*«[8]

Mit dieser Erklärung griff Blondel weit über Leibniz hinaus auf sein eigenes Denken zurück, auf seine Metaphysik, die damals noch wie ein Kokon eingesponnen in seinem Herzen lag. Zwar hatte er eine erste Skizze davon schon im Schlusskapitel von L'Action (1893) gezeichnet; doch erst die »Trilogie« wird den Schmetterling ausschlüpfen lassen.

II.

Wie ist aus dieser noch unausgegorenen Metaphysik, aus einer Philosophie des menschlichen Tuns eine Frage nach dem Sinn des Lebens geworden? Der Weg dorthin war lang. Der erste Entwurf für seine Doktorthese (»Le Premier Brouillon«) setzt 1888 noch mit einer Monadologie ein. Das zwei Jahre lang vorbereitete »Dissertationsprojekt« (»Projet de Thèse«), von Blondel selbst vom 14. Juni 1890 bis 18. April 1891 datiert, zeigt dann eine viel ausgereiftere Philosophie des menschlichen Tuns. Blondel hatte inzwischen seine ganze, in den letzten Jahren angesammelte Materialsammlung durchforscht, seine zahlreichen teils längeren und kürzeren Aufzeichnungen und Auszüge (die heute im Internet zugänglich sind als »Notes Philosophiques«[9]), aber auch seine »Carnets Intimes«. Dieses angesammelte Material versuchte er auf mehreren rie-

8 M. Blondel, *Une énigme historique. Le »Viculum substantiale« d'après Leibniz et l'ébauche d'un réalisme supérieur.* Paris 1930, S. VII f.

9 M. Blondel, *Notes Philosophiques. http://www.ub.uni-freiburg.de/referate/02/blondel/notes/*not-ser0-5.pdf.

sengroßen, nur auf dem Boden auszubreitenden »Plans« in eine philosophische Ordnung zu bringen. So wurden sie dann zur Grundlage für sein »Projet de Thèse«. Äußerlich sieht dieses »Projet«, das im Wesentlichen durch Negation zahlreicher aufeinander aufbauender Negationen fortschreitet, der späteren *»Action (1893)«* schon recht ähnlich. Dennoch hat Blondels Denken zwischen diesen beiden Texten einen entscheidenden Schritt getan. Das »Projet« ist noch eine reine Philosophie des Tuns, ja weitgehend eine Philosophie des Seins, die mit den Worten beginnt: »Sais-je seulement qui je suis, sais-je si je suis?«[10] Im gleichen Ich-Stil geht es dann weiter, wobei Blondel betont, dass nur Ich selbst, ich in meinem Tun, das Problem der »action« lösen kann. Nur für jene (wenigen?), die dazu nicht gewillt oder fähig sind, braucht es eine »Philosophie der *action*«:

> »Ihr behauptet, recht zu haben, zeigt mir, worin ich unrecht habe. So geht jede wirklich wissenschaftliche Methode vor; sie schließt alle falschen Erklärungen einer Tatsache aus, alle rein zufälligen Übereinstimmungen, alle Nebenumstände, um dem Geist die notwendigen und genügenden Vorbedingungen [dieses Faktums] aufzuzeigen und ihn so zur Zustimmung zum aufgestellten Gesetz zu zwingen. Nur diese indirekte Methode ist wirklich wissenschaftlich, weil sie, ausgehend von einem Zweifel und alle falschen Meinungen vermeidend, jeden Ausweg, außer dem einen, versperrt: die Wahrheit drängt sich auf. Die Wissenschaft vom menschlichen Tun muss ebenso vorgehen, sonst ist sie keine Wissenschaft.«[11]

L'Action (1893) dagegen stellt zusätzlich zu dieser »wissenschaftlichen« Philosophie des menschlichen Tuns, ja geradezu als deren Sinn und

---

10 M. Blondel, *Projet de Thèse,* S. 1: »Weiß ich überhaupt, wer ich bin, weiß ich, ob ich bin?«

11 Ebd. S. 9: »Vous affirmez que vous avez raison: montrez-moi en quoi j'ai tort. C'est ainsi que procèdent les méthodes vraiment expérimentales, elles excluent toutes les fausses explications d'un fait, toutes les coïncidences fortuites, toutes les circonstances accessoires pour mettre l'esprit en face des conditions nécessaires et suffisantes et le contraindre à affirmer la loi. C'est cette voie indirecte qui seule est celle de la science parce que, partant du doute, et éliminant toute cause d'illusion, elle ferme toutes les issues sauf une: la vérité s'impose. La science de L'Action doit procéder ainsi, ou bien elle n'est pas une science.«

Zweck, die Frage nach dem Sinn des Lebens. Wie ist es zu dieser Neubewertung gekommen?

Zunächst bei Blondel selbst. Er hatte zwar seine Philosophie stets apologetisch aufgefasst, als eine Hinführung Ungläubiger zum christlichen Glauben. Noch im »Projet de Thèse« tat er dies jedoch in erster Linie durch eine Beschreibung seiner eigenen Glaubenserfahrung, die er als (notwendig) nachvollziehbar darstellte. Doch um sein apologetisches Ziel zu erreichen, musste er seine Adressaten direkt ansprechen. Das tat er zunächst schlicht dadurch, dass er seiner ersten Affirmation eine Frage voranstellte: »Ja oder nein, hat das menschliche Leben einen Sinn und hat der Mensch eine Bestimmung?« Die Antwort auf diese Frage kann jedoch auf zwei Wegen gegeben werden. Wie Blondel (kürzer als im »Projet«) zeigt, liegt es nahe, die Antwort auf die Eingangsfrage auf dem kurzen Weg einer christlichen Praxis zu geben. Wo dies nicht geschieht oder möglich ist, muss der längere Weg einer Philosophie des menschlichen Tuns beschritten werden.

> »Vielleicht führt der direkte Weg [einer dem Gewissen folgenden Praxis] zu dem Ziel, das kein anderer erreicht; ja, es kann sogar sein, dass man schuldig wird, wenn man ihn verlässt. Doch wenn man ihn schon verlassen hat, oder wenn man ihn überhaupt nicht betreten hat, wenn man auf diesem Weg strauchelt, heißt das, dass man nichts mehr gilt? (Vgl. L'Action [1893] XV–XVI/35). Die Wissenschaft muss so weitherzig sein wie die christliche Liebe; sie darf sich auch dem nicht entziehen, was die Moral verurteilt. Sosehr das praktische Leben [für eine Antwort auf die Frage nach dem Lebenssinn] für sich allein genügen kann, ist doch auch noch ein anderes Vorgehen, das, wenn auch in ganz anderer Art, den ersten Weg vielleicht erhellen und rechtfertigen kann, gerechtfertigt, ja notwendig.«[12]

Für diese »andere Art des Vorgehens«, seine Philosophie des menschlichen Tuns, hat Blondel in dem mit »Le Phénomène de L'Action« überschriebenen mittleren Teil von L'Action (1893) viel früher Erarbeitetes

---

12 M. Blondel, *L'Action. Essai d'une critique de la vie et d'une science de la pratique.* Paris 1893, ^{2}1949, S. XV–XVI. Deutsch: *L'Action – Die Tat (1893). Versuch einer Kritik des Lebens und einer Wissenschaft der Praxis.* Übers. A. van Hooff. Freiburg 2018, S. 34–36.

übernommen. Neben weitgehenden Übernahmen aus dem »Projet de Thèse« hat Blondel zahlreiche Auszüge aus seinen »Carnets« und Aufzeichnungen auf seinen »Zetteln« eingefügt. Hier und im nachfolgenden Vierten Teil taucht auch erstmals die typische Blondelsche Terminologie auf. Ausdrücke wie »Vinculum«, »Option«, »Unique nécessaire«, etc. kamen im »Projet« kaum vor oder sie fehlten ganz. Vor allem aber ist der Grundton der aus dem »Projet« übernommenen Texte in L'Action (1893) nicht mehr der gleiche. Dank der neuen einleitenden Frage erhalten die vielen nachfolgenden »Je«, »Ich«, einen neuen Sinn für den Leser. Er kann sie nicht mehr einfach als Aussagen eines philosophischen Subjekts oder als Glaubensaussagen Blondels lesen und sie schlicht als solche hinnehmen. Mit der Eingangsfrage im Ohr muss er jedes »Ich« auf sich beziehen und sich fragen: Ist das für mich auch so? Wie stelle ich mich dazu? Dabei wird er in seinem Tun, Sein und Bewusstsein Neues entdecken, an das er noch nie gedacht hatte. Nicht wenige der Ausführungen im »Phénomène de L'Action« geben schon einen Hinweis auf eine andere, neue Lebensmöglichkeit, wie sie Blondel nach dem Ausweis seiner »Carnets« selbst schon erprobt hatte.

Blondels Eingangsfrage hatte schon zu Anfang auch zu einer weitgehenden Umarbeitung des ersten Kapitels des »Projet de Thèse« geführt. Dort hatte Blondel die Frage noch an irgendwelche nichtkatholischen Philosophen gerichtet. Jetzt redet er seinen Leser unmittelbar an und muss ihm zuerst klarmachen, dass sich auch für ihn die Frage nach einem Sinn des Lebens unweigerlich stellt. So entstand ein gänzlich neues Kapitel, das sich weitgehend an den damaligen Modeautoren Maurice Barrès, Hippolyte Taine und Ernest Renan orientiert und ihnen gegenüber die Unmöglichkeit eines wertfreien Ästhetizismus aufzeigt. Das frühere erste Kapitel über einen Schopenhauerschen Nihilismus wurde jetzt zum zweiten Kapitel und dabei weitgehend gekürzt, weil es im Grunde schon eine Antwort auf die Eingangsfrage gibt. Diese vorweggenommene Antwort gestaltet Blondel in eine schlichte Feststellung um: »Es gibt etwas«. Als Einführung in den Dritten Teil von L'Action (1893), die Phänomenologie des menschlichen Tuns, werden die Antinomien dieses »Etwas« ausführlich und wissenschaftstheoretisch analysiert. Daraus ergibt sich die grundlegende Einsicht, dass der Mensch in seinem praktischen Tun ein »vinculum« für theoretisch unlösbare Fragen ist. Der Ausdruck »vinculum« tritt hier zum ersten und einzigen Mal auf. Das bereitet den Weg für eine neue Bedeutung vom vielfach erwähnten »Ich« in der Phänomenologie des Tuns, weil »Ich« in meinem Tun das jeweils theoretisch scheinbar Unvereinbare zusammenfasse und verwirkliche. Daraus erweist sich die Überwertigkeit des praktischen Tuns gegenüber dem rein theoretischen Erkennen und Denken, was den Boden für eine Antwort auf die Eingangsfrage bereitet.

Auf dem Weg zu einer solchen Antwort verlässt Blondel am Ende der Phänomenologie endgültig den Gedankengang des »Projet« und weist auf ein darin unerwähntes Phänomen hin. Das »Projet« hatte aus der immer wieder festzustellenden Transzendenz des menschlichen Tuns auf das Verlangen nach einem absolut Transzendenten geschlossen und dann breit ausgemalt, welche unvermeidlichen Folgen eine Rückweisung dieses Transzendenten mit sich bringen würde. Seinen neuen Ansprechpartnern entsprechend, hat Blondel diesen Schlussteil neu verfasst. Schon das in die »Phänomenologie« von L'Action (1893) neu eingeschobene, mit »Superstition« (»Aberglaube«) überschriebene Kapitel sollte (nicht zuletzt mit Bezug auf Jean-Marie Guyaus »Irreligion de l'avenir«) aufzeigen, auf welche falsche oder ungenügende Weise sich der Mensch aus eigener Initiative in einer »Naturreligion« oder in verschiedenen andern Arten von Religiosität und zuletzt auch noch in einer eigentlichen Nicht-Religion etwas absolut Transzendentes selbst zurechtmacht. Doch alle diese Versuche schlagen fehl, weil sie in sich selbst widersprüchlich sind. Damit ist auch die letzte Möglichkeit des menschlichen Tuns, sich selbst genügen zu wollen, erschöpft.

Daraus ergibt sich eine neue Situation. Nicht mehr die verschiedenen Inhalte des Tuns sind zu erkunden; das Tun selbst und sein tieferes Wesen sind jetzt zu diskutieren. Dabei hat sich einerseits bereits gezeigt, dass kein Gegenstand, keine Art von Aktivität oder Praxis, das menschliche Tun völlig zu erfüllen vermag. Sosehr und auf so verschiedenen Ebenen ein Mensch sich tätig einsetzt; immer bleibt noch etwas offen. Es gibt kein letztlich befriedigendes Tun; was wir erreichen, sind immer nur Teilziele. Doch andererseits lässt sich unser Tun auch niemals auslöschen; es bleibt unzerstörbar; denn auch der Selbstmord wäre noch ein Tun, und der Ausweg in den Nihilismus wurde schon im zweiten Kapitel abgeschnitten. Offensichtlich wohnt dem Tun eine Notwendigkeit inne, über die der Mensch selbst nicht verfügen kann. Dieses im Tun immanente »Eine Notwendige« versucht Blondel deshalb in einer Relecture der klassischen Gottesbeweise genauer zu erfassen. Er interessiert sich dabei nicht so sehr um eine vertiefte Gotteserkenntnis als vielmehr dafür, was aus der Gotteserkenntnis für unser Tun folgt. Sie stellt dieses Tun vor eine Entscheidungsfrage (»Option«):

> »Gott bekommt für uns nur Sinn, weil Er das ist, was wir selbst nicht sein und nicht aus eigener Kraft erreichen können – und doch scheinen wir Sein, Kraft und Wollen nur zu haben, um das sein zu wollen und das zu werden, was Gott ist. Es ist, als schöbe er sich mitten zwischen ich und mich, zerteilte mich bis in die Gelenke hinein, und als müsste ich, wenn man so sagen darf, »über seine Leiche« hinwegsteigen – und doch vermag ich nicht das geringste über Ihn; mein Wollen erstirbt, wo Er in mir geboren wird; mein Werk hört auf, wo das Seine anfängt, besser gesagt, sein Werk scheint alle Wirklichkeit des meinen aufzusaugen.«[13]

Daraus ergibt sich nun die Entscheidungsfrage, die schon Augustinus mit seinem »Selbstliebe bis zum Gotteshass, Gottesliebe bis zum Selbsthass« gesehen hat:

> »Der Mensch sehnt sich, den Gott zu spielen. Gott sein ohne Gott und gegen Gott – oder Gott sein durch Gott und mit Gott: das ist die Frage.«[14]

Diese Frage stellt sich in der einen oder anderen Form jedem Menschen. Die Frage nach dem Lebenssinn erweist sich letztlich immer als *die* Grundsatzfrage: Sage ich in meiner täglichen Praxis Ja oder Nein zu Gott? Diese Frage muss jeder Mensch für sich selbst beantworten. Anzumerken wäre, dass diese Frage erst in der letzten Fassung von L'Action (1893) auftaucht; sie scheint nicht zum Grundgerüst der Blondelschen Philosophie des Tuns zu gehören; sie wendet sich offenbar vor allem an den in der Eingangsfrage von L'Action (1893) angesprochenen Leser.

---

13 M. Blondel, *Logik der Tat*. Aus der »Action« von 1893 ausgewählt. Übers. P. Henrici. Einsiedeln 1957, S. 67.

14 Ebd. S. 68.

Was sich aus einer negativen Antwort auf diese Frage ergeben würde, lässt sich philosophisch relativ leicht errechnen. Blondel hat es schon im »Projet der Thèse« breit ausgeführt und er kann unter dem Titel »La mort de L'Action« (»Der Tod des Tuns«) vieles davon übernehmen. Anders steht es mit der positiven Antwort, der Gottesliebe bis zum Selbsthass. Hier lässt sich nur zeigen, welche Gestalten eine solche Gottesliebe annehmen kann und muss. Sie begnügt sich nicht damit, dass ein Mensch liebend offen ist für alle und für alles andere; sie freut sich geradezu, im Leiden und im Erleiden etwas von diesem/diesen andern zu erleben. Mehr kann die Philosophie über das Ergebnis einer solch offenen Liebeshaltung nicht sagen; es ist und bleibt ein reines Gottesgeschenk – das, was Blondel mit einem vielfach umstrittenen Ausdruck das »Übernatürliche« nennt:

> »Absolut unerreichbar und absolut notwendig für den Menschen, das ist genau der Begriff des Übernatürlichen. Das Tun des Menschen geht über den Menschen hinaus, und das ganze Bemühen seiner Vernunft muss sich auf die Einsicht ausrichten, dass er bei ihr nicht stehen bleiben kann.«[15]

Und doch versucht Blondel in einem Fünften und letzten Teil von L'Action (1893), einige Aussagen über ein mögliches »übernatürliches« Gottesgeschenk zu machen. Da der katholische Glaube beansprucht, ein derartiges Gottesgeschenk zu kennen, kann er als Leitbild dafür genommen werden, sich auch philosophisch auszudenken, wie unsere Aufnahme eines solchen Geschenks, das alle unsere natürlichen Möglichkeiten übersteigt, aussehen müsste: Es müsste uns von außen, in einer »Offenbarung«, versprochen werden, und wir könnten es uns nur in vorgeschriebenen Verhaltensweisen (einer »pratique littérale«, wie Blondel unübersetzbar sagt) aneignen. Diese vorgeschriebene Praxis müsste der »Tradition« einer auf dieses Gottesgeschenk ausgerichteten »kirchlichen« Gemeinschaft entsprechen. Wer bereit ist, sein Tun nach diesen Vorschriften auszurichten, wird darin, so Blondel, eine Antwort auf die Frage nach dem Lebenssinn erhalten.

Damit hat Blondel eine Antwort und zugleich keine Antwort auf die Frage nach dem Lebenssinn gegeben. Er konnte philosophisch eine Sinnrichtung des Lebens aufzeigen, ein Ziel, auf das es zuzustreben scheint,

15 Ebd. S. 91.

das aber menschlich unerreichbar ist. Ob diese Sinnrichtung für sein Leben Sinn macht, das muss letztlich jeder selber entscheiden. Und ob Gott durch ein unerrechenbares und unerzwingbares Gnadengeschenk das Leben zu seinem angestrebten Ziel kommen lässt, diese Frage kann jedermann wieder nur durch eine höchst persönliche, letztlich nicht mehr mitteilbare Lebenserfahrung beantworten. Blondel jedenfalls beschließt sein Werk mit einem unüberhörbaren Glaubensbekenntnis:

> »Wenn es erlaubt ist, noch ein Wort, ein einziges hinzuzufügen, das außer dem Bereich menschlichen Wissens und der Zuständigkeit der Philosophie liegt, das einzige Wort, das angesichts des Christentums jenen besseren Teil einer Gewissheit ausdrücken kann, die sich nicht mitteilen lässt, weil sie sich nur im Verborgensten des persönlichen Tuns ergibt, ein Wort, das selbst wiederum eine Tat ist, dann muss man es sagen: ›Ja, es ist so‹.«[16]

Dieses »C'est«, mit dem Blondel sein Werk beschließt, hat für ihn, nach dem Ausweis seiner »Carnets«, einen tiefen Sinn. Es bejaht nicht nur ganz allgemein den katholischen Glauben und die katholische Sittenlehre, sondern insbesondere das Geheimnis der Eucharistie und jenes des Dreifaltigen Gottes.

III.

Bis hierher sollte in aller Kürze aufgezeigt werden, wie aus der im »Projet de Thèse« vorgelegten Philosophie des Tuns in L'Action (1893) eine Anleitung zur Erkundung des Lebenssinnes geworden ist. Es wäre jedoch verfehlt, sie deswegen nicht mehr als »wissenschaftliches« philosophisches Werk zu betrachten. Schon der Untertitel hat diesen Anspruch erhoben, mit unüberhörbarem Anklang an Kant und Fichte oder Hegel: »Versuch einer Kritik des Lebens und einer Wissenschaft der Praxis«. Und um die philosophische Tragweite seiner Ausführungen nochmals zu unterstreichen, hat Blondel nach der Verteidigung seiner Doktorarbeit an der Sorbonne, dieser für ihre öffentliche Ausgabe noch ein weiteres, neues letztes Kapitel hinzugefügt. Es handelt vom »Band des

---

16 *L'Action* (1893), S. 492.

Erkennens und des Tuns im Sein«. Doch wer darin eine mehr oder weniger traditionelle Seinsphilosophie erwartet, wird enttäuscht. Das Kapitel handelt, in teilweiser Wiederholung des schon Gesagten, von unserem Erkennen des Seins und es unterstreicht, dass wir das wirkliche Sein der aufgezeigten Phänomene nur im wirklichen Tun erfassen können. Rückgreifend auf seine Philosophie des (immer subjektiven) »Vinculum«, versucht Blondel dann auch aufzuzeigen, dass sich das wirkliche Sein der Erscheinungswelt nur von der Menschwerdung, ja vom Leiden des göttlichen Logos her völlig begreifen lässt.

Das war zweifellos sehr steil gedacht und weiterer Ausführung und Begründung bedürftig. Das letzte Kapitel von L'Action (1893) kann denn auch mit seinem Fragen nach unserem Denken, nach der Erkenntnis und dem Wesen des Seins und seinem abschließenden Hinweis auf die Bedeutung des Tuns schon als eine erste Skizze für Blondels Haupt- und Lebenswerk, die »Trilogie«, gelesen werden. Leider konnte der inzwischen fast erblindete Blondel diese seine »Summa Philosophica« leider nicht mehr schreiben, sondern nur noch diktieren. Am Anfang steht die Frage nach unserem Denken; sie hat Blondel seit der Abfassung seiner These immer wieder beschäftigt. Schon 1898 hat »L'illusion idéaliste« das Denken zum Thema; es weist bereits, wie alle späteren Schriften über das Denken, auf eine menschlich unüberbrückbare Zweiheit in unserem menschlichen Denken und Erkennen hin und erklärt, dass das Problem des Erkennens erst gelöst werden kann, wenn man sein Ziel ins Auge fasst:

> »An die Stelle der Frage nach der Übereinkunft von Denken und Wirklichkeit, oder jener andern nach der objektiven Geltung des Subjektiven, müssen wir das gleichwertige und doch ganz andere Problem der inneren Angleichung von uns selbst an uns selbst treten lassen.«[17]

Diese Angleichung, die »adaequatio mentis et vitae«, wie es Blondel in einer späteren Schrift sagt, können wir letztendlich, wie schon L'Action (1893) gezeigt hat, nicht durch unser eigenes Bemühen erreichen;

17 M. Blondel, *L'Illusion idéaliste* (1898), in: *Les premiers écrits.* Paris 1956, S. 110. Deutsch: *Die idealistische Illusion,* in: *Der Ausgangspunkt des Philosophierens. Drei Aufsätze.* übers. A. Raffelt. Hamburg 1992.

sie muss uns als eine Art »Gnade« geschenkt werden. Was wir tun können und zu tun haben, ist unsere Erwartung und Bereithaltung für ein solches Geschenk. Mit weiteren Abwandlungen bzw. genaueren Formulierungen führt Blondel die Einsicht in die unüberbrückbare Zweiheit in unserem Denken und die Erwartung einer gnadenhaften Vermittlung weiter, bis sie in den beiden Bänden von »La Pensée« (1934)[18] ihre endgültige Fassung erreicht. Dort legt Blondel seinen Gedanken mit dem eingängigen Bild eines Diptychons dar. Wenn sich die beiden untereinander nicht zu vermittelnden Seitenflügel unseres Denkens öffnen, wird das Diptychon zum Triptychon und das Mittelbild zeigt sich. Dieses ist allerdings kein Bild mehr; es ist das von Blondel so oft angerufene »vinculum« (perceptionis, percipientis et percepti), das volle Erkenntnis vermittelt, aber in letzter Instanz immer nur geschenkt werden kann. Ohne dabei ausdrücklich von Mystik zu sprechen (über die Blondel lange nachgedacht und mehreres veröffentlicht hat[19]), weist er am Ausgang von »La Pensée« auf ein ähnliches Denkgeschenk hin, das man erwarten und erhoffen kann, aber auch annehmen muss.

In »L'Être et les êtres. Essai d'ontologie concrète et intégrale« (1935), dem vielleicht lesenswertesten Band der Trilogie, sieht Blondel eine unüberbrückbare Zweiheit im endlichen Seienden darin, dass »Sein« eigentlich Normativität bedeutet, während doch kein Endliches dieser Norm entsprechen kann. Erst das »Sein« als solches, also Gott (l'Être mit Großbuchstaben), vermag als »vinculum substantiale«, das uralte Thema Blondels, die fehlende Einheit zu vermitteln. Auch hier hat wieder das Erwarten und Erhoffen das letzte Wort. Nicht anders geht es in den beiden abschließenden Bänden der »Trilogie«, einer nicht mehr phänomenologisch, sondern ontologisch ausgerichteten Relecture von

18 M. Blondel, *La Pensée*,.I. *La genèse de la pensée et les paliers de son ascension spontanée*. II. *La responsabilité de la pensée et la possibilité de son achèvement*. Paris 1934, ²1948, 1954. Deutsch: *Das Denken*. I. *Die Genesis des Denkens und die Stufen seiner spontan aufsteigenden Bewegung*.
II. *Die Verantwortung des Denkens und die Möglichkeit seiner Vollendung*. Übers. R. Scherer. Freiburg-München 1953, 1956.

19 Vgl. dazu H. Wilmer, *Mystik zwischen Tun und Denken. Ein neuer Zugang zur Philosophie Maurice Blondels*. Freiburg 1992.

L'Action (1893). Wie diese schließt sie mit der offenen Erwartung einer von Gott her geschenkten Vollendung des menschlichen Tuns.

So ist es kennzeichnend, dass die ganze Trilogie, so seinsphilosophisch sie sich gibt, nicht mit einer Abhandlung über das Sein schließt, sondern wieder auf die notwendig offenbleibende Betrachtung des menschlichen Tuns hinausläuft. Alles philosophische Denken lässt sich nur in einer persönlichen, letztlich religiösen Entscheidung vollenden. Erst von »oben«, durch ein Gnadengeschenk, kann unser Denken und Sein letztlich begründet werden und das Leben seinen wahren und letzten Sinn erhalten. Diese durchgängige Grundstruktur seines Denkens und seiner Schriften hat Blondel einmal mit dem Pantheon verglichen, dessen Kuppel, ja das ganze Gebäude, wird nicht von einem von oben eingefügten Schlussstein zusammengehalten. Diese Stelle vertritt beim Pantheon eine große Öffnung. Durch sie fällt alles Licht in das Gebäude; sie macht es zu einem sinnvollen, reich geschmückten Bau und hält zugleich das Ganze zusammen. Ohne diese Offenheit für das Licht des Himmels gäbe es kein Pantheon; ohne die Offenheit für ein alles vollendendes Gnadengeschenk gäbe es für Blondel kein Denken, kein Sein und keinen Lebenssinn.

Eine zweite, leider unvollendete Trilogie sollte etwas von diesem von oben (vom historischen Christentum und vom christlichen Glauben) her einfallenden Licht zeigen. Das Entscheidende dieser zweiten Trilogie hat Blondel glücklicherweise schon etwa dreißig Jahre früher, als er zu erblinden begann, in zwei Aufsätzen zusammengefasst, die er am Vorabend seines Todes unter dem Titel »Exigences philosophiques du christianisme«[20] zur Veröffentlichung freigegeben hat. Dieses sozusagen postume Werk enthält den Kern des Blondelschen Denkens, seine »Hintergedanken«, und man sollte es deshalb sinnvollerweise als Erstes lesen. Ausgehend vom christlichen Gott der Liebe entwirft Blondel in einem ersten Teil eine Philosophie der Liebe und in einem zweiten Teil unter dem Titel »Assimilation« eine Philosophie der Gottangleichung

---

20 M. Blondel, *Exigences philosophiques du christianisme.* Paris 1950. Deutsch: *Philosophische Ansprüche des Christentums,* übers. R. Scherer. Wien–München 1954. Vgl. den unten stehenden Beitrag von P. Reifenberg, Der Sinn des christlichen Lebens.

des Menschen, wobei er bei dieser wohl nicht zuletzt an seine eigene eucharistische Frömmigkeit gedacht hat.

Diese notwendig etwas kurzen und oberflächlichen Ausführungen konnten, so hoffe ich, wenigstens zeigen, wie in Maurice Blondels Denken und Werk philosophisches Interesse und philosophische Stringenz stets Hand in Hand gehen mit einer existenziellen, ja religiösen Interessiertheit. Philosophie und die Frage nach dem Lebenssinn lassen sich bei ihm schlechterdings nicht trennen. Er philosophiert letztlich immer auf dem Hintergrund seiner eigenen christlichen Erfahrung. Darum bleibt sein Werk auch siebzig Jahre nach seinem Tod immer noch lesenswert und spannend, und darum kann sein Denken auch für uns in Zukunft wegweisend sein.

Peter Henrici

Zum Hintergrund der Phänomenologie von L'Action (1893) in den »Carnets Intimes«

Seit langem weiß man, dass Blondels L'Action (1893) nicht nur der Philosophie, sondern auch der Spiritualität verpflichtet ist. Schon 1956 hat mich Hans Urs von Balthasar gebeten, eine Auswahl geistlicher Texte hieraus für seine Reihe »Sigillum« zu übersetzen. Das habe ich 1957 unter dem Titel »Logik der Tat«[1] getan, und dieses Unternehmen in einem grundlegenden Artikel »Glaubensleben und kritische Vernunft«[2] sieben Jahre später zu rechtfertigen versucht. Chrysologue Mahame hat dann 1972 in seiner Pariser Dissertation »Spiritualité et philosophie chez Maurice Blondel de 1883 à 1893«[3] gezeigt, auf welche geistlichen Schriftsteller Blondel in seinem Hauptwerk Bezug nimmt, und Jean Leclercq hat das 2001 für Bernhard von Clairvaux noch eingehender nachgewiesen: »Maurice Blondel – lecteur de Bernard de Clairvaux«[4].

Inzwischen waren 1961 die ersten »Carnets Intimes« Blondels veröffentlicht worden.[5] Es konnte nicht entgehen, dass sich darin nicht wenige, zum Teil wörtliche Entsprechungen zum Text des Opus magnum finden, wobei die Texte der »Carnets« eindeutig älter sind als die Paral-

1 Maurice Blondel, Logik der Tat. Aus der »Action« von 1893 ausgewählt und übertragen von Peter Henrici. Einsiedeln: Johannes Verlag, ^{2}1986.

2 Peter Henrici, Glaubensleben und kritische Vernunft als Grundkräfte der Metaphysik des jungen Blondel (1964), jetzt in: Philosophie aus Glaubenserfahrung. Studien zum Frühwerk Maurice Blondels. Freiburg: Alber, 2012, S. 14–66.

3 Chrysologue Mahame, Spiritualité et philosophie chez Maurice Blondel de 1883–1893. Paris. Beachesne, 1972.

4 Jean Leclercq, Maurice Blondel – lecteur de Bernard de Clairvaux. Bruxelles: Lessius, 2001.

5 Maurice Blondel, Carnets Intimes (1883–1894). Paris: Cerf, 1961 (zitiert: Carnets); deutsch: Tagebuch vor Gott 1883–1894. Übertragen von Hans Urs von Balthasar. Einsiedeln: Johannes Verlag 1964 (zitiert. Tagebuch).

leltexte von L'Action (1893). Die Sichtung und Ordnung der philosophischen Notizzettel Blondels (die heute im Blondel-Archiv in Louvain-la-Neuve unter dem Namen »Notules« zu finden sind) brachte schließlich eine Gruppe von etwa 1000 kleinen grünen Notizzetteln zutage, die mit wenigen Stichworten und einer Stellenangabe auf die »Carnets« verweisen. Blondel verfertigte sie, um Texte aus den »Carnets« zunächst in die »Grands Plans« und dann erst in die Endredaktion einzufügen. In meine elektronische Ausgabe der »Notes philosophiques«[6] habe ich diese Gruppe von »Notules« nicht aufgenommen; sie müssen als Fußnoten (oder vielleicht als Zwischentitel) in der neuen kritischen Ausgabe der »Carnets« veröffentlicht werden.

All das dürfte zeigen, wie erhellend die »Carnets« für ein angemessenes Verständnis des Werks sein könnten. Drei Beispiele mögen hier erläutern, was die »Carnets« zu einem vertieften, sagen wir »existentiellen« Verständnis der Phänomenologie von L'Action (1893) beitragen können.

I.

Blondels Phänomenologie beschränkt sich nicht auf den großen Dritten, mit »Das Phänomen der Tat« überschriebenen Teil des Werkes. Sie setzt schon auf der ersten Seite ein, wo Blondel von »diesem Schein von Sein, der sich unruhig in mir regt«[7] spricht. Und sie umfasst auch den Vierten Teil des Werks, das zwar mit »L'être nécessaire de L'Action« überschrieben ist, was jedoch im Sinne Blondels wohl mit »Das Notwendig-Sein des Tuns« zu übersetzen wäre. Wie »déterminisme« und »hétérogènes et solidaires« gehört auch »nécessaire« zur wissenschaftsgemäßen Terminologie der Phänomenologie Blondels. Das Gleiche gilt

6 Jetzt zu konsultieren unter: http.//www.ub.uni-freiburg.de/referate/02/blondel/notes/not-ser0-5.pdf.

7 Maurice Blondel, L'Action (1893). Essai d'une critique de la vie et d'une science de la pratique. Paris: PUF 1949 u.ö, S. VII (zitiert: L'Action); deutsch: L'Action – Die Tat (1893). Versuch einer Kritik des Lebens und einer Wissenschaft der Praxis. Aus dem Französischen übertragen von Anton van Hooff. Freiburg, Alber, 2018 Freiburg, Alber 2018, S. 27 (zitiert: Die Tat).

für die ersten zwei Kapitel des Fünften Teils, wo Blondel im Sinn einer platonisch-geometrischen »Hypothese« die »notwendigen« Strukturen einer möglichen Offenbarung und einer »übernatürlichen« Vollendung des Tuns phänomenologisch vorzeichnet.

Jeden Zweifel über ein derart umfassendes Verständnis der Phänomenologie Blondels wird schließlich das erst nach der Verteidigung nachgelieferte dritte Kapitel des Fünften Teils beseitigen. In seinem Titel scheint dieses Kapitel zwar eine Ontologie zu versprechen: »Das Band zwischen der Erkenntnis und der Tat im Sein«; doch Blondel versteht auch diese Ontologie phänomenologisch. Das Wort »phénomène« taucht in diesem Kapitel fast noch häufiger auf als in den früheren Kapiteln, und eine ganze Anzahl ausdrücklicher Aussagen kann noch den letzten Zweifel ausräumen. So heißt es gleich zu Anfang, in der Vorschau auf den Gang der Untersuchung: »Wie bildet sich unausweichlich in uns die Idee der objektiven Existenz? Wie bejahen wir unaufhaltbar die Realität als solche der Objekte unserer Erkenntnis? Welches ist genau der notwendige Sinn dieser Existenz? Unter welchen Bedingungen ist diese zwangsläufig gedachte und bejahte Realität wirklich reell? Diese Fragen setzen zwar zunächst die Bewegung des praktischen Determinismus fort; sie scheinen nur die inneren Bezüge zu betreffen, die allen Phänomenen ihren Zusammenhalt in unserem Bewusstsein verleihen.«[8]

Doch dann fährt Blondel fort: »Aber am Schluss wird sich herausstellen, dass es diese Phänomene selbst sind, die das Sein der Dinge konstituieren« (A 425/540). So muss sich der Interpret fragen, wo Blondel dieses »am Schluss« findet. Bevor ich diese Frage zu beantworten versuche, drängt sich eine Bemerkung über den Sinn der Phänomenologie Blondels auf. Sie steht, meines Erachtens, dem nachkantischen Phänomenismus eines Renouvier näher als einer Phänomenologie Husserlscher Prägung. Für Blondel sind sogar die Noumena Kants noch zu den Phänomenen zu rechnen: »Auch das angebliche *Ding an sich* ist noch ein Phänomen, und es ist das Phänomen, das wahrhaf-

8 L'Action, S. 424–425; Die Tat, S. 540.

tes *Ding an sich* wird.«[9] Noch spezifischer als auf Renouvier wäre für Blondels Phänomenologie auf Claude Bernard und auf Hippolyte Taine zu verweisen. Für diese erkennt die Wissenschaft immer nur Phänomene. In diesem Sinn ist zweifellos auch der Untertitel von L'Action (1893) zu verstehen: »Eine Wissenschaft der Praxis«, sowie Blondels unermüdlich wiederholter Hinweis auf die »Wissenschaftlichkeit« seiner Ausführungen.

Wenn wir Blondels Phänomenismus in diesem wissenschaftlichen Sinn verstehen, spitzt sich die Frage zu, wo denn das »am Schluss« zu suchen ist, wo sich alle Phänomene, gerade als solche, als wirklich seiend erweisen sollen. Die letzten Seiten des dritten Kapitels des Fünften Teils scheinen von diesem wirklichen Sein zu handeln; doch genau besehen, beschreiben sie nur die Bedingungen, unter denen ein wirkliches Sein der Phänomene denkbar ist und unter denen wir es allenfalls erfassen können. Blondel sagt: Das Sein kann nur im Gesamtzusammenhang unseres Tuns und unseres Denkens erfasst werden, und dieser Gesamtzusammenhang schließt notwendig auch die »Option« vor dem »Einen Notwendigen« ein. Das aber heißt: Wir erfassen das Sein nur in einer offenen Haltung der Liebe – und um das zu sagen, übernimmt Blondel Teile aus einer früheren Redaktion des gleichen Kapitels.[10] Bei dieser Erörterung der Bedingungen, unter denen das Wirklich-Sein der Phänomene allererst denkbar wird, kommt Blondel, wenigstens in Andeutungen, notwendigerweise auch auf seinen »Panchristismus« zu sprechen.[11] Doch all das, betont er, gehört noch zur Phänomenologie:

»Alles, was hier vorausgeht, bringt lediglich die unausweichlichen Forderungen des Denkens und der Praxis zum Ausdruck. Deshalb ist dies erst ein System wissenschaftlicher Verhältnisse, bevor es als Kette von reellen Wahrheiten erscheint«.[12]

---

9 L'Action, S. 460; Die Tat, S. 581.

10 Vgl. dazu: Le dernier chapitre de »L'Action« (1893). Édition critique, établie par Henri Bouillard, in: Archives de Philosophie 24 (1961), S. 31–40.

11 L'Action, S. 460–461, 465; Die Tat, S. 582, 587.

12 L'Action, S. 461; Die Tat, S. 583.

Man beachte dieses »erscheint«, das auch die »Kette reeller Wahrheiten« nochmals ausdrücklich der Phänomenologie zuordnet. So ergibt sich zwingend die Folgerung: Dass das wirkliche Sein, nach der Meinung des jungen Blondel, nur in und nach dem tatsächlichen Vollzug der »Option« erfasst werden kann, mag diese »Option« nun ausdrücklich oder auch nur einschlussweise geschehen. Doch die Option schließt immer auch, ja vor allem, die Bereitschaft zur Anerkennung einer zumindest möglichen »übernatürlichen« Vollendung des menschlichen Tuns ein. Das haben die neothomistischen Polemiken gegen Blondel richtig erkannt, allerdings ohne zu bedenken, das Thomas von Aquin die Option selbstverständlich vollzogen hatte und darauf weiterbaute.

All diese Überlegungen führen zum Schluss, dass Blondel mit »Am Schluss« erst das allerletzte Wort von L'Action (1893) gemeint haben kann, jenes »C'est«, »Es ist«, das seine Ausführungen abschließt:

»Wenn es gestattet ist, nur ein einziges Wort hinzuzufügen, das den Bereich der menschlichen Wissenschaft und die Zuständigkeit der Philosophie überschreitet, das einzige Wort, das angesichts des Christlichen dazu fähig ist, jenen Teil der Gewissheit auszudrücken, und zwar den besten, welcher nicht mitgeteilt werden kann, weil er nur aus der Intimität der ganz persönlichen Tat aufsteigt, ein Wort, das selbst eine Tat sein möge, dann müssen wir es sagen: ›Es ist‹.«[13]

II.

Dieses fast unübersetzbare, absolute »C'est«, dieses »Es ist« ohne Prädikat ist somit zugleich eine Seinsaussage und ein Glaubensbekenntnis. Die »Carnets Intimes« können nun zeigen, was für Blondel hinter diesem »C'est« steht. Ein betontes, auffälliges, gleich viermal wiederholtes absolutes »C'est« findet sich in den »Carnets« schon recht früh, am 4. März 1888, noch bevor Blondel den ersten Entwurf seiner These zu schreiben begonnen hat. Es steht unüberhörbar betont da und wird gleich viermal wiederholt. Kurz darauf wiederholt es Blondel noch drei-

13 L'Action, S. 492; Die Tat, S. 617.

mal, am 18. März, am 23. April, am 3. Juli 1888 (auch dort wieder viermal: »C'est«, und dann: »C'est, est, est«). Zuletzt erscheint es, wieder in dreifacher Wiederholung, am 8. Mai 1891 und nochmals am 24. Januar 1892.

Diese Häufung und Betonung legt nahe, dass Blondel mit dem »C'est« nicht einfach eine theoretische Einsicht festhalten will. Es scheint vielmehr ein Herzensanliegen auszudrücken, das Blondel mit sich herumtrug. In diesem Zusammenhang fällt auf, dass die ersten beiden und das letzte Vorkommen in der veröffentlichten Ausgabe der »Carnets« fehlen; es handelt sich um Texte im Zusammenhang mit einem Kommunionempfang, die von den Herausgebern als zu intim gestrichen wurden. Für uns heißt das: Blondel braucht den Ausdruck »C'est« vor allem im Zusammenhang mit der Eucharistie. Hören wir den ersten der erwähnten Texte:

»Jedesmal, wenn man die Kommunion empfängt, stirbt man. Wie süß ist doch der Tod. Wenn man diese Süße verstehen könnte, wäre das der Tod. Alles, was man ersehnt, alles, was man wollen möchte, findet sich da; es ist besser als der beste Traum, und *es ist*; es ist schöner und deutlicher als das schönste Begreifen, und *es ist.* In vollem Bewusstsein, im Besitz der Gewissheit, *es ist*; *es ist.* Da ist nur noch ein dünner Schleier wegzuschieben; *Es ist*; Wenn man diese Süße verstehen könnte, wäre das der Tod.«[14] [Hervorhebungen P. H.]

Ich enthalte mich vorerst jedes Kommentars und übergehe die beiden andern eucharistischen Texte. Nur die drei kurz nach dem ersten geschriebenen Texte, am 18. März, am 23. April und am 3. Juli, sind noch zu erwähnen. Sie wenden sich an die Ungläubigen und halten ihnen ein sehr betontes »C'est« entgegen. Was meint dieses »C'est«? Am deutlichsten wird das im kürzesten Text, am 23. April 1888, der veröffentlicht ist:

---

14 »Chaque fois qu'on communie, on meurt. Que la mort est douce. Cette douceur, si on la comprend, serait la mort même. Tout ce qu'on désire, ce qu'on voudrait vouloir est là; c'est meilleur que le meilleur rêve, et c'est; c'est plus beau et plus net que la plus belle conception, et c'est. Dans la pleine réflexion, dans la certitude possédée; c'est, c'est. Rien qu'un mince voile à soulever; C'est; cette douceur, si on la comprend, serait la mort...« (4. März 1888, Carnet α, 123).

»Die vermeintlichen Torheiten der Liebe sind alle in der Vernunft begründet; nichts Ausgefallenes, nichts Willkürliches im christlichen Dogma und in der christlichen Ethik. *Es ist.*«[15]

Das »C'est« sagt hier uneingeschränkt Ja zum ganzen Dogma und zur ganzen christlichen Moral. Im Gegensatz zur Meinung der Ungläubigen behauptet es, dass der christliche Glaube und das christliche Leben der Vernunft entsprechen. Genau das will Blondel aufzeigen.

Werfen wir zum Schluss dieses ersten Durchgangs noch einen kurzen Blick auf das fünfte, das vorletzte »C'est« in den »Carnets«. Es findet sich erst drei Jahre nach den ersten Texten, am 8. Mai 1891, und steht in einem ganz anderen Zusammenhang. Blondel hat soeben den vorletzten Entwurf zu seinem ›chef d'œuvre‹, das »Projet de Thèse« abgeschlossen, und er denkt über das unergründliche Geheimnis des dreifaltigen Gottes nach. Auch dieser Text ist veröffentlicht:

»Ich verliere mich und jeder Geist verliert sich in den Abgrund Deines Seins, ohne zu fassen, dass Du nicht anders sein könntest, dass es ewig so *ist, ist, ist.* Gib mir das Gespür für diese unauslotbare Notwendigkeit, in der sich Deine unendliche, unumschränkte Freiheit entfaltet.«[16]

Das »C'est« ist hier Ausdruck für das unergründliche, ewig unabänderliche göttliche Sein. Indem es dieses auszusprechen sucht, wird es zu einem Bekenntnis des Glaubens an den unbegreifbaren, unwandelbaren dreifaltigen Gott. Der ganze, hier nur auszugsweise zitierte Text müsste zu einem richtigen Verständnis des »Einzig Notwendigen« und zu der dort angedeuteten Trinitätslehre Blondels beigezogen werden.

Wir konnten hier nur wenige Texte der »Carnets« vorlegen und diese auch nur kurz. Doch schon daraus ergibt sich eine wichtige Schlussfolgerung: Das abschließende »C'est« besagt als Glaubensbekenntnis Blondels, dass er das wirkliche (nicht nur phänomenologische) Sein der Welt nur im Rahmen der ganzen gottgewollten Weltordnung begreifen kann.

---

15 Carnets, S. 135; Tagebuch, S. 152.

16 Carnets, S. 406; Tagebuch, S. 429.

Und diese umfasst für ihn nicht nur, ja nicht einmal in erster Linie die »übernatürliche« Berufung und Vollendung des Menschen (über die in der frühen Blondel-Literatur so viel gestritten wurde), sondern noch grundlegender das Geheimnis der Eucharistie und das Geheimnis des dreifaltigen Gottes. Beide sind uns vermittelt in der Menschwerdung des Logos, dem Blondelschen »Panchristismus«, den man schon aus den letzten Seiten seines Hauptwerks herauslesen konnte und der ebenfalls vielfach diskutiert worden ist.

Die »Carnets« können nun zeigen, dass diese »Hintergedanken« Blondels keineswegs »obiter dicta« sind und auch keine bloß theoretisch gewussten Wahrheiten. Sie bilden vielmehr seine Lebensgrundlage. Wenn Blondel in seiner Philosophie Welt und Leben bis zuallerletzt immer nur phänomenologisch verstehen will, muss man das wohl als eine Epoché des Gläubigen bezeichnen. Er setzt seinen Glauben der Wissenschaft und den Ungläubigen zuliebe in Klammern, wird aber hintergründig doch immer von seinem Glauben geführt.

Das »Ex libris« Blondels: »Ex eis quae videntur et absunt ad ea quae non videntur et sunt«, das an Newmans »Ex umbris et imaginibus ad veritatem« anklingt, sagt deutlich genug, dass seine Phänomenologie des menschlichen Tuns und der Welt nicht nur als ein vorläufiger apologetischer Kunstgriff verstanden werden darf. Es ist vielmehr die wahre, wirklichkeitsgetreue Sicht eines Gläubigen auf Mensch und Welt; denn in seinem Glauben kann er das, was sich unmittelbar »zeigt«, nur als bloße »Erscheinung«, als »Phänomene« betrachten. In seinem Glauben weiß er, dass die wirkliche Welt und das wahre Leben nur in dem (immer schon anwesenden, aber nicht sichtbaren) »Jenseits« zu suchen und zu finden sind. Als Kronzeugen dafür könnten 1 Korinther 13,12 und 1 Johannes 3,2 angeführt werden.

Diese Überlegungen lassen den Phänomenismus Blondels noch einmal mit anderen Augen lesen, und sie lassen auch verstehen, weshalb nach Blondel die »possession de l'être«, der wirkliche Seinsbesitz, nur durch eine religiöse Entscheidung oder »Option« zu erreichen ist. Im Licht der »Carnets« findet auch diese ehemals umstrittene und bestrittene Lehre Blondels ihre Erklärung.

III.

Eingangs habe ich drei Beispiele dafür versprochen, dass die »Carnets« zu einem vertieften Verständnis von L'Action (1893) beitragen können. Nach diesem ersten, ausführlich dargelegten Beispiel erscheinen die zwei andern etwas weniger tiefgreifend und nicht ganz so einsichtig. Ich kann sie hier leider nur noch andeutungsweise vorlegen.

Das dritte Kapitel des dritten Teilabschnitts in der »Phänomenologie des Tuns«: »Die innere Synergie und der Aufbau des individuellen Lebens durch die Tat«[17] darf, nicht nur rein rechnerisch, als das zentrale Kapitel des ganzen Werks gelten. Hier beginnt die *»action«* erstmals die Hauptrolle zu spielen, und hier spürt man auch auf Schritt und Tritt die persönliche Erfahrung, die hinter Blondels Ausführungen steht. Er beruft sich zwar auch hier, ausdrücklich oder implizit, auf zahlreiche Gewährsmänner: Aristoteles, Spinoza, Preyer, Ignatius, Pascal, Leibniz, Franz von Borgia, Scupoli …, wie er das in den beiden vorstehenden Kapiteln ausführlich getan hat; doch die gerade hier besonders zahlreichen existentiellen Beispiele oder Anspielungen verweisen, eindeutig genug, auf den persönlichen, gelebten, ja aszetischen Hintergrund der Aussagen Blondels.

Das bestätigen die »Carnets«. Namentlich im kurzen zweiten »Carnet«, im »Carnet β«, sieht sich Blondel immer wieder angefochten und zerrissen von unbewussten, gegenläufigen Tendenzen. Diese erscheinen in L'Action (1893) als »oisiveté« (A 182), »impulsions rébelles de la concupiscence« (A 183), »mollesse« (A 186), »meute d'appétits rébelles«, »défaillances« und, autobiographisch, als die »timides que le seul son de leur voix anéantit« (A 188), als »pusillanimité«, »résistances accumulés« (A 191), »dangereux entraînements«, »mouvements involontaires« (A 192).

Öffnen wir das Carnet β, so finden wir gleich auf der zweiten Seite das Bekenntnis:

»Versagen, ungezähltes Versagen, namenloses Versagen, ohne darauf zu achten, ohne mich daran zu erinnern, ohne Sehnsucht nach etwas

17 L'Action, S. 181–200; Die Tat, S. 259–281.

Besserem, ohne Gewissensbisse. Verzeih mir, Gott, dass ich so viele Schwächen nicht bereut und bekannt habe. Möge ich wenigstens einen Nutzen daraus ziehen, indem mir immer besser bewusst wird, wie sehr Du Dich immer wieder herablässest, wenn Du Dich mir schenkst ...«[18]

Also auch da wieder eine Anspielung auf die Eucharistie, geschrieben am Vorabend eines Kommunionempfangs. Am nächsten Tag heißt es dann:

»Mit allen Teilen meines Seins will ich Dich umarmen ... Was wäre die Kommunion ohne dieses Umfangen; denn Du bist ja ohnehin überall da ...; was kommt durch Deine wirkliche Gegenwart in unserem Leib noch dazu? Im engen Geviert unseres Egoismus nehmen wir Dich in Beschlag, sperren wir Dich ein, ganz allein für uns. Du wirst »Ich«, Du machst dieses Ich liebenswert.«[19]

Neben den fast unzähligen Texten, wo Blondel sich sein Ganzseinkönnen vom Kommunionempfang erhofft, gibt es nur wenige andere, die es dem Tun zuschreiben:

»Sich immer so dumm, so eitel, so begierig finden, von andern gelobt und geliebt zu werden: eine fast uneinnehmbare Festung mitten in meiner Seele – ein besorgniserregender Egoismus! Welch eintöniges Lied von Versagen, Klagen, nutzlosem Verlangen! Doch mit Gottes Hilfe: Vorwärts; Zurückblicken versteinert; lassen wir alles zurück, was uns lieb ist, wie der unglückliche Loth. Also los.«[20]

---

18 »Défaillances, défaillances sans nombre, défaillances sans nom, sans attention, sans souvenir, sans désir du mieux, sans remords. Pardon, mon Dieu, de n'avoir même pas regretté et accusé tant de faiblesses. Que j'en sache tirer quelque bien, par une plus vive conscience de vos abaissements, chaque fois que vous vous donnez à moi ...« (Carnet ß, 10. Mai 1888).

19 » ... Oui, de toutes les parties de mon être je veux vous embrasser ... Sans cela que signifierait la Communion, puisque vous êtes déjà partout ...; qu'ajoute donc votre présence réelle, en notre propre corps? C'est que dans l'enclos de notre pauvre égoïsme, nous vous accaparons, nous vous enserrons, pour nous seuls. Vous devenez ›moi‹, le rendez aimable ce moi« (Carnet ß, 11. Mai 1888).

20 »Se retrouver toujours si sot, si vain, si désireux d'accaparer l'estime et l'affection des autres; quel inexpugnable donjon au centre de lâme – et quel égoïsme inquiet! Quelle monotonie de défaillances, de plaintes, et d'inutiles désirs! Mais à la grâce de Dieu: en avant; se retourner, c'est pétrifiant: laissons derrière nous même ce qui nous avons de plus cher, comme le pauvre Loth. Allons« (Carnet ß, 28. Juni 1888).

Einige Monate später, als Blondel bereits an der Niederschrift des »Premier Brouillon« ist, betet er nach einem Kommunionempfang:

»Bearbeite mein ganzes verborgenes Seelenleben, ziehe alle diese störrischen oder gleichgültigen Kräfte, an die mein armseliges Wollen nicht hinzulangen vermag, zu Dir hin; lebe in mir, wo ich tot bin, damit ich mir überall absterbe; sei meine Tat, mein Gedanke, mein Wort; o göttlicher Keim, brich auf, wachse, sei fruchtbar.«[21]

Doch schon sechs Tage später heißt es dann wieder:

»Ich zerfalle in Trümmer, wenn ich mein Einssein, mein Einziges nicht in mir habe. Ohne Ihn vermeine ich, eine Vielfalt fremder, gleichgültiger, feindlicher Leben in mir zu tragen; ich habe nicht *das* Leben.«[22]

Und wieder vier Tage später:

»Immer der gleiche innere Aufruhr und das gleiche Durcheinander der Seele:

Wer bringt mich zur Übereinstimmung vom Kopf bis zum Herzen? Wie kann ich mich besitzen?«[23]

Diese Blütenlese von unveröffentlichten Texten, die sich leicht vermehren ließe, zeigt zweierlei: Zum einen den existentiellen Erfahrungshintergrund der Phänomenologie von L'Action (1893). Sie ist nicht deshalb phänomenologisch, weil sie den Seinsbezug von Wahrnehmungen oder Denkinhalten in Klammern setzt; sie beschreibt vielmehr unmittelbar ein psychisch-spirituelles Erleben als solches. Doch sie entpersönlicht dieses Erleben auch und versucht, es als eine Grunderfahrung jedes Menschen aufzuzeigen. Deshalb verschiebt Blondel, zweitens, seine ganz persönliche, christlich-eucharistische Antwort auf dieses Erleben bis ans Ende seines Werkes, genauer gesagt: noch über dieses Ende hi-

---

21 »Agissez sur toutes mes puissances secrètes, ralliez-vous ces forces rebelles ou indifférentes où ma pauvre volonté n'atteindrait jamais; vivez en moi, là où je suis mort, et pour que je meure partout; soyez mon acte, ma pensée, ma parole; o germe divin, levez, surgissez, fructifiez« (Carnet ß, 4. November 1888).

22 »Je tombe en ruines, si je n'ai en moi mon unité, mon unique. Sans lui, il me semble avoir une multitude de vies étrangères, indifférentes, séparées ou hostiles, je n'ai pas la vie« (Carnet ß, 10. November 1888).

23 »Toujours même tumulte intérieur et même confusion de l'âme: qui donc m'accordera, de la tête au coeur? comment me posséder?« (Carnet ß, 14. November 1888).

naus. Er beschreibt in seiner Phänomenologie nur die allgemein zugängliche, die vorläufige Lösung im entschiedenen Tun. Das ist *seine* Epoché: Er verschweigt, was er nur aus seiner persönlichen Glaubenserfahrung kennt. In seiner Phänomenologie beschränkt er sich auf die allgemein menschlichen, jedermann zugänglichen Erfahrungen; das kann er, ohne sich selbst untreu zu werden; denn diese Erfahrungen streben unausgesprochen auf die ihm bekannte christlich-eucharistische Lösung zu. So kann er mit vollem Recht ein Tun, das sich selbst treu bleibt, als die zwar vorläufige, aber nicht wieder aufzugebende Antwort auf die Frage nach der Bestimmung des Menschen aufzeigen.

IV.

Hier drängt sich, abschließend, wenigstens ein kurzes Wort zur eigentlichen Crux der Blondel-Interpreten auf. Damit meine ich Blondels Behauptung oder gar seinen Aufweis, dass der Mensch seine Vollendung letztlich nur in der christlichen Gnadenordnung finden kann, und auf dem Weg dazu sein Hinweis auf eine unumgängliche »Option« vor dem »Einen Notwendigen«. Wenn wir nur auf die in den »Carnets Intimes« niedergelegte persönliche Erfahrung Blondels zu achten hätten, würde beides selbstverständlich erscheinen. Das Problem ergibt sich erst aus der Umsetzung dieser höchst persönlichen Erfahrung in einen philosophischen, rationalen, jedermann, auch und gerade den Nichtgläubigen zugänglichen Diskurs. Mit dieser Umsetzung hat Blondel bei der Ausarbeitung seines Hauptwerks jahrelang gerungen, davon zeugen die vier oder fünf noch erhaltenen Entwürfe, die der endgültigen Niederschrift vorausgingen.

Die »Carnets« könnten uns nun auch diese Umsetzung etwas verständlicher machen, was ich hier zumindest als Arbeitshypothese vorlegen möchte. Die Philosophie von L'Action (1893) ist, näher betrachtet, letztlich eine Philosophie des Wollens. Im Tun bewährt sich das Wollen; das Tun muss je und je als ein sich verwirklichendes Wollen betrachtet werden, so unvermeidlich, ja aufgezwungen uns das Tun zunächst erscheinen mag:

»Wenn ich dem folge, was unmittelbar zu Tage liegt, ist die Tat in meinem Leben eine *Tatsache*, die allgemeinste und beständigste von allen, Ausdruck des universellen Determinismus in mir. Die Tat bringt sich sogar ohne mich hervor. Mehr als eine Tatsache ist sie eine *Notwendigkeit*, die keine Doktrin zu leugnen vermag, da diese Leugnung eine höchste Anstrengung erfordern würde, eine Notwendigkeit, da sogar die Selbsttötung noch eine Handlung ist. Die Notwendigkeit bringt sich trotz meiner selbst hervor. Mehr noch als eine Notwendigkeit zeigt die Tat sich mir oft als eine *Verpflichtung*. Sie muss sich durch mich hervorbringen, sogar wenn sie von mir eine schmerzliche Wahl, ein Opfer, einen Tod erfordert ... Jede Festlegung schneidet unendlich viele mögliche Handlungen weg. Kein Mensch entkommt dieser natürlichen Abtötung.«[24]

Hier, auf der zweiten Seite, ist die »Option« bereits vorgezeichnet. Sie beruht auf der Ausschließlichkeit und Unwiderruflichkeit einer jeden Tat, und sie geschieht unweigerlich, wenn auch meist unausdrücklich, in jedem schlicht entschlossenen Handeln, dem sich kein Mensch entziehen kann. Das ist die »einzige direkte Methode der Überprüfung«, von der Blondel in der Einführung, aber nur dort, spricht[25] und auf die er erst mit dem abschließenden »C'est« wieder zurückkommt.

Wenn es nun in Blondels Phänomenologie nicht nur um das Tun, sondern ebenso sehr um das dahinterliegende Wollen geht, dann lässt sich auf jeder ihrer Stufen wissenschaftlich-philosophisch aufzeigen, dass ich nicht nur immer mehr (und zugleich weniger) tue als das, was ich tatsächlich tun will; es zeigt sich auch, dass mein Wollen im Grunde immer noch etwas anderes und mehr will, als was ihm auf jeder Stufe der Phänomenologie als Gegenstand vorgelegt wird. Mit dieser »Art Residualmethode«[26] nähert sich der Diskurs Schritt für Schritt dem an, was ich tatsächlich im Tiefsten immer schon will, anders gewendet: was in jedem Tun letztlich immer schon angezielt ist. Die im Tun unausgesprochen immer neu vollzogene Wahl kann schließlich als eine ausdrückliche Option zwischen Sein und Nichtsein aufgezeigt werden. Die Frage

24 L'Action, S. VIII; Die Tat, S. 28. Hervorhebungen von mir.

25 L'Action, S. XI–XV; Die Tat, S. 31–35.

26 L'Action, S. 322, Die Tat, S. 423.

lautet dann: Bin ich bereit, zu meiner Vollendung etwas zu wollen, das ich mir selbst in keiner Weise geben oder verschaffen kann? Das wäre, definitionsgemäß, etwas »Übernatürliches«: »Absolut unmöglich und absolut notwendig für den Menschen: genau dies ist streng genommen der Begriff des Übernatürlichen.«[27]

Wenn wir L'Action (1893) in dieser Weise als eine Phänomenologie des Wollens lesen, wird die Blondelsche »Option« geradezu selbstverständlich. Diese Lesart lässt uns auch besser verstehen, wie sich Blondel das »Übernatürliche«, die gnadenhafte Vollendung des Tuns, vorstellt. Entscheidend für ihn ist zweifellos die »Transsubstantiation« des Menschen im Kommunionempfang. Am Ende des letzten Kapitels deutet er deshalb zweimal an, dass er gerade in der Eucharistie die göttliche Garantie für das Wirklichsein der Sinnenwelt, des Ganzen aller »Phänomene« sieht. Seine Apologetik läuft letztlich auf eine Rechtfertigung der Eucharistie hinaus, wie Mario Antonelli in seiner tiefsinnigen Dissertation aufzeigen konnte.[28]

Der rein materielle Kommunionempfang genügt jedoch für eine solche »Transsubstantiation« nicht. Der Mensch ist tätiger Wille; deshalb muss auch sein Wollen mehr und mehr eins werden mit dem Willen Gottes – bis zuletzt, asymptotisch, die übernatürliche Vollendung des Menschen im Einssein mit dem Willen Gottes bestünde. Genau diesen Spannungsbogen zeigen nun die bisher zugänglichen »Carnets Intimes« auf. Das eigentliche Tagebuch beginnt am 24. November 1883 zunächst erschreckend voluntaristisch: »Ich will. Mein ganzes Leben antworte und künde: Ich will.« Doch gleich im nächsten Absatz klärt sich dieses Wollen: »Ich will mit Gott wollen, was Gott will, wie Gott von mir will; ich weiß nicht, was das ist; aber mit Ihm kann ich Alles, was ich aus mir nicht kann … Ich will, heute will ich, um morgen zu sagen: Wir wollen, um im Sterben zu sagen: Er will.«[29]

---

27 L'Action, S. 388; Die Tat, S. 498.

28 Mario Antonelli, L'Eucaristia nell'»action« (1893) di Blondel. La chiave di volta di un'apologetica philosophica. Milano: Glossa, 1993.

29 Carnets, S. 17, Tagebuch, S. 35.

Hier geht es Blondel offensichtlich zunächst um die Frage seiner gottgewollten Berufung, über die er sich noch nicht klar ist, zu der er jedoch jetzt schon Ja sagt. Er täuscht sich zwar, wenn er sich schon für »morgen« eine Klärung verspricht; doch er hat sich auch getäuscht, als er das »Er will« erst auf die Todesstunde verschob. Die letzten Seiten der »Carnets« zeigen, wie schmerzlich er nach der Verteidigung seiner These auf jedes eigene Wollen verzichten und sich dem dunklen, scheinbar widersinnigen Willen Gottes anheimgeben musste. Von seinen geistlichen Beratern erhielt er den Bescheid, er sei nicht zum Priestertum berufen, sondern zu einer Aufgabe an der staatlichen Universität, und zugleich versagte ihm diese Universität monate-, ja jahrelang jede Anstellung. In dieser dunklen Nacht reift Blondel zur vollen Hingabe an den Willen Gottes. Die wichtigsten Texte dafür finden sich in den »Carnets« am 1. August, 8. November und 1. Dezember 1893 sowie am 22. Februar und 17. Juli 1894. Ich möchte sie hier, abschließend, durch drei bisher unveröffentlichte Texte ergänzen:

»In allem, was vom Willen abhängt, mag es auch das Herz zerreißen, müssen wir gelassen, im Geist der Geduld, des Friedens und der Freude zur heiligmachenden Gegenwart Ja sagen. Denn alles, was nicht von uns stammt, das bist Du; und es ist gut für uns. Erbarme Dich meines zunehmenden Leidens, meiner Schwäche, meiner Angst.«[30]

»Ich müsste glücklich sein, für Dich zu leiden; es ist ein Leiden, in dem ich nichts anderes finden kann als Deinen Willen; ein unverständliches, unerbittliches, menschlich gesehen untröstliches Leiden, ein so großes Leiden, dass es mir mehr als das Leben wegnimmt, ein Leiden, das mir nur noch die Pflicht lässt, zu leben, zu handeln, nicht auf das zu achten, was ich leide; ein Leiden, wo ich vielleicht so tun müsste, als risse ich es mir aus dem Herzen, doch ohne dass ich die Narbe je verschwinden lassen kann: das möchte ich Dir mit freiem Willen als Opfer anbieten.«[31]

30 »De ce qui est volontaire, fût-ce ce nous ronge le coeur, il faut agréer avec douceur, en esprit de patience, de paix et de joie, la présence sanctifiante. Car tout ce qui n'est pas de nous, c'est vous; et c'est bon pour nous. Ayez pitié de ma souffrance accrue, de ma faiblesse, de mon angoisse« (Carnet δ, 8. Febr. 1894).

31 »Je devrais être heureux d'avoir à souffrir pour vous; oui, une souffrance où je ne puis trouver rien qui ne vienne de votre volonté; une souffrance inintelligible, im-

»Ich vertraue mich Deiner Führung an: Es sieht so aus, als schritten wir voran, und doch bist Du es, der uns ins Unbekannte trägt, wohin wir vielleicht gar nicht gehen möchten. Auch dann, wenn es aussieht, als würden wir uns frei bewegen, bist doch Du die heimliche Ursache unserer Unternehmungen. Diese unsichtbare Vorherrschaft nehme ich gerne an, damit Du auch das in die Hand nimmst, was mir in meinem Tun voll bewusst ist; ich unterschreibe alles, was Du tust, in dem, wo ich mich auskenne, und in dem, was ich nicht will.«[32]

Hier kann nicht mehr von Phänomenologie die Rede sein; hier geht es um das wirkliche, das zutiefst erlittene, das ungewollte Leben, das Blondel ohne Abstriche aus der Hand Gottes und nach Seinem Willen annehmen will. Damit spricht er das verwirklichende »C'est« rückhaltlos aus. Im leidvollen Zusammen zwischen dem unverständlichen Willen und Wirken Gottes und einem menschlichen Wollen, das sich Gott rückhaltlos ergibt, zeigt sich die übernatürliche Vollendung eines Menschen und seines Wollens und Tuns ihrer höchsten und vollkommensten irdischen Gestalt. Das unauflösliche Geheimnis der unbegreiflichen Pläne Gottes wird hier sozusagen mit Händen greifbar. Im gelebten Leben Blondels, wie es seine »Carnets« erahnen lassen, wird deutlich, was die Phänomenologie von L'Action (1893) anzuzielen versucht hat.

---

placable, humainement inconsolable, une souffrance telle qu'elle emporte plus que la vie, une souffrance qui ne me laisse l'obligation de vivre, d'agir, de ne pas tenir compte de ce que je souffre; une souffrance qu'il faudra peut-être feindre d'arracher de mon coeur, sans pouvoir jamais ôter la cicactrice, voilà ce que je souhaiterais vous offrir volontairement …« (Carnet δ, 28. März 1894).

32 »Je m'abandonne à votre conduite: il semble que nous marchions et c'est vous qui nous portez où nous ne savons pas, où nous ne voudrions peut-être pas aller. Alors même que nous paraissons nous diriger délibérément, vous êtes le secret artisan de nos démarches. J'agrée cet invisible empire, afin que vous preniez en mains même ce que je connais dans ce que je fais, je souscris à ce que vous faites dans ce que je connais, dans ce que je ne veux pas« (Carnet δ, 26. Juli 1894).

Jean Leclercq

»Sehen und Fassen« L'Action de 1893 est-elle une phénoménologie?

Réflexions sur la notion de »phénomène« chez Blondel

Bien avant de devenir le penseur que l'on connaît, Blondel avait donné un intéressant compte-rendu du livre de son professeur Ollé-Laprune intitulé *La philosophie et le temps présent*[1], un texte bref mais dont l'ampleur et le sérieux peuvent en faire une sorte de narthex à la cathédrale conceptuelle que sera *L'Action*. Si l'idée que »la philosophie commence où cesse la science« et que »la philosophie cesse où commence la science« est une aporie spéculative et pratique, Blondel entend montrer qu'une science »capable d'unir toutes les connaissances fragmentaires« et de »débrouiller« le »chaos de phénomènes multiples« est un leurre. A cet égard, le positivisme et le phénoménisme ne sont pas des solutions au problème de la vie, d'autant que leur partialité d'analyse est trop grande que pour offrir une réponse existentiellement suffisante.

A quoi s'ajoute encore que Blondel met en évidence la nécessité de parvenir à une harmonie du savoir, du faire et de l'être, en refusant »le divorce de la raison spéculative et de la raison pratique«, au risque d'une »incohérence intérieure«. Car si l'unité intellectuelle doit se faire à partir de »ce qui est«, comment faire, demande Blondel, pour ne pas revenir aux solutions idéalistes ou réalistes? Et il notait conséquemment, en achevant son texte, qu'Ollé-Laprune n'apportait certes pas, dans son

1 M. Blondel, »L'Unité intellectuelle et morale de la France«, dans *Annales de philosophie chrétienne*, t. 123, 1892, pp. 421–443. Texte repris dans *Œuvres complètes*, t. II, pp. 21–41.

livre, une solution construite et établie mais qu'il expliquait bien plus comment mettre au point une »doctrine« et présentait plutôt »un cadre vide de conclusions précises«. Il allait donc le remplir!

Il y eut ensuite *L'Action* dont on ne doit pas oublier l'ampleur de son sous-titre: *Essai d'une critique de la vie et d'une science de la pratique*. La critique doit ainsi conduire à un jugement de valeur et la science doit être un discours organisé et démonstratif, universellement vérifiable. Ainsi, ce titre exprime un large mouvement épistémologique fondé dans la philosophie de type »réflexive« que Cl. Troisfontaines décrit très justement de la sorte: »Constituant une analyse entre deux synthèses, la réflexion représente en effet un moment de vérification qui inverse le mouvement de la pensée vécue. Celle-ci, en effet, cherche principalement à fortifier une conviction de base par des confirmations de plus en plus convergentes. Celle-là, en revanche, suspend toute conviction acquise pour se confronter d'abord à des thèses radicalement différentes de la sienne propre et elle ne revient à une prise de position qu'après avoir écarté les autres attitudes possibles«[2].

Dans ce texte fondateur de sa démarche philosophie, la position initiale de Blondel est, on le sait, assez radicale. Elle entend poser la question de la possible existence d'un »problème de L'Action« et présenter les apories de la solution proposée au »problème spéculatif« de L'Action, avant de se demander ce qu'il en sera pour »le problème pratique«. Selon cette double répartition, la posture théorique touchera à l'art et à la science, tandis que la posture pratique abordera le domaine de L'Action et de la sensation. Pour rappel, la volonté y est présentée comme une »tendance« dont il entend manifester toute la portée, en démontant une logique contradictoire, par l'observation des »actes« qui s'apparentent originairement à des phénomènes regorgeant d'un »sérieux incompréhensible« et d'une »mystérieuse réalité«.

C'est donc »la contradiction secrète« du »volontaire« et du »voulu« passée au crible de cette phénoménologie des actes, où se montrent »l'accord« ou la »discordance« de cette »double volonté«, qui sera la

---

2 Cl. Troisfontaines, *L'Action. Maurice Blondel*, texte inédit regroupant des notes d'un enseignement donné à l'Université de Louvain.

marque de la réflexivité et de la délibération du sujet. A quoi s'ajoute que le »mouvement premier de la volonté immanente« – cette expression est décisive – est un inévitable et inamissible »vouloir de *soi*«.

Tel est donc le »problème moral de L'Action« et celui de la »destinée humaine«, telle est l'orientation du projet qui montre que c'est en vain que le sujet cherche à se dérober et à s'abstenir, à refuser l'affirmation du soi et à abdiquer, ce qui est la marque de l'anthropologie blondélienne construite sur le chiasme de la présence en l'homme d'une »puissance de destruction« et aussi d'une radicale »indestructibilité«. Or on sait que c'est via une »critique métaphysique« que Blondel a illustré (mais en vue d'une réfutation) ce qui n'était autre chose que la doctrine du pessimisme de Schopenhauer et la nécessité d'avoir une »cure radicale de la volonté« en raison de ses cendres, toujours prêtes à voir renaître le feu de ce »fanatique amour de l'être«, témoignant d'une souffrance vive, à expurger à la base, si l'on veut enfin supprimer définitivement la douloureuse origine du volontaire pour dire qu'il n'y a en réalité »rien«.

On doit noter que c'est ici que Blondel atteint le nœud de la problématique et, comme tous les philosophes de son temps, c'est à Kant que l'on remonte pour comprendre la force opératoire du »système« de Schopenhauer. L'Action relève d'ordres divers: théorique ou intellectuel par son »origine« et son »accomplissement«; pratique ou moral par »l'intention« et la »bonne volonté«; et enfin scientifique, par son »exécution«. Or, paradoxalement, la fracture entre la raison pratique et la raison théorique est fatale pour une notion telle que L'Action qui oblige à voir se conjoindre un »absolu«, un »noumène« et un »phénomène«.

Aussi, en conséquence de cet aspect, Blondel entend donc parvenir à montrer »qu'il n'y a ni conception propre, ni volonté délibérée et franche du néant«, mais que c'est plutôt un conflit entre deux »mouvements« qui apparaît avec force: celui qui mène la volonté vers »une grande idée et un haut amour de l'être« et celui qui »la livre au désir, à la curiosité, à l'obsession du phénomène«. La thèse est claire: l'affirmation du néant vient d'une »défaillance dans L'Action voulue« qu'il convient de redresser, toujours dans les trois ordres de l'expérience, la science et la critique métaphysique. Ainsi, en faisant allusion à Platon, Descartes, Hamilton, Schopenhauer, Spencer et Büchner, Blondel montre que »pour concevoir le néant, il faut commencer par affirmer et par nier autre chose, en sorte que la pensée même qu'on en a se maintient en dehors de lui et ne le pose qu'en y échappant invinciblement, et qu'en l'enveloppant comme d'une présence éternelle«[3]

En ce sens, cette volonté du néant, déclarée et vécue, lui semble donc fictive et artificielle, car elle repose sur une absence de réflexion articulant »l'insuffisance du phénomène« et la »grandeur de l'être«. Et l'on connaît cette référence métaphorique et religieuse pour dire ceci: »Partout éclate en eux une haute idée et comme un désir éternel de l'être; ce qu'ils nient révèle la grandeur de ce qu'ils veulent. Le matérialisme dogmatique ou pratiquant est donc un mysticisme qui, dans la matière, adore l'invisible réalité de ce qu'il voit et rend un culte à l'être sous les espèces du phénomène«[4]. On le mesure bien, cette »affirmation réfléchie« du néant est, en somme, une »croyance« à l'Être inconnu, mais qui manifeste un »conflit« bien plus profond. Par conséquent, toute la philosophie du pessimisme se manifeste via trois propositions phénoménologiques: le monde comme »phénomène illusoire et mauvais d'une volonté foncière d'être«; le remède trouvé dans une »volonté de n'être pas«, capable de supprimer le vouloir foncier; alors que pour y parvenir, la volonté doit être capable d'une négation parfaite et continue.

Blondel manifeste ici une contradiction interne au pessimisme parce qu'il repose sur une duplicité du vouloir: celui du phénomène et de l'être. Et, en ce sens, il y a bel et bien un vouloir de »quelque chose« qui subsiste bien en avant de »toute profession de phénoménisme, de criticisme ou d'idéalisme«. Ainsi, dans l'avancée du travail conceptuel autour de cette question du »phénomène«, faut-il sans doute évoquer la troisième partie de *L'Action* qui s'articule sur un glissement entre le »phénomène« qui est alors devenu »le phénomène de L'Action«.

A ce stade, Blondel insiste pour mettre en évidence le postulat secret, ou l'option volontaire, qui est bien que l'homme veut inévitablement ce »quelque chose« qui s'appelle, en l'occurrence, un »phénomène« et parce qu'il exprime, de la sorte, une »inquiétude«, ceci rend désormais

---

3 *L'Action*, p. 32.

4 *L'Action*, pp. 34–35.

le problème moral. Cependant, il faut bien percevoir ici que le »phénomène« n'est pas défini par Blondel, au point de départ de la recherche. La définition est combien plus très large et elle va même s'amplifier et se préciser au gré des étapes: c'est donc un phénomène pauvre, épistémologiquement, qui est pris comme point initial et qui va trouver toute son ampleur dans les cinq étapes que je résume ici très schématiquement.

Étape 1: L'Action n'est pas le produit de causes extérieures ou intérieures, elle garde son identité propre et se développe par une conquête dans les phénomènes.

Étape 2: La liberté est une puissance nouvelle, originale et créatrice mais elle n'est pas autopositionnée.

Étape 3: Si la liberté émerge des conditions antécédentes, elle doit se conquérir et assumer le corps, le monde et la société.

Étape 4: L'Action sur le corps est déjà une action et une transformation sur le monde parce que l'exode de L'Action va vers le monde.

Étape 5: Dans la production de l'œuvre se rejoignent l'agent et la nature qui y collabore, via autrui et l'édification des sociétés. C'est au cœur de l'exode vers la dimension sociétale que l'individu prend seulement conscience de la nécessité d'une morale, entendue comme un lieu de régulation.

C'est à ce moment que Blondel questionne la thèse du »réalisme phénoméniste«, dans sa procédure de mathématisation du réel sensible, en en faisant un objet de science et de calcul. Et c'est, techniquement parlant, par la prise en compte des sciences exactes qu'il commence son parcours des démonstrations des lacunes et des insuffisances de leur méthodologie. De la sorte, il veut désormais se confronter à la thèse de la »succession nécessaire des phénomènes« et montrer comment s'opère une »mathématisation« de l'expérience où l'on tente de rendre »la nature sensible« par les »symboles abstraits« des mathématiques. En somme, il veut faire valoir que, si les mêmes éléments subsistent dans la série des faits observés, leur assemblage variera toujours et n'autorisera jamais une réduction absolue.

C'est, en réalité, le constat de l'impossibilité pour l'analyse mathématique de rejoindre la réalité sensible qui est fait. Comme celui de l'impossibilité pour l'observation, aussi scientifique soit-elle, de »rendre le concret, le particulier, la qualité, en insérant sous l'intuition des sens un monde de déterminations quantitatives [qui] loin de faire évanouir le phénomène qualitatif au sein d'une formule abstraite, [elle] en fait saillir l'irréductible originalité«[5]. Ce moment épistémologique n'est pas sans intérêt pour nous car c'est ici que Blondel entend porter sa recherche sur les »états de conscience«, dans une ligne très moderne, en souhaitant délimiter ce qui est »représentation objective« et ce qui est »acte subjectif«, pour manifester la manière dont les phénomènes s'organisent et s'intériorisent dans la conscience, mais aussi pour sauver une subjectivité irréductible.

Car, en effet, si l'homme s'apparaît libre et apte à agir sur le monde, c'est aussi parce qu'il se découvre comme une capacité de se rapporter à différents motifs. C'est ici que le formalisme kantien est discuté et critiqué dans sa volonté de poser une liberté dans la mesure où L'Action se réalise par le devoir. Certes, Blondel reconnaît que la liberté doit se vouloir, mais il refuse de se limiter à l'intention. Quand l'homme affronte les phénomènes, il ne se perd pas. Dans cette mesure, L'Action est une »partie intégrante« de l'intention et va contribuer à la discerner et l'authentifier, sans nier l'antécédence et la conséquence des motifs. L'Action est l'œuvre de l'homme dans le monde et sur le monde, elle en sera, désormais scientifiquement, le »laboratoire« et le critère opératoire.

Je dois laisser de côté la troisième étape de la troisième partie, particulièrement riche et techniquement bien construite, pour aller vers la *Quatrième étape* qui est l'esquisse d'une réflexion sur l'intersubjectivité, mais juste pour signaler qu'ici le phénomène est observé dans la condition sociale puisque L'Action humaine est expressive et qu'en cela elle se distingue du fait. Si le phénomène est ici considéré »comme« un signe par lequel on remonte à ce qui le détermine et produit, le sujet sert aussi de signe pour le phénomène et stimule les forces qui sont en lui. Il y a donc un échange constitutif entre les énergies propres au sujet et les »puissances extérieures« que le sujet met en œuvre et en présence. Ce qui pourrait d'ailleurs s'apparenter à une forme de vitalisme phénoménologique.

---

5 *L'Action*, p. 79.

Blondel peut alors noter: »Le phénomène de L'Action suppose la convergence de deux séries de phénomènes, l'une partant de l'agent, l'autre suscitée d'autre part. (...) L'opération extérieure de la volonté constitue donc une synthèse de phénomènes qui enveloppent entre eux une énergie interne, une coopération forcée«[6]. Il faut aussi passer en vitesse sur la *Cinquième étape* et dernière étape de L'Action qui est encore déployée selon un rythme ternaire, pour n'en retenir que la question de »L'Action superstitieuse« qui observe »Comment l'homme essaie d'achever son action et de se suffire«. En effet, c'est ici que l'on mesure la portée que Blondel entend donner à la métaphysique et la volonté qu'il a de ne pas opter pour une position phénoméniste puisque »la pensée n'est point isolée du monde des phénomènes où la conscience puise ses aliments«, même si la question est bien de comprendre pourquoi le factuel appelle l'idéalité, au point de »projeter, en dehors de soi, au dehors du monde, ce qui n'y est pas«.

Une nouvelle voie est alors posée puisqu'il est montré que L'Action est un tiers inclus entre le pratique et le théorique et que son autonomie passe par l'hétéronomie des étapes précédemment franchies. Cette analyse montre que désormais, »la volonté crée et projette devant elle, sous forme de postulats, de nouveaux phénomènes, des phénomènes originaux qui soient connus non pas en tant qu'éléments intégrants ou causes déterminantes, mais en tant que causes finales et conditions subséquentes de L'Action morale«[7], le premier »phénomène« étant le devoir dont on constate qu'il permet finalement à Blondel d'ouvrir son système à un »réel hors du réel« qui soit encore expression de l'être et certitude de la responsabilité morale du sujet, puisque la dispense d'être et d'agir lui est refusée.

Or le »phénomène de la superstition« est le lieu choisi pour étudier ultimement le rapport de L'Action au phénomène et montrer si elle peut s'y achever. On sait bien que la conclusion de cette longue et lente intégration est avancée sous la forme d'une double impossibilité: d'une part, celle »de ne pas reconnaître l'insuffisance de tout l'ordre naturel

---

6 *L'Action*, p. 225.

7 *Idem.*

et de ne point éprouver un besoin ultérieur« et, d'autre part, celle de »de trouver en soi de quoi contenter ce besoin religieux. C'est *nécessaire*; et c'est *impraticable*«. Et il émerge de ceci une »conclusion inévitable«: »[...] par son action volontaire l'homme dépasse les phénomènes; il ne peut égaler ses propres exigences; il a, en lui, plus qu'il ne peut employer seul; il ne réussit point, par ses seules forces, à mettre dans son action voulue tout ce qui est au principe de son activité volontaire. Tous les essais d'achèvement de L'Action humaine échouent; et il est impossible que L'Action humaine ne cherche pas à s'achever et à se suffire. Il le lui faut, elle ne le peut pas«[8]. C'est de la sorte que Blondel prétend avoir découvert et montré qu'il y a dans L'Action quelque chose qui n'est »plus simplement un phénomène«, mais qui pourtant est une conséquence du »déterminisme total« qui a été mis à nu.

Un bref mot désormais sur La *Cinquième partie* qui est la portée destinale du projet. Blondel y note que si l'infini apparaît sous les traits du fini, le plus problématique dans cette genèse est qu'il »semblerait presque naturel de trouver l'absolu dans la suppression du relatif, et la vie surnaturelle dans la mort sensible«, mais ajoute-t-il, »admettre qu'un acte particulier, contingent et borné, puisse contenir l'universel et l'infini; prendre dans la série des phénomènes, un phénomène qui cesse tout entier d'y appartenir, voilà le prodige«. Pour comprendre le sens de la méthodologie retenue, relisons-le: »Ce n'est donc pas de la révélation même (dans l'hypothèse où elle est), ni des phénomènes naturels (dans l'hypothèse où elle n'est pas), que peut venir à l'homme l'idée de préceptes ou de dogmes révélés. C'est d'une initiative interne que jaillit cette notion. Mais comment cette disposition toute subjective saurait-elle reconnaître au dehors s'il y a en effet un aliment préparé pour calmer cet appétit du divin? et, après qu'on a senti l'inévitable tourment de l'infini, après qu'on a sommé Dieu de soulever les voiles du monde et de se montrer, comment discerner cette présence, si elle est réelle? comment reconnaître cette réponse authentique, si elle est vraiment prononcée?«[9]

---

8 *Idem.*

9 *L'Action*, p. 397.

On le voit, la logique de L'Action ne pratique ni le phénoménisme ni l'ontologisme ni le criticisme ou une »philosophie séparée«. De même, le dynamisme interne de la conscience ne se réduit pas à un automatisme absolu: il est tout relatif à la liberté, parce que »déterminisme interne et liberté psychologique sont deux phénomènes solidaires«. La question pratique de la liberté, si elle émerge bien du déterminisme, ne se résout ni par la négative ni par l'affirmative, parce qu'elle engendre un »déterminisme consécutif à L'Action« qui montre les »suites nécessaires de la liberté«. C'est parce que le sujet veut que la chaîne des »phénomènes nouveaux« se déploie incessamment.

Que pouvons-nous désormais retirer de ce parcours? On voit en réalité qu'en partant d'une analyse rigoureuse du phénomène et des déterminismes de la vie, selon sa méthode de la découverte et de la formulation progressive des concepts, Blondel s'inscrit de plain-pied dans la perspective scientifique d'une époque marquée par les sciences du vivant. A cet égard, Blondel a beaucoup appris de Lachelier et de sa théologie naturelle où la transcendance est un principe ultime où l'homme, par son action impersonnelle et sacrificielle, symbolise son principe qui devient ainsi, dans l'idéalité, un principe rapporté. C'est alors une double transcendance qui se met en place, celle qui est idéalement pure et harmonieuse et celle qui est phénoménalement dégradée dans le sujet et, de la sorte, est à l'origine du mal. C'est dans ce cadre que la moralité doit permettre de passer d'un ordre à l'autre.

Sur ce point, P. Henrici a justement noté que »la question kantienne de l'objectivité des phénomènes devient chez Lachelier une recherche sur le concept de l'Être et [que] cette recherche se résout par une vue plus aristotélicienne que kantienne de la finalité, qui transforme la série des causes efficientes en des systèmes harmoniques de fin«[10]. Chez Lachelier, la finalité est ouverte sur une unité qui est, bien que sur un plan encore caché, beauté et harmonie. Par contre, chez Blondel la ré-

10 P. Henrici, »Les Structures de *L'Action* et la Pensée française«, dans *Maurice Blondel. Une dramatique de la modernité*, M.-J. Coutagne (éd.), actes du colloque d'Aix-en-Provence, mars 1989, Paris, Éditions Universitaires, 1990, p. 41.

flexion est portée bien plus loin que ne le fait Lachelier, car il pose la question de la possession concrète de cet être réel dans la connaissance.

D'où évidemment la place différente qui est accordée à l'option. Certes, chez Lachelier, il est bien un choix existentiel, en raison de la destinée que le sujet a choisie et ne cesse de choisir. Par contre, chez Blondel, il s'ajoute, par surcroît nécessaire, une interrogation sur le pourquoi de ce choix forcé et sur l'option devant un »unique nécessaire«, avec bien sûr ses conséquences positives ou négatives, dans la mesure où elles résultent d'une logique de la vie. Il faudrait encore ajouter que si Lachelier est préoccupé par les questions du déterminisme et du positivisme et veut montrer que L'Action des causes efficientes se suspend à celle des causes finales, Boutroux, de son côté, mettait clairement en évidence qu'au fur et à mesure de l'élévation dans l'échelle des êtres vivants, c'est-à-dire la complexification des phénomènes et l'individuation des êtres, la nécessité cède de plus en plus la place à la contingence et, finalement, à la liberté.

Cependant, l'originalité de L'Action, comme le pense Blondel, est toujours irréductible à ses antécédents; l'articulation entre le déterminisme et la liberté, telle que nous l'avons reprise précédemment, est quant à elle moins problématique. Le sujet blondélien, en exigence d'agir, apporte un surcroît de subjectivité aux déterminismes et, de la sorte, L'Action est dotée d'une vertu positive. En somme, Blondel demande une adaptation constante aux phénomènes, pour en percevoir sans cesse la nouveauté et en assimiler la réalité. L'intuition n'est pas originaire, mais propulsive.

Il faudrait également évoquer ici l'intérêt de Blondel pour les thèses d'Evellin où, dans la pratique d'un phénoménisme ouvert, l'accès à l'être se fait par L'Action, sans pour autant que notre philosophe accepte la confusion des plans de l'agir et de l'être, car L'Action doit rester le critère épistémologique et cognitif capable de maintenir les deux ordres, sans les séparer. En tout cas, Blondel entend donc édifier sa science de L'Action en partant de ce qui, précisément, fait problème pour la conscience immédiate et en montrant que le déterminisme universel doit pouvoir présenter une certaine intelligibilité. Il y a de cette façon un effort important pour redonner consistance au phénomène et réinvestir positivement le vouloir-vivre, à partir des manifestations de L'Action du sujet.

Chez plusieurs auteurs, la rupture kantienne fut regardée comme l'origine du pessimisme dont Schopenhauer représente une figure, sans doute la plus spéculative et la plus métaphysique. Pourtant, la problématique transcendantale du phénomène et de la »chose en soi« est abordée par Blondel dans le contexte typique du phénoménisme, se portant sur un donné empirique pour en dégager les lois et s'opposant à la métaphysique spiritualiste qui croit pouvoir s'élever de faits empiriques psychologiques aux êtres métaphysiques. En barrant cette voie, Blondel entendait enlever un »caractère ontologique« à tout le développement du projet, même si le criticisme, en tant que Renouvier et les siens l'entendent, fut aussi refusé, au nom de la logique et de la fonction »méta« de L'Action, dans sa phase de repliement du monde nouménal sur le monde phénoménal, parce que, selon Blondel, cette posture brise la logique de la volonté et la borne, en lui mettant une limite indue[11].

On en prend bien désormais toute la mesure, le projet de 1893 voulait »éviter de borner la raison aux phénomènes en l'élargissant par L'Action qui réalise le point de contact avec l'Être«[12]. Par conséquent, on ne peut plus, pour Blondel, travailler à la disjonction de l'Être et du connaître, au risque de voir apparaître un individualisme multiforme. De la sorte, la méthode blondélienne veut réaffirmer, du sein de l'immanence phénoménale, l'exigence et la nécessité d'un excès ontologique qui vient par la réflexion et montre une hiérarchie de »transcendances« et de synthèses.

S'il en est ainsi, c'est donc que l'objet du vouloir minimal est le phénomène qui pourrait être compris comme ce qui advient naturellement

11 On rappellera que cette attitude est liée à la contradiction que manifeste, pour le mieux, le pessimisme comme rapport au monde. En ce sens, Blondel a souhaité montrer l'ampleur que recèle ce sentiment et la portée philosophique qu'il faut lui conférer, en le prenant très au sérieux, puisque sa nature profonde révèle une des données majeures de son propre projet. On remarquera aussi que c'est le statut épistémologique de la souffrance qui reste la donnée centrale du problème, alors que le pessimisme semble ne pas l'avoir pleinement assumé et intégré à sa systématisation. Voir ainsi dans *L'Action*, pp. 37–38.

12 R. Virgoulay, »De *L'Action* à la tétralogie: continuité ou rupture?«, dans *Maurice Blondel. Une dramatique de la modernité*, p. 119.

et simplement[13]. Et, de ce point de vue, on se rappellera que c'est à Brochard, lors de la soutenance, que Blondel expliquait, à nouveau, qu'il ne poursuivait ni ontologisme ni idéalisme ni réalisme ni subjectivisme ni dogmatisme, mais qu'il se »bornait« à »inventorier« tout ce qu'un sujet »affirme inévitablement«. Or le phénomène relève bien de cette »série des états liés dans la conscience« et des »assertions implicitement posées par nos affirmations explicites«.

Nous l'avons dit, la définition est minimaliste et le phénomène est d'abord à comprendre comme ce qui se manifeste à la conscience. Toutefois, comme il s'agit du projet d'une philosophie de la volonté, le phénomène est observé dans la mesure où il est aussi un moyen d'affirmation et de vouloir de soi du sujet. En somme, Blondel attribue une sorte d'inchoativité attractive au phénomène puisqu'il estime qu'il résulte aussi d'un vouloir implicite que le sujet veut reprendre explicitement. C'est dans le chapitre additionnel – texte que nous avons volontairement tenu hors de notre propos – que Blondel reviendra sur la consistance ontologique qu'il convient de donner aux différents termes de la chaîne[14].

---

13 Blondel note, dans le cadre de cette définition minimale: »Ce qu'on veut donc, c'est qu'il y ait quelque chose, et que ce quelque chose se suffise; [...] *Il y a quelque chose*: cette simple et vague proposition qu'il ne semblait pas bien difficile de conquérir, mais où il n'est point aisé de découvrir un aveu sincère de la volonté, finit ainsi par devenir évidente et rassurante autant que l'est peu cette ambiguë et terrible parole: »Il n'y a rien.« Il y a quelque chose dans nos sensations et nos plaisirs, dans notre connaissance et dans nos actes [...]. Ces mots sans doute n'ont aucune précision philosophique: ils précèdent toute profession de phénoménisme, de criticisme ou d'idéalisme; ils traduisent le mouvement naïf de la vie qui s'éprend d'elle-même et de tout ce qui la soutient sans savoir ce qu'elle est. Dans mes actes, dans le monde, en moi, hors de moi, je ne sais où ni quoi, *il y a quelque chose.*« Dans *L'Action*, pp. 40–41.

14 P. Colin observe: »Le fond du débat, c'est la question du phénoménisme. [...] Blondel affirme sa volonté de s'en tenir aux phénomènes tant que leur suite ordonnée n'a pas été déroulée dans son intégralité. [...] Cette méthode contrarie le besoin des néo-thomistes de poser le rapport direct à la réalité de chaque niveau de connaissance, sensible ou intellectuel. D'où l'accusation de phénoménisme kantien. Or, ce prétendu phénoménisme s'oppose de façon radicale à Kant. La partie polémique du dernier chapitre de *L'Action* de 1893 vise surtout le criticisme. [...] C'est en la [la question de l'être] réservant et surtout en la posant qu'on évite le postulat réaliste dont part toute doctrine subjectiviste.« Dans P. Colin, »Le Kantisme dans la crise moderniste«, dans *Le Modernisme*, Paris, Beauchesne (coll. Philosophie, n°5), 1980, p. 18.

Sans entrer dans les détails de ce texte, on s'accordera cependant à faire valoir, en suivant l'analyse lumineuse de Cl. Troisfontaines, que Blondel y radicalise sa démarche »phénoménologique«, mais surtout qu'il entend montrer que le déterminisme, en tant qu'il est à la fois imposé et puis voulu, laisse apparaître, en raison de la différence des points de vue, une distinction portant sur la nature de la subjectivité. Elle n'est pas identique »dans la première production de la connaissance« et dans la »possession finale de la vérité acquise«[15].

L'exégète de Blondel note ainsi que »la réalité en soi n'est pas étrangère à ce que nous pensons ni à ce que nous voulons, mais qu'elle réside dans la différence même qu'il y a à la penser et à la vouloir«[16]. C'est dire que la réalité des phénomènes est à l'intersection – ou la ligne de partage – de ce que nous concevons idéalement et de ce que nous voulons effectivement, entre le donné et le voulu, ce qui, au passage, révèle que le projet philosophique ne relève pas d'une pensée de la donation. P. Colin, en fin

---

15 Cl. Troisfontaines, »L'approche phénoménologique de l'être selon Maurice Blondel«, dans *Maurice Blondel. Une dramatique de la modernité*, p. 73. C'est ce que H. Duméry disait aussi: »En 1893, Blondel appelle métaphysique l'ensemble des ››idées métaphysiques‹‹ (relatives à la conception des choses ou de la destinée), également l'ensemble des ››idées régulatrices‹‹ de L'Action. Cette métaphysique est dite ››subjective‹‹ parce qu'elle se borne à étudier le phénomène de L'Action, la série des conditions auxquelles doit souscrire le sujet volontaire pour atteindre ses fins et combler ses besoins. La métaphysique à la seconde puissance opère alors un véritable renversement: ››ce qui était apparu comme le phénomène de la volonté humaine dans l'entendement‹‹ change d'aspect et de registre: il apparaît désormais ››comme une absolue réalité qu'impose l'entendement à la volonté‹‹. Ce n'est plus le primat de L'Action, le primat des volontés agissantes. C'est le primat de l'être, de l'objectivité de l'être, et il est établi par l'entendement. On a affaire à une déclaration intellectualiste isolée et inattendue. Mais peu contestable. Delbos a pu en être l'instigateur. Mais j'incline à penser que le jeune Blondel a été le premier à s'apercevoir qu'il devait rééquilibrer sa doctrine. De la science des phénomènes il fallait résolument sortir. Il fallait s'élever au plan d'un savoir qui commande et qui juge parce qu'il a enfin découvert un principe sans lequel ne serait pas justifié, en nous et indépendamment de nous, ››tout le déterminisme de la nature, de la vie, de la pensée‹‹.« C'est donc dire que le »tournant« est interne à *L'Action* de 1893. Dans H. Duméry, »Réponse à R. Virgoulay sur la métaphysique de Maurice Blondel«, dans *Comment Dieu entre-t-il en philosophie?*, dans *Revue philosophique de Louvain*, pp. 454–455.

16 Cl. Troisfontaines, »L'approche phénoménologique de l'être selon Maurice Blondel«, dans *Maurice Blondel. Une dramatique de la modernité*, p. 73.

connaisseur de l'œuvre de Bondel, a bien montré lui aussi l'amplitude de la position, en prenant un point de comparaison qui se révèle très éclairant: »Le problème ontologique se pose pour Blondel en termes de consistance et d'unité: quel est le *vinculum* qui fait tenir ensemble la totalité des phénomènes pour l'empêcher de se disperser dans un pur jeu d'apparences? Pour Boirac, ce lien des phénomènes est la pensée, tandis que pour Blondel, le phénomène ne se totalise que par l'opération conjuguée de l'entendement et de la volonté«[17].

De la sorte, on comprend bien entendu que la théorie du *Vinculum* leibnizien ait séduit Blondel. Elle lui permettait de poser que, dans le monde, L'Action du sujet rencontre bien autre chose que des phénomènes utilisables, mais des »réalités organisées« qui sont à vouloir. Cl. Troisfontaines a résumé clairement l'enjeu de cette posture: »Au lieu de réduire les substances composées à des agrégats d'éléments dont l'unité n'est jamais que mentale, on admettrait que ces substances ont une unité qui domine leur propre multiplicité. Ainsi L'Action pourrait s'unir à cet acte – à ce lien – qui substantialise les phénomènes«[18].

C'est donc dire que Blondel ne méconnaît pas le rôle du sujet dans la constitution de l'objet et qu'il s'appuie même sur la volonté kantienne de maintenir l'existence de choses en soi et, de la sorte, de témoigner d'une confiance de la pensée dans l'être, au lieu d'en rester, comme le criticisme d'un Renouvier, à une attitude privative. Mais, d'un autre côté, la logique blondélienne imposait néanmoins son propre dépassement, ou ce que nous aimons appeler sa fonction »méta«, avec une vision harmonieuse et médiatisée de la raison théorique et de la raison pratique. Une vision où le vouloir est marqué par la portée anthropologique du problème posé: la question d'un sujet brisé et en rupture.

Or c'est sur cette base, dans ce qui apparaît plus comme une procédure de phénoménologisation de L'Action qu'une phénoménologie de

---

17 P. Colin, »La Vérité de la philosophie selon Maurice Blondel«, dans *La Vérité*, Paris, Beauchesne (coll. Philosophie, n°8), 1983, p. 209.

18 Cl. Troisfontaines, »Entre la force et la forme. *L'Action*, le parcours blondélien«,«, dans *Métaphysique de l'esprit. De la forme à la force*, Actes du colloque tenu en Sorbonne, 17–19 novembre 1995, Paris, Vrin (coll. Philologie et Mercure), 1996, p. 246.

L'Action[19] – parce que l'intentionnalité n'est pas au premier plan du projet – que surgit la notion, essentielle, de la réflexion, au sens bien entendu du second spiritualisme de la philosophie d'expression française. En ce sens, on reconnaîtra bien évidemment qu'il est un traitement spécifique de cette notion de »phénomène« dans *L'Action* de 1893, certes sur un horizon kantien et post-kantien, mais il n'en demeure pas moins que la méthode, telle que nous avons tenté d'en exposer les grandes lignes, relève plus d'une philosophie réflexive que d'une phénoménologie, au sens strict et bien entendu historique.

---

19 Certains auteurs ont tenté des lectures comparatives de Blondel avec des phénoménologues contemporains. Elles peuvent être informatives, mais elles nous semblent faire se croiser des »mondes« bien différents que l'on ne pourra comprendre qu'en retrouvant ce monde perdu de la première réception de Husserl en France. Un chaînon manque. Pour Marion, voir par exemple, P. Olivier, »Provocation chrétienne et réflexion philosophique. L'Intention de M. Blondel«, dans *Recherches de science religieuse*, 81/3, 1993, pp. 343–384. Voir aussi H. Cremona, »Immanence et transcendance chez Michel Henry et Maurice Blondel«, dans *Annales de philosophie*, volume 18, 1997, pp. 105–114. Ou encore H.-J. Verweyen, »Maurice Blondels Philosophie der Offenbarung im Horizont postmodernen Denkens«, dans *Archivio di filosofia*, 62, 1994, pp. 423–437.

Jean Leclercq

»Sehen und Fassen« Ist L'Action von 1893 eine Phänomenologie?

Überlegungen zum Begriff »Phänomen« bei Blondel

Einige Zeit bevor Blondel der Denker wurde, als den man ihn kennt, hatte er eine interessante Zusammenfassung des Buches seines Lehrers Ollé-Laprune *Die Philosophie und die Gegenwart*[1] geschrieben. Tragweite und Ernst des kurzen Textes bilden schon eine Art Vorhalle zur begrifflichen Kathedrale, welche L'Action (1893) errichten wird. Wenn die Idee, dass »die Philosophie die Wissenschaft beginnt oder beendet« und dass »die Philosophie die Wissenschaft beendet oder beginnt«, eine spekulative und praktische Aporie ist, so versteht es Blondel zu zeigen, dass eine Wissenschaft, die alle fragmentarischen Erkenntnisse vereinen und das Chaos der vielfältigen Phänomene entwirren könnte, eine Täuschung ist. Positivismus und Phänomenalismus bieten in dieser Hinsicht keine Lösung des Problems des Lebens, zumal sie eine existentiell ausreichende Antwort nicht geben können, weil sie in ihrer Analyse zu befangen sind.

Blondel hält es für notwendig, zur Harmonie von Wissen, Tun und Sein zu gelangen, wobei er unter dem Risiko »innerer Inkohärenz« die »Scheidung von spekulativer und praktischer Vernunft« ablehnt. Denn wenn die intellektuelle Einheit im Ausgang von dem, »was ist«, erlangt werden soll, so fragt Blondel, wie kann man sie erreichen, ohne auf

1 Maurice Blondel, »L'Unité intellectuelle et morale de la France«, in *Annales de philosophie chrétienne*, Bd. 123,(1892) S. 421–443, wiederveröffentlicht in: *Œuvres complètes*, Bd. II, S. 21–41.

idealistische oder realistische Lösungen zurückzugreifen? So schrieb er beim Fertigstellen seines Textes, dass Ollé-Laprune in seinem Buch keine konstruierte und gegründete Lösung brachte, sondern eher erklärte, wie man eine »Doktrin« entwickelt, und dass er so nur einen »Rahmen ohne genaue Schlussfolgerungen« präsentierte. Diesen musste man also füllen!

Dann entsteht L'Action (1893), deren Untertitel man nicht vergessen sollte: *Versuch einer Kritik des Lebens und einer Wissenschaft der Praxis.* Die Kritik soll zu einem Werturteil führen, während die Wissenschaft ein organisierter und demonstrativer, allgemein nachprüfbarer Diskurs sein muss. So drückt dieser Titel eine weitgehende epistemologische Bemühung aus, die in einer Philosophie reflexiven Typs gründet, wie sie Claude Troisfontaines sehr richtig beschreibt: »Indem sie eine Analyse zwischen zwei Synthesen konstituiert, stellt die Reflexion ein Moment der Prüfung vor, durch die sich die Bewegung des gelebten Denkens umkehrt. Dieses sucht nämlich hauptsächlich eine Grundüberzeugung durch immer weiter übereinstimmende Bestätigungen zu stärken. Jenes dagegen hebt jede angenommene Überzeugung auf, um sich zuerst mit davon radikal verschiedenen Thesen auseinanderzusetzen und nimmt erst dann eine Position ein, wenn es die anderen möglichen Haltungen ausgeschlossen hat.«[2]

In diesem für seinen philosophischen Weg grundlegenden Text ist die anfängliche Position Blondels, wie man weiß, ziemlich radikal. Er will die Frage nach der möglichen Existenz eines »Problems der Tat« stellen und die Aporien aufzeigen, die sich auftun, wenn man das »spekulative Problem« der Tat lösen will, danach erst kommt er auf das »praktische Problem« zu sprechen. Nach dieser doppelten Herangehensweise betrifft die theoretische Haltung Kunst und Wissenschaft, während die praktische Haltung den Bereich der Tat und der Sinnlichkeit betrifft. Zur Erinnerung: Der Wille ist hier als »Tendenz« vorgestellt, dessen ganze Tragweite er zum Ausdruck bringt, wobei er eine widersprüchliche Logik durch Beobachtung von »Handlungen« zerlegt, die den Phä-

2 Claude Troisfontaines, L'Action. Maurice Blondel, unveröffentlichter Text mit Notizen zu den Vorlesungen an der Universität von Louvain.

nomenen ursprünglich ähneln und von »unbegreiflichem Ernst« und »mysteriöser Realität« überquellen.

So wird in dieser Phänomenologie der Handlungen »der geheime Widerspruch« zwischen »Willenstat« und »Gewolltem« daraufhin geprüft, wo sich Einstimmigkeit oder Unstimmigkeit dieses »doppelten Willens« zeigen, die Kennzeichen der Reflexivität und der Überlegung des Subjekts sein werden. Dazu kommt noch, dass der erste Antrieb des immanenten Willens – dieser Ausdruck ist entscheidend – ein unvermeidbares und unaufgebbares Sich-Wollen ist.

Das also ist das »moralische Problem der Tat« und der »menschlichen Bestimmung«; das Projekt ist daraufhin angelegt, zu zeigen, dass das Subjekt vergebens versucht, sich zu entziehen und zu enthalten, die Bejahung seiner selbst zurückzuweisen und abzudanken; gerade das kennzeichnet die Anthropologie Blondels, dass sie auf dem Chiasmus der Präsenz einer »zerstörerischen Macht« und zugleich einer radikalen »Unzerstörbarkeit« im Menschen aufbaut. Wie man weiß, hat Blondel auf die Weise einer »kritischen Metaphysik« nichts anderes als Schopenhauers Doktrin des Pessimismus (jedoch im Hinblick auf eine Widerlegung) illustriert und die Notwendigkeit einer »radikalen Kur des Willens« aus der Asche, aus der das Feuer dieser »fanatischen Seinsliebe« jederzeit wieder aufflammen kann, um dabei das lebhafte und an der Basis auszumerzende Leid zu bezeugen, wenn man endlich den schmerzvollen Ursprung des Willens definitiv abschaffen will, um zu sagen, dass da in Realität »nichts« ist.

Es ist zu bemerken, dass Blondel hier den Kern des Problems erreicht und dass er, wie alle Philosophen seiner Zeit, auf Kant zurückgeht, um die Vorgehensweise und Kraft des Schopenhauerschen Systems zu verstehen. Die Tat gründet in verschiedenen Ordnungen: einer theoretischen oder intellektuellen nach Ursprung und Durchführung, einer praktischen oder moralischen nach »Absicht« und »gutem Willen«; und schließlich in einer wissenschaftlichen, ihrer »Ausführung« nach. Aber paradoxerweise ist der Bruch zwischen praktischer und theoretischer Vernunft für einen Begriff wie die Tat fatal, durch die Noumenon und Phänomen gerade zu einem Absoluten zusammengefügt werden sollen.

Nun kann Blondel auch infolge dieses Aspekts zeigen, »dass es weder einen eigenen Begriff noch einen vorsätzlichen und direkten Willen des Nichts« gibt, sondern es sich vielmehr um einen Konflikt zwischen zwei Antrieben handelt, der mit Macht auftritt: derjenige, der den Willen in Richtung einer »großen Idee und einer großen Liebe zum Sein« leitet, und der, der »ihn der Begierde, der Neugierde, der Besessenheit durch das Phänomen ausliefert«. Die These ist klar: Die Bejahung des Nichts kommt aus einer »Schwäche der gewollten Tat«, die wieder auf den drei Gebieten der Erfahrung, der Wissenschaft und der kritischen Metaphysik korrigiert werden muss. So zeigt Blondel in Anspielung auf Plato, Descartes, Hamilton, Schopenhauer, Spencer und Büchner, dass man, »um das Nichts zu konzipieren, [...] auf jeden Fall damit anfangen [muss], etwas anderes zu bejahen oder zu verneinen. Auf diese Weise hält sich der Gedanke des Nichts außerhalb des Nichts auf; man kann das nur gedanklich fassen, indem man denkend dem Nichts unbezwingbar entkommt und es wie mit einer immerwährenden Gegenwart einhüllt«[3].

In diesem Sinne also scheint ihm der Wille des Nichts als erklärter und gelebter Wille fiktiv und künstlich, denn er gründet in einem Mangel an Überlegung, durch die sich das »Ungenügen des Phänomens« und die »Größe des Seins« aussprechen. Und man kennt den metaphorischen und religiösen Bezug, um zu sagen: »Überall bricht in ihnen eine hehre Idee des Seins auf und gleichsam ein ewiges Verlangen danach. Was sie verneinen, enthüllt die Größe dessen, was sie wollen. Der dogmatische oder praktizierende Materialismus ist also ein Mystizismus, der in der Materie die unsichtbare Realität dessen verehrt, was er sieht und dem Sein unter den Gestalten des Phänomens einen Kult darbringt.«[4] Man ermisst es wohl, solche »reflektierte Bejahung« des Nichts ist im Ganzen ein »Glauben« an das unerkannte Sein, der aber wohl einen tieferen »Konflikt« offenbart. So stellt sich die pessimistische Philosophie mittels dreier phänomenologischer Sätze ganz dar: die Welt als »täuschendes

---

3 *L'Action,* S. 32, *L'Action – Die* Tat, Versuch einer Kritik des Lebens und einer Wissenschaft der Praxis, aus dem Französischen übertragen von Anton van Hooff unter Mitarbeit von Ruth Beissel, Freiburg/München 2018, S. 81.

4 L'Action, S. 34–35, *L'Action – Die Tat*, S. 84.

und schlechtes Phänomen eines Grundwillens zum Sein«; die Heilung, die man in »einem Willen nicht zu sein« findet, der den Grundwillen aufheben kann; dazu aber muss der Wille einer vollkommenen und dauernden Negation fähig sein.

Blondel zeigt hier einen inneren Widerspruch im Pessimismus, da er auf der Doppelung des Wollens beruht: desjenigen des Phänomens und des Seins. In diesem Sinne gibt es sehr wohl ein Wollen von »Etwas«, das vor jedem »Bekenntnis des Phänomenalismus, des Kritizismus oder des Idealismus« besteht. So muss im Fortgang der begrifflichen Arbeit in dieser Frage des »Phänomens« zweifelsohne der Dritte Teil von L'Action (1893) dargestellt werden, der sich in einem Gleiten zwischen dem Phänomen und dem, was »das Phänomen der Tat« geworden ist, artikuliert.

In diesem Stadium insistiert Blondel darauf, auf ein verborgenes Postulat oder auf die willentliche Option aufmerksam zu machen, die gerade darin besteht, dass der Mensch unvermeidbar dieses »Etwas« will, das sich in diesem Fall »Phänomen« nennt und auf diese Weise eine »Unruhe« ausdrückt, woraus sich das moralische Problem ergibt. Dennoch muss man hier gewärtigen, dass Blondel das »Phänomen« zu Beginn seiner Forschung nicht definiert hat. Die Definition ist umso mehr sehr weit, als sie sich im Lauf der Etappen noch erweitern und präzisieren wird: Es ist also epistemologisch gesprochen ein armes Phänomen, das als Ausgangspunkt genommen wird und das seine ganze Weite in den fünf Etappen finden wird, die ich hier sehr schematisch zusammenfasse.

1. Etappe: Die Tat ist nicht das Produkt äußerer oder innerer Ursachen, sie bewahrt ihre eigene Identität und entwickelt sich in der Eroberung in den Phänomenen.

2. Etappe: Die Freiheit ist eine neue Macht, die ursprünglich und schöpferisch, aber nicht sich selbst setzend ist.

3. Etappe: Wenn die Freiheit aus den vorhergehenden Bedingungen auftaucht, muss sie sich erobern und den Leib, die Welt und die Gesellschaft auf sich nehmen.

4. Etappe: Die Tat ist in Bezug auf den Leib schon Tat und eine Verwandlung der Welt, denn die Tat geht in ihrem Aus-sich-Herausgehen auf die Welt hin.

5. Etappe: In der Hervorbringung des Werkes vereinen sich der Handelnde und die Natur, die über den anderen und durch den Aufbau der Gesellschaften mitarbeitet. Erst durch dieses Aus-sich-Herausgehen [exode] in die soziale Dimension wird dem Individuum die Notwendigkeit einer Moral bewusst, die es als Ort der Steuerung versteht.

Zu diesem Zeitpunkt hinterfragt Blondel in seinem Verfahren der Mathematisierung des sinnlichen Reellen, aus dem so ein Objekt von Wissenschaft und Rechnung wird, die These des »phänomenalistischen Realismus«. In der Untersuchung der exakten Wissenschaften fängt er, technisch gesagt, an, Lücken und Ungenügen in deren Methodologie nachzuweisen. Von da an widersetzt er sich der These von der »notwendigen Folge der Phänomene« und zeigt, wie sich die »Mathematisierung« der Erfahrung vollzieht, die die sinnliche Natur durch abstrakte Symbole der Mathematik wiedergibt. Im Ganzen möchte er geltend machen, dass, auch wenn die Elemente in der Folge der beobachteten Fakten gleich bleiben, deren Verbindung doch immer verschieden sein wird, so dass eine absolute Reduktion niemals möglich ist.

So kommt er zu der Feststellung, dass es für die mathematische Analyse nicht möglich ist, die sinnliche, faktische Realität einzuholen. Ebenso ist es für die Beobachtung, wie wissenschaftlich sie auch sein möge, unmöglich, »das Konkrete, Einzelne, die Qualität [wissenschaftlich zu machen], indem sie in die Sinneswahrnehmung eine Welt von quantitativen Bestimmungen einfügt; weit davon entfernt, das qualitative Phänomen innerhalb einer abstrakten Formel verschwinden zu lassen, lässt sie dessen nicht reduzierbare Ursprünglichkeit hervortreten«[5]. Dieses epistemologische Moment ist für uns von Interesse, weil Blondel hier seine Forschung über die »Zustände des Bewusstseins« auf sehr moderne Weise durchführt, indem er die »objektive Vorstellung« vom »subjektiven Akt« abzugrenzen wünscht, um die Weise darzustellen, auf die die Erscheinungen sich organisieren und im Bewusstsein verinnerlichen, aber auch um eine nicht reduzierbare Subjektivität zu bewahren.

5 L'Action, p. 79 – Die Tat, S. 139.

Denn wenn der Mensch frei und fähig zum Handeln in der Welt erscheint, dann auch deshalb, weil er das Vermögen, sich auf verschiedene Motive zu beziehen, entdeckt. An dieser Stelle wird der kantische Formalismus diskutiert und kritisiert, weil er Freiheit in dem Maße setzen will, in dem die Tat sich durch Pflicht realisiert. Zwar erkennt Blondel an, dass Freiheit gewollt sein muss, weigert sich aber, sich auf die Absicht zu beschränken. Wenn sich der Mensch mit den Phänomenen befasst, verliert er sich nicht. Insoweit ist die Tat ein »integrierender Bestandteil« der Intention und wird dazu beitragen, sie einzugrenzen und zu bezeugen, ohne Vorbedingungen und Folgen der Motive zu leugnen. Die Tat ist das Werk des Menschen in der Welt und mit der Welt, sie wird von nun an »Labor« und operatives Kriterium im wissenschaftlichen Sinne sein.

Die dritte Etappe des Dritten Teils, die besonders dicht und technisch gut aufgebaut ist, muss ich beiseitelassen, um zur vierten Etappe zu kommen, die eine Reflexion über die Intersubjektivität enthält, aber nur um zu zeigen, dass das Phänomen hier in sozialer Bedingtheit beobachtet wird, da die menschliche Tat expressiv ist und sich dadurch vom Faktum unterscheidet. Wenn man das Phänomen hier als ein Zeichen betrachtet, durch das man auf das zurückkommt, was es bestimmt und hervorbringt, dient auch das Subjekt als Zeichen für das Phänomen und regt die Kräfte an, die es in sich trägt. Es gibt also einen konstituierenden Austausch zwischen den Energien des Subjekts und den »äußeren Mächten«, die das Subjekt ins Werk und in Gegenwart setzt. Was übrigens mit einer Form des phänomenologischen Vitalismus verwandt sein könnte.

Blondel konnte also schreiben: »So setzt das Phänomen der Tat die Konvergenz zweier Reihen von Phänomenen voraus. Die eine Reihe geht vom Handelnden aus, die andere wird von anderswo hervorgerufen. (…) Der nach außen gehende Vollzug des Willens bildet also eine Synthese von Phänomenen, die gemeinsam unter sich eine innere Energie, eine erzwungene Kooperation umfassen«[6]. Auch über die fünfte und letzte Etappe von L'Action (1893), die noch in einem ternären Rhythmus entfaltet ist, gehe ich schnell hinweg, um nur die Frage der »superstitieusen Tat« zu behandeln, bei der es darum geht, »wie der Mensch versucht, seine *action* zu vollenden

6 *L'Action*, S. 225.

und sich zu genügen«. Hier kann man nämlich die Tragweite erkennen, die Blondel der Metaphysik zu verleihen versteht und seine Absicht, nicht eine phänomenalistische Position einzunehmen, denn »das Denken ist nicht von der Welt der Phänomene getrennt, in denen das Bewusstsein seine Nahrung schöpft«, auch wenn es sich darum handelt, richtig zu verstehen, warum das Faktische Idealität heißt, und dabei so weit geht, das »außerhalb seiner, außerhalb der Welt zu projizieren, was dort gar nicht ist«.

Ein neuer Weg ist damit eröffnet, indem gezeigt ist, dass die Tat ein Drittes, zwischen dem Praktischen und dem Theoretischen Beschlossenes, ist und dass ihre Autonomie sich aus der in den vorangegangenen Etappen durchlaufenen Heteronomie ergibt. Diese Analyse zeigt, dass nunmehr »der Wille neue Phänomene schafft und vor sich entwirft, in Form von Postulaten, ursprüngliche Phänomene, die nicht nur als integrierte Elemente oder bestimmende Ursachen bekannt sind, sondern auch als Zweckursachen und der moralischen Handlung unterliegende Bedingungen«[7]. Das erste »Phänomen« ist die Aufgabe, die, wie man feststellt, Blondel schließlich erlaubt, sein System einem »Realen außerhalb des Realen« zu öffnen, welches auch noch Ausdruck des Seins und Gewissheit der moralischen Verantwortung des Subjekts sei, da ihm ja der Dispens zu sein und zu handeln verweigert ist.

Aber das »Phänomen der Superstition« ist das Moment, das er sich ausgesucht hat, um den Bezug der Tat zum Phänomen zu studieren und zu zeigen, dass sie sich in ihm vollenden kann. Wir wissen, dass die Schlussfolgerung dieser langen und langsamen Integration in der Form einer doppelten Unmöglichkeit vorwärtsgebracht wird: einerseits der, »das Ungenügen in aller Naturordnung nicht zu erkennen und kein darüber hinausgehendes Bedürfnis zu spüren« und andererseits derjenigen, »in sich das zu finden, was dieses religiöse Bedürfnis befriedige. Es ist *notwendig*; und es ist *unausführbar*: »[…] durch sein willentliches Handeln überschreitet der Mensch die Phänomene; er kann seinen eigenen Forderungen nicht Genüge tun; er hat in sich mehr als das, was er allein ausführen könnte; er vermag nicht, aus eigener Kraft, in seine gewollte Tat alles das zu setzen, was am Ursprung seiner Willensakti-

7 Idem.

vität ist. Alle Versuche zur Vollendung menschlicher Tat schlagen fehl; und es ist unmöglich, dass die menschliche Tat sich nicht zu vollenden und zu genügen sucht. Sie muss es, aber sie kann nicht«[8]. Auf diese Weise will Blondel entdeckt und gezeigt haben, dass in der Tat etwas ist, das nicht »nur einfach ein Phänomen« und trotzdem eine Konsequenz des »totalen Determinismus« ist, der freigelegt wurde.

Nun ein kurzes Wort zum Fünften Teil, der die Endabsicht des Projekts enthält. Blondel notiert hier, dass das Problematischste in dieser Genese, wenn das Unendliche unter den Zügen des Endlichen erscheint, ist, dass »es fast natürlich scheint, das Absolute in der Abschaffung des Relativen zu finden und das übernatürliche Leben im sinnlichen Tod«, aber er fügt hinzu, »zuzugeben, dass eine besondere Handlung, zufällig und beschränkt, das Allgemeine und Unendliche enthalten könne; in der Folge der Erscheinungen ein Phänomen zu haben, das ganz und gar nicht dazugehört, das ist das Wunder«. Um den Sinn der gewählten Methode zu begreifen, lesen wir es noch einmal: »Die Idee von geoffenbarten Vorschriften und Dogmen kann somit weder von der Offenbarung selbst her (hypothetisch vorausgesetzt, dass es sie gibt) zum Menschen gelangen noch von den natürlichen Phänomenen her (hypothetisch vorausgesetzt, dass es die Offenbarung nicht gibt). Diese Vorstellung entspringt einer inneren Initiative. Aber wie könnte diese völlig subjektive Einstellung außerhalb ihrer selbst erkennen, ob es wirklich eine Nahrung gibt, die zubereitet ist, um den Hunger nach dem Göttlichen zu stillen? Und nachdem man die quälende Frage nach dem Unendlichen gespürt hat, Gott dazu aufgefordert hat, die Schleier über der Welt wegzuziehen und sich zu zeigen, wie wäre diese Gegenwart dann wahrzunehmen, wenn sie reell ist? Wie ließe sich diese authentische Antwort erkennen, wenn sie wirklich ausgesprochen ist?«[9]

Man sieht, die Logik der Tat praktiziert weder Phänomenalismus noch Ontologismus noch Kritizismus noch eine »philosophie séparée«. Ebenso wenig reduziert sich die interne Dynamik des Bewusstseins auf einen unbedingten Automatismus: Sie bezieht sich ganz auf Freiheit, denn »interner

8 Idem.
9 *L'Action*, S. 397, *L'Action – Die Tat*, S. 508.

Determinismus und psychologische Freiheit sind zwei zusammengehörige Phänomene«. Die praktische Frage der Freiheit, wenn sie auch aus dem Determinismus entsteht, ist weder verneinend noch bejahend zu beantworten, denn sie erzeugt einen »aus der Tat selbst erzeugten Determinismus«, der die »notwendigen Folgen der Freiheit« zeigt. Denn das Subjekt will, dass die Kette der »neuen Phänomene« sich ohne Unterlass entfalte.

Was können wir nun von diesem Weg zurückbehalten? Blondel, der in seiner Methode der Entdeckung und fortschreitenden Formulierung der Begriffe von der strengen Analyse des Phänomens und den Bestimmungen des Lebens ausgeht, ist, wie man sieht, ganz in der wissenschaftlichen Perspektive einer Epoche, die durch die Wissenschaften vom Leben geprägt ist, verankert. In dieser Hinsicht hat Blondel viel von Lachelier und dessen natürlicher Theologie gelernt, in der die Transzendenz ein letztes Prinzip ist, wobei der Mensch durch sein unpersönliches und opferndes Handeln sein Prinzip symbolisiert, welches so in der Idealität ein immer wieder erbrachtes Prinzip wird. So stellt sich eine doppelte Transzendenz ein, eine auf ideale Weise reine und harmonische Transzendenz sowie im Subjekt eine phänomenologisch abgestufte Transzendenz, die der Ursprung des Bösen ist. In diesem Rahmen muss die Moralität es ermöglichen, von einer Ordnung zur anderen überzugehen.

Gerade zu diesem Punkt hat Peter Henrici geschrieben, dass »die kantische Frage nach der Objektivität der Phänomene bei Lachelier zur Forschung nach dem Begriff des Seins wird und dass diese Forschung sich durch eine eher aristotelische als kantische Sichtweise der Finalität löst, die die Reihe der Wirkursachen in harmonische Systeme des Zwecks verwandelt«[10]. Bei Lachelier öffnet sich der Endzweck zu einer Einheit, die Schönheit und Harmonie bedeutet, wenn auch nach einem noch verborgenen Plan. Blondel entwickelt Lacheliers Reflexion noch weiter, denn er stellt die Frage nach dem konkreten Besitz dieses realen Seins im Erkennen.

Von daher kommt der Wahlmöglichkeit [l'option] ein unterschiedlicher Stellenwert zu. Für Lachelier handelt es sich aufgrund der Be-

---

10 Peter Henrici, »Les Structures de *L'Action* et la Pensée française«, in: *Maurice Blondel. Une dramatique de la modernité*, Marie-Jeanne Coutagne (Hrsg.), Actes du colloque d'Aix-en-Provence, März 1989, Paris, Editions Universitaires, 1990, S. 41.

stimmung, die das Subjekt gewählt hat und weiterhin wählt, um eine existentielle Wahl. Bei Blondel kommt notwendigerweise noch die Frage nach dem Warum der erzwungenen Wahl hinzu und nach der Wahlmöglichkeit im Angesicht des »Einen Notwendigen«, mit positiven oder negativen Konsequenzen entsprechend der Logik des Lebens. Man müsste hinzufügen, dass Lachelier sich vor allem mit Fragen des Determinismus und Subjektivismus auseinandersetzt und zeigen will, dass die Tat der Wirkursachen an denen der Zweckursachen aufgehängt werden kann. Boutroux seinerseits hat klar gezeigt, dass die Notwendigkeit, je höher man auf der Leiter des lebendigen Seins, d.h. in der Komplexität der Phänomene und der Individualisierung des Seins steigt, dem Zufall und damit letztlich der Freiheit mehr und mehr Raum lässt.

Die Ursprünglichkeit der Tat, so wie Blondel sie versteht, ist dennoch nie auf ihre Vorbedingungen reduzierbar; das Gelenk zwischen Determinismus und Freiheit, so wie wir sie vorhin gefasst haben, ist an sich weniger problematisch. Blondels Subjekt, das handeln muss, trägt den bestimmenden Ursachen mehr Subjektivität zu, und die Tat ist auf diese Weise mit positiver Tugend ausgestattet. Im Ganzen fordert Blondel beständige Anpassung an die Phänomene, um an ihnen unaufhörlich die Neuigkeit wahrzunehmen und die Realität daran anzugleichen. Die Anschauung ist nicht ursprünglich, sondern vorwärtstreibend.

Hier muss man das Interesse Blondels für Evellins Thesen hervorheben, nach denen der Zugang zum Sein in der Ausübung eines offenen Phänomenalismus durch die Tat geschieht, was nicht so weit geht, dass unser Philosoph die Ebenen des Handelns und des Seins zu verwirren gestattet, denn die Tat muss das epistemologische und kognitive Kriterium bleiben, das die beiden Ordnungen aufrechterhält, ohne sie zu trennen. Blondel will auf jeden Fall die Wissenschaft von der Tat im Ausgang von dem errichten, was genau das Problem für das unmittelbare Bewusstsein ist, und er will zeigen, dass der universelle Determinismus eine gewisse Intelligibilität haben muss. Von daher ergibt sich eine bedeutende Anstrengung, dem Phänomen Konsistenz zurückzugeben und auf positive Weise das Leben-Wollen zu reinvestieren, ausgehend von den Erscheinungen der Tat des Subjekts.

Mehrere Autoren betrachten den Kantischen Umbruch als Ursprung des Pessimismus, wie er von Schopenhauer wahrscheinlich in der am meisten spekulativen und metaphysischen Weise dargestellt wird. Trotzdem geht Blondel die transzendentale Problematik des Phänomens und des Dings an sich im typischen Kontext des Phänomenalismus an, er bezieht sich auf empirisch Gegebenes, um dessen Gesetze freizulegen, und steht im Gegensatz zur Metaphysik, die glaubt, sich von empirischen psychologischen Fakten zum metaphysischen Sein erheben zu können. Indem er diesen Weg versperrt, versteht Blondel der ganzen Entwicklung des Projekts den »ontologischen Charakter« zu nehmen, auch wenn der Kritizismus, so wie er von Renouvier und den Seinen verstanden wird, ebenfalls im Namen der Logik und der »Meta«-Funktion der Tat in der Phase, in der sich die noumenale Welt auf die phänomenale Welt zurückzieht, widerlegt wird, weil nach Blondel diese Haltung die Logik des Willens zerbricht und sie einschränkt, indem sie ihm eine unangemessene Grenze setzt[11].

Nun kann man seiner ganzen Bedeutung nach ermessen, dass das Projekt von 1893 vermeiden wollte, »die Vernunft auf die Erscheinungen zu beschränken, indem sie sie durch die Tat, die als Kontaktpunkt mit dem Sein geschieht, erweitern wollte«[12]. Für Blondel kann man deshalb nicht mehr an der Trennung von Sein und Erkennen arbeiten, damit man das Risiko eines multiformen Individualismus vermeide. Auf diese Weise will die Methode Blondels aus der phänomenalen Immanenz heraus das Erfordernis und die Notwendigkeit einer ontologischen Überschreitung erneut bestätigen, die durch Reflexion zustande kommt und eine Hierarchie von »Transzendenzen« und Synthesen zeigt.

---

11 Man erinnere sich, dass diese Haltung mit dem Widerspruch verbunden ist, den der Pessimismus in seinem Bezug zur Welt darin erscheinen lässt, dass er auf das Bessere hinaus will. In diesem Sinn wollte Blondel das Ausmaß aufzeigen, das dieses Gefühl und die philosophische Tragweite, die man ihm einräumen muss, verbirgt, und es sehr ernst nehmen, weil seine tiefe Natur eines der Hauptelemente seines eigenen Projekts enthüllt. Man bemerke auch, dass das epistemologische Statut des Leidens das zentrale Element des Problems bleibt, während der Pessimismus es nicht voll und ganz zu übernehmen und in seine Systematik zu integrieren scheint. Siehe dazu in *L'Action*, S. 37–38.

12 René Virgoulay, »De *L'Action* à la tétralogie: continuité ou rupture?« in: *Maurice Blondel. Une dramatique de la modernité*, S. 119.

Wenn es sich so verhält, ist also das Objekt des minimalen Wollens das Phänomen, das als das verstanden werden könnte, was sich natürlich und einfach ereignet[13]. In dieser Hinsicht wird man sich daran erinnern, dass Blondel Brochard bei der Doktorprüfung erneut erklärte, dass er weder einen Ontologismus noch Idealismus, Realismus, Subjektivismus oder Dogmatismus verfolge, sondern sich nur darauf »beschränke«, alles aufzuzählen, was ein Subjekt »unvermeidlich bejaht«. Aber das Phänomen gründet sehr wohl in dieser »Folge von im Bewusstsein verbundenen Zuständen« und »den durch unsere expliziten Affirmationen implizit gesetzten Bejahungen«.

Wir haben es schon gesagt, die Definition ist minimalistisch und das Phänomen ist zuerst zu verstehen als das, was sich dem Bewusstsein präsentiert. Weil es sich trotzdem um das Projekt einer Philosophie des Willens handelt, wird das Phänomen in dem Maße beobachtet, in dem es auch ein Moment der Bejahung und des Sichwollens des Subjekts ist. Im Ganzen legt Blondel dem Phänomen eine Art Anziehungskraft ausübendes Inchoativ zu, weil er meint, dass es auch einem impliziten Wollen entspringt, welches das Subjekt explizit wiederaufnimmt. In dem hinzugefügten Kapitel – einem Text, den wir absichtlich beiseitegelassen haben – kommt Blondel auf die ontologische Konsistenz zurück, die den verschiedenen Begriffen der Verknüpfung zukommt[14].

---

13 Blondel schreibt im Rahmen dieser minimalen Definition: »Was man also will, ist, dass es etwas gäbe und dass dieses Etwas sich selbst genügen würde; [...] *Es gibt etwas.* Es scheint nicht sehr schwer, zu diesem einfachen und vagen Satz zu gelangen, aber es ist gar nicht leicht, darin ein lauteres Eingeständnis des Willens zu entdecken. Dieser Satz wird schließlich in solchem Maße evident und beruhigend werden, wie jenes zweideutige und furchtbare Wort dies nicht ist: »Es gibt nichts«. Es gibt etwas in unseren Sinneswahrnehmungen und Lüsten, in unserer Erkenntnis wie in unseren Handlungen [...]. Philosophisch sind diese Worte gewiss höchst ungenau. Sie liegen noch vor jedem Bekenntnis zum Phänomenalismus, Kritizismus oder Idealismus, sie bringen die naive Bewegung des Lebens zum Ausdruck, das von sich selbst und von allem, was es stützt, überzeugt ist, ohne zu wissen, was es selbst ist. In meinen Handlungen, in der Welt, innerhalb von mir, außerhalb von mir, ich weiß weder wo noch was: *Es gibt etwas.* In: *L'Action*, S. 40–41, *L'Action – Die Tat*, S. 90–91.

14 Pierre Colin beobachtet: »Der Grund des Streites liegt in der Frage des Phänomenalismus. [...] Blondel behauptet seinen Willen, sich an die Phänomene zu halten, solange wie ihre geordnete Folge nicht vollständig verlaufen ist. [...] Diese Methode

Ohne dass ich in die Details dieses Textes eintreten will, wird man doch einer Meinung sein, auch wenn man der erhellenden Analyse von Claude Troisfontaines folgt, dass Blondel dort seinen »phänomenologischen« Weg radikalisiert, dass er aber vor allem zu zeigen versteht, dass der Determinismus, sofern er zugleich auferlegt und gewollt ist, je nach Blickpunkt eine Unterscheidung auftauchen lässt, die sich auf die Natur der Subjektivität bezieht. Sie ist »in der ersten Hervorbringung der Erkenntnis« und in »dem endlichen Besitz der erreichten Wahrheit« nicht identisch.[15]

---

läuft dem Bedürfnis der Neothomisten entgegen, einen direkten Bezug zur Realität jedes Erkenntnisniveaus zu setzen, des sinnlichen oder intellektuellen. Daraus ergibt sich die Anklage des Kantischen Phänomenalismus. Aber dieser angebliche Phänomenalismus steht im radikalen Widerspruch zu Kant. Der polemische Teil des letzten Kapitels der *Action* von 1893 zielt vor allem auf den Kritizismus [...]. Indem man sie [die Seinsfrage] reserviert und besonders, indem man sie stellt, vermeidet man das realistische Postulat, von dem die ganze subjektivistische Doktrin ihren Ausgang nimmt.« In: Pierre Colin, *Le Kantisme dans la crise moderniste*, in: *Le Modernisme*, Paris, Beauchesne (coll. Philosophie, n°5), 1980, S. 18.

15 Claude Troisfontaines, »L'approche phénoménologique de l'être selon Maurice Blondel«, in: *Maurice Blondel. Une dramatique de la modernité*, S. 73. So sagte auch Henry Duméry: »1893 nennt Blondel das Ganze der »metaphysischen Ideen« (in Bezug auf den Begriff der Dinge oder des Schicksals) Metaphysik, ebenso das Ganze der »regulativen Ideen« der »action«. Diese Metaphysik heißt »subjektiv«, weil sie sich darauf beschränkt, das Phänomen der »action«, die Reihe der Bedingungen, denen sich das wollende Subjekt unterziehen muss, um seine Zwecke zu erreichen und seine Bedürfnisse zu erfüllen, studiert. Die Metaphysik zweiten Grades vollzieht dann eine richtige Umkehr: »das, was als das Phänomen des menschlichen Willens im Verstand erschienen war«, ändert Aussehen und Register: Es erscheint nun »als absolute Realität, die der Verstand dem Willen auferlegt«. Es handelt sich nicht mehr um das Primat der »action«, das Primat des handelnden Willens. Es geht um das Primat des Seins, der Objektivität des Seins, und gründet im Verstand. Wir haben es mit einer intellektualistischen, isolierten und unerwarteten Erklärung zu tun. Aber kaum zu bestreiten. Delbos könnte ihn dazu angeregt haben. Ich neige aber dazu, dass der junge Blondel der Erste war, der bemerkte, dass er seine Lehre ins Gleichgewicht bringen musste. Aus der Wissenschaft von den Phänomenen musste er entschieden aussteigen. Er musste sich auf die Ebene eines Wissens erheben, das gebietet und urteilt, denn er hatte endlich ein Prinzip entdeckt, ohne dass in uns und unabhängig von uns »der ganze Determinismus der Natur, des Lebens und Denkens gerechtfertigt wäre«. Das heißt, dass die »Wende« zur *Action* von 1893 gehört. In: Henry Duméry, »Réponse à R. Virgoulay sur la métaphysique de Maurice Blondel«, in: *Comment Dieu entre-t-il en philosophie?*, in: *Revue philosophique de Louvain*, S. 454–455.

Der Interpret Blondels notiert so, dass »die Realität an sich weder dem, was wir denken, noch dem, was wir wollen, fremd ist, dass sie aber in dem Unterschied, sie zu denken und sie zu wollen, selbst residiert«[16]. Das will heißen, dass die Realität der Phänomene am Schnittpunkt – oder an der Trennungslinie – dessen ist, was wir in idealer Weise begreifen, und dessen, was wir tatsächlich wollen, zwischen dem Gegebenen und dem Gewollten, das, was beim Übergang enthüllt, dass das philosophische Projekt nicht in einem Denken des Sichgebens des Gegebenen gründet. Auch Pierre Colin hat in seiner gründlichen Kenntnis des Blondelschen Werkes die Fülle dieser Position gut gezeigt, indem er einen sehr aufschlussreichen Vergleichspunkt wählte: »Für Blondel stellt sich das ontologische Problem in Begriffen der Konsistenz und Einheit: Welches ist das vinculum, das das Ganze der Phänomene hält, um es daran zu hindern, sich in einem bloßen Spiel der Erscheinungen zu zerstreuen? Für Boirac ist diese Verbindung der Phänomene das Denken, während sich für Blondel das Phänomen nur als das Zusammenwirken von Verstand und Willen vollendet«[17].

So versteht man gut, dass die Theorie des Leibnizischen *Vinculum*s Blondel verführt hat. Durch sie konnte er setzen, dass die Tat des Subjekts in der Welt etwas anderes als benutzbare Phänomene antrifft, nämlich »organisierte Realitäten«, die zu wollen sind. Claude Troisfontaine hat die Herausforderung dieser Haltung klar zusammengefasst: »Anstatt die zusammengesetzten Substanzen auf Aggregate von Teilen, deren Einheit stets nur mental ist, zu reduzieren, würde man anerkennen, dass diese Substanzen eine Einheit haben, die ihre eigene Vielheit beherrscht. So könnte die Tat sich dieser Handlung – dieser Verbindung – vereinen, die die Phänomene substantialisiert«[18].

16 Claude Troisfontaines, »L'approche phénoménologique de l'être selon Maurice Blondel«, in: *Maurice Blondel. Une dramatique de la modernité*, S. 73.

17 Pierre Colin, »La vérité de la philosophie selon Maurice Blondel«, in: *La Vérité*, Paris, Beauchesne (coll. Philosophie, n°8), 1983, S. 209.

18 Claude Troisfontaines, »Entre la force et la forme. *L'Action,* le parcours blondélien«, in: *Métaphysique de l'esprit. De la forme à la force*, Actes du colloque tenu en Sorbonne, 17–19 novembre 1995, Paris, Vrin (coll. Philologie et Mercure), 1996, S. 246.

Man kann also sagen, dass Blondel die Rolle des Subjekts in der Konstitution des Objekts nicht verkennt und dass er sich sogar auf den Kantischen Willen, die Existenz der Dinge an sich beizubehalten, stützt, um so das Vertrauen des Denkens ins Sein zu bezeugen anstatt, wie im Kritizismus eines Renouvier, bei einer ausschließenden privativen Haltung zu bleiben. Die Blondelsche Logik setzt aber andererseits selbst den Übergang beziehungsweise das, was wir ihre »Meta«-Funktion nennen möchten, und beruht auf einer harmonischen und vermittelten Vision der theoretischen und praktischen Vernunft. Eine Vision, bei der das Wollen durch die anthropologische Bedeutung des gestellten Problems charakterisiert ist: die Frage eines zerbrochenen Subjekts in Auflösung [rupture].

Aber auf eben dieser Basis, in dem, was eher als Verfahren der Phänomenologisierung der Tat denn als Phänomenologie der Tat[19] erscheint –, weil die Intentionalität nicht im Vordergrund des Projektes steht – taucht der – wesentliche – Begriff der Reflexion auf, selbstverständlich im Sinne des zweiten Spiritualismus der Philosophie französischer Sprache. In diesem Sinne wird man gewiss erkennen, dass es sich in L'Action (1893) um eine spezifische Behandlung des Begriffs »Phänomen« handelt, wenn auch im kantischen und postkantischen Horizont, aber es bleibt nicht weniger dabei, dass die Methode, die wir hier in großen Linien darzulegen versuchten, im strengen und natürlich auch historischen Sinn eher in einer reflexiven als phänomenologischen Philosophie gründet.

(Übersetzung: Margit Kopper)

---

19 Manche Autoren haben Lesarten Blondels versucht, die ihn mit zeitgenössischen Phänomenologen vergleichen. Sie können informativ sein, aber sie scheinen uns »Welten« treffen zu lassen, die sehr verschieden sind und die man nicht verstehen kann, wenn man nicht diese verlorene Welt der ersten Rezeption Husserls in Frankreich wiederfindet. Ein Glied in der Kette fehlt. Für Marion, siehe z. B. P. Olivier, »Provocation chrétienne et réflexion philosophique. L'intention de M. Blondel« in: *Recherches de science religieuse*, 81/3, 1993, S. 343–384. Siehe auch: H. Cremona, »Immanence et transcendance chez Michel Henry et Maurice Blondel« in: Annales de philosophie, Bd. 18, 1997, S. 105–114, oder auch: Hans-Jürgen Verweyen, »Maurice Blondels Philosophie der Offenbarung im Horizont postmodernen Denkens«, in: *Archivio di filosofia*, 62, 1994, S. 423–437.

Jean Greisch

L'Action: eine andersanfängliche und andersendigende Phänomenologie

»*L'Action* und die Phänomenologie« lautet der mehrdeutige Titel der Tagung im Februar 2018 anlässlich der neuen deutschen Übersetzung von Maurice Blondels 1893 erschienenem Erstlingswerks, das er als »Versuch einer Kritik des Lebens und einer Wissenschaft der Praxis« konzipierte.

I. »Womit muss der Anfang der Wissenschaft gemacht werden?«: fünf Leitformeln

»Andersanfängliches Denken« lautet eine Grundformel des späten Heidegger, mittels derer er die Metaphysik als solche in der Gestalt der Ontotheologie zu überwinden versuchte. Über die Fragwürdigkeit dieses Ansatzes, die auch in den inzwischen veröffentlichten Schwarzen Heften ihre Spuren hinterlassen hat, schweigt des Sängers Höflichkeit, sei es auch nur, weil diese Frage aus dem Rahmen unseres Blondel-Bedenkens herausfällt.

Ein Punkt verdient es jedoch, erwähnt zu werden. Heideggers berühmter Aufsatz über die ontotheologische Verfassung der Metaphysik hatte seinen ursprünglichen Sitz im Leben in einem Seminar über Hegels *Wissenschaft der Logik*, näherhin über die »Womit muss der Anfang der Wissenschaft gemacht werden?« betitelte Einleitung von Hegels großer Logik.

1. »Tathandlung« (Fichte)

Hegels »Wissenschaft der Logik« ist eine Logik des Wissens, die sowohl eine Ontologie in der doppelten Gestalt einer Lehre vom Sein und vom

Wesen wie eine philosophische Theologie, eine Lehre vom absoluten Geist und dessen Wesenseigenschaften, beinhaltet und die erst in ihrem dritten Teil eine subjektive Lehre der Gesetze, der Prinzipien und Kategorien, die das Denken regulieren, enthält.

Trotz aller Unterschiede zwischen Fichte und Hegel, die der Begriff der »Tathandlung« veranschaulicht, tritt Hegels »Wissenschaft der Logik« in gewisser Weise die Nachfolge von Fichtes »Wissenschaftslehre« an, aber mit dem entscheidenden Unterschied, dass Fichte dem Kantischen Kritizismus nähersteht und den Primat der praktischen Vernunft gegenüber der theoretischen Vernunft viel stärker betont als Hegels Lehre vom absoluten Geist.

»Das Ich setzt sich selbst, und es ist, vermöge dieses bloßen Setzens durch sich selbst; und umgekehrt: Das Ich ist, und es setzt sein Sein, vermöge seines bloßen Seins. – Es ist zugleich das Handelnde, und das Produkt der Handlung; das Tätige, und das, was durch die Tätigkeit hervorgebracht wird; Handlung und Tat sind Ein und dasselbe; und daher ist das: ›Ich bin‹, Ausdruck einer Tathandlung.«[1]

Fichtes Ausdruck »Wissenschaftslehre«, von der er zehn Fassungen ausarbeitete, bezeichnet ein Wissen in der zweiten Potenz, ein »Wissenwissen«. Werfen wir von hier aus einen Blick auf L'Action (1893) von Blondel, so drängt sich unmittelbar folgender Gedanke auf: Ein Handeln in der zweiten Potenz gibt es nicht, wohl aber ein Wissen vom Handeln, das nur dem Handelnden zugänglich ist.

2. *Die Phänomenologie des Geistes als »Wissenschaft des erscheinenden Wissens« (Hegel)*

Für Hegel ist der Gegenstand der Philosophie nichts anderes als »die Sache selbst«, das wirkliche Erkennen dessen, was in Wahrheit ist (53). Um dieser Aufgabe gerecht zu werden, benötigen wir nicht, wie Kant, eine vorgängige Erörterung der Frage: »Was kann ich wissen?« in Form einer Kritik des menschlichen Erkenntnisvermögens. Zwar ist der Philosoph im Sinne Hegels ein Begriffsarbeiter, der im Dienst der »Arbeit

---

1 J. G. Fichte, GA I, 2, 259.

des Begriffs« steht, aber er ist keinem Handwerker vergleichbar, der, ehe er sich an seine Arbeit begibt, erst einmal sorgfältig seinen Werkzeugkasten inspiziert. Noch weniger hilfreich ist die Berufung auf intellektuelle Anschauungen, die ihm das Gesuchte, nämlich das Absolute, wie auf einem Silbertablett servieren.

Hegel ist sich bewusst, dass das »Absolute«, das »Erkennen« usf. Worte sind, deren Bedeutung erst mühsam errungen werden muss. Aus der Sicht Blondels müssen wir diese Liste durch das Wort »Handlung« ergänzen und sogar mit ihm unseren Ausgang nehmen.

»*Nomen est omen*«: Nur indem sie ein »System des Wissens« ausarbeitet, wird die Philosophie ihrer ursprünglichen in ihrem Namen enthaltenen Berufung gerecht: »Weisheitsliebe« bedeutet Hegel zufolge so viel wie Liebe der Wissenschaft. Es ist eine anstrengende und anspruchsvolle Liebe, weil sie die »*Anstrengung des Begriffs*« (41) impliziert und, damit verbunden, den »Ernst und die Geduld der Arbeit des Negativen« (18). Erst am Ende eines langen Ringens mit den »Sachen selbst« kann der Philosoph ausrufen: »Negativität, wo ist dein Sieg?«

Seit langem schon hat sich die Menschheit auf den Weg des Wissens begeben. Wir sind längst keine stümperhaften Anfänger mehr. Auch wenn wir keine Wissenschaftler sind, wissen wir sehr viel, manchmal fast sogar zu viel. Gerade deshalb müssen wir uns eine Vorstellung darüber verschaffen, was es mit dem Wissen überhaupt auf sich hat. Genau das ist die Aufgabe jener eigentümlichen Wissenschaft, die Hegel als »Phänomenologie des Geistes« bezeichnet.

»Aber die Wissenschaft darin, dass sie auftritt, ist sie selbst eine Erscheinung; ihr Auftreten ist noch nicht in ihrer Wahrheit ausgeführt und ausgebreitet.« Gegenstand der Phänomenologie des Geistes ist das »erscheinende Wissen« bzw. die »Wissenschaft von der Erfahrung des Bewusstseins« (61). Streng genommen muss das Wort »Erfahrung« in dieser Definition als Plural verstanden werden. Eine »Erfahrungswissenschaft« ist die Phänomenologie im ursprünglichen Sinn des Wortes »Erfahrung«: Der Denker begibt sich in ihr auf eine Entdeckungsfahrt, die den »Weg des natürlichen Bewusstseins, das zum wahren Wissen dringt«, bzw. den »Weg der Seele, welche die Reihe ihrer Gestaltungen, als durch ihre Natur ihr vorgesteckter Stationen, durchwandert, dass sie sich zum Geiste läutere, indem sie durch die vollständige Erfahrung ihrer selbst zur Kenntnis desjenigen gelangt, was sie an sich selbst ist«, nachzeichnet und reflektiert.

»Wer A sagt, der muss auch B sagen.« Diesen Spruch könnte man im Blick auf Hegels *Phänomenologie des Geistes* wie folgt erläutern: Sobald das Wort »Wahrnehmung« gefallen ist, haben wir einen ersten Zugriff auf die Wahrheit, der nicht mehr preisgegeben, sondern nur noch vertieft werden kann. Weil aber für den Philosophen »Wahrsagen« die Wahrheit *begreifen* bedeutet, kann dieser Prozess nicht ins Unendliche fortgesetzt werden. Er kommt zum Abschluss, wenn die volle Wahrheit begriffen ist, was nur in der Form des »absoluten Wissens« geschehen kann.

Die Phänomenologie des Geistes ist einem Bildungsroman vergleichbar, mit dem entscheidenden Unterschied, dass der »Held« nicht ein Einzelindividuum ist, wie etwa Hans Castorp in Thomas Manns *Zauberberg*, sondern das menschliche Bewusstsein als solches: »Die Reihe seiner Gestaltungen, welche das Bewusstsein auf diesem Wege durchläuft, ist (…) die ausführliche Geschichte der *Bildung* des Bewusstseins selbst zur Wissenschaft.«

Ähnlich wie Scheherazade Nacht für Nacht mit einer ihrer Erzählungen den Tod in Schach hält, überwindet Hegel in vierzehn Etappen, die man mit den Stationen eines Kreuzwegs vergleichen könnte, die Hindernisse, die den Weg zum gesuchten Ziel erschweren, dorthin, wo das Wissen »nicht mehr über sich selbst hinauszugehen nötig hat, wo es sich selbst findet und der Begriff dem Gegenstande, der Gegenstand dem Begriffe entspricht.«

»Wissen« und »Wahrheit« sind die Schlüsselbegriffe dieses dialektischen und phänomenologischen »Wegs zur Wissenschaft selbst« in der Gestalt einer »Wissenschaft der *Erfahrung des Bewusstseins*«, die »schon *Wissenschaft*« ist, auch wenn man von einem »absoluten Wissen« erst dann sprechen kann, wenn »Wissen« und »Wahrheit« deckungsgleich geworden sind.

Hegel zufolge weiß »das Bewusstsein, das in der Erfahrung selbst begriffen ist«, nichts von der Notwendigkeit, die den ganzen Entwicklungsgang leitet und immer neue Gestalten hervorbringt. Erst im Nachhinein, wenn der Standpunkt des absoluten Wissens erreicht ist, auf welchem das Bewusstsein »seinen Schein ablegt, mit Fremdartigem, das nur für es und als ein Anderes ist, behaftet zu sein, oder wo die Erscheinung dem Wesen gleich wird« wird das, was anfänglich nur »gleichsam hinter seinem Rücken vorgeht« (61; vgl. *Enz.* §25), verständlich, so dass die Phänomenologie sich in eine Wissenschaft der Logik verwandeln kann.

Die Phänomenologie des Geistes ist folglich *eine Phänomeno-logik*: Sie begnügt sich nicht mit der Beschreibung der einzelnen Bewusstseinsgestalten, sondern sie bemüht sich zugleich, die hintergründige Logik, die die Hervorbringung der verschiedenen Bewusstseinsgestalten beherrscht, zu rekonstruieren.

3. *»Gegebenheit«: die transzendentale Phänomenologie als strengste aller Wissenschaften (Husserl)*

Ob und inwiefern das Prädikat »andersanfänglich« auch auf Husserls transzendentale Phänomenologie angewandt werden kann, ist eine schwierige Frage, die im Rahmen dieses Vortrags nicht ausführlich erörtert werden kann. Ich begnüge mich mit einigen knappen Hinweisen.

Zwar leisten die 1900 in der Erstauflage erschienenen *Logischen Untersuchungen*, insbesondere die sechs im zweiten Teil enthaltenen detaillierten Untersuchungen zur Phänomenologie und Theorie der Erkenntnis, einen entscheidenden Beitrag zur Überwindung des Psychologismus und bereiten den Boden einer erst noch auszuarbeitenden »Ersten Philosophie« in der Form der transzendentalen Phänomenologie vor. Aber die Frage, womit der Anfang der Wissenschaft gemacht werden muss, erhält erst einen eindeutigen Sinn im Rahmen einer erst noch auszuarbeitenden Phänomenologie der Vernunft.

»Gegebenheit« ist das Grundwort dieses Ansatzes, von dem Heidegger sagt, dass es das »Zauberwort jeder Phänomenologie« und »ein Stein des Anstoßes für alle anderen« ist. Wie dieses »Zauberwort«, das auch zum Begriffsvokabular von L'Action (1893) gehört, zu verstehen ist, ist eine Frage, die die Phänomenologen bis heute beschäftigt.

Für unsere Zwecke genügt es, an Husserls Bestimmung des »Prinzips aller Prinzipien« zu erinnern, das postuliert, »dass jede originär gebende

Anschauung eine Rechtsquelle der Erkenntnis sei, dass alles, was sich uns in der ›Intuition‹ originär (sozusagen in seiner leibhaften Wirklichkeit) darbietet, einfach hinzunehmen sei, als was es sich gibt, aber auch nur in den Schranken, in denen es sich da gibt, kann uns keine erdenkliche Theorie irre machen.«[2]

Dies ist einer der Gründe dafür, warum der französische Phänomenologe Henri Maldiney sich in einem seiner Aufsätze fragte, ob Hegels dialektische Bestimmung des Verhältnisses von Unmittelbarkeit und Vermittlung, ihm nicht von Anfang an einen bösen Streich spielt, weil hierbei die entscheidende Rolle des Fühlens (»sentir«) verkannt wird, so dass der erste Schritt der *Phänomenologie des Geistes*, die ihren Ausgang mit der sinnlichen Gewissheit und der Wahrnehmung nimmt, bereits ein Fehlstart ist.[3]

Wenn wir unter diesem Blickwinkel auf Blondels L'Action (1893) blicken, genügt es, daran festzuhalten, dass das Handeln nicht die konkrete Anwendung einer Idee ist, sondern selbst eine ursprüngliche Gegebenheit darstellt, die als solche erfasst und beschrieben werden muss ohne klammheimliche Seitenblicke auf andere Phänomene. Insofern leistet das dritte Buch von Blondels L'Action (1893) einen entscheidenden Beitrag zur Ausarbeitung einer Phänomenologie des Handelns, dessen Originalität bis heute noch verkannt bzw. unterschätzt wird. Solange man sich an die übliche Entgegensetzung von »Schein« und »Sein« hält, kann von keinem »Zauberwort« die Rede sein. Letzten Endes geht es der »science de L'Action« darum, »in den Phänomenen das Sein selbst« zu entdecken, was für Blondel bedeutet, dass es sich nicht darum handelt, »zu suchen, was unter dem, was erscheint, ist, sondern in dem, was erscheint, das, was ist« (A 539).

»Phänomenologisch« im Sinne von Hegels *Phänomenologie des Geistes* ist erst die *Krisis*-Abhandlung Husserls, in der er sich mit den zahlreichen Spielarten des zeitgenössischen Irrationalismus auseinandersetzt und im Gegensatz zu Heidegger hartnäckig betont, dass das Ideal

2 Hua, Bd. III/1, S. 51.

3 Henry Maldiney, »La méconnaissance du sentir et de la première parole ou le faux départ de la Phénoménologie de l'esprit de Hegel« in: *Regard, parole, espace*, Paris (Editions du Cerf) 2012, S. 323–397.

der Philosophie als apodiktisch strenger Wissenschaft längst noch nicht ausgeträumt ist, weil der Verzicht auf diesen großen Traum der Vernunft auf einen Alptraum hinauslaufen würde.

Ob Heideggers frühe phänomenologische Hermeneutik der Faktizität, die er als Ursprungswissenschaft vom Leben »an sich« versteht, dem Phänomen »Handlung« im Sinne Blondels besser gerecht wird als Husserls transzendentale Phänomenologie, ist eine Streitfrage, auf die ich hier nicht näher eingehen kann. Ich begnüge mich mit einem Zitat, das uns zu Blondel überleitet:

»Das Problem des Selbstverständnisses der Philosophie wurde immer zu leicht genommen. Fasst man das Problem radikal, so findet man, dass die Philosophie der faktischen Lebenserfahrung entspringt. Und dann springt sie in der faktischen Lebenserfahrung in diese selbst zurück. Der Begriff der faktischen Lebenserfahrung ist fundamental. Mit der Bezeichnung der Philosophie als erkennendes, rationales Verhalten ist gar nichts gesagt; man verfällt so dem Ideal der Wissenschaft. Es wird hierdurch gerade die Hauptschwierigkeit verdeckt.«[4]

4. Vernünftig werden: Existentielle »Einstellungen« und Verstehenskategorien (Eric Weil)

»Bewusstseinsgestalten« ist für viele unserer Zeitgenossen ein altmodischer Ausdruck, fast schon ein Fremdwort, dessen Bedeutung erst erläutert werden muss. Eine mögliche Erläuterung, die auf ein neues Verständnis des Entwicklungsgangs des Geistes hinausläuft, findet sich in Eric Weils *Logique de la Philosophie.*

Inwiefern dieses außerhalb Frankreichs kaum bekannte monumentale Werk von Belang für die Auseinandersetzung mit Blondels »Action« ist, möchte ich einleitend anhand einer persönlichen Erinnerung erläutern.

Manche der hier anwesenden Blondel-Experten werden sich noch an das sich über mehrere Nummern des Jahrgangs 1964–1965 der »Archives de Philosophie« hin erstreckende Streitgespräch zwischen Henri

4 Martin Heidegger, *Phänomenologie des religiösen Lebens*, Ga 60, S. 8.

Bouillard und Henry Duméry über Blondels Philosophie erinnern. Ein Blick auf die Titel der entsprechenden Aufsätze zeigt, mit welch harten Bandagen beide Autoren damals kämpften.

Eine Woche vor seinem Tod, am 22. Juni 1981, bestellte der schwerkranke Bouillard mich zu sich, um uns über Weil und Heidegger zu unterhalten.

Unser Gespräch endigte sehr sokratisch mit Bouillards Bemerkung: »Darüber müssen wir uns nächste Woche noch einmal unterhalten.« Weder er noch ich konnten den Termin einhalten, weil er einige Tage später verstarb. Aus diesem Grunde konnte ich ihn nicht fragen, inwiefern sein Interesse an Weils Logik der Philosophie ihren Grund in seiner Beschäftigung mit Blondels L'Action (1893) hatte.

Weil entwickelt seine »Logik der Philosophie« vor dem Hintergrund einer grundsätzlichen Besinnung über das Verhältnis der Philosophie zu den vielfältigen Erscheinungsformen der Gewalt. Unter welchen Bedingungen kann die Philosophie der Gewalt widerstehen, vielleicht sogar ihrer Herr werden, d. h. den Wunsch, die Welt gewaltlos zu machen, verwirklichen? Ist sie mit diesem Anspruch, der ihrem Selbstverständnis zu Grunde liegt, nicht radikal überfordert? Für den Philosophen bedeutet Vernunft so viel wie Kohärenz, die Absage an jede Art der Selbstwidersprüchlichkeit. Kann man auf diese Weise den Widersprüchen, mit denen die Wirklichkeit durchsetzt ist, Herr werden?

Weil zufolge geht es darum, »zu verstehen, wie der Mensch als lebendiges Wesen in der Welt, die er erschafft, zerstört und neuerschafft«, sich in den Dienst des Lebens selbst stellen kann, indem er sich frei für die Stimmigkeit des Diskurses entscheidet, die es ihm ermöglicht, »sämtliche Diskurse, sämtliche Nicht-Diskurse, sämtliche Tätigkeiten, sämtliche Handlungen der Menschen zu verstehen« (S. 66).

Das kann ihm nur gelingen, wenn der Philosoph der Furcht vor allem Unvernünftigen in der Welt und in seinem Herzen standhaft in die Augen blickt und sich eingesteht, dass er sich »niemals vernünftigerweise seiner Vernunft sicher ist« (S. 20).

Ebenso wenig wie Hegels *Wissenschaft der Logik* ist Weils Logik der Philosophie keine Lehre von den formalen Denkgesetzen, sondern eine »Wissenschaft des nichtwidersprüchlichen Diskurses« (S. 23), anders gesagt eine *Transzendentalphilosophie,* welche die Möglichkeiten eines nichtwidersprüchlichen Diskurses erkundet, ohne wie eine Zwangsjacke die menschliche Freiheit einzuschnüren.

Verstehen heißt nicht nur, seine Vernunft der Wirklichkeit anzupassen (*adequatio intellectus ad rem*); entscheidend ist vielmehr die »*adaequatio hominis ad intellectum*, Anpassung an den kohärenten Diskurs« (S. 66).

Diesbezüglich stimmt Weil mit Hegel überein: »Weil der Mensch sich vor dem Hintergrund der Gewalt und im Blick auf die Kohärenz versteht, kann der Mensch, der den Diskurs erwählt hat, sich nur aufgrund seiner Verwirklichungen verstehen, in dem, was er in der Welt getan hat, und in dem, was er aus sich selbst *getan* hat« (S. 69): eine im Blick auf Blondel bemerkenswerte Formulierung.

Weil ersetzt Hegels Terminus der »Bewusstseinsgestalten« durch den der »Einstellungen«. Als frei handelnde Wesen können wir der Welt, den Mitmenschen und uns selbst gegenüber verschiedenartige Einstellungen einnehmen, die nicht unbedingt bewusst zu sein brauchen: Optimismus oder Pessimismus, Fatalismus oder Voluntarismus, Gläubigkeit oder Unglauben, Vertrauen oder Misstrauen usw. Manchmal aber – etwa wenn verschiedenartige Weltanschauungen aufeinanderprallen – muss der Mensch seine Einstellung gegenüber sich selbst und den anderen rechtfertigen. Dies ist ein schmerzvoller und lange währender Prozess, denn der Versuch, »das, worauf es dem Gefühl ankommt, in einem schlüssigen Diskurs auszudrücken« (S. 71), erfordert eine sachgerechte Übersetzung der Einstellung in die ihr entsprechende *Kategorie.*

Genau diese Übersetzungsarbeit ist die Aufgabe einer »Logik der Philosophie« im Sinne Weils. Einem Buddhisten oder einem Mohammedaner die Inkohärenz seiner Weltanschauung vorwerfen zu wollen, macht keinen Sinn. Die einzige Frage ist, mit welcher Grundvorstellung und welcher Art der Kohärenz wir es zu tun haben.

Im Rückgriff auf Hegels Bild der Logik, die »im Rücken des Bewusstseins« arbeitet, könnte man sagen, dass Weil die Logik zu erfassen versucht, die im Rücken unserer Einstellungen arbeitet und den Übergang von einer Verstehenskategorie zu einer anderen ermöglicht, ohne dass die geschichtliche Kontingenz zugunsten einer rein linearen Abfolge preisgegeben wird. Weil der Mensch zu jederzeit irgendeine Einstellung adoptieren kann (S. 74), ist es nicht möglich, mir seine Verstehenskategorie aufzudrängen, denn der Mensch erhebt seine Ewigkeitsanprüche nur innerhalb der Geschichte (S. 75).

Das, was es zu verstehen gilt, ist jeweils eine bestimmte Möglichkeit des menschlichen Welt- und Selbstverständnisses, eine Weise, sich in dieser unserer Welt vernunftgemäß zu orientieren. Weils »Logik der Philosophie« ist das Inventar der Grundkategorien des menschlichen Verstehens, d. h. der Möglichkeiten, unsere Einstellungen in einem kohärenten Diskurs zu erfassen, in welchem »Diskurs, Existenz und Welt sich um einen Wesenskern gruppieren« (S. 79).

Die Art und Weise, wie die Kategorien sich miteinander verschränken, ist »sowohl zirkulär wie linear« (S. 80). *Zirkulär*, insofern wir von Anfang an sämtliche Karten in den Händen halten, die es ermöglichen, uns am großen Spiel des Verstehens zu beteiligen: Wahrheit und Irrtum, Wirklichkeit und Schein, Gott, Welt und Seele, Freiheit und Determinismus, Zufall und Notwendigkeit, Leben und Tod, Gut und Böse, Sinn und Sinnlosigkeit usw. Diese Karten können wir indessen verschieden verteilen und uns mehr oder weniger geschickt verhalten. *Linear* ist die Verkettung der Kategorien, weil man dennoch von einem Fortschritt des Denkens sprechen kann, das niemals ganz auf der Stelle tritt.

Auch wenn die »Negativität des Individuums sich gegen die Logik der Philosophie sträuben kann, so wie sie es jedem System gegenüber getan hat« (S. 84), ändert das nichts an ihrer inneren Schlüssigkeit, die es ihr ermöglicht, »den Menschen auf dem Boden der Philosophie und die Philosophie im Menschen zu verstehen, weil sie die Kohärenz in der Gewalt, und die Gewalt im Rahmen des kohärenten Diskurses versteht« (S. 85).

Eine nähere Analyse der achtzehn Kategorien, aus denen sich Weils Logik der Philosophie zusammensetzt, von denen jede sich einem neuen Akt der Freiheit verdankt, übersteigt bei weitem den Rahmen dieses Beitrags. Für unsere Überlegungen besonders wichtig ist, dass Weil zufolge die erste und grundlegendste aller Verstehenskategorien die der Wahrheit ist. Sobald es feststeht, dass die Philosophie sich nur als Wahrheitssuche verstehen kann (S. 89), ist eigentlich schon alles gesagt. Zugleich aber bleibt noch alles zu sagen.

Noch ausschlaggebender ist, dass Weil die Kategorie des Handelns erst verhältnismäßig spät einführt, und zwar als Replik auf die einseitige Betonung der Kategorie der Endlichkeit bei Heidegger und Jaspers. Als Handelnder will der Mensch die Wirklichkeit in seinen Dienst stellen und sie sich gefügig machen (S. 398). Auch wenn Platon und mehr noch Aristoteles bereits die Sonderstellung des *bios praktikos* betonten, wurde eine präzisere Erfassung dieser Kategorie unerlässlich, seitdem die Beherrschung der Natur durch den Menschen schrankenlos geworden ist. Handeln und Bedenken der Handlung lassen sich in diesem Fall nicht mehr voneinander trennen. Nur indem er sich am Handeln selbst beteiligt und nicht, indem er das Handeln zum Gegenstand einer abstrakten Betrachtung macht, versteht der Mensch den Sinn, die Tragweite und das, was im Handeln auf dem Spiel steht, auch wenn das unvermeidliche Missverständnis zwischen dem Handlungsmenschen und dem Menschen, der den Sinn des Handelns verstehen will (S. 409), nicht vollständig eingeebnet werden kann.

5. Notwendigkeit einer »Wissenschaft des Handelns« (Blondel)

Wenn wir von Weils *Logik der Philosophie* auf Blondels *Action* blicken, die dank der kongenialen deutschen Übersetzung von Anton van Hooff uns in ihrer ursprünglichen Jugendfrische entgegentritt, haben wir gute Gründe, uns zu fragen, ob der von Weil nicht namentlich erwähnte Blondel nicht der wichtigste Gesprächspartner für eine nähere Erörterung der Kategorie der Handlung sein könnte.

Blondel geht es um das Verständnis des Handlungsaktes, des »acte d'agir«, den man insofern auch als »Tathandlung« bezeichnen könnte bzw. in der Terminologie des frühen Heideggers: es handelt sich um eine grundsätzliche Besinnung auf den »Vollzugssinn« des Handelns, auf das Handeln »in actu exercito«.

Die Einleitung der 1893 erschienenen *Action* verdient eine ebenso sorgfältige Lektüre wie Hegels Einleitung zu seiner *Phänomenologie des Geistes*.

Sie beginnt mit einem Paukenschlag: »Ja oder nein: Hat das menschliche Leben einen Sinn? Hat der Mensch eine Bestimmung?« (27).

Ehe wir uns dem Inhalt dieser Doppelfrage zuwenden, ist eine stilistische Vorbemerkung angebracht: Der Tonfall der Einleitung, wie der des ganzen Buches, ähnelt dem Sprachduktus der *Metaphysischen Meditationen* des Descartes. Die gleichnamigen 1936 und 1937 publizierten Abhandlungen, die ein autorisierter Kommentar des Frühwerks sein wollen, spricht demgegenüber fast schon wieder die Sprache eines scholastischen Traktates.

Die Frage, ob und inwiefern es eine Wissenschaft des Handelns geben kann, stellt sich nur für den Handelnden, der akzeptiert, dass er mit allen Ansprüchen des Lebens und der ganzen verborgenen Fülle seiner Werke konfrontiert ist. Was in ihr auf dem Spiel steht, ist nichts weniger als die Kraft der Bejahung, des Glaubens und der Mut des Handelns. M.a.W.: In ihr stehen »sämtliche Belange des Lebens (…) auf dem Spiel« (A 616), denn für Blondel befinden sich »das Sein und das Leben« »für uns nicht in dem, was zu denken ist, auch nicht in dem, was zu glauben ist oder was in der Praxis zu tun ist, sondern in dem, was tatsächlich in der Praxis getan wird« (A 611).

Wie andere Worte auch ist das Verbum »Handeln« vieldeutig und schillernd. Dennoch verweist es auf eine ursprüngliche Gegebenheit, an der kein Weg vorbeiführt, und zugleich auf eine Pflicht, die uns vor mehr oder weniger schmerzvolle und dramatische Entscheidungen stellt. Angesichts unerträglicher Verhältnisse – etwa die Migrantenkrise – ist die Gewissensstimme unüberhörbar: »Du musst etwas tun!« Ein Wesensmerkmal vieler Handlungen ist ihre Unaufschiebbarkeit, weil jedes »Später« sich alsbald in ein unerbittliches »Zu spät« verwandelt.

In seinem Eröffnungsvortrag zu der anlässlich der jahrhundertjährigen Erinnerung an die Soutenance der *Action* am Institut Catholique gehaltenen Tagung betonte der französische Hegelforscher Henri Bourgeois, dass Blondel, ähnlich wie Hegel, von Anfang an die Sprache des Verzichts, der Selbstpreisgabe und des Opfers spricht. In der Tat ist »Opfer« eines der häufigsten in der Einleitung der »Action« gebrauchten Vokabeln. Inwiefern der Ausdruck »mortification naturelle« (»natürliche Abtötung«) sich mit Hegels »Arbeit des Negativen« vergleichen lässt, ist eine Frage, auf die ich mich hier nicht einlassen kann.

Die Tatsache, dass jede freie Entscheidung den Verzicht auf eine unendliche Anzahl anderer Möglichkeiten impliziert, ist kein hinreichender Grund, die Hände in den Schoß zu legen. Wer sich alle Möglichkeiten offenhält und sich nicht in irgendeiner Weise kompromittieren will, der verliert alles.

Die Diskrepanz zwischen dem, was ich weiß, dem, was ich will, und dem, was ich tue, lässt sich nie gänzlich einebnen. Gadamers hermeneutisches Diktum: »Wir sind als Verstehende in ein Wahrheitsgeschehen einbezogen und kommen gleichsam zu spät, wenn wir wissen wollen, was wir glauben sollen«[5], lässt sich wie folgt im Blick auf Blondel abwandeln: »Als Handelnde sind wir in ein Geschehen einbezogen und kommen gleichsam zu spät, wenn wir wissen wollen, was wir tun sollen.«

»Vor aller Erörterung der Anforderungen des Lebens, gerade um sie überhaupt erörtern zu können, muss man ihnen schon ausgesetzt sein« (A 31). Im Blick auf das, was Blondel als »Brutalität der Alltagserfahrung« bezeichnet, muss dieser Spruch wie folgt ergänzt werden: »Im Ansatz meiner Handlungen, während des Gebrauchs und nach der Ausübung meiner sogenannten Freiheit, kommt es mir so vor, als ob ich die ganze Schwere der Notwendigkeit verspüre. Nichts in mir kann ihr entkommen. Wenn ich versuche, mich vor der Entschlussfassung zu drücken, dann bin ich geknechtet, weil ich nicht gehandelt habe; schreite ich aber vorwärts, dann bin ich dem unterworfen, was ich getan habe. In der Praxis vermag niemand vor dem Problem der Praxis zu entrinnen. Nicht nur stellt sich jedem dieses Problem, sondern unausweichlich löst auch jeder es auf seine Weise« (A 30).

Der Ausdruck »libre dévouement« ist keineswegs widersprüchlich, denn Freiheit und Hingabe schließen sich nicht aus, sondern ein, weil beide ein Wagnis und einen »Glaubensakt« implizieren, der kein Gegenstück auf der Ebene des Erkennens hat. Dass das Erkennen kein solches Wagnis kennt, ist keine Stärke, sondern eine Schwäche, nämlich der Beweis dafür, dass das reine Erkennen nichts in Bewegung bringt, weil es die volle Wirklichkeit des Menschen nicht erfasst. Aus demselben Grund lässt sich der Akt des Handelns nicht als Ergebnis einer rationalen Planung interpretieren, weil eine derartige Interpretation der »unerklärlichen und befremdenden Diskrepanz zwischen dem, was wir

---

5 Hans-Georg Gadamer, *Wahrheit und Methode*, G.W. 1, S. 494.

wissen, was wir wollen und was wir tun« keine Rechnung trägt. Zwar ist, Aristoteles zufolge, der Handelnde der Vater seiner Handlungen, so dass sie ihm zurecht zugeschrieben werden können. Demgegenüber betont Blondel, dass unsere Handlungen sich manchmal auch gegen uns richten können, ähnlich wie ein aufmüpfiger Sohn sich gegen seinen Vater auflehnt.

Blondels Antwort auf Hegels Frage, womit der Anfang der Wissenschaft gemacht werden muss, lautet kurz und bündig: mit nichts anderem als dem Handeln selbst. Daher der mehrfache Verweis auf Descartes' »morale par provision«. Als Handelnder kann ich es mir nicht leisten, mein Handeln mangels der nötigen Einsicht auf später zu vertagen. Die »Wissensbegierde des Geistes« (das, was Hans Blumenberg als »theoretische Neugierde« bezeichnet) »hebt die praktischen Notwendigkeiten, unter dem Vorwand, sie erst zu erforschen, nicht auf«, denn »das Nachdenken stellt mich nicht vom Leben frei« (A 34).

Ein Blick auf das Inhaltsverzeichnis der *Action* belehrt uns darüber, dass der Weg zu einer »Wissenschaft der Tat«, einer »Wissenschaft des Handelns selbst« im strengen Sinn des Wortes, nicht weniger verschlungen ist als der Weg der Hegelschen Wissenschaft der Erfahrungen des Bewusstseins.

Am Anfang der Wissenschaft der Tat stehen der Akt des überlegten Handelns und seine spezifische und zugleich paradoxe Unmittelbarkeit: »Ich bin und ich handle, sogar trotz meiner selbst. Ich nehme wahr, dazu gehalten zu sein, so scheint es, für all das, was ich bin und tue, geradezustehen« (A 31). Diesbezüglich spricht Blondel von einer »tatsächlichen Gefügigkeit« (»docilité effective«), die »die einzige direkte Methode der Überprüfung« darstellt. Wenn wir uns nicht auf die Tatsächlichkeit des Handelns verlassen können, kommt jede tatsächliche Schwierigkeit und jeder spekulative oder methodische Zweifel zu spät, um uns eine Gewissheit zu verschaffen, die nicht je schon eine Begleiterscheinung des Handelns selbst ist.

Über jedem Akt des Handelns schwebt ein »*Tua res agitur*«, das nur durch eine personale Verifikation eingelöst werden kann, weil in dieser Erfahrung ich selbst und mein ganzes Selbst auf dem Spiel stehen. Dies ist der Grund, warum Blondel zufolge das Handeln der beste Garant der

Selbstheit ist: »Man hat nur sich selbst. Die wahren Beweise, die wahren Gewissheiten lassen sich gerade nicht mitteilen. Man lebt allein und man stirbt allein; die Anderen können nichts ausrichten« (A 32). Insofern könnte man Heideggers Begriff eines »existentialen Solipsismus« auch auf Blondel übertragen, aber wiederum unter dem entscheidenden Vorbehalt, dass dieser Solipsismus nicht egozentrisch verstanden werden darf.

Die »science de l'action« darf nicht mit einer Theorie des praktischen Handelns verwechselt werden, weil der Theoretiker sich selbst aus der Beschreibung, der Ableitung und der Normativität des Handelns ausklammert. Diese Ausblendung des »Vollzugssinns« des Handelns ist der Sündenfall der Handlungstheorie, den Blondel unbedingt vermeiden will, weil Erkennen und Erleben nicht auseinandergerissen werden dürfen. Wenn die Metapher des Forschungslaboratoriums überhaupt auf den Bereich des Handelns angewendet werden kann, dann nur unter der Bedingung, dass der Handelnde sowohl Subjekt wie Objekt der Untersuchung ist. Unser leiblich verfasster, aus Streben, Begehren und Denken zusammengesetzter Organismus bildet selbst ein »lebendiges Forschungslaboratorium«, in dem eine »Wissenschaft des Lebens« in der ersten Person entwickelt werden muss, die man im Vorblick auf den frühen Heidegger als »Ursprungswissenschaft vom Leben an sich« bezeichnen könnte.

Der Einwand, dass der Forscher sich damit in einen dunklen Bereich begibt, auf den man Hegels Vergleich mit der »Nacht, in der alle Kühe schwarz sind«, anwenden könnte, ist Blondel zufolge nicht stichhaltig: »Ein Lichtschimmer, ein vager Aufruf genügen schon, damit ich mich dorthin begebe, wo ich etwas von dem vermute, was ich suche: ein Gefühl der Erfüllung, etwas Klarheit über die Rolle, die ich zu spielen habe, eine Bestätigung meines Gewissens. In der tiefen Nacht bleibt man nicht im freien Feld stehen. Wenn ich die Finsternis, in der Notwendigkeiten und praktische Verpflichtungen mich zu umschließen scheinen, als Vorwand anführe, um ihnen nicht zu trauen und für sie kein Opfer zu bringen, dann würde ich meine eigene Methode verfehlen« (A 32–33)!

Was für das Leben als solches gilt – es ist ständig mit Hypothesen, Traditionen, Vorschriften und Pflichten durchsetzt, »die wir nur noch überprüfen müssen«, anstatt uns auf den unmöglichen Versuch einzulassen, sie erst begründen zu müssen –, das gilt in besonderer Weise für das Handeln: »Die Tat selbst ist diese Präzisionsmethode, dieser Laborbeweis«, der mir die »gesicherte Antwort« verschafft, »die kein Kunstwerk der Dialektik je ersetzen kann« (A 33).

In seinem ersten Versuch, die Phänomenologie in eine hermeneutische »Ursprungswissenschaft vom Leben an sich« umzufunktionieren, kennzeichnete Heidegger die »*humilitas animi*« als Haupttugend des Phänomenologen, der sich demütig den Gegebenheiten des Lebens unterwirft. Diese Tugend zeichnet in noch viel stärkerem Maße Blondels »Kritik des Lebens« aus. Sie bevorzugt »die Güte des Lebens statt den Hochmut des Denkens« und stellt sich »ohne Feilschen dem Gewissen und seiner einfachen Bekundung« (A 33) anheim, bis hin zur Opferbereitschaft.

Das Handeln ist sich selbst genug; es bedarf keiner Theorie, um ihm auf die Sprünge zu helfen. Insofern ist die »direkte und ganz praktische Überprüfungsmethode« unersetzlich. Dennoch wäre es ein verhängnisvoller Kurzschluss, sich unter Berufung auf die Selbstgenügsamkeit der Praxis mit dem Satz »Handeln um des Handelns willen« zu begnügen, in welchem Fall man von keiner »science de L'Action« sprechen könnte.

Trotz aller Hochachtung vor dem Eigenwert des Handelns und trotz der nachdrücklichen Warnung vor den Fallstricken der theoretischen Neugierde und dem »Hochmut des Denkens« (A 33) postuliert Blondel die Notwendigkeit einer anderen, weniger direkten Methode, die gerade weil sie die »Methode der unmittelbaren Erfahrung« (A 35) erhellt und rechtfertigt, sich grundsätzlich von ihr unterscheidet.

Alles wäre einfach, wenn die »glückliche und beherzte Unbedarftheit, die keine Ungewissheit aufzuhalten hemmt und kein Opfer abzuschrecken vermag« (A 35–36), das erste und letzte Wort behielte. Früher oder später verlangt das Handeln eine »Apologie«, was keine leichte Sache ist, denn um die Überlegenheit des Handelns unter Beweis zu stellen, bedarf es der argumentativen Diskussion, der Auseinandersetzung mit den Erfahrungswissenschaften und, letzten Endes, einer »höchsten Anstrengung der spekulativen Betrachtung« (A 36).

Zwar ist alles Denken und alle Theorie Stückwerk; dennoch zeichnet sich die Wissenschaft der Tat dadurch aus, dass sie allumfassend ist, was wiederum ein Beleg dafür ist, dass sie den Rang einer Ersten Philosophie beanspruchen kann, den Fichtes *Wissenschaftslehre*, Hegels *Wissenschaft der Logik*, Husserls transzendentale Phänomenologie, Heideggers Fundamentalontologie, Weils *Logique de la Philosophie* und auch die Ethik von Levinas vindizieren. Eine »allumfassende Wissenschaft, die dazu imstande ist, den universellen Determinismus der Tat zu umfassen und seiner kontinuierlichen Entfaltung nachzugehen, die die notwendigen Konsequenzen der Tat bis ins Unendliche führt« (A 590), verdient offensichtlich das Prädikat einer »Ersten Philosophie«, was meines Erachtens ein Grund ist, Blondel als ebenbürtigen Partner einer Gipfelkonferenz über den Begriff der »Ersten Philosophie« zu betrachten, anstatt nur seine Verdienste für die Theologie des 20. Jahrhunderts zu würdigen.

Den Namen einer Wissenschaft verdient die »science de L'Action« nur, sofern es ihr gelingt, unabhängig von den persönlichen und deshalb in gewissem Sinne nichtmitteilbaren Entscheidungen des Handelnden eine allgemeingültige, für alle Menschen verbindliche Lösung des »spekulativen Problems der Praxis« (A 37) auszuarbeiten.

In dieser Hinsicht ähnelt ihr Verfahren dem methodischen Zweifel Descartes' und der phänomenologischen Reduktion Husserls. Auf der theoretischen Ebene gilt das Prinzip der »tabula rasa«: »Angesichts der Notwendigkeit selbst, die mich zum Sein und zum Handeln nötigt – ich sage nur, wie es erscheint –, weigere ich mich in der Ordnung des Denkens das anzuerkennen, was ich in der Ordnung der Tat beschlossen habe, praktisch zu tun« (A 38).

Der auf dem praktischen Weg so stark betonte Vorrang der provisorischen Moral, die mich zum Handeln nötigt, selbst dann, wenn das Denken mir keine Schützenhilfe leistet, hilft uns hier nicht weiter, denn es geht jetzt um die Aufdeckung des Geheimnisses der Tat selbst, anders gesagt um die endgültige Aufklärung »der Bestimmung eines jeden Menschen«, der nichts Beliebiges und nichts Ungeklärtes mehr anhaftet und die folglich »eine endgültige Gutheißung des Menschen seinem Schicksal gegenüber« (A 39) ermöglicht.

Ausgangspunkt der »Wissenschaft der Tat« ist nicht das individuelle Bewusstsein, sondern die »unendliche Vielfalt des menschlichen Bewusstseins«, eine unaufhebbare Pluralität, wobei jedes Einzelbewusstsein trotz seiner Unzulänglichkeiten dennoch ein »ursprüngliches Bestreben« enthält (A 40), das als solches ernst genommen werden muss.

Im Vergleich zu diesem Verfahren, das »alle Verneinungen, die sich gegenseitig vernichten«, »einsammeln« und »miteinander gelten« lassen will, das sich »auf alle Vorurteile, als wären sie gleichberechtigt«, und »alle Irrtümer, als wären sie allesamt gutgemeint«, »auf alle Leidenschaften, als hätten sie den edlen Charakter, dessen sie sich rühmen«, einlässt, und auch »auf alle philosophischen Systeme, als würde jedes für sich die unendliche Wahrheit in sich schließen, die es zu beanspruchen meint« (A 40), sind Descartes, Pascal und Kant, wie wertvoll ihre Einsichten auch sein mögen, nur Einzelgänger.

Blondels Wissenschaft der Tat, die uns »zum intimen Mitwisser« aller Bewusstseinsgestalten macht, beansprucht den Rang einer Ersten Philosophie, weil ihr Gegenstand eine Frage ist, der gegenüber alle übrigen Fragen abkünftig sind. Entsprechend groß ist die Schwierigkeit, diese ursprünglichste aller Fragen nicht durch zweitrangige Fragestellungen kontaminieren oder gar verfälschen zu lassen, was die Fähigkeit voraussetzt, »*die* Frage schlechthin, ohne die es überhaupt keine andere gibt« (A XXI, 41), festzuhalten und »den gemeinsamen Knotenpunkt der Wissenschaft, der Moral und der Metaphysik« (A 42) zu identifizieren. Metaphysisch gesehen, lautet der Schlüsselsatz: »Im tiefen Kern meines Seins gibt es ein Wollen und eine Liebe des Seins, oder es gibt gar nichts« (A 42). Wie intelligent auch ein Gnostiker sein mag, so versteht er doch nichts vom Sinn des Handelns, nämlich dass, »um am Sein zu leiden, um *mein Sein* zu hassen«, ich »*das Sein* bejahen und lieben muss«, so dass »das Böse und der Hass« nur existieren, »indem sie zu einer Huldigung der Liebe werden« (A 42).

II. »Der Weisheit letzter Schluss«: »Andersendigende« Phänomenologien

»Wer A sagt, der muss auch B sagen«: im Bereich der Ersten Philosophie muss dieser Spruch früher oder später durch ein »Wer Alpha sagt, der muss auch Omega sagen« ergänzt werden. Je nachdem, wie das Alpha bestimmt wird, erhält auch das Omega einen besonderen Klang. Um den

Rahmen des Beitrags nicht zu sprengen, verzichte ich auf eine ausführliche Begründung und begnüge mich mit einigen Hinweisen auf die Bestimmung des »Punktes Omega« bei den eingangs erwähnten Autoren.

1. *Wissenschaftslehre und Lebenslehre: »Anweisung zum seligen Leben« (Fichte)*

Fichtes Wissenschaftslehre mündet in eine »Lebenslehre« in der Form einer *Anweisung zum seligen Leben.*

Hierzu nur ein einziger Passus aus der ersten Vorlesung der *Anweisung*: »Das Leben ist selber die Seligkeit (…) Anders kann es nicht sein: denn das Leben ist Liebe, und die ganze Form und Kraft des Lebens besteht in der Liebe und entsteht aus der Liebe. – Ich habe durch das soeben Gesagte einen der tiefsten Sätze der Erkenntnis ausgesprochen; der jedoch, meines Erachtens, jeder nur wahrhaft zusammengefassten und angestrengten Aufmerksamkeit auf der Stelle klar und einleuchtend werden kann. Die Liebe *teilet* das an sich tote Seyn gleichsam in ein zweimaliges Seyn, dasselbe vor sich selbst hinstellend, – und macht es dadurch zu einem Ich oder Selbst, das sich anschaut, und von sich weiß; in welcher Ichheit die Wurzel alles Lebens ruhet. Wiederum *vereiniget* und *verbindet* innigst die Liebe das geteilte Ich, das ohne Liebe nur kalt und ohne alles Interesse sich anschauen würde. Diese letztere Einheit, in der dadurch nicht aufgehobenen, sondern ewig bleibenden Zweiheit, ist nun eben das Leben; wie jedem, der die aufgegebenen Begriffe nur scharf denken und aneinanderhalten will, auf der Stelle einleuchten muss. Nun ist die Liebe ferner Zufriedenheit mit sich selbst, Freude an sich selbst, Genuss ihrer selbst, und also Seligkeit; und so ist klar, dass Leben, Liebe und Seligkeit schlechthin Eins sind und dasselbe.«

2. *»Schädelstätte des Geistes«: vom absoluten Wissen zum absoluten Begriff (Hegel)*

Wer Hegels »Wissenschaft des erscheinenden Bewusstseins« bis ans Ende begleitet hat, wird sich nicht über die Behauptung wundern, dass der menschliche Geist in der Gestalt des absoluten Wissens »die Bewegung, die

Form seines Wissens von sich hervorzutreiben«, zu Ende gebracht hat, weil »die Arbeit, die er als *wirkliche Geschichte* vollbringt«, inhaltlich betrachtet, mit dem »spekulativen Karfreitag« abgeschlossen ist, der nur noch von der Vorstellungsebene auf die des Begriffs erhoben zu werden braucht.

Dass dem »spekulativen Karfreitag« kein spekulativer Ostersonntag und auch kein spekulatives Pfingstfest folgt, versteht sich von selbst. Vielleicht aber könnte man die Behauptung, dass damit »der sich selbst überlassene Unterschied, die ruhe- und haltlose Zeit« in sich selbst zusammengefallen ist, als »spekulativen Sabbat« interpretieren, als ein Fest der Freiheit, weil das Ich nun keinen Grund mehr hat, sich in der *Form* des *Selbstbewusstseins* gegenüber allen Formen der Substantialität und Gegenständlichkeit behaupten zu wollen, »als ob es Angst vor seiner Entäußerung hätte«.

Die Kraft des Geistes erweist sich gerade darin, dass er als »Geist der Freiheit« in seiner Entäußerung sich selbst gleich bleibt. Im absoluten Wissen hat »der Geist die Bewegung seines Gestaltens beschlossen« und »das reine Element seines Daseins, den Begriff, gewonnen«, so dass das Wissen zur *Wissenschaft* geworden ist, die es dem reinen Begriff ermöglicht, seine Eigendynamik zu entwickeln.

»Das Wissen kennt nicht nur sich, sondern auch das Negative seiner selbst oder seine Grenze. Seine Grenze wissen heißt, sich aufzuopfern wissen.« Diese »Aufopferung« bzw. Grenzerfahrung des Geistes kann verschiedene Formen der »Entäußerung« annehmen, etwa die des *zufälligen Geschehens* in der Geschichte oder die der räumlichen Ausbreitung und der scheinbar geistlosen *Natur*, ferner auch die des in Bibliotheken oder Datenbanken konservierten Bildungswissens.

Dort aber, wo das absolute Wissen sich in *den »absoluten Begriff«* verwandelt hat, ist die »*Wissenschaft des erscheinenden Wissens*« mit ihrem Latein am Ende, so dass sie der Onto-theo-egologie in der Gestalt der Wissenschaft der Logik das Feld räumen muss.

3. Philosophieren in radikaler Selbstverantwortung (Husserl)

Worin der »Punkt Omega« der transzendentalen Phänomenologie Husserls besteht, ist eine besonders schwierige Frage, die sich nur anhand einer näheren Analyse der *Krisis*-Abhandlung beantworten lässt. Ein Punkt ist freilich klar: Husserl zufolge kann der Entwicklungsgang des Wissens nur teleologisch verstanden werden. Wer keine Zielvorstellung hat und sich davor scheut, sich Gedanken über den letzten Sinn alles Wissens zu machen, der ist nicht bereit, auf die »Weltkindschaft« zu verzichten, und das Reich der transzendentalen Phänomenologie, ein unendliches Forschungsfeld, das mehrere Forschungsgenerationen beansprucht, bleibt ihm verschlossen.

4. *Handlung, Sinn und Weisheit: drei »eschatologische« Kategorien (Eric Weil)*

Eric Weil zufolge gibt es für den Philosophen, der sich auf die Ebene des philosophischen Verstehens aufschwingen will, keinen besseren Einstieg als den der Kategorie der Wahrheit.

Bemerkenswerterweise endigt seine *Logik* mit einer Betrachtung über den Ausstieg aus der Philosophie nicht im negativen Sinn der »Aussteiger«, die ihre ganze Energie auf die Zertrümmerung des Götzenbildes verwenden, das sie bis dahin verherrlicht haben, sondern im positiven Sinn des Rückstiegs in das alltägliche Leben.

Es klingt zwar paradox, aber es ist nicht widersprüchlich, wenn Weils *Logik der Philosophie* nicht mit der Kategorie der Handlung endigt, obschon er diese als die letzte und höchste Kategorie und Einstellung bezeichnet (412), sondern mit zwei weiteren Kategorien, die den Ausstieg aus der Philosophie möglich machen und ihm zugleich einen philosophischen Sinn geben.

Die erste ist die Kategorie »Sinn«. Sie macht uns darauf aufmerksam, dass die Philosophie nur eine der Möglichkeiten des Menschen ist (416). Vom Sinn des Lebens kann man nur mit den Mitteln der Sprache, insbesondere denen der Dichtung oder denen der Musik sprechen, von der die Philosophen, von einigen Ausnahmen abgesehen, meistens sehr wenig verstehen. Hölderlin behält Recht: »*Was bleibet aber stiften die Dichter*«. Der Philosoph läuft immer Gefahr zu vergessen, dass die dichterische Sinnstiftung dem philosophischen Diskurs vorausging und auch nach ihm weiter besteht, so dass der Philosoph auf die eine oder andere

Weise der Sprache der Dichter bedarf, um sich selbst und die Grenzen seines Diskurses zu verstehen.

»Es gibt kein Handbuch für die Erfinder des Sinns und auch keines für die Weisheitssucher« (436). Deshalb muss man sich davor hüten, das absolute Wissen mit der Weisheit zu identifizieren, weil ein solches Wissen »weder *das des* konkreten Menschen ist, noch *für ihn* bestimmt ist«. Weil zufolge hängen die Kategorien des »Sinns« und der »Weisheit« innerlich miteinander zusammen, denn das Opfer seiner Freiheit bleibt dem Menschen nur dann erspart, »wenn er den Weg des handelnden Denkens bis zum Ende verfolgt, dorthin, wo er in der Rückgewinnung der Wahrheit seine Freiheit verwirklicht, die seine *Weltoffenheit* bezeugt, so dass er sich für die Wahrheit freistellt« (S. 442).

Der »Punkt Omega« der Action (1893)

Das Ziel, auf das die *Action* zusteuert, ist bereits in der doppelten Ausgangsfrage nach dem Sinn des Lebens und der Bestimmung des Menschen enthalten. Eine Wendung der Einführung: »Es muss ausreichen, den Willen und die Tat sich in jedem Menschen entfalten zu lassen, damit die innerste Ausrichtung des Herzens sich enthüllt, bis zu dem Punkt freilich, an dem die ursprüngliche Bewegung mit dem erreichten Ende schlussendlich übereinstimmt und ihm widerspricht« (A 41), spiegelt den »Punkt Omega«, auf den die ganze *Action* hinstrebt, wider: »durch einen methodischen Fortschritt zu bewirken, dass Irrungen, Verneinungen und Unzulänglichkeiten jeglicher Art die verborgene Wahrheit hervorbringen, aus der die Geister leben und an der sie vielleicht für ewig sterben können« (A 41).

Angenommen, dass es im Menschen ein Leben gibt, »das besser ist als der Mensch«, und dass »die Tat des Menschen« den Menschen übersteigt »und die ganze Anstrengung der Vernunft« darin besteht, »einzusehen, dass er dabei weder stehen bleiben kann noch soll« (A 498), ist es nicht widersprüchlich, mit Blondel die Vollendung der Tat so zu verstehen: ›In einem gewissen Sinn ist alles übernatürlich und nichts ist übernatürlich, denn in jeder Handlung, mehr noch in jedem Phänomen gibt es in dem, was erkannt ist, immer noch ein unlösbares Geheimnis.‹

Nichts verbietet es uns, das leicht verbogene Schillerzitat, mit dem Hegels *Phänomenologie des Geistes* endigt, auf Blondels *Action* zu übertragen: »*aus dem Kelche dieses Geisterreiches schäumt ihm seine Unendlichkeit*«, sofern wir uns bewusst bleiben, dass der Kelch des Geisterreiches, den Blondel seinen Lesern im Fünften Teil seines Buches darreicht, von anderer Faktur ist als der Hegels und dass die Unendlichkeit, die ihnen entgegenschäumt, ein völlig anderes Philosophieverständnis als das Hegels voraussetzt: »Die Fülle der Philosophie liegt nicht in einer anmaßenden Genügsamkeit, sondern in der Erforschung ihres eigenen Unvermögens sowie jener Mittel, die ihr von woandersher angeboten werden, um Abhilfe zu schaffen« (A 393/504).

Marie-Jeanne Coutagne

Fondation et dépassement de la phénoménologie: la volonté comme ouverture à l'Infini. Blondel en réponse à l'idéologie transhumaniste

En mémoire du Père René Virgoulay, décédé le 29 juin 2017

Professeur à la Faculté de Théologie et Professeur associé à la Faculté de Philosophie de l'Université Catholique de Lyon de 1974 à 1999, R.Virgoulay auteur d'une thèse de doctorat sur Maurice Blondel, a notamment beaucoup contribué aux colloques et séminaires ayant suivi le centenaire de L'Action de M.Blondel (1893–1993) et aux travaux du Centre Blondel Lyon-Aix de 1993 à 2010.

Introduction

Une nouvelle traduction pour un ouvrage majeur est toujours une bonne nouvelle.Nous devons remercier chaleureusement Anton van Hoff d'avoir mené à bien (ô combien!) ce travail ardu et exigeant qui manifeste la nécessité d'entamer de manière plus adéquate une dialogue fructueux avec de nouveaux lecteurs. L'Action de 1893, se présente dès son titre comme un »essai de critique de la vie et d'une science de la pratique«[1]. Et entame une analyse épistémologique d'abord, métaphysique

1 Voici les abréviations que nous tuliserons désormais: L'Action – Essai d'une critique de la vie et d'une science de la pratique, 1893, P. U.F, 1950 (A93).
La Pensée Tome 1 – La génèse de la pensée et les paliers de son ascension spontanée, Félix Alcan, PUF, 1934 (P I).
La Pensée Tome 2 – les responsabilités de la pensée et la possibilité de son achèvement, Félis Alcan, PUF, 1934 (P II)
Le point de départ de la recherche philosophique(1906) in OC II (PDRP)

ensuite des sciences de la vie … de son époque).On objectera aussitôt que c'est peut-être là ses limites, en raison des progrès inouïs réalisés depuis en ce domaine.Pourtant nous faisons le pari que la démarche blondélienne n'a rien perdu de son actualité et de son acuité.Aujourd'hui les sciences de la vie, au sein de ce qu'on nomme NBIC[2] jouent dans notre vie un rôle décisif et nous confrontent à des problématiques absolument nouvelles qui nous déroutent et nous inquiètent. Dans ce contexte de nouvelles utopies[3], parmi lesquelles le transhumanisme, se proposent de mobiliser les nouvelles données scientifiques et techniques pour permettre à l'être humain de se dépasser, de faire reculer ses limites jusqu'à

Premiers écrits (Pec)(PUF, 1956):
1-Lettre sur les exigences de la pensée contemporaine en matière d'apologétique et sur la méthode philosophique dans l'étude du problème religieux, Annales de Philosophie Chrétienne, janv.-juillet 1896. (Lettre)
2-L'illusion idéaliste (ILL)
3-Principe élémentaire d'une logique de la vie morale (PELVM)
4-Histoire et dogme, les lacunes philosophiques de l'exégèse moderne (HD) Impr. Librairie de Montligeon, 1904.
Blondel et Teilhard de Chardin, correspondance commentée par Henri de Lubac, Paris, ed Beauchesne, 1965 (MB-TDC)
Le procès de l'Intelligence Paris, Bloud et Gay 1922 (PI)
Qu'est-ce que la mystique? (QMy) Paris, Bloud et Gay, 1925 repris in Chant Nocturne Paris Ed Universitaires 1991 (ChNoc)
Itinéraire philosophique(IP) Paris, Spes 1928, repris chez Aubier 1966
L'être et les êtres – Essai d'ontologie concrète et intégrale, 1935, P. U.F, 1963 (E)
Le problème de la philosophie catholique, Paris, Bloud & Gay, 1932(PPhC)
L'Action. vol. I: Le problème des causes secondes et le pur agir, Paris, Alcan, 1936. Nouvelle édition P. U.F., Paris, 1949 (A I)
L'Action. vol. II: L'Action humaine et les conditions de son aboutissement, Paris, Alcan, 1937. Nouvelle édition Paris: P. U.F., 1963. Ce volume est une version revue et corrigée de l'Action de 1893 (A II)
Lutte pour la civilisation et philosophie de la paix (LCPP) Paris, Flammarion, 1939. Nouvelle édition 1947
La philosophie et l'Esprit chrétien,(PEC I ou II) 2 vol, Paris, P. U.F., 1944/46. Nouvelle édition du vol. I, 1950
Exigences philosophiques du christianisme (EPC), Paris, P. U.F., 1950.
Lettres philosophiques (LP) Paris, Aubier, 1961.

2 Biotechnologies, Neurotechnologies, Intelligence Artificielle Robots … Convergence NBIC.

3 Cf Fancis Wolff Trois utopies contemporaines, Paris, ed Fayard, 2017.

devenir »transhumain«, voire »posthumain«! Il est donc urgent de réagir face aux prétentions d'un mouvement né au sein même du monde scientifique – et plus encore technologique – et de construire une critique qui puisse débusquer les failles logiques et philosophiques d'une prétention qui se conjugue habilement avec les effets dévastateurs du nihilisme dans lequel nous sommes plongés: l'enjeu est métaphysique.

Il se peut alors que L'Action (1893) nous soit d'un concours précieux, puisque l'œuvre propose une philosophie du »dépassement«, une métaphysique articulée à une dialectique de l'action et à une philosophie critique de la vie. Tel est le défi de ces quelques pages. Cependant, il nous fallait encore trouver un point d'ancrage qui puisse mettre en valeur, dans un contexte proche de nos préoccupations, la dynamique de la réflexion blondélienne. Il nous a semblé que le dialogue, assez bref, il est vrai, noué en 1919–1920 entre Blondel et le Père Teilhard de Chardin pouvait nous y aider. Face à un correspondant avec lequel il est d'accord sur l'essentiel, et qui commence à travailler à une œuvre scientifique importante, Blondel saisit immédiatement des insuffisances qu'il détecte à partir de la logique de L'Action (1893). Nous avons donc là sans doute un point de départ possible, qui nous permette, de repenser à nouveaux frais l'enjeu éthique et métaphysique souvent occulté dans les débats contemporains et, d'un même mouvement, de reposer la problématique blondélienne de l'ouverture à l'être.

Entre improbable et inévitable: la rencontre entre Blondel et Teilhard

Le jeune Teilhard a fait son noviciat à Aix (en 1899, avant de rejoindre en raison des lois sur les congrégations, l'Angleterre); il sait que, tout près du couvent des jésuites d'alors, vit un philosophe important dont ne cesse de lui parler son ami Auguste Valensin (1879–1953) qui en fut l'étudiant. Lors de sa formation de jésuite, Teilhard se nourrit des œuvres de Newman, de Bergson et de Blondel qu'il relira de près dans les tranchées. Teilhard, démobilisé, après avoir combattu pendant toute la guerre de 1914–1918, grâce à Valensin rencontre Blondel en mars 1920, après lui avoir communiqué toujours par le truchement de Valensin, plusieurs de ses »écrits du temps de la guerre« sans qu'on puisse savoir exactement la liste des manuscrits transmis! Cela occasionna un échange de correspondance indirecte, deux mémoires de Teilhard et deux de Blondel.

Dans une lettre à sa cousine Marguertie Teillard-Chambon, inédite, du 28-3-1920, il raconte: »j'ai vu longuement Blondel, dans son cabinet de travail, (une salle spacieuse, demi-claire, avec de nombreux livres, et, détail original, un vrai massif de plantes et de fleurs au coin de son bureau). J'ai causé avec lui, seul – le P. Valensin nous ayant laissé presque de suite – pendant environ une heure et demie. Il me semble que nous nous sommes entendus – presque trop bien, pcq il ne s'est élevé entre nous aucune de ces divergences fécondes qui font avancer la pensée«.

En somme, j'ai trouvé un homme extrêmement sympathique, tel exactement que me l'avaient montré ses lettres.

»Nous pensons exactement les mêmes choses sur la nécessité d'élargir le Christ aux dimensions d'un énorme »donné« nouveau dont ne paraît pas douter la théologie conservatrice. Mais je ne vois pas encore si nous pourrons nous aider beaucoup plus, mutuellement, que par l'appui d'une sympathie mutuelle, et d'une vision commune. Je ne vois pas de points précis sur lequel nous puissions collaborer. Je pense en tout cas, que nous continuerons à nous écrire, et je lui enverrai celles de mes notes futures qui me paraîtront pouvoir l'intéresser. – B. n'a pas l'air du tout pressé de manifester son »Panchristisme«. Il ne veut être jugé que sur un exposé d'ensemble, pour éviter les malentendus qui s'acharnent souvent sur le détail. – En somme, je ne suis pas extrêmement renseigné sur le détail de son »système«. (…)«

Qu'est-ce qui a intéressé Teilhard chez Blondel? Pour le philosophe d'Aix, Les hommes ne peuvent jamais se satisfaire d'aucun de leurs actes, d'aucune de leurs conquêtes, en quelque ordre que ce soit. Habités par un élan spirituel infini, ils sont toujours en quête de perfection. Les progrès comme les déchéances des personnes témoignent de cette aspiration infinie: nulle stabilisation définitive ne leur est possible sur leur propre plan. Il faut qu'elles passent au-dessus ou qu'elles retombent au-dessous«. Loin d'être »comme-Personne-sont des êtres en constante genèse. Blondel semble rejoindre un certain »transformisme« (évolutionnisme), tout en fournissant dans sa thèse les moyens de le passer au crible d'un critique épistémologie exigeante[4] dont Teilhard ne tiendra pas vraiment compte. Parce qu'il traduit l'exigence de notre élan spirituel vers la transcendance, le dynamisme de l'action ne s'accomplit pas dans un universalisme purement horizontal, ni même dans une éthique repensée à nouveaux frais, mais vise toujours un plan supérieur à l'immanence. Toute la dialectique de la thèse consiste à nous permettre de reconnaître et d'adhérer à cet infini, dont la nature ne sera que posée: »c'est«, à la fin du livre et qui ouvre sur le surnaturel, innaturalisable et gratuit.

Ce mouvement apologétique séduit aussitôt Teilhard, qui s'autorise déjà à développer un effort parallèle à partir de la science. De manière souvent paradoxale, de surcroît, Blondel professe un »panchristisme«: le Christ est la consistance d'un monde inquiet et instable, comme de nous-mêmes, toujours en genèse, un Christ toujours plus grand[5], qui déroute d'ailleurs les premiers lecteurs de Blondel comme il déconcertera ceux de Teilhard.

C'est le panchristisme blondélien qui est le prétexte et le sujet essentiel de l'échange des mémoires: tous deux refusent de faire du Christ un épisode postiche qui l'isolerait du cosmos.Toutefois aux yeux de Blondel Teilhard semble supposer que l'ordre naturel puisse avoir une (relative) stabilité divine en tant qu' »ordre naturel«. S'ils conviennent tous deux de la nécessité pour l'homme d'un »dépassement« par et dans le Christ, et ceci est ici décisif, Blondel soupçonne un physicisme inadéquat qui s'enchanterait de soi-même, même en passant à un plan défini comme »supérieur«.

Là où Teilhard voit une continuité, Blondel, en s'appuyant sur la dialectique de l'action, y place une discontinuité comme aussi d'ailleurs entre symbolisme de la science et conceptions philosophiques! Si on veut éviter tout nominalisme[6] et respecter les exigences d'un réalisme

4 A93 p 51 sq.

5 MB-TDC p 22.

6 Il faudrait ici pouvoir approfondir le bref échange sur la notion d'analogie, qui révélerait des divergences évidentes et des plans différents d'analyse.

»intégral«[7] le vrai »voyant« ne s'arrête pas aux symboles de notre invention.Ce que les sciences nous font connaître du réel, est ces aspect qui importe aux décisions morales. Avec Teilhard il parle de »transformation«, et évoque un »renversement« nécessaire des perspectives et des points de vue. Ouvrant tous deux un développement sur la mystique et l'ascèse, ils évoquent un renoncement et un détachement nécessaires les constructions humaines ayant pour but de construire du divinisable (et non du divinisé).

Mais très vite on remarque une différence de »tendance« ou »d'accent« (l'expression teilhardienne est reprise par De Lubac, commentant la correspondance). Blondel répète son refus de tout physicisme ou anthropomorphisme, et repose la question de la solidification de la créature (cf St Augustin Confessions, XI, 30), en refusant cependant de confondre le terme substantiel et les modes transitoires de l'épreuve avec les représentations figuratives: Blondel se place sur le plan de la visée, Teilhard sur le plan du »comment, pour nous«!Pour le maître d' Aix, le problème (non posé par Teilhard) est: comment nous représenter »in via« quelque chose de l'absolue vérité de l'union »in termino« (question qui concerne la critique de la connaissance strictement épistémologique et philosophique), tout en ne confondant pas les plans d'analyse.

Pour Blondel, Teilhard:

- tantôt représente l'immanence sous les traits trop physiquement imaginatifs
- tantôt il actualise dans une sorte de gnose et même plus d' »ontologie millénariste« la divinisation phylogénique de l'Univers, en évoquant le porte à faux de l'Univers[8] trouvant son appui et sa solidité dans le Christ,. Teilhard prend ici le risque d'un »scientisme« nouveau, malgré ses dénégations[9]-l'intention de Teilhard est claire et fondée-, dont les risques, en raison de la formulation même des arguments teilhardiens, sont considérables!

7 Ils sont tous deux attachés à cette expression.

8 MB-TDC p 33.

9 Tous deux combattent ainsi tout »émersonisme chrétien« MB-TDC p 44.

Aussi, même si Teilhard insiste encore: »Blondel et moi nous ne différons que par l'accent, (...)serrant la même vérité, l'un par excès, l'autre par défaut«[10], et même si Blondel concédera plus tard: »Combien Lachelier eût été soulagé par les résultats de la science paléontologique et la foi sereine du Père Teilhard de Chardin« (29-12-1947)(lettre à Mgr de Solages, qui prit lé défense de Teilhard lors d'une séance solennelle de l'Institut Catholique de Toulouse.[11]) il y a bien un écart entre eux qui nous semble plus profond, et c'est cette »faille« qu'il nous faut interroger pour en tirer appui dans les discussions les plus contemporaines.

La logique souterraine des transhumanismes

Face aux défis du – ou plutôt des – transhumanismes, il est insuffisant – même si, pour des croyants, c'est absolument nécessaire –, de dire que le Christ est le seul fondement d'une humanité dépassée et accomplie[12]: il faut déployer une argumentation et monter une analyse critique de type philosophique qui ne se satisfasse pas d'un discours apologétique (au sens habituel du mot) mais qui permette de débusquer dans cette nouvelle idéologie les difficultés, les apories et la tentation d'un nouveau scientisme doublé d'un immanentisme destructeur.

Pour la plupart des transhumanistes l'histoire de l'humanité doit être replacée dans le contexte de l'évolution elle-même et au-delà dans celui de l'histoire du cosmos[13]. D'où la nécessité d'abandonner toute arti-

10 Ibid p 47.

11 MB-TDC, préface de Lubac, p 13.

12 En ce sens ceux qui s'appuient sur Teilhard, soit pour critiquer le transhumanisme, soit pour l'approuver, commettent souvent la même redoutable erreur. Nous laissons de côté l'analyse nécessaire des textes ultérieurs de Teilhard pour examiner en quoi ils répondent aux objections blondéliennes.

13 On trouvera dans les ouvrages suivants les référencesles plus importantes, les analyses critiques nécessaires:
Académie Catholique de France (2016) L'homme augmenté conduit-il au transhumanisme? Textes réunis par Yves Caseau et Philippe Capelle-Dumont, Parole et Silence, ed.
Atlan Monique Droit Roger- Pol (2012) Humain, une enquête philosophique sur ces

culation qui placerait l'homme au centre, ou à la fin d'un mouvement dont la signification s'efface alors. Refus de tout finalisme, mécanisme moniste affirmé: tout concourt ici à situer l'homme dans la longue chaîne des vivants dont la continuité appelle une prolongation au-delà de l'homme lui-même (sans que le posthumain fasse d'ailleurs l'objet d'une détermination claire). Aucune supériorité ne peut alors être affirmée sur les autres espèces animales, et aucune raison n'incite à refuser de reconnaître aux intelligences artificielles le respect que l'homme se doit à lui-même, puisque tout se place dans la ligne évolutive! Pour les transhumanistes, l'humanité est déjà engagée dans une dynamique où l'évolution se conjugue avec les bienfaits supposés des découvertes

---

révolutions qui changent nos vies, Flammarion ed.
Besnier, J-M. (2009). Demain les posthumains. Le futur a-t-il encore besoin de nous? Paris, Hachette Littératures, col. »Haute Tension«. Poche Pluriel.
Brague Rémi Le propre de l'homme.Sur une légitimité menacée. (2013) Paris, Flammarion, ed.
Dijon Xavier(2017) Que penser de?.. Le transhumanisme.Namur, Fidélité ed.
Ferry Luc,(2016) La révolution transhumaniste, Plon ed.
Fukuyama Francis, (2002), La fin de l'homme.les conséquences ded la révolution biotechnique.
Jousset-Couturier Béatrice (2016) Le transhumanisme,faut-il avoir peur de l'avenir? préface Luc Ferry.
Kleinpeter, É. (dir.) (2013). L'humain augmenté. Paris: CNRS Éditions, col. »Les Essentiels d'Hermès«.
Kurzweil, R. (2007). Humanité 2.0: La Bible du changement. Paris: M21 Éditions.
Magnin Thierry (2017) Penser l'humain au temps de l'homme augmenté, face aux défis du transhumanisme, Albin Michel ed (2013) Les nouvelles biotechnologies en questions, Salvator ed.
Malabou Catherine, (2017)Métamorphoses de l'intelligence, Paris, PUF, ed.
Mattéi Jean-François (2017) Questions de conscience.De la génétique au posthumanisme, Les liens qui libèrent, LLL, ed.
Morozov, E. (2014). Pour tout résoudre cliquez ici: L'aberration du solutionnisme technologique. Limoges: FYP éditions.
Oliveri, N. (2014). »Analyse simondienne de l'otakisme et du robotisme japonais«, RIHM (Revue des Interactions Humaines Médiatisées): Paris, Europia, volume 15, n° 1.
Stiegler, B. (2015). La Société automatique – vol 1. L'avenir du travail. Paris: Fayard ed,
Vergely Bertrand (2015) La tentation de l'homme-Dieu, Le Passeur, ed.
Wolff Francis (2017) Trois utopies contemporaines, Fayard ed.

scientifiques et surtout des technologies de pointe. La référence à la »Nature« est donc centrale, même si le terme de »Nature« n'est jamais analysé. Plus encore, le concept de »nature humaine«, qui parut un temps obsolète revient ici en force. La »nature humaine« est en somme gratifiée abusivement – et à contre sens! – du paradoxe que Fénélon prêtait à Dieu: »sa différence c'est de n'en avoir pas« (Traité de l'existence et des attributs de Dieu, chapitre V), en même temps que l'homme se découvre incessamment capable de dépasser ses propres limites. C'est par sa capacité de transgression que l'homme obéit à la nécessité que lui impose la »Nature«!

On constate ici une aporie, qui signale une déficience autant métaphysique que morale. Aussi nous faut-il revenir à l'Action de 1893.

L'embryogénie »mentale« que développe Blondel dans sa thèse, présente la conscience à la fois comme une réceptivité universelle et simultanément comme »une originalité radicale«[14]. Blondel en passant par différentes étapes du dynamisme de la conscience, après avoir montré comment la conscience humaine émerge de l'univers ambiant où elle puise ses conditions de vie et sa nourriture, s'en distingue et s'en affranchit: elle n'est jamais un »produit« mais une »synthèse« originale qui »donne plus qu'elle n'emprunte à ses conditions«.Blondel affirme fortement la solidarité universelle du cosmos: ce fait est d'ailleurs révélateur d'une »action« qui, par ce que justement elle est »synthèse«, tout en exprimant la présence de l'univers en un point, témoigne d'une rupture et d'une disproportion qui s'éclairent quand Blondel précise: »point de synthèse effective, point d'acte interne, point d'état de conscience, quelque obscur qu'il soit, qui ne soit transcendant par rapport à ses conditions, et où l'infini ne soit présent«[15]. Ainsi, par cette discontinuité essentielle se trouve écartée toute tentation de physicisme, comme de tout immanentisme. En 1934, dans La PenséeLa Pensée Tome 1 – La genèse de la pensée et les paliers de son ascension spontanée, Félix Alcan,

---

14 A93 p 102.

15 A93 p 117–118; cf Maria do Ceu Patrao Neves »La conscience en sa triple relation, »Bulletin des Amis de M Blondel, Nouvelle série n°14, octobre 1999 p 17 sq.

PUF, 1934 (P I)[16], Blondel fera référence à une »pensée cosmique«, qui reprendra les paliers décelés déjà dans l'Action de 1893. Il osera même esquisser une structure trinitaire du réel en harmonie profonde avec son panchristisme affirmé très tôt.

Il s'agit donc bien de repenser l'évolution, et tout en tenant compte non seulement du symbolisme de nos constructions scientifiques comme de l'anthropomorphisme de nos représentations, mais encore de ne pas se contenter de »baptiser« un dynamisme qui repose sur un fondement que le métaphysicien peut seul mettre à jour. Au cœur des transhumanismes se cache une logique physiciste qui enferme l'homme dans sa condition »naturelle« sans respecter ce qui lui est propre. A une cette logique, classique, qui repose sur la contradiction, que les transhumanistes utilisent à foison – en soulignant le caractère supposé »créateur« de la contradiction –, il faut opposer une logique qui puisse fonder la vie morale: une logique que Blondel, prolongeant l'Action, nomme une logique fondée sur la »privation«[17] et fortement articulée à une métaphysique renouvelée.

Un saut métaphysique

C'est ici qu'il nous faut revenir sur un point qui réunissait Blondel et Teilhard et que nous n'avons pas explicité encore.l'un comme l'autre entendaient – contre tout intégrisme réducteur en effet proposer un »réalisme intégral«.Il faut signaler que la quête d'un réalisme intégral, a été autant l'objet de la réflexion d'un Henri Bergson (1859–1941) que de celle d'un Pierre Teilhard de Chardin. Toutefois, Blondel et ces deux penseurs n'ont guère eu ni la même méthode, ni les mêmes résultats.

---

16 La Pensée Tome 1 – La génèse de la pensée et les paliers de son ascension spontanée, (P I) Félix Alcan, PUF, 1934 (P I) p 3 sq; cf aussi les excursus 11 et 13.

17 M Blondel Principe élémentaire d'une logique de la vie morale(PELVM)(1903) in Premiers écrits(Pec)(PUF, 1956), p 122 sq: par là s'explique que: »l'éthique naturaliste ou l'éthique rationaliste ne sont pas des »Morales morales«« ibid p 1445.

En effet, l'Aixois s'écarte, et de l'élan vital bergsonien[18], et, comme on l'a déjà souligné, de l'idée teilhardienne d'un continuum de »l'étoffe de l''univers«[19], pour tendre à un réalisme intégral où, entre le forces cosmiques, vitales, psychiques, intellectuelles et spirituelles, tout communique et rien ne se confond.

La présence en nous de l'infini, qui fonde la transcendance même de notre conscience, suscite une inquiétude qui s'alimente dans la découverte, de plus en plus explicite, de la contingence de notre univers ou, si l'on veut, dans l'insuffisance besogneuse de l'univers matériel et spirituel[20]. Notre pensée, émergeant de la nature, perçoit, à la lumière de ses connaissances, la singularité, la contingence et le devenir sans fin assignable de notre univers, pour enfin s'ouvrir à la question ultime de l'unité[21] et de la destinée humaine, où la plénitude, en matière d'être et de connaître se présentent dans la perspective unique d'un don surnaturel. Cette approche fonde et explicite l'union indéclinable des sciences positives, et fonde la possibilité même d'une action technique, en les ouvrant à ce qui les dépasse, à la métaphysique. L'Action a été d'une part la recherche d'une réponse à cette question du »lien substantiel« qui unifie le réel, et d'autre part la source d'une nouvelle question: la question du point de chute de tout le déterminisme de la nature, de la vie et de la pensée.

---

18 Cf. *L'Itinéraire philosophique de Maurice Blondel*, 47–50. cf M. Jouhaud, »Bergson et Blondel: cosmologie et philosophie de la destinée«, dans Cl. Troisfontaines, éd., *Journée d'études 9–10 novembre 1974 Blondel-Bergson-Loisy*, Louvain, Peeters, 1977, 7–29; – P. de Cointet, *Maurice Blondel. Un réalisme spirituel*, Toulouse, Éditions du Carmel & Saint-Maur, Éditions Parole et Silence, 2000, 236–238; – I. Malaguti, *Per un'ontologia drammatica. La normativa nel pensiero di Maurice Blondel*, Padova, Il Poligrafo, 2004, 25–36. nous devons ici beaucoup aux travaux de Jean-Baptiste Komi Dzankanni en particulier *La dynamique de la pensée chez M Blondel.Du réalisme intégral dans une philosophie de l'insuffisance*. Université Pontificale Grégorienne, faculté de philosophie Hqrmattan Burkina, 2014

19 Cf. M.-J. Coutagne, »Le verbe et le lieu: La correspondance Blondel-Teilhard«, dans M. Leclerc, éd., Blondel entre L'Action et la Trilogie, Bruxelles, Lessius, 2003, 120.

20 Cf. M. Blondel, La pensée, I, Excursus n°5, 235.

21 Il s'agit d'une unité qui n'a rien à avoir avec »la sécheresse du nombre« cf M. Blondel, La Pensée. I. La Genèse de la pensée et les paliers de son ascension spontanée, Paris, PUF (Réed), 1954, 42.

»L'Action me paraissait être ce « lien substantiel« qui constitue l'unité concrète de chaque être en assurant sa communion avec tous. N'est-elle pas, en effet, le confluent en nous de la pensée et de la vie, de l'originalité individuelle et de l'ordre social et même total, de la science et de la foi? En traduisant ce qu'il y a de singulier, d'inédit, d'initiateur en chacun, elle n'en subit pas moins les influences du monde inférieur, du monde intérieur, du monde supérieur: elle vient de l'universel, elle y retourne, mais en introduisant du décisif; elle est le lieu géométrique où se rencontrent le naturel, l'humain, le divin«.[22]

Pour autant, la philosophie de l'insuffisance n'est pas tout à fait l'essentiel du réalisme intégral. L'insuffisance exprime le »besoin« qui implique ipso facto, l'action qui tisse ou explore tous les liens en vue d'atteindre la »plénitude«. Celle-ci ne peut s'entrevoir qu'en ménageant un saut métaphysique jusqu'ici inaperçu.

Il nous faut ici revenir à la question inaugurative de l'Action: celle du dénivelé éthique, ou encore à la complexité fondamentale de la conscience et de la volonté, qui repose, comme on le sait, sur un conflit intérieur[23]. Cette idée trouve sa réalisation détaillée et argumentée dans la seconde étape de la troisième partie de L'Action (1893), où la complexité et l'antagonisme des motifs internes à la conscience de la liberté conduisent la volonté à résoudre dans l'action l'équation entre le but et les conditions de départ, entre ce qu'on veut être librement et ce que, de fait, on est, entre volonté voulue et volonté voulante: »en se produisant, l'action se transforme. Mais cette transformation même est ce qu'on cherchait en agissant. L'agent se met dans ce qu'il fait; et ce qu'il fait le façonne«[24].

Mais là ne s'arrête pas encore la dialectique de l'action, car encore faut-il, face à l'infini qui porte la dynamique du vouloir, et contribue à nous »faire«, ultimement opter[25]. Ce qui redéploie sur un plan supérieur l'effort métaphysique lui-même. L'option, l'acte de choisir comme

22 L'Itinéraire philosophique de M. Blondel, 66–67.

23 Cf. Ibid., p. 140 [p. 174].

24 Ibid., p. 223 [p. 257].

25 L'option occupe une place décisive aussi chez Teilhard, du moins dans les œuvres ultérieures, même si l'enjeu métaphysique n'en est pas vraiment perçu.

expression suprême de la liberté, en tant qu'elle est un acte conscient de l'origine qui la fonde comme la reconnaissance de la vérité, ne peut, en dernière instance, qu'être ce par quoi l'homme admet l'impossibilité de son autosuffisance; cela ne devient réalisable que par le secours d'une action qui ne lui appartient pas, qui l'invite à l'accueil d'une altérité et l'ouvre surtout à la gratuité de l'agir surnaturel. Pour le maître d'Aix, la suite des exigences de l'action humaine nous conduit vers l'infini et plus encore, pour le penseur du panchristisme, le surnaturel: »l'action de l'homme passe l'homme; et tout l'effort de sa raison, c'est de voir qu'il ne peut, qu'il ne doit pas s'y tenir«[26].

Au lieu de congédier la métaphysique, au-delà de toute phénoménologie, Blondel, se tourne vers »une sorte de métaphysique à la seconde puissance«[27]. là est précisément le »saut métaphysique« que Teilhard n'avait pas entrevu, et qu'ignorent évidemment les transhumanismes: voilà, nous semble-t-il, la profonde originalité de Blondel.

Un homme plus grand que lui-même

On peut entrevoir,en effet, ici selon l'expression platonicienne: l'homme comme »κρείττω αὑτοῦ«, plus grand que lui-même[28].

Mais à la prétention des transhumanismes de faire de nous des dieux, il faut opposer, avec Blondel, le fait que l'homme ne peut, même au prix de ses propres prouesses scientifiques et technologiques, atteindre à une vie divine, précisément parce que l'homme doit accepter de recevoir et opter pour ce divin qui réside en lui, en se faisant passivité à ce qui le dépasse!

---

26 A 93, p. 388.

27 Ibid., p. 464 [p. 498]; cf M. J.Coutagne »Sur la »puissance« de la métaphysique«, in E. Tourpe (ed.), Penser l'être de l'action. La métaphysique du »dernier« Blondel, Peeters, Louvain, 2000, pp. 95–100.

28 Platon République, 430e.; cf Simone d'Agostino »L''action, verticalité ou transcendance? Une confrontation entre P Sloterdijk et M Blondel« in M Blondel et la métaphysique, M J Coutagne-X Manzano, Académie Catholique de France, Paris, Parole et Silence, ed, 2016, p. 201–202.

Leçon admirable pour aujourd'hui, difficile à entendre, et pourtant décisive.

Oui »l'homme passe l'homme«, mais parce que l'infini le porte et le soulève au-delà de ses propres limites auxquelles, malgré ses efforts, souvent surprenants, il se heurtera pourtant toujours.

Ce que nous fait entrevoir Blondel va beaucoup plus loin qu'un spiritualisme qui prétendrait répondre à un matérialisme toujours renaissant! Bien loin »d'augmenter l'homme«, les transhumanismes, au mépris de toute logique, ne conduiront sans doute qu'à le diminuer, qu'à perturber sa liberté, à terme à la détruire.

Aussi nous semble-t-il urgent de revenir à l'effort blondélien. Du coup, nous besoin, en même temps que d'un nouvel effort métaphysique, d'un humanisme repensé à nouveaux frais, à la mesure du tragique de notre époque. Tel se présente l'humanisme blondélien, sans cesse soucieux d'analyse critique et d'exigence métaphysique, un humanisme que P de Cointet a bien raison de nommer: »un humanisme difficile[29]«.

29 Pierre de Cointet, »Maurice Blondel: l'humanisme difficile«. Réponse à l'1enquête du Conseil Pontifical pour la Culture, »Pour un humanisme chrétien à l'aube du nouveau millénaire«. Un article publié dans *Bulletin des Amis de Maurice Blondel*, nouvelle série, no 16, novembre 2001, pp. 6–17.

Marie-Jeanne Coutagne

Grundlegung und Übertreffen der Phänomenologie: Der Wille als Öffnung zum Unendlichen. Blondels Antwort auf den Transhumanismus

Im Andenken an Pater René Virgoulay († 29. Juni 2017)

Der Geistliche René Virgoulay lehrte als Professor an den Theologischen und Philosophischen Fakultäten der Katholischen Universität Lyon von 1974 bis 1999. Seine Dissertation schrieb er über Maurice Blondel. Die nach dem hundertjährigen Jubiläum von L'Action (1893–1993) entstandenen Kolloquien und Seminararbeiten sowie die Arbeiten im Centre Blondel Lyon-Aix-en-Provence von 1993 bis 2010 sind ihm sehr viel schuldig.

Einleitung

Wenn eine neue Übersetzung eines hochwichtigen Werkes erscheint, ist das immer ein erfreuliches Ereignis. Dem Übersetzer Anton van Hooff sind wir besonders dankbar, diese harte, anspruchsvolle Arbeit so perfekt vollendet zu haben. Diese zeugt davon, wie nötig es geworden war, einen fruchtbaren Dialog mit neuen Lesern auf erneuerte und besser passende Weise zu führen.

Die 1893 erschienene Action will schon in ihrem Titel ein »essai de critique de la vie et d'une science de la pratique« sein [»Essay über eine Kritik des Lebens und von einer Wissenschaft der Praxis«][1]; sie stellt den Beginn für eine zuerst epistemologische, dann metaphysische Ana-

1 Mit den folgenden Abkürzungen:
- *L'Action – Essai d'une critique de la vie et d'une science de la pratique*, 1893, P. U. F., *1950* (A93).

lyse dar. Es handelt sich zwar um die Lebenswissenschaften der damaligen Zeit, und man könnte natürlich sofort einwenden, dass das Werk hier seine Grenzen findet in dem Maße, wie der Fortschritt in diesem Bereich so enorm gewachsen ist.

Jedoch möchten wir wetten, dass Blondels Denkverfahren immer noch sehr aktuell und scharf ist und bleibt. Die jetzigen NBIC genannten Lebenswissenschaften[2] spielen eine entscheidende Rolle in unserem

---

- *La Pensée Tome 1 – La génèse de la pensée et les paliers de son ascension spontanée, Félix Alcan, PUF, 1934 (P I)*
- *La Pensée Tome 2 – les responsabilités de la pensée et la possibilité de son achèvement, Félis Alcan, PUF, 1934 (P II)*
- *Le point de départ de la recherche philosophique (1906) in OC II (PDRP)*
- *Premiers écrits (Pec) (PUF, 1956):*
- *1-Lettre sur les exigences de la pensée contemporaine en matière d'apologétique et sur la méthode philosophique dans l'étude du problème religieux*, Annales de Philosophie Chrétienne, janv.–juillet 1896. (Lettre)
- *2-L'illusion idéaliste (ILL)*
- *3-Principe élémentaire d'une logique de la vie morale (PELVM)*
- *4-Histoire et dogme, les lacunes philosophiques de l'exégèse moderne* (HD)
- Impr. Librairie de Montligeon, 1904
- *Blondel et Teilhard de Chardin, correspondance commentée par Henri de Lubac, Paris, ed Beauchesne, 1965 (MB-TDC)*
- *Le procès de l'Intelligence Paris, Bloud et Gay, 1922 (PI)*
- *Qu'est-ce que la mystique? (QMy) Paris, Bloud et Gay, 1925 repris in Chant Nocturne Paris Ed Universitaires 1991 (ChNoc)*
- *Itinéraire philosophique (IP) Paris, Spes, 1928, repris chez Aubier 1966*
- *L'être et les êtres – Essai d'ontologie concrète et intégrale*, 1935, P. U.F., *1963* (E)
- *Le problème de la philosophie catholique*, Paris, Bloud et Gay, 1932 (PPhC)
- *L'Action. vol. I: Le problème des causes secondes et le pur agir*, Paris, Alcan, 1936. Nouvelle édition P. U.F., Paris, 1949 (A I)
- *L'Action. vol. II: L'Action humaine et les conditions de son aboutissement*, Paris, Alcan, 1937. Nouvelle édition Paris: P. U.F., 1963. Ce volume est une version revue et corrigée de *L'Action* de 1893 (A II)
- *Lutte pour la civilisation et philosophie de la paix* (LCPP), Paris, Flammarion, 1939. Nouvelle édition 1947
- *La philosophie et l'Esprit chrétien* (PEC I ou II) 2 vol., Paris, P. U.F., 1944/46. Nouvelle édition du vol. I, 1950
- *Exigences philosophiques du christianisme (EPC)*, Paris, P. U.F., 1950
- *Lettres philosophiques* (LP), Paris, Aubier, 1961

2 Biotechnologies, Neurotechnologies, Intelligence Artificielle Robots… Convergence NBIC.

Leben, und sie lassen uns mit absolut neuen Problematiken auseinandersetzen, die unsicher und ängstlich machen. In diesem Zusammenhang wird von manchen neuen Utopien[3] – dem Transhumanismus in erster Linie – vorgeschlagen, die neuen wissenschaftlichen und technologischen Kenntnisse herbeizurufen, um dem Menschen möglich zu machen, sich selbst überholend die eigenen Grenzen zu sprengen und ein »Durchmensch«, ja sogar ein »Nachmensch« zu werden! Wir müssen also dringend den anmaßenden Ansprüchen gegenüber reagieren, die mitten in den wissenschaftlichen und noch mehr in den technologischen Kreisen entstanden sind. Es ist folglich höchste Zeit, eine Kritik aufzubauen, die in der Lage wäre, die eigentlichen Lücken einer solchen anmaßenden Logik und Philosophie aufzustöbern. Denn diese häufen sich mit den verwüstenden Erfolgen des heute dominierenden Nihilismus an: Hier also wird die Metaphysik aufs Spiel gesetzt.

In dieser Hinsicht kann man schon annehmen, L'Action (1893) könnte uns von hochwertiger Hilfe sein, da das Werk eine Philosophie des Übertreffens darbringt sowie eine Metaphysik, die sich an eine Dialektik der Handlung und zugleich an eine kritische Philosophie des Lebens anlehnt. So die vorhandene Herausforderung meines folgenden Beitrags. Dabei wäre jedoch ein weiterer Anhaltspunkt zu finden, um die Dynamik des Blondelschen Denkens im Kontext unserer heutigen Besorgnisse ans Licht kommen zu lassen. Einen solchen Anhaltspunkt haben wir vielleicht in dem relativ kurzzeitigen Gedankenaustausch gefunden, der zwischen Maurice Blondel und Teilhard de Chardin in den Jahren 1919–1920 verlief. Über das Wesentliche sind die beiden Denker einig. Damals fängt Teilhard de Chardin an, sich mit seinen wichtigen naturwissenschaftlichen Arbeiten zu befassen. Aber sofort spürt Blondel darin bestimmte Unzulänglichkeiten auf, und dies mittels der Logik der Tat. Von diesem Punkt an können wir also vielleicht von neuem anfangen, die ethische und metaphysische Frage noch einmal zu überdenken, wo sie so oft in den zeitgenössischen Debatten verschwiegen wird, was uns gleichzeitig dazu noch ermöglicht, die Blondelsche Problematik der Öffnung zum Sein auf neue Weise zu stellen.

---

3 Vgl. Francis Wolff *Trois utopies contemporaines*, Paris, ed Fayard, 2017.

Zwischen Unwahrscheinlichem und Unvermeidlichem: Blondel und Teilhard begegnen sich

Der junge Teilhard de Chardin legte 1899 seine Priesterausbildung in Aix-en-Provence ab, bevor er infolge der Gesetze über die Kongregationen nach England fliehen musste. Es ist ihm bekannt, dass ganz in der Nähe des damaligen Jesuitenklosters ein wichtiger Philosoph lebt, dessen Student sein Freund Auguste Valensin gewesen war. Valensin erzählt ständig von seinem ehemaligen Professor. Während seiner Jesuitenausbildung sind die Werke von Newman, Bergson und Blondel die geistige Nahrung des jungen Teilhard. Er liest sie noch einmal gründlich als Soldat in den Schützengräben, denn er nimmt während des gesamten Krieges an den Kämpfen teil. Dank Valensin können sich Teilhard und Blondel nach dem Krieg im März 1920 begegnen. Vorher hatte Valensin auch mehrere von Teilhards »Schreiben von der Kriegszeit« Blondel überreicht, aber die eigentliche Liste der ausgehändigten Manuskripte bleibt unbekannt. Damit fing ein »indirekter Briefwechsel« anhand von vier Denkschriften an, zwei von Teilhard und zwei von Blondel.

In einem noch nicht herausgegebenen Brief vom 28. März 1920 schrieb Teilhard an seine Kusine Marguerite Teilhard-Chambon Folgendes: »*j'ai vu longuement Blondel, dans son cabinet de travail, (une salle spacieuse, demi-claire, avec de nombreux livres, et, détail original, un vrai massif de plantes et de fleurs au coin de son bureau). J'ai causé avec lui, seul – le P. Valensin nous ayant laissés presque de suite, – pendant environ une heure et demie. Il me semble que nous nous sommes entendus, – presque trop bien, parce qu'il ne s'est élevé entre nous aucune de ces divergences fécondes qui font avancer la pensée. En somme, j'ai trouvé un homme extrêmement sympathique, tel exactement que me l'avaient montré ses lettres.*

Nous pensons exactement les mêmes choses sur la nécessité **d'élargir le Christ aux dimensions d'un énorme »donné nouveau** *dont ne paraît pas douter la théologie conservatrice. Mais je ne vois pas encore si nous pourrons nous aider beaucoup plus, mutuellement, que par l'appui d'une* ***sympathie mutuelle, et d'une vision commune.*** *Je ne vois pas de point* *précis sur lequel nous puissions collaborer. Je pense en tout cas, que nous continuerons à nous écrire, et je lui enverrai celles de mes notes futures qui me paraîtront pouvoir l'intéresser. – B. n'a pas l'air du tout pressé de manifester son »**Panchristisme**«. Il ne veut être jugé que sur un exposé d'ensemble, pour éviter les malentendus qui s'acharnent souvent sur le détail. – En somme, je ne suis pas extrêmement renseigné sur le détail de »**système**«. (…)*

[*»Ich habe Blondel ziemlich lange in seinem Arbeitszimmer getroffen (es ist ein halbhelles geräumiges Zimmer mit vielen Büchern, und als originales Detail steht in einer Ecke ein echtes Pflanzen- und Blumenbeet). Allein mit ihm (denn Pater Valensin ging fast sofort weg) habe ich ungefähr anderthalb Stunden gesprochen. Mir scheint, wir haben uns verstanden – fast zu gut sogar –, denn es hob sich zwischen uns keinerlei von jenen fruchtbaren Abweichungen, die sonst das Denken weiterbringen. Schließlich habe ich einen sehr sympathischen Menschen getroffen, genauso wie er mir aus seinen Briefen entgegenkam.*

*Wir denken dasselbe über die Notwendigkeit, **Christus zu einem immensen neuen »Gegebenen« zu erweitern**, worüber die konservative Theologie nicht zu zweifeln scheint. Aber ich sehe noch nicht ein, wie wir uns gegenseitig helfen könnten, es sei denn, wir stützen uns auf eine **gegenseitige Sympathie** und eine gemeinsame Anschauung. Ich erblicke keinen genauen Punkt, wo wir mitarbeiten könnten. Blondel scheint es nicht eilig zu haben, seinen »**Panchristismus**« aufzudecken. Ihm geht es eher um eine Gesamtsicht, um die Missverständnisse zu vermeiden, die sich so oft in die Details hartnäckig einschleichen. Zum Schluss verfüge ich nicht über sehr viele genauere Informationen sein »System« betreffend.«*]

Was war an Blondel für Teilhard interessant? Im Auge des Philosophen aus Aix bleiben die Menschen mit all ihren Taten, all ihren Eroberungen – egal in welchem Bereich – stets unbefriedigt. Weil ein geistiger unendlicher Aufschwung ihnen innewohnt, streben sie ständig nach Vollkommenheit. Fortschritt und Verfall der Personen zeugen für dieses Streben nach Unendlichem: Auf eigener Ebene ist keine Stabilisierung für sie möglich. Sie müssen entweder darüber hinausgehen oder darunter hinfallen. Die Personen sind Wesen in stetigem Werden. Hier scheint Blondel bei einem gewissen »Transformismus«/Evolutionismus angelangt zu sein. Dabei liefert er mitten in seiner Dissertation gleich die Mittel, denselben mit Hilfe einer anspruchsvollen Epistemologie[4] eingehend und präzis zu prüfen, was Teilhard eigentlich später nicht in Kauf nehmen sollte.

Weil die Handlungsdynamik unser anspruchsvolles geistiges Streben nach Transzendenz in Gang setzt, kann sie sich nicht innerhalb eines bloß horizontalen Universalismus, auch nicht innerhalb einer neu erdachten Ethik erfüllen. Die Handlungsdynamik strebt immer nach einer Ebene, die sich über der Immanenz befindet. Die ganze Dialektik der These führt uns dazu, dieses Unendliche zu erkennen und ihm beizustimmen. Die Frage nach der eigentlichen Natur übrigens wird als »es ist« (»c'est«) erst am Ende des Buches gestellt und öffnet sich zum Übernatürlichen.

Teilhard gefällt diese apologetische Bewegung sofort, denn er ist schon dabei, sich in ähnlicher Weise auf Grund der Naturwissenschaften zu bemühen. Dazu kommt, dass Blondel oft paradoxerweise sich zu einem »Panchristismus« bekennt: Christus ist der feste Bestand einer ängstlichen und labilen Welt und auch von uns selbst. Er ist im ständigen Werden, er wird immer größer,[5] was zu verstehen Blondels wie Teilhards ersten Lesern etwas schwerfällt.

Der Blondelsche Panchristismus ist im Wesentlichen Vorwand und Hauptthema des Schriftenaustausches zwischen den beiden Denkern. Beide weigern sich, Christus bloß als eine simulierende Episode zu betrachten, die ihn weg vom Kosmos halten würde. Jedoch meint Blondel, dass Teilhard anzunehmen scheint, dass die Naturordnung eben als »Naturordnung« eine (relative) göttliche Stabilität hätte. Wenn schon beide darüber einig sind, dass der Mensch sich durch und in Christus »**übertreffen**« muss, besteht der Hauptpunkt der Diskussion darin, dass Blondel einen unangemessenen Physizismus vermutet, welcher sich selbst absolut setzt, auch wenn er zu einer »oberen« Ebene gelangen würde.

---

4 A93 S. 51 f.

5 MB-TDC S. 22.

Wo Teilhard eine Kontinuität sieht, stützt sich Blondel auf die Handlungsdialektik und stellt eine Diskontinuität auf, auch zwischen Wissenschaftssymbolismus und philosophischen Anschauungen! Wollen wir jeglichen Nominalismus vermeiden und den Ansprüchen des »integralen« Realismus nachkommen, dann muss der wahrhafte »Seher« weiter als die von uns erfundenen Symbole blicken. Was die Wissenschaft uns vom Reellen erfahren lässt, ist tatsächlich der Aspekt, der für moralische Entscheidungen so wichtig ist. Wie Teilhard spricht Blondel von »Transformation« und deutet einen Perspektivwechsel an. Beide öffnen eine Tür zur Mystik und Askese, indem sie Entbehren und Sich-Loslösen evozieren, denn das Ziel des menschlichen Aufbauens ist, etwas Vergöttlichendes (und nicht etwas Vergöttertes) zu schaffen.

Kurz darauf aber werden Unterschiede in der »Tendenz« oder im »Akzent« spürbar (der Ausdruck ist von Teilhard und wurde von De Lubac in seinen Kommentaren des Briefaustausches wiederaufgenommen). Wiederholt lehnt Blondel jeglichen Physizismus oder Anthropomorphismus ab; noch einmal stellt er die Frage nach dem Sinngrund der Kreatur (vergleiche: Augustinus, *Bekenntnisse*, XI, 30). Dabei verweigert er sich, den substantiellen Endpunkt sowie den Übergangsmodus der Schicksalsprobe mit den bildlichen Darstellungen zu verwechseln. Für den Denker aus Aix heißt die Frage (die Teilhard seinerseits nicht stellt): Wie können wir uns »**in via**« etwas von der absoluten Wahrheit der Einheit »**in termino**« darstellen (und diese Frage geht die Kritik der strikt epistemologischen und philosophischen Kenntnis an), ohne die verschiedenen Analyseebenen zu verwechseln?

Blondels Ansicht nach verfährt Teilhard folgendermaßen:

- Manchmal verleiht er der Immanenz zu sehr physisch erfinderische Züge
- Manchmal aktualisiert er die phylogenetische Vergöttlichung des Universums mit einer Art von **Gnosis**, ja sogar mit einer »**millenarischen Ontologie**«. Zu diesem Zweck ruft er das Ungleichgewicht des Universums[6] hervor, das Stütze und Festigkeit in Chris-

6 MB-TDC S. 33.

tus findet. Obwohl er es wiederholt verneint[7] und trotz seiner klaren und begründeten Absicht geht hier Teilhard das Risiko eines neuen »Scientismus« ein, der enorme Gefahren in sich birgt, und dies schon auf Grund der Formulierung der Teilhardschen Argumente.

Es steht also fest, dass eine Diskrepanz zwischen den beiden Philosophen existiert, selbst wenn Teilhard nochmals behauptet: »*Blondel et moi nous ne différons que par l'accent, (...) serrant la même vérité, l'un par excès, l'autre par défaut*«. [*Blondel und ich sind nur im Akzent verschieden, (...) einer selben Wahrheit nahstehend, der eine von uns aus Übertreibung, der andere aus Versäumnis*«][8]; die Diskrepanz existiert ja selbst, wenn Blondel seinerseits in einem Brief vom 29. 12. 1947 an den Prälat de Solages, der sich für Teilhard anlässlich einer Sitzung im Katholischen Institut von Toulouse eingesetzt hatte, zugibt[9]: »Combien Lachelier eût été soulagé par les résultats de la science paléontologique et la foi sereine du Père Teilhard de Chardin!« [»*Was für eine Erleichterung hätte Lachelier mit den Ergebnissen der paläontologischen Wissenschaft und mit dem heiteren Glauben von Teilhard de Chardin empfinden können*!«]. Diese Diskrepanz scheint uns also viel tiefer zu sein, als die Autoren selbst es aussagen, und dieser »Riss« als solcher soll der Anhaltspunkt für die neuesten zeitgenössischen Auseinandersetzungen sein.

Die unterirdische Logik der Transhumanismen

Dem Transhumanismus oder genauer gesagt den mehreren Transhumanismusformen gegenüber reicht es nicht zu behaupten (obwohl es für Gläubige durchaus nötig ist), Christus sei die einzige Grundlegung für eine vollkommene Menschheit. Hier muss argumentiert werden und

---

7 Die beiden kämpfen gegen allen »emersonisme chrétien« MB-TDC S. 44.
8 Ibid. S. 47.
9 MB-TDC, préface H. de Lubac, S. 13.

eine kritische philosophische Analyse geführt werden, die sich mit einer apologetischen Rede (im üblichen Sinne des Wortes) nicht begnügen will, sondern die es ermöglichen sollte, aus dieser neuen Ideologie ihre innewohnenden Schwierigkeiten und Aporien zu verdrängen und vor allem die Versuchung eines neuen mit verheerendem Immanentismus verbundenen Scientismus zu vertreten.

Nach Ansicht der meisten Transhumanisten muss die Menschheitsgeschichte in den Kontext der Evolution und der Kosmosgeschichte wieder eingefügt werden.[10] Folglich können sie es nicht anders, als jede Ein-

---

10 Vgl.: Académie Catholique de France (2016) *L'homme augmenté conduit-il au transhumanisme?* Textes réunis par Yves Caseau et Philippe Capelle-Dumont, Parole et Silence ed

Atlan Monique Droit Roger-Pol (2012) *Humain, une enquête philosophique sur ces révolutions qui changent nos vies*, Flammarion ed

Besnier J.-M. (2009) *Demain les posthumains. Le futur a-t-il encore besoin de nous?* Paris, Hachette Littératures, col. »Haute Tension«, Poche Pluriel

Brague Rémi *Le propre de l'homme.Sur une légitimité menacée* (2013) Paris, Flammarion ed

Dijon Xavier (2017) *Que penser de? … Le transhumanisme.* Namur, Fidélité ed

Ferry Luc (2016) *La révolution transhumaniste*, Plon ed

Fukuyama Francis (2002) *La fin de l'homme.les conséquences ded la révolution biotechnique*, Folio ed

Jousset-Couturier Béatrice (2016) *Le transhumanisme, faut-il avoir peur de l'avenir?* préface Luc Ferry, Eyrolles ed

Kleinpeter É. (dir.) (2013) *L'humain augmenté*, Paris: CNRS Éditions, col. »Les Essentiels d'Hermès«

Kurzweil R. (2007) *Humanité 2.0: La Bible du changement*, Paris: M21 Éditions

Magnin Thierry (2017) *Penser l'humain au temps de l'homme augmenté, face aux défis du transhumanisme*, Albin Michel ed

(2013) *Les nouvelles biotechnologies en questions*, Salvator ed

Malabou Catherine (2017) *Métamorphoses de l'intelligence*, Paris, PUF ed

Mattéi Jean-François (2017) *Questions de conscience. De la génétique au posthumanisme*, Les liens qui libèrent, LLL ed

Morozov E. (2014) *Pour tout résoudre cliquez ici: L'aberration du solutionnisme technologique.* Limoges: FYP éditions

Oliveri N. (2014) »Analyse simondienne de l'otakisme et du robotisme japonais«, *RIHM (Revue des Interactions Humaines Médiatisées)*: Paris, Europia, volume 15, n° 1.

Stiegler B. (2015) *La Société automatique – vol 1. L'avenir du travail.* Paris: Fayard ed

Vergely Bertrand (2015) *La tentation de l'homme-Dieu*, Le Passeur ed

Wolff Francis (2017) *Trois utopies contemporaines*, Fayard ed gliederung des Menschen ins Zentrum oder am Ende einer Bewegung abzulehnen, deren Sinn dann von selbst verschwindet. Jeglicher Finalismus wird abgelehnt, ein monistischer Mechanismus wird behauptet: Alles trägt hier dazu bei, den Menschen in die lange Kette der lebenden Wesen einzugliedern, die, weil sie kontinuierlich ist, eine Verlängerung nach dem Menschen selber verlangt (übrigens wird dabei das Nachmenschliche überhaupt nicht klar definiert). Da alles in die evolutive Linie hineingefügt wird, kann also der über allem stehende Mensch nicht erklärt werden. Folglich dürfte man auch den künstlichen Intelligenzen nicht verweigern, so geachtet zu sein wie der Mensch. Die Menschheit – so die Transhumanisten – wäre schon in eine Dynamik hineingebracht, dank welcher die Evolution sich mit den angeblichen Wohltaten der wissenschaftlichen Entdeckungen und noch mehr der Spitzentechnologien fortschreitet. In dieser Hinsicht ist es dann zentral, sich auf die Natur zu berufen; dabei bemerken wir, dass das Wort »Natur« nie genau untersucht wird. Noch weiter taucht der einige Zeit als veraltet gesehene Begriff von der »menschlichen Natur« mit neuen Kräften wieder auf. Der »menschlichen Natur« wird also missbräuchlicherweise und widersinnig das Paradox zugeschrieben, das Fénelon Gott verlieh: *»Sein Unterschied besteht darin, dass er gar keinen hat«* (*in Traité de l'Existence et des Attributs de Dieu [Lehrbuch über die Existenz Gottes und dessen Attribute], Kapitel fünf).* Denn gleichzeitig entdeckt der Mensch ständig seine Fähigkeit, die eigenen Grenzen zu überschreiten. Anhand dieser Überschreitungsfähigkeit gehorche der Mensch der Notwendigkeit, die ihm die »Natur« auferlegen würde.

Hier wird also eine Aporie festgestellt, die auf eine metaphysische und moralische Schwäche hinweist. Dann zurück zu der *»Action«* (1893)!

Die in seiner These entwickelte »mentale« Embryogenie stellt das Bewusstsein zugleich als universale Empfänglichkeit und als *»radikale Ursprünglichkeit«* dar[11]. Zuerst geht Blondel etappenweise durch die Dynamik des Bewusstseins, dann zeigt er, wie das menschliche Bewusstsein aus der Umwelt herausragt, in welcher es Lebensbedingungen und Nahrung schöpft, schließlich, wie es sich davon unterscheidet und befreit:

---

11 A93 S. 102

Denn nie ist das Bewusstsein ein »Produkt«, sondern immer eine originelle »Synthese«, die *»mehr schenkt, als sie von ihren Bedingungen abnimmt«*. Mit Kraft behauptet Blondel die universale Solidarität des Kosmos: Diese Tat an sich übrigens enthüllt schon eine »Tat«, die, eben weil sie »Synthese« ist und dabei doch die Anwesenheit des Universums an einem bestimmten Punkt ausdrückt, für einen Bruch und ein Missverhältnis zeugt; jene werden wiederum ins Licht gebracht, als Blondel präzisiert: *»point de synthèse effective, point de d'acte interne, point d'état de conscience, quelque obscur qu'il soit, qui ne soit transcendant par rapport à ses conditions, et où l'infini ne soit présent.«*[12] Auf diese Weise wird mit dieser wesentlichen Diskontinuität jegliche Versuchung des Physizismus und des Immanentismus beseitigt. Später, im Jahre 1934[13], in *»La Pensée«* (*La Pensée [I] – La genèse de la pensée et les paliers de son ascension spontanée, Félix Alcan, PUF, 1934, P I*) appelliert Blondel an »ein kosmisches Denken«, das die in L'Action (1893) schon offenbarten Stufen aufnimmt. Zu dieser Zeit wagt er es sogar, an eine dreifaltige Struktur des Reellen zu denken, die sich in tiefer Harmonie mit seinem Panchristismus befindet.

Worum es sich also hier handelt, ist nicht nur, wie man über die Evolution wieder nachdenken soll, sondern auch, dass man sich damit nicht begnügen darf, eine Dynamik zu »taufen«, die auf einem Grund liegt, den allein der Metaphysiker imstande ist, ans Licht zu bringen. Dabei wollen wir nicht allein den Symbolismus unserer wissenschaftlichen Entwürfe in Betracht ziehen, sondern zugleich den Anthropomorphismus unserer Darstellungen. Im Herzen der Transhumanismen versteckt sich eine physizistische Logik, die den Menschen in seiner »natürlichen« Bedingung einsperrt, ohne das zu respektieren, was ihm eigen ist. Diese übliche Logik beruht auf dem Gegensatz, den die Transhumanisten in Hülle und Fülle benutzen und dabei dessen angeblich »schaffenden« Charakter verstärkt behaupten. Dieser Logik müssen wir eine andere Logik entgegensetzen, die fähig sein soll, ein moralisches Leben zu begründen: eine

---

12 A93 S. 117–118; vgl. Maria do Ceu Patrao Neves »La conscience en sa triple relation«, *Bulletin des Amis de M Blondel*, Nouvelle série n° 14, octobre 1999 S. 17f.

13 *Vgl. La Pensée Tome 1 – La génèse de la pensée et les paliers de son ascension spontanée (P I), Félix Alcan, PUF, 1934 (P I)* S. 3 sq; vgl. auch die Exkurse 11 und 13.

Logik, die Blondel in der Folge von L'Action (1893) eine auf das »Entbehren«[14] beruhende Logik nennt, die sich auch stark an eine erneuerte Metaphysik anlehnt.

Ein metaphysischer Sprung

Jetzt sollten wir zu einem Punkt zurückkommen, worüber Blondel und Teilhard einig waren, den wir aber noch nicht geklärt haben. Beide hatten eigentlich in Absicht – und dies gegen jeglichen reduzierenden Integrismus –, einen »integralen Realismus« vorzuschlagen. Hier möchten wir ins Gedächtnis rufen, dass schon Henri Bergson (1859–1941) sowie Pierre Teilhard de Chardin sich auf die Suche nach einem integralen Realismus begeben hatten. Aber Blondel und diese beiden anderen Denker hatten bei weitem nicht die gleiche Methode benutzt noch ähnliche Ergebnisse erzielt. Der Denker aus Aix entfernt sich nämlich so gut von dem Bergsonischen »Lebensschwung/*élan vital*«[15], wie wir es schon bemerkt haben, von der Teilhardischen Idee eines »*continuum*« im »*Universums*stoff«[16] mit dem Ziel, zu einem integralen Realismus zu gelangen, innerhalb dessen alle kosmischen, lebenswichtigen, psychischen, intellektuellen und geistigen Kräfte unter sich kommunizieren, sich aber nicht vermischen.

---

14 M. Blondel *Principe élémentaire d'une logique de la vie morale (PELVM) (1903) in Premiers écrits (Pec) (PUF, 1956), S. 122f.*: par là s'explique que: »*l'éthique naturaliste ou l'éthique rationaliste ne sont pas des ›Morales morales‹« ibid. S. 1445.*

15 Vgl. *L'Itinéraire philosophique de Maurice Blondel*, 47–50. Vgl. *M. Jouhaud*, »Bergson et Blondel: cosmologie et philosophie de la destinée«, dans Cl. Troisfontaines, éd., *Journée d'études 9–10 novembre 1974 Blondel-Bergson-Loisy*, Louvain, Peeters, 1977, 7–29; – P. de Cointet, *Maurice Blondel. Un réalisme spirituel*, Toulouse, Éditions du Carmel & Saint-Maur, Éditions Parole et Silence, 2000, 236–238; – I. Malaguti, *Per un'ontologia drammatica. La normativa nel pensiero di Maurice Blondel*, Padova, Il Poligrafo, 2004, 25–36. Nous devons ici beaucoup aux travaux de Jean-Baptiste Komi Dzankanni en particulier *La dynamique de la pensée chez M. Blondel. Du réalisme intégral dans une philosophie de l'insuffisance.* Université Pontificale Grégorienne, faculté de philosophie Hqrmattan Burkina, 2014.

16 Vgl. M.-J. Coutagne, »Le verbe et le lieu: La correspondance Blondel-Teilhard«, dans M. Leclerc, éd., *Blondel entre* L'Action *et la Trilogie*, Bruxelles, Lessius, 2003, 120.

Die Gegenwart des Unendlichen in uns, die die eigentliche Transzendenz unseres Bewusstseins begründet, verursacht eine Angst, die sich von der immer genaueren Entdeckung nährt, dass unsere Welt kontingent ist, oder anders gesagt, dass unsere materielle und geistige Welt armselig und unzulänglich ist.[17] Indem es aus der Natur heraustaucht, nimmt unser Denken mit Hilfe seiner Kenntnisse die Singularität, die Kontingenz und das ohne bestimmbares Ende-Werden unseres Universums wahr. Schließlich kann es die ultimative Frage der Einheit[18] und des menschlichen Schicksals stellen. An diesem Punkt angelangt, tritt die Vollkommenheit im Bereich von Sein und Wissen in der alleinstehenden Perspektive einer übernatürlichen Gabe auf. Auf diese Weise werden die undefinierbare Einigung der positiven Wissenschaften und die Möglichkeit einer technischen Handlung begründet, indem sie zu dem geöffnet werden, was sie übertrifft, und zwar zur Metaphysik. L'Action (1893) war einerseits die Suche nach einer Antwort auf die Frage des »vinculum substantiale«, die das Reelle vereinigt, und andererseits war sie auch Grund für eine neue Frage nach dem Endpunkt des ganzen Determinismus der Natur, des Lebens und des Denkens.

»L'Action (1893) me paraissait être ce ›lien substantiel‹ qui constitue l'unité concrète de chaque être en assurant sa communion avec tous. N'est-elle pas, en effet le confluent en nous de la pensée et de la vie, de l'originalité individuelle et de l'ordre social et même total, de la science et de la foi? En traduisant ce qu'il y a de singulier, d'inédit, d'initiateur en chacun, elle n'en subit pas moins les influences du monde inférieur, du monde intérieur, du monde supérieur: elle vient de l'universel, elle y retourne, mais en introduisant du décisif; elle est le lieu géométrique où se rencontrent le naturel, l'humain, le divin«[19] [*»Mir schien, die ›Action‹/die Tat sei diese ›substantielle Bindung‹, die aus der konkreten Einheit jedes Wesens besteht, indem sie ihre Weltgemeinschaft mit allen versichert. Denn in uns ist sie ja der Zusammenfluss von Denken und Leben, von individueller Sozialordnung, ja sogar von Ordnung des Ganzen; in ihr*

17 Vgl. M. Blondel, *La Pensée*, I, Excursus n° 5, 235.

18 Vgl. M. Blondel, *La Pensée*. I. *La Genèse de la pensée et les paliers de son ascension spontanée*, Paris, PUF (Réed), 1954, 42.

19 Vgl. *L'Itinéraire* philosophique *de M. Blondel*, 66–67/45.

fließen Wissenschaft und Glauben zusammen. Zwar stellt sie das Singuläre, das Neuartige und Bahnbrechende in jedem von uns vor, dafür aber entgeht sie gar nicht den Einflüssen der Außenwelt, der Innenwelt und der oberen Welt: sie kommt vom Universalen und kehrt zum Universalen zurück; aber sie bringt ihm etwas Entscheidendes, sie ist der geometrische Ort, wo sich Natur, Mensch und Gott begegnen«].

Und doch steckt in der Philosophie der Unzulänglichkeit nicht das Wesentliche des integralen Realismus. Die Unzulänglichkeit drückt den »Bedarf« aus, der ipso facto die Tat einschließt, welche alle Bindungen knüpft oder erforscht, mit der Vollkommenheit/plénitude als Endziel. Und das kann erst und nur mit einem metaphysischen Sprung ersichtlich werden, der bis jetzt unsichtbar geblieben war.

Und jetzt müssen wir zur Einleitungsfrage von L'Action (1893) zurückkommen, und zwar zur Frage nach dem *ethischen Niveauunterschied* oder nach der grundlegenden Komplexität des Gewissens und des Willens, die, wie man weiß, von einem inneren Konflikt verursacht wird.[20] Diese Idee wird in Einzelheiten in der zweiten Etappe des Dritten Teils von L'Action (1893) verwirklicht und argumentiert: Dort sieht man, wie Komplexität und Antagonismus der dem Freiheitsbewusstsein innewohnenden Begründungen den Willen dazu führen, in der Aktion (Handlung) die Gleichung zwischen Ziel und Abgangsbedingungen zu lösen, zwischen dem, was man frei sein möchte, und dem, was man tatsächlich ist, zwischen »gewolltem Willen und wollendem Willen«: *»en se produisant, L'Action se transforme. Mais cette transformation même est ce qu'on cherchait en agissant. L'agent se met dans ce qu'il fait; et ce qu'il fait le façonne«.*[21] *[»indem sie sich vollzieht, wandelt sich die Aktion um. Aber in dieser Umwandlung selbst besteht genau das, was man als Agierender suchte. Der Agierende stellt sich in dem, was er tut, und was er tut, gestaltet ihn«*].

Damit aber findet die Dialektik der Tat noch nicht ihren Schluss. Dem Unendlichen gegenüber, das die Dynamik des Willens trägt und dazu beiträgt, uns zu gestalten, müssen wir noch in der Wahl treffen; was

20 Vgl. ibid., S. 140 [S. 174].
21 Ibid., S. 223 [S. 257].

wiederum die metaphysische Anstrengung selbst auf eine höhere Ebene stellt und entfaltet. Die Wahl zu treffen als ultimativen Ausdruck der Freiheit, ist eine von ihrem Ursprung bewusste Tat. Die Wahl zu treffen kann nur darin bestehen, in dem, was dem Menschen anzuerkennen erlaubt, dass er sich definitiv selbst nicht genügt. Und dies kann nur mit Hilfe einer Tat geschehen, die ihm (dem Menschen) nicht gehört, die ihm aber anbietet, eine Alterität zu empfangen, sie öffnet ihn vor allem zum übernatürlichen Agieren. Die ganze Reihenfolge der Forderungen der menschlichen Tat führt uns zum Unendlichen und sogar zum Übernatürlichen – so denkt der Meister aus Aix – indem er den Panchristismus darlegt: »*L'Action de l'homme passe l'homme; et tout l'effort de sa raison, c'est de voir qu'il ne peut, qu'il ne doit pas s'y tenir*«[22] [»*Die Tat übertrifft den Menschen; und sein ganzer Verstand soll darauf abzielen, es einzusehen, dass er sich nicht daran halten kann noch darf*«].

Blondel denkt nicht daran, die Metaphysik zu widerrufen; im Gegenteil und jenseits jeder Phänomenologie wendet er sich »*einer Art von Metaphysik in der zweiten Potenz*« zu.[23] Hier genau findet man den »metaphysischen Sprung«, den Teilhard nicht erblickt hatte und den die Transhumanismen natürlich ignorieren. Da erweist sich meiner Meinung nach Blondels tiefe Originalität.

Ein Mensch, größer als er selbst

Hier eigentlich kann man den Menschen, größer als er selbst, ahnen, wie man ihn in dem platonischen Ausdruck findet: [kreitto autou] (28).

Doch dem anmaßenden Vorschlag der Transhumanismen, aus uns Götter zu machen, ist es angebracht, mit Blondel die Tatsache entgegenzusetzen, dass der Mensch nicht imstande ist, ein göttliches Leben zu erreichen, selbst wenn er all die eigenen wissenschaftlichen und technologischen Hochleistungen auf sich vereint, und dies, eben weil der

22 A 93, S. 388.

23 Ibid., S. 464 [S. 498]; vgl. M. J. Coutagne »Sur la ›puissance‹ de la métaphysique«, in E. Tourpe (Hg.), *Penser l'être de L'Action. La métaphysique du »dernier« Blondel*, Peeters, Louvain, 2000, S. 95–100.

Mensch das Empfangen akzeptieren muss und für das Göttliche in ihm wählen muss, indem er dem gegenüber, was ihn übertrifft, passiv bleibt.

Für heute ist das eine wunderbare, schwer zu hörende und doch entscheidende Lehre.

Ja, »der Mensch übertrifft den Menschen« dennoch, weil das Unendliche ihn trägt und ihn jenseits der eigenen Grenzen hochhebt, auf die er trotz aller oft erstaunlichen Anstrengungen immer wieder stoßen wird.

Was Blondel uns erblicken lässt, geht viel weiter als ein Spiritualismus, der einem immer von neuem erscheinenden Materialismus Antwort geben möchte! Nein, die Transhumanismen werden jede Logik verachten, die nicht »den Menschen vergrößern«, sondern sie werden ihn im Gegenteil wahrscheinlich verkleinern, sie werden seine Freiheit beeinträchtigen und letztendlich zerstören.

Deshalb ist es unserer Meinung nach höchste Zeit, zum blondelschen Schwung zurückzukommen. Dafür müssen wir uns unbedingt nicht nur um eine neue Metaphysik bemühen, sondern auch um einen völlig neuen Humanismus, der sich mit dem tragischen Charakter unserer Epoche auseinandersetzen kann. Ein solcher Humanismus ist Blondels Humanismus, der sich unaufhörlich um kritische Analyse und metaphysische Forderung kümmert – ein Humanismus, den Pierre de Cointet ganz richtig als »schwierigen Humanismus« bezeichnet.[24]

(Übersetzung von Sabine Sauval-Romane)

---

24 Pierre de Cointet, »Maurice Blondel: l'humanisme difficile«. Réponse à l'enquête du Conseil Pontifical pour la Culture, »Pour un humanisme chrétien à l'aube du nouveau millénaire«. In *Bulletin des Amis de Maurice Blondel*, nouvelle série, no 16, novembre 2001, S. 6–17.

Simone D'Agostino

La philosophie de *L'Action* (1893) est-elle une science ou un art de vivre?

1. Les préambules d'une idée de la philosophie comme »art de vivre«

La »vieille idée« selon laquelle la philosophie est un art ou une manière de vivre est, tout bien considéré, assez récente en fait. Cette habitude de discuter de la philosophie comme art de vivre, habitude qui gagne sans cesse du terrain, nous la devons surtout à Pierre Hadot (1922–2010)[1]; depuis les années 1970, il avait entrepris une enquête érudite et documentée montrant que les hommes de l'Antiquité se faisaient de la philosophie une notion bien différente de celle qui s'est progressivement affirmée dans notre modernité. Formé à l'école du Père Paul Henry S.I. (professeur de théologie à l'Institut Catholique de Paris, réputé pour ses travaux sur Plotin), Pierre Hadot a surtout centré son regard d'historien et de philologue sur le néo-platonisme et la philosophie hellénistique (en particulier stoïcienne), y découvrant et mettant en évidence un ensemble de techniques, de pratiques de conduite de l'âme (de *psychagogie*) qu'il en viendra à appeler d'une formule audacieuse et stimulante: »exercices spirituels«.

Pour être exact, Pierre Hadot n'est pas le premier à signaler la présence de telles techniques ou pratiques chez les philosophes de l'Antiquité. En 1914, Paul Rabbow avait déjà publié en Allemagne une étude intitulée *Antike Schriften über Seelenheilung und Seelenleitung auf ihre Quellen untersucht.* I. *Die Therapie des Zorns*[2]. Ce travail de philologie historique,

1 Cf. Ph. Hoffmann, *Pierre Hadot (1922–2010)*, in P. Hadot, *Discours et mode de vie philosophique*, par X. Pavie, Les Belles Lettres, Paris 2014, pp. 291–304.

2 P. Rabbow, *Antike Schriften über Seelenheilung und Seelenleitung auf ihre Quellen untersucht.* I. *Die Therapie des Zorns*, Teubner Verlag, Leipzig-Berlin 1914.

principalement consacré aux processus thérapeutiques préconisés par Sénèque dans le *De Ira*, sera suivi quarante ans plus tard d'une seconde étude, qui sera mieux reçue que la précédente: *Seelenführung. Methodik der Exerzitien in der Antike*[3]. Dans cet essai, le chercheur allemand se fondait principalement sur Sénèque et Marc Aurèle, mais aussi sur Épicure, Plutarque, Épictète, pour dresser une véritable typologie des exercices et actes spirituels visant à soigner l'âme ou à la conduire: la méditation, la réflexion, l'attention, la pensée de la mort, la discussion avec un maître, entre autres. Pierre Hadot avait à sa disposition ces recherches de Paul Rabbow, mais également une thèse de doctorat soutenue en 1966 à Berlin par Ilsetraut Ludolff qu'il rencontra précisément en cette même année et qui devint sa femme. La thèse d'Ilsetraut Ludolff-Hadot portait sur *Seneca und die griechisch-römische Tradition der Seelenleitung*[4]. Le terme *Seelenleitung* faisait évidemment référence aux écrits de Paul Rabbow, cités dès la première page[5], bien que l'auteure précise d'emblée qu'elle partage le doute exprimé par Georg Luck au sujet d'une certaine disproportion de la clef de lecture chrétienne des exercices philosophiques antiques; Paul Rabbow, en effet, les considère explicitement comme des préfigurations atteignant leur perfection dans les exercices de saint Ignace de Loyola[6].

Ces universitaires allemands pouvaient aussi évoquer un illustre prédécesseur en la personne d'un philologue du grec ancien, plus fameux, assurément, pour ses œuvres philosophiques. Friedrich Nietzsche, ne l'oublions pas, s'était en effet d'abord consacré à la philologie classique lorsqu'il était jeune professeur à Bâle; il avait inauguré son enseignement par une conférence sur *Homère et la philologie classique* puis avait fait cours sur les *Choéphores* d'Eschyle et les lyriques grecs. C'est à la même époque que se forme son intérêt pour la philosophie qui s'exprime tout

---

3 P. Rabbow, *Seelenführung. Methodik der Exerzitien in der Antike*, Kösel Verlag, München 1954.

4 I. Hadot, *Seneca und die griechisch-römische Tradition der Seelenleitung. Quellen und Studien zur Geschichte der Philosophie*, De Gruyter, Berlin 1969.

5 I. Hadot, *Seneca und die griechisch-römische Tradition der Seelenleitung*, cit., p. 1, n. 3.

6 *Cf.* G. Luck, recension de P. Rabbow, *Seelenführung*, in *Gnomon* 28 (1956), pp. 268–271.

d'abord dans un enseignement sur Platon et les philosophes présocratiques. Durant ces années, il publie divers essais sur Diogène Laërce, devenant même l'éditeur de ses œuvres[7] et il écrit également les *Unzeitgemäße Betrachtungen*; dans la troisième, celle qu'il dédie à *Schopenhauer als Erzieher*, nous lisons:

Ich mache mir aus einem Philosophen gerade so viel als er im Stande ist ein Beispiel zu geben. [...] Aber das Beispiel muss durch das sichtbare Leben und nicht bloss durch Bücher gegeben werden, also dergestalt, wie die Philosophen Griechenlands lehrten, durch Miene, Haltung, Kleidung, Speise, Sitte mehr als durch Sprechen oder gar Schreiben.[8]

Et il revient encore à cette idée, insistant: »Die einzige Kritik einer Philosophie, die möglich ist und die auch etwas beweist, nämlich zu versuchen, ob man nach ihr leben könne.«[9]

Le chemin est désormais tracé, ou, du moins, une direction est nettement indiquée par ces chercheurs allemands. Pierre Hadot, qui les connaît en profondeur, va étoffer ses propres recherches dans une série d'articles dont il regroupera un ensemble représentatif dans le célèbre ouvrage de 1981 *Exercices spirituels et philosophie antique*[10]. Dans ces travaux, la formule »exercices spirituels« est prise en un sens très large quant à sa pertinence historique et sémantique, détachée aussi de la stricte correspondance aux *Exercitia spiritualia* de saint Ignace de Loyola. Historiquement, en effet, avant de devenir une expression courante dans la littérature chrétienne dès les premiers siècles, la formule est attestée en contexte profane, ainsi que le relève d'emblée Jean Leclercq dans l'article qu'il leur consacre dans le *Dictionnaire de Spi-*

---

7 *Cf.* KSA II.1, 75–245.

8 F. Nietzsche, *Unzeitgemäße Betrachtungen*. III. *Schopenhauer als Erzieher*, §3 (KSA I, 350, 23–31).

9 F. Nietzsche, *Unzeitgemäße Betrachtungen*. III. *Schopenhauer als Erzieher*, §8 (KSA I, 417, 26–8); à ce sujet: M. Ure, *Nietzsche's Therapy. Self-Cultivation in the Middle Works*, Lexington Books, Lanham 2008.

10 P. Hadot, *Exercices spirituels et philosophie antique*, Études Augustiniennes, Paris 1981; nouvelle édition revue et augmentée avec une préface de A. I. Davidson, Albin Michel, Paris 2002; on y trouve, outre les nombreux renvois à P. Rabbow et à P. Hadot, un »Index des citations de Nietzsche«, pp. 395–396.

ritualité[11]. Une première occurrence, pas exactement littérale, peut être mise en évidence dans la quatrième *Diatribe* de Musonius Rufus, »Sur l'ascèse« [*Peri askèseôs*]. Musonius concluait: »En ce qui concerne l'exercice [*tès askèseôs*], il devrait en exister un qui soit seulement de l'âme [*psychès monès*]« et un autre qui concerne ensemble le corps et l'âme[12]. L'insistance de Musonius sur la dimension ascétique, pratique, de la vertu reflète certainement une préoccupation caractéristique de la philosophie romaine, abondamment nourrie de néo-stoïcisme, mais correspond également à une évidente filiation socratique.

Ce n'est certes pas par hasard que, en étudiant la »question socratique«, Pierre Hadot a été conduit à redécouvrir l'idée que la philosophie soit une »manière de vivre«. Arnold Ira Davidson – à qui revient le mérite d'avoir diffusé les études de Pierre Hadot par-delà les frontières[13] – remarque qu'à l'origine de ses préoccupations se tient l'enjeu rhétorique de l'apparent manque d'unité de bon nombre d'écrits philosophiques antiques. En voulant fournir une réponse acceptable à cette prétendue incohérence, Pierre Hadot en vient à formuler l'hypothèse,

---

11 J. Leclercq, »Exercices spirituels«, in M. Viller *et al.*, *Dictionnaire de spiritualité*, Fasc. 17, Beauchesne, Paris 1932–1995, Tome. IV, col. 1904.

12 Hadot témoigne de ce que l'expression latine *exercitia spiritualia* apparaît au IVe s., dans *Historia monachorum* attribuée à Rufin d'Aquilée (e.g. VII; XVI; PL 21, 411 A; 439 A), tandis que la formule grecque se rencontre dès le IIIe s., chez Clément d'Alexandrie, *Stromates*, IV, 6, 27, 1 (PG 8, 1240 A): »*kai holos è kuriakè askèsis apagei tèn psychèn tou sômatos eucharistôs*«; *cf.* P. Hadot, *Exercices spirituels et philosophie antique*, cit., p. 21, n. 1. Précisons que les *Diatribes* de Musonius Rufus nous sont parvenues grâce à la transcription d'un certain Lucius, disciple athénien qui avait entendu son enseignement; cette transcription date des environs de 110, vraisemblablement peu après la mort de Musonius. Et cette traduction de Lucius, à son tour, nous est connue grâce aux fragments rapportés par Stobée (Ve s.) dans l'*Anthologie*.

13 *Cf.* A.I. Davidson, »Spiritual Exercises and Ancient Philosophy. An Introduction to Pierre Hadot«, in *Critical Inquiry* 16 (1990), pp. 475–482; Id., »Introduction: Pierre Hadot and the Spiritual Phenomenon of Ancient Philosophy«, in P. Hadot, *Philosophy as a Way of Life. Spiritual Exercises from Socrates to Foucault*, edited by A. I. Davidson, tr. M. Chase, Blackwell, Oxford 1995, pp. 1–45; P. Hadot, *La philosophie comme manière de vivre. Entretiens avec J. Carlier et A. I. Davidson*, Albin Michel, Paris 2001; A. I. Davidson – F. Worms (edd.), *Pierre Hadot: l'enseignement des antiques, l'enseignement des modernes*, Éditions Rue d'Ulm, Paris 2010.

puis à démontrer, que la plupart des textes antiques n'avaient pas pour propos d'exposer des vérités organisées en système, mais plutôt d'offrir un outil par lequel le lecteur puisse se transformer, s'élever, pour parvenir à contempler de lui-même les vérités: »le philosophie voulait faire travailler les esprits de ses lecteurs ou auditeurs, pour qu'ils se mettent dans une certaine disposition«[14]. D'une manière tout à fait éloquente, les dialogues de Platon et la maïeutique socratique ne se cantonnent pas au seul souci de transmettre une *information* au sujet de certaines vérités – car celles-ci seraient ainsi immanquablement mécomprises – mais entend *former* le disciple, lui inculquer une attitude convenable, une manière de vivre et de voir le monde; et cela suppose une évolution qu'il ne serait pas capable de se donner à lui-même, mais qu'il doit recevoir dans un itinéraire de transformation de soi. Un tel processus de conversion n'est efficace que dans la mesure où il saisit l'homme tout entier, et c'est pourquoi la philosophie se doit d'être conçue également comme une *pratique*, et non seulement comme une *doctrine*, ou bien, en d'autres termes: la philosophie ne peut jamais se passer d'une exigence de cohérence entre la *doctrine* et la *vie*, selon l'élégante formule qui fournit le titre de la compilation de Diogène Laërce. Ainsi, la philosophie se constitue sur la base du lien indissoluble entre théorie et action.

Avec un tel arrière-fond, l'usage que fait Pierre Hadot de l'expression »exercice spirituel« devient plus limpide. Notre mot »exercice« vient du latin *exercitium* qui traduit justement le grec *askèsis*, indiquant une action qui, non seulement requiert un certain effort, mais qui est surtout la cause d'un progrès, d'une croissance de la part de celui qui la pose; et la répétition d'un tel exercice change le sujet, lui rendant justement plus facile l'accomplissement ultérieur de cette action précise[15]. Pierre

14 P. Hadot, *La philosophie comme manière de vivre*, cit., p. 101.

15 Dans ce qui constitue, à mon avis, la plus sûre et la mieux documentée des enquêtes philosophiques sur la notion d'exercice, P. Sloterdijk écrit: »J'entends par »exercice« tout opération par laquelle la qualification de celui qui agit est stabilisée ou améliorée jusqu'à l'exécution suivante de la même opération« (P. Sloterdijk, *Tu dois changer ta vie De l'anthropotechnique*, tr. O. Mannoni, Libella, Paris 2011, p. 15); *cf.* S. D'Agostino, »L'Action, verticalité ou transcendance? Une

Hadot choisit alors l'adjectif »spirituel« pour indiquer de manière générale ce qui se rapporte à la sphère humaine du psychisme, dans son ensemble: cognitive, émotive, morale. Aussi l'expression (au pluriel) »exercices spirituels« désigne-t-elle une série d'actes qui ont la fonction *psychagogique* de modifier le flux des représentations qui se rendent présentes à l'âme du sujet qui les accomplit. Pierre Hadot insiste à maintes reprises sur le fait qu'il s'agit d'une transformation de la *manière d'être* du sujet, entendant ainsi souligner comment une correction de la vision du monde – c'est-à-dire: de l'enchaînement des représentations et de l'ordre dans lequel elles s'agencent – est étroitement liée aux actions, au *mode de vie*. Il écrit:

L'acte philosophique ne se situe pas seulement dans l'ordre de la connaissance, mais dans l'ordre du »soi« et de l'être: c'est un progrès qui nous fait plus être, qui nous rend meilleurs. C'est une conversion qui bouleverse toute la vie, qui change l'être de celui qui l'accomplit.[16]

Aussi, pour résumer ce qui vient d'être dit, nous pouvons affirmer que cette notion de la philosophie comme *art de vivre* ou *mode de vie* comporte avant tout (1) un »exercice«, c'est-à-dire une action du sujet qui se réfléchit, se dédouble sur la capacité même du sujet à agir; (2) cette »réflexion« ne peut être seulement théorique, mais doit comporter un aspect concret, pratique; car, (3) ce n'est que dans l'interaction entre théorie et pratique que peut s'opérer une réelle transformation du sujet dans son intégrité, un changement de son mode d'être; en effet, (4) seule une conversion qui vient toucher l'être du sujet permet d'espérer qu'il s'améliore vraiment, en lui-même, qu'il devienne capable de tendre vers ce que nous pourrions appeler, à la manière de Martin Heidegger, son *Ganzseinkönnen*.

---

confrontation entre M. Blondel et P. Sloterdijk«, in M.-J. Coutagne – X. Manzano, ed., *Maurice Blondel et la Métaphysique*, Parole et Silence (Académie catholique de France), Paris 2016, pp. 193–207; Id., »L'azione tra acrobatica e apologetica: Peter Sloterdijk e Maurice Blondel a confronto«, in *Gregorianum* 97 (2016), pp. 151–172.

16 P. Hadot, *Exercices spirituels et philosophie antique*, cit., p. 23.

2. *La philosophie: science ou art de vivre? Une tension antique et moderne*

Étant donné les caractéristiques fondamentales exposées jusqu'ici au sujet de la philosophie comme art de vivre, telles qu'elles apparaissent dans les divers travaux de Pierre Hadot, il convient de reconnaître qu'un problème ô combien épineux se pose. Il semble que l'époque moderne ait élaboré une tout autre conception de la philosophie, très différente sinon diamétralement opposée, à celle qui prévalait dans l'Antiquité. Dans l'article »Exercices spirituels«, mais également dans d'autres textes de la même époque, Pierre Hadot ébauche une sorte de parabole historique racontant comment la notion antique de philosophie aurait d'abord évolué, se serait gauchie, avant de se dévoyer totalement. Dans cette histoire d'une décadence, il donne à l'avènement du christianisme un rôle de premier plan. A partir du IIe siècle, en effet, le christianisme aurait phagocyté la philosophie en se faisant d'abord passer pour *une* philosophie, avant de se prétendre *la* philosophie. Cette supercherie fut rendue possible par la conception que la philosophie avait d'elle-même, comprise comme une transformation de soi, un perfectionnement personnel du mode de vie, ce qui rendait sa méthode très voisine de l'idéal ascétique religieux du christianisme[17]. Pierre Hadot attribue donc au christianisme d'avoir été la source de ce mouvement qui a fait dévier la philosophie de sa voie première. En effet, avec l'émergence de la scolastique, au Moyen Âge, il s'est produit ceci:

> La théologie a pris conscience de son autonomie comme science suprême et la philosophie, vidée des exercices spirituels qui faisaient partie désormais de la mystique et de la morale chrétiennes, a été réduite au rang de »servante de la théologie [*ancilla theologiæ*]« fournissant un matériel conceptuel, donc purement théorique, à la théologie.[18]

---

17 *Cf.* P. Hadot, »Exercices spirituels antiques et ›philosophie chrétienne‹«, in Id., *Exercices spirituels et philosophie antique*, cit., pp. 75–98; en particulier, pp. 71–72; 296–298.

18 P. Hadot, *Exercices spirituels*, cit., p. 72.

Selon Pierre Hadot, la tendance à réduire la philosophie à n'être qu'un outillage purement logique atteindra son sommet à l'époque moderne où la philosophie devra se contenter de n'être qu'un système spéculatif, confiné dans des manuels de spécialistes, tout juste bonne qu'à être enseignée et mémorisée sur les bancs de l'Université.

Lorsqu'à l'époque moderne, la philosophie a reconquis son autonomie, elle n'en a pas moins gardé bien des traits hérités de la conception médiévale et notamment son caractère purement théorique, qui a même évolué dans le sens d'une systématisation de plus en plus poussée.[19]

Ce n'est que dans la modernité tardive, avec des auteurs comme Nietzsche – comme nous l'avons dit – ou à l'époque contemporaine, avec des auteurs comme Henri Bergson (envers qui Pierre Hadot témoigne d'une profonde gratitude intellectuelle[20]) que la parabole historique laisse apercevoir quelque heureux retour à la pureté des origines. Ainsi, Pierre Hadot identifie deux pôles en tension: une conception philosophique marquée par un souci purement théorique, d'une part, s'oppose à une notion qui insiste sur la nécessaire indissolubilité de la théorie et de L'Action comme constitutive de la philosophie, d'autre part. Afin d'accentuer cette polarisation, Pierre Hadot situe les deux conceptions extrêmes en deux époques historiques bien distinctes: la modernité, d'une part, avec sa tendance à systématiser; l'Antiquité, d'autre part, qui met au centre la question de l'art de vivre.

Pour ne pas être injuste, on doit reconnaître que Pierre Hadot savait très bien que les choses n'étaient pas aussi tranchées. Non seulement la modernité contenait encore diverses instances où s'exprimait la notion antique, mais l'Antiquité elle-même – il en était bien conscient – recelait déjà une vraie tension entre ces deux manières de voir.

Récemment, John Sellars est revenu sur cette question[21]; il signale une discordance entre deux auteurs antiques que Pierre Hadot avait, au

---

19 P. Hadot, *Exercices spirituels*, cit., p. 72.

20 *Cf.* P. Hadot, *Exercices spirituels et philosophie antique*, cit., p. 15.

21 J. Sellars, »What is ›Philosophy as a Way of Life?‹«, in *Parrhesia* 28 (2017), p. 40–56; *cf.* aussi »Téchnê perì tòn bíon. Zur stoischen Konzeption von Kunst und Leben«, in W. Kersting, – C. Langbehn, Hrsg., *Kritik der Lebenskunst*, Suhrkamp, Berlin 2016, pp. 91–117.

contraire, comptés au sein de la même tradition philosophique de l'art de vivre: Socrate et Aristote. Selon John Sellars, Socrate incarne parfaitement le modèle antique du philosophe, de l'»humaniste« qui dédie sa sagesse à la recherche d'une certaine transformation, d'un travail sur soi; à l'inverse, Aristote serait plutôt le chef de file des philosophes acquis à la cause d'une vérité »scientifique«. Chez l'un comme chez l'autre, cependant, des éléments du côté adverse sont présents; l'un comme l'autre s'efforcent de trouver une certaine connaissance non seulement théorique, mais également pratique; cependant, l'universitaire anglais soutient que, en dernière analyse, ils divergent quant à leurs motivations profondes, quant à ce qui détermine et oriente leur démarche: »Socrates pursues knowledge in order to live a philosophical life, while Aristotle lives a philosophical life in order to pursue knowledge.«[22]

Une telle polarisation est plutôt utile, en fait, en ce qui concerne la caractérisation de deux modèles de philosophie:

Aristotle's scientific image of philosophy is a disinterested pursuit of knowledge for its own sake; Socrates' humanistic image of philosophy is concerned with what it means to be human and how to live a good human life.[23]

A mon avis, cette lecture est excessivement contrastée; il me semble qu'une telle distinction est plutôt commandée par la considération que fait John Sellars de la tension à l'œuvre dans la philosophie du XXe siècle, dont les pôles sont bien connus: la philosophie dite *analytique*, d'un côté, et la philosophie dite *continentale*, de l'autre.

La question de la confrontation entre les notions ancienne et moderne de philosophie a encore été reprise en Allemagne, lors d'un colloque à Erlangen, dont les actes ont été publiés sous la direction de Gerhard Ernst: *Philosophie als Lebenskunst. Antike Vorbilder, moderne Perspektiven.* Le professeur Ernst conclut ce volume par un article explicitement consacré à la question: »*Philosophie als Wissenschaft oder als Lebenskunst?*« Dans cette synthèse, il s'interroge, dans la ligne de John Sellars, sur la tension, ancienne et moderne, entre ces deux mo-

---

22 J. Sellars, »What is ›Philosophy as a Way of Life?‹«, cit., p. 44.
23 J. Sellars, »What is ›Philosophy as a Way of Life?‹«, cit., p. 44.

dèles philosophiques. Il aboutit à la conclusion que l'histoire de la philosophie est peut-être, pour aujourd'hui, le meilleur terrain d'entente; c'est là, en effet, que la rigueur de la science historique appliquée aux textes classiques devient un bon moyen pour faire se rencontrer les exigences de la philosophie *comme science* avec les requêtes de la philosophie *comme art de vivre*[24]. L'argument d'une telle affirmation vient du constat que la science moderne a largement tendance à se *spécialiser*, à se morceler en disciplines particulières, et à faire *progresser* la précision de ses résultats, tandis que la philosophie, depuis l'Antiquité, privilégie plutôt une vision *holistique* ou intégrale, et *retourne* perpétuellement à ses origines pour s'y ressourcer.

3. *Blondel, entre science et art de vivre*

Devant de telles problématiques qui interrogent la réflexion actuelle, Maurice Blondel se situe, pour ainsi dire, au-delà, ou en surplomb; pour lui – nous le savons bien – l'»action« contient en elle-même la théorie et la pratique, la science et l'art de vivre, la spécialisation et le coup d'œil d'ensemble, le particulier et l'universel. Dans le chapitre II de la quatrième étape de la troisième partie, consacré à la »coaction«, il écrit, d'une manière pour le moins étonnante:

En étudiant la plus lointaine nébuleuse, ou en scrutant l'organisme d'un insecte, le savant, pour qui sait comprendre, collabore à la solution du problème de la destinée humaine.[25]

Et il ajoute aussitôt: »Toute question rentre dans cette question«; c'est-à-dire: toute question vraiment scientifique se ramène à l'enjeu de notre

---

24 »Das liegt meines Erachtens daran, dass die philosophiegeschichtliche Forschung heute eine gute Art ist, die Ansprüche der Philosophie als Wissenschaft mit den Ansprüchen der Philosophie als Lebenskunst zu verbinden« (G. Ernst, hrsg., *Philosophie als Lebenskunst. Antike Vorbilder, moderne Perspektiven*, Suhrkamp, Berlin 2016, pp. 316–317).

25 M. Blondel, *L'Action. Essai d'une critique de la vie et d'une science de la pratique*, Paris, Alcan, 1893, p. 223 [réédition: Id., *Œuvres complètes*. I. *Les deux thèses*, texte établi et présenté par Cl. Troisfontaines, Presses Universitaires de France, Paris 1995, p. 257]; désormais, je noterai ces références aux deux éditions: A 223 [257] 308.

destinée; et ceci n'est rien d'autre, comme chacun sait, que la question inaugurale de *L'Action* (1893)[26]. Pourquoi en est-il ainsi? Pourquoi le degré maximum de la spécialisation scientifique à propos d'objets lointains et, pour nous, indifférents, contribuerait-il à résoudre la question intégrale du sens de notre existence humaine? Que serait cette »compréhension« capable de nous faire voir cette synergie entre des domaines et des critères si distants les uns des autres? Pour fournir quelque éclaircissement à ces interrogations, je voudrais seulement revenir sur le second paragraphe de ce chapitre sur la »coaction« en conclusion duquel Maurice Blondel formule cette thèse tellement provocatrice et stimulante, tellement fondamentale aussi.

Au début, Maurice Blondel se demande: »Comment peut-on susciter un concours étranger?«[27] Cette question qui ouvre la discussion concerne la dimension subjective de l'objectif, ce qui se trouve à l'extérieur du sujet lui-même. Pour entrer dans les phénomènes, pour ne pas leur rester extrinsèque, L'Action doit réussir à provoquer en eux une certaine *réaction*. Par son *action*, le sujet se propose de susciter la réponse, de provoquer la réaction de l'objet: »Là même où il semble que nous violentons la matière brute, notre intervention n'est encore qu'un signe, en ce sens que nous faisons appel à une réaction et que nous escomptons une aide.«[28] Et il précise, quelques lignes plus loin:

On ne domine les phénomènes qu'en se servant d'eux comme de signes pour remonter à ce qui les détermine et les produit; c'est-à-dire que nous aussi nous leur servons de signes, afin de stimuler les forces dont ils procèdent.

Il serait difficile ne pas entendre ici l'écho du célèbre aphorisme troisième du livre I du *Novum Organum* de Francis Bacon:

Science et puissance humaine aboutissent au même, car l'ignorance de la cause prive de l'effet. On ne triomphe sur la nature qu'en lui obéissant; et ce qui dans la spéculation vaut comme cause, vaut comme règle

---

26 »Oui ou non, la vie humaine a-t-elle un sens, et l'homme a-t-il une destinée?« (A VII [15]) 27.

27 A 219 [223] 303.

28 A 219 [253].

dans l'opération (*Scientia & potentia humana in idem coincidunt, quia ignoratio causæ destituit effectum. Natura enim non nisi parendo vincitur; Et quod in Contemplatione instar causæ est; Id in Operatione instar regulæ est*).[29]

Ce rapprochement n'est pas une simple coïncidence fortuite, car à bien y regarder, tout le paragraphe prend en compte une approche baconienne. Là se trouve, d'ailleurs, l'unique citation rapportée explicitement à Francis Bacon dans *L'Action* (1893)[30], lorsque, dans la page suivante, Blondel écrit: »Comme le remarquait déjà Bacon, nous nous bornons à mettre en présence les forces naturelles: *natura intus cetera transigit*.«[31] Cette expression ne se trouve pas littéralement dans les œuvres de Bacon, mais il est aisé de se figurer qu'il s'agit d'une reformulation de l'aphorisme suivant: »Pour ses œuvres, l'homme ne peut rien d'autre que conjoindre ou disjoindre les corps naturels. Le reste, la nature l'accomplit intérieurement (*Ad opera nil aliud potest Homo, quàm ut corpora naturalia admoueat & amoueat; reliqua, Natura intus transigit*).«[32]

Maurice Blondel affirme ensuite, avec insistance, dans la ligne de l'acception particulière qu'a chez Francis Bacon le terme de »magie« (ainsi que Paolo Rossi nous a aidé à le comprendre)[33]:

Tout n'est donc pas absurde dans les prétentions de la magie ou de l'occultisme: il y a une incantation naturelle, qui, encore qu'inefficace dans les conditions normales, peut devenir le principe de merveilleuses ou miraculeuses opérations.[34]

---

29 F. Bacon, *Novum Organum*, introduction, traduction et notes par M. Malherbe – J. M. Pousseur, PUF, Paris 2001², p. 102.

30 Cette référence à Bacon ne soit pas étonner outre mesure; car nous savons que les *Notes philosophiques* éditées par Pierre Henrici témoignent que le jeune Blondel projetait de rédiger une œuvre »Pro Bacone«; *cf.* M. Blondel, *Notes philosophiques 1880–1890*, texte établi et annoté par P. Henrici, version électronique par A. Raffelt, p. 28 (https://www.ub.uni-freiburg.de/.../02/blondel/notes/not-ser0.pdf [consulté en décembre 2017]).

31 A 220 [254] 304f.

32 F. Bacon, *Novum Organum*, cit., p. 103.

33 P. Rossi, *Francesco Bacone. Dalla magia alla scienza*, Laterza, Roma-Bari 1957; Einaudi, Torino 1974²; Il Mulino, Bologna 2004³ (trad. anglaise, *Francis Bacon: From Magic to Science*, Routledge, London – New York 2008).

34 A 220 [254] 305.

Et, un peu au-dessous, Maurice Blondel explique cette curieuse assertion en faisant appel à un autre terme implicitement baconien relatif au somnambulisme et à la télépathie, évoquant la théorie épicurienne atomiste des *eidola*[35]; il serait opportun, à mon avis, de relire ceci en tenant compte du thème des perceptions minimes ou insensibles qu'on trouve chez Leibniz.

On reconnaît ici plusieurs thématiques de la philosophie de Francis Bacon: (1) la circularité causale entre l'homme et la nature; (2) la convergence entre la science et la puissance, entre la théorie et L'Action; (3) l'échange mutuel entre L'Action qui s'origine en l'homme et celle qui provient de la nature. Tous ces éléments convoqués par Maurice Blondel relèvent de la ligne baconienne de la philosophie comme *interpretatio naturæ*. Et dans cette notion convergent aussi bien l'antique modèle humaniste de la philosophie comme *cultura animi* que la conception moderne de la philosophie comme science théorique expérimentale.

Ainsi que plusieurs études récentes l'ont montré[36], la méthode de l'induction (célèbre et pourtant souvent mal comprise) doit être considérée comme une pièce de ce processus plus ample de réconciliation (*instauratio*) de la nature avec elle-même qui constitue le projet de Francis Bacon. La connaissance remonte, comme par capillarité, depuis le bas, depuis les infimes mouvements, les imperceptibles intrigues de la nature, par un mécanisme de purifications et de sélections successives, jusqu'à la pleine clarté des axiomes les plus universels de la causalité par lesquels l'esprit se réconcilie avec la nature, devenant alors capable d'agir sur elle d'une manière efficace. La pratique expérimentale de l'induction est au centre de ce processus, constituant comme une sorte d'exercice spirituel au sens propre, rendant l'esprit habile à lire de mieux

35 *Cf.* B. Gemelli, *Aspetti dell'atomismo classico nella filosofia di Francis Bacon e nel Seicento*, Olschki, Firenze 1996; S. Manzo, »Francis Bacon and Atomism: A Reappraisal«, in C. Lüthy – J. E. Murdoch – W. R. Newman, ed., *Late Medieval and Early Modern Corpuscular Matter Theories*, Brill, Leiden 2001, p. 209–243; S. Manzo, *Entre el atomismo y la alquimia. La teoría de la materia de Francis Bacon*, Biblos, Buenos Aires 2006.

36 *Cf.* G. Giglioni, *Francesco Bacone*, Carocci, Roma 2011.

en mieux et à interpréter de plus en plus exactement les signes de la nature (*interpretatio naturæ*)[37].

La théorie blondélienne de l'»action« va dans le sens de cette »interprétation de la nature« prônée par Francis Bacon en ce qu'il s'agit, dans les deux cas, d'une dialectique herméneutique à deux termes: l'homme et la nature; le sujet et l'objet; l'agent et l'œuvre. Chez Francis Bacon comme chez Maurice Blondel, une telle dialectique à deux pôles contient une dynamique circulaire en ce que L'Action de l'agent sur son objet ne se contente pas de changer l'objet, mais produit aussi en réaction une influence de l'objet qui modifie aussi en retour celui qui l'a modifié. Chacun des termes de cette dialectique paraît accomplir toutes choses, sans pour autant parvenir à épuiser ou annexer totalement l'autre à lui-même. Nous, par notre action consciente, nous situons au-dessus de la nature mais uniquement en ce que, par notre action, nous produisons en elle ce qui nous dépasse.

Tout bien considéré, il n'y a pas simplement un sujet et un objet; il y a plutôt deux subjectivités dont l'une est intérieure et l'autre extérieure:

Pour agir efficacement, il faut découvrir et convertir à nos fins ce qui, dans les phénomènes perçus, en est l'invisible phénomène subjectif et L'Action propre. Et voilà comment, après la subjectivité interne et la subjectivité organique, la *subjectivité externe* devient, elle aussi, vérité de science.[38]

Une telle »subjectivité externe« relève des causes imperceptibles et insondables qui régulent les phénomènes et que, en s'adonnant à la science, l'agent entend domestiquer à son service.

Ainsi, pour revenir à notre point de départ, le scientifique qui scrute l'immensité d'une galaxie ou qui dissèque l'infime structure de l'atome contribue au discernement intégral de la question de la destinée humaine. Ce qu'il recherche dans l'infiniment grand ou dans l'infiniment petit est une puissance ou une cause inconnue qui puisse le transformer ou l'élever, pour le conduire au-delà de ce qu'il est actuellement ca-

37 *Cf.* R. Serjeantson, »Francis Bacon and the ›Interpretation of Nature‹ in the Late Renaissance«, in *Isis* 105 (2014), pp. 681–705.

38 A 221 [255] 306.

pable de comprendre, d'imaginer ou de réaliser. Pour Maurice Blondel, l'homme étudie les sciences et les désire »comme un moyen d'éclairer et de développer l'intervention réfléchie de l'homme, d'augmenter sa puissance et d'étendre son empire«[39].

Ainsi, me semble-t-il, Maurice Blondel parvient à résoudre la tension entre les deux notions de la philosophie, entre le modèle »humaniste« comme art de vivre et le modèle »scientifique« de l'enquête théorique sur la causalité, en situant cette polarité dans ce que Paul Ricœur aurait appelé une »dialectique fine«, ce qui fait penser – à mon humble avis – plutôt à une herméneutique qu'à une phénoménologie.

(traduit de l'italien par Matthieu Rouillé d'Orfeuil)

---

39 A 222–223 [256–257] 308.

II

Die Logik der Action und ihre praktischen Folgen

Peter Reifenberg

Die Reallogik (logique réelle) und die (kirchliche) Praxis

I. Einführung: Zeitaussagen und Prägungen

Papstworte sind Zeitansagen von hoher kirchenpolitischer Tragweite. Dies gilt insbesondere für Papst Franziskus. Man kann davon ausgehen, dass sein Pontifikat, das stark pastoral und kirchenpolitisch geprägt ist, in seinem Apostolischen Schreiben »Evangelii Gaudium« vom 24. November 2013[1] nicht nur ein Regierungsprogramm des Papstes darstellt, sondern das schlechthin Aufgegebene, die Praxis der gegenwärtigen und künftigen Kirche.

Insofern ist das Anliegen des Moraltheologen von Fribourg in der Schweiz, *Daniel Bogner*[2], durchaus berechtigt, nach einem prägenden Einfluss des Papstes zu fragen, um die Motivgründe und Handlungsoptionen des Papstes zu eruieren und nachzufragen, aus welcher Denkungsart der Papst seine wichtigen Einsichten gewinnt. Bogner will aufzeigen, dass die holzschnittartigen Vorurteile hinsichtlich der theologischen Bildung des Papstes voreilig sind, aber durch seine Argumentationslinien einer religions- und ordensgeschichtlichen Sehweise deckt er allenfalls eine äußere Linie dieser Prägung auf, wenn er nach dem Einfluss Michel de Certeaus auf Franziskus zu sprechen kommt. Es sind tatsächlich allenfalls Spuren des über Certeau vermittelten Denkens und

---

1 Verlautbarungen des Apostolischen Stuhls. Nr. 194, hg. vom Sekretariat der Deutschen Bischofskonferenz, Bonn 2013.

2 Vgl. Daniel Bogner, Prägender Einfluss. Papst Franziskus als Leser Michel de Certeaus, in: HK 10/2017, 21–24.

Handelns von Peter Faber sowie von Jean Joseph Surin. Bis zur tieferen inhaltlichen Ebene stößt Bogner nicht vor.

Waren die Vorstellungen von Papst Benedikt XVI. aus seiner reichen theologischen und philosophischen Reflexion gespeist, die ihn die Einkehr, die Meditation, ja die Entweltlichung predigen ließ, die für viele Christen nur schwerlich nachzuvollziehen ist, so wirkt das »pastorale Lehramt« des Franziskus frischer, praxisbezogener und der konkreten Glaubenspraxis zugewandter. Er predigt die Öffnung in der Welt auf die Welt hin. Insofern ist die religionsgeschichtliche Sehweise Certeaus, welcher die Vorbilder Peter Faber und Surin als Grundierung des Denkens von Franziskus aufweist, durchaus richtig. Und doch nur ein Einfluss auf einer »zweiten Metaebene«. Das Memoriale Fabers grundiert das Denken auf die individuelle Erfahrung hin (vgl. HK,22) bei gleichzeitiger »doktrinärer Formulierung«, um den Erfahrungen einen Bezugspunkt zu geben und die Ebene der stets notwendigen institutionellen Strukturreformen innerhalb der Kirche »den sich wandelnden Glaubensweisen« anzupassen. Der Papst denkt »personal« und deshalb ist auch die Inspiration von Jean Joseph Surin nicht weniger wichtig für den priesterlichen Seelsorger, der sich den drängenden Fragen der Gegenwart durch Gespräch und Kommunikation stellt. Auch ist es wichtig, festzuhalten, dass sich mit Surin ein neues Theologieverständnis anbahnt, das nicht juridisch agiert und nicht kontextlos und kasuistisch argumentiert, sondern, das hilft, »Räume zu eröffnen, in denen sich christliche Existenz entfalten kann« (HK, 22). Beide, Faber und Surin, stehen dabei symptomatisch in ihrer Zeit für eine Neuorientierung des Christentums und für die Frage nach der »Rolle von Religion in der Moderne«. Auch das Diktum Fabers im Memoriale »Die Zeit ist der Bote Gottes« (EG, 171; HK, 23) sowie das zunächst dunkel anmutende Diktum des »Primats der Zeit vor dem Raum«, das der Papst sowohl in »Evangelii Gaudium« (EG 22–225/154–156) als auch in »Amoris Laetitia« (AL 3) auslegt, könnte in die Richtung Fabers weisen. Indem davon auszugehen ist, dass die Zeit mehr wert sei als der Raum, möchte der Papst darauf hinweisen, dass nicht alle doktrinellen, moraltheologischen oder pastoralen Diskussionen durch die Lehre bzw. durch lehrhaftes Eingreifen zu entscheiden seien. Das

Vertrauen auf Gottes Eingreifen, auf die Vollendung von Mensch und Wirklichkeit, das »Zueinander von Tradition und Situation« als sinnvoller Weg menschlichen Handelns sind wichtige Elemente päpstlicher Verkündigung, genauso wie Bogners Beobachtung, dass der Prozess der Gradualität gerade im Hinblick auf moraltheologische Fragestellungen der Familienethik Schwerpunkt des päpstlichen Handelns und Denkens sind.

Doch im Grunde steht eine andere Beobachtung im Mittelpunkt von dem, was heute in der Kirche aufgegeben ist. Bogner deutet dies an, allerdings ohne zu erheben, woher dieses tiefgründige Denkargument stammt: »Nach dem Zerfall einer ›kosmisch-ontologischen Lesbarkeit‹ der Welt als Wort Gottes mit den Mitteln der Metaphysik ist man zu einem Glaubensausdruck in vielfältiger Gestalt angewiesen«.

Könnte nicht noch eine weitere, tiefer gehende Einflusslinie in der Philosophie der Tat Blondels zu finden sein? Sein Denken, das er in »Principe élémentaire« entwickelt und damit sein Hauptwerk L'Action (1893) zusammenfasst, gibt Anlass zu fragen, was dem Christen und der Kirche heute aufgegeben ist. Aus diesem Grunde werde ich – bei allem hermeneutischen Problembewusstsein, das ein solches Vorhaben voraussetzt – versuchen, eine Gleichzeitigkeit des Ansatzes einer Reallogik und den gegenwärtig theologisch-kirchlichen Problemfeldern herzustellen, auch um die Relevanz des Blondelschen Denkens für die kirchlichen Handlungsfelder heute aufzuzeigen.

II. These: Eine neue Wirklichkeitssicht für die Kirche

In nachfolgenden Zeilen soll herausgearbeitet werden, dass wir angesichts ständiger Herausforderungen in Kirche und Welt – und aus diesem Gedankengrund lebt der Papst – nicht von einem starren Lehrgebäude der Kirche, das eingebolzt ist in substanzmetaphysischen Zement, auszugehen ist, sondern mehr denn je bedürfen wir einer geschmeidigen Logik, die zugleich eine Methode wie eine Wirklichkeitssicht vorbereitet und die bereits Maurice Blondel in seiner neuen phänomenologisch-transzendentalen Phänomenologie verfolgt, die eine neue »Metaphysik in der zweiten Potenz« (vgl. A (464) 490/586) erhebt, aus der man die Wirklichkeit des Menschen zu gestalten in der Lage ist.

Arbeitshypothetisch wird für das kirchliche Handeln eine neue Logik, eine neue Metaphysik gefordert, die eine neue (Sozial)Ethik freisetzt und dabei nicht nur eine Lehre, sondern eine *Handlungslogik* begründet, die das Leben der Menschen und seiner Wirklichkeit trifft.

Bei dieser schwierigen Aufgabe hilft dem Papst ein denkerischer Hintergrund, wie ihn Maurice Blondel formuliert. Über Père Miguel Ángel Fiorito SJ hatte er Gaston Fessard SJ gelesen. Dies zeitigt sowohl in »Evangelii Gaudium« als auch in »Amoris Laetitia« reiche Frucht.[3]

All dies sind Beobachtungen, die einer philosophischen Begründung bedürfen.[4]

Wir formulieren die These, dass wir dieser neuen Metaphysik bedürfen, die das substanzmetaphysische Denken, das immer noch scholastisch-kasuistisch argumentiert, überwindet. Hierzu bedarf es einer gründlichen Relecture der Reallogik (»logique réelle«)[5] Maurice Blondels, wie wir sie sowohl in »Principe élémentaire«[6] als auch in »L'Action (1893)« finden. Aus diesem Grunde werden zunächst die Grundzüge von der »logique réelle« ins Gedächtnis zurückgerufen, um dann zu fragen, in welcher Hinsicht diese neue Methode, die sich als »méthode d'immanence« ausspricht, im kirchlichen Handeln wirksam werden kann. Methodologisch nehmen wir den Hinweis *P. Henricis* ernst, dass die Aufgabe einer Relecture der Logique nicht einfach ist und nicht mit Vereinfachungen gelöst werden kann (vgl. Henrici, 305). Dies gilt besonders im Blick auf eine theologische, sozialethische oder gar (kirchen-)politische Ebene. Deshalb sehen wir die Abzweckung

3 Vgl. Juan Carlos Scannone SJ, La Filosofia dell'azione die Blondel e l'agire di Papa Francesco, in: La Civiltà Cattolica. Rom (166) 14. November 2015, S. 216–233.

4 Von den vielfältigen Einflüssen, die auch im sorgfältig bedachten Band von Kurt Appel und Jakob Helmut Deibl (Hg.) erarbeitet worden sind und unter dem Titel »Barmherzigkeit und zärtliche Liebe. Das theologische Programm von Papst Franziskus« bei Herder, Freiburg, 2016, erschien, bleibt das Denken Maurice Blondels der Hintergrund des Handelns des Papstes.

5 Zum Ganzen: vgl. Peter Reifenberg, Verantwortung aus der Letztbestimmung. Maurice Blondels Ansatz zu einer Logik des sittlichen Lebens. Freiburg (Herder) 2002.

6 Vgl. s.o.

zunächst arbeitshypothetisch. Dennoch lassen sich aus der »Logique« Folgerungen erheben, die für eine Gestaltung der kirchlichen Praxis nicht unerheblich sind.[7] Ansonsten hätte ein philosophisch dichter und schließlich extrem abstrakter Text allenfalls einen Wert in sich selbst. Dies aber widerspricht der »philosophie de L'Action« als »pratique de la vie«. Deshalb werden wir am Ende die möglichen Erträge aus »Logique« in praktische Leitsätze münden lassen, ein gewagtes Unterfangen.

III. *Grundzüge der »logique réelle«*

Kann eine Logik des sittlichen Lebens für die kirchliche Praxis hilfreich sein? Handelt es sich hier doch um ein höchst abstrakt formuliertes Diktum, das nach außen besehen jede praktische Fragestellung des Alltags in den Hintergrund zu drängen scheint.[8] Das Kontradiktionsprinzip bildet das Rückgrat jeder aus der aristotelischen Logik denkenden Erkenntnislehre. Mit Peter Henrici lässt sich von einer »anthropo-ontologischen« Begründung des Kontradiktionsprinzips »und der aus ihm folgenden Gegensatzpaare« (Henrici, 291) sprechen. Allerdings wird mit »Principe élémentaire« zu zeigen sein, dass es berechtigt ist, von einer *auto-ontologischen* Begründung (EG, 132/374/529) von Moral und Wirklichkeit zu sprechen. Selbst wenn die Entfaltung der »logique réelle«, wie sie in »Principe élémentaire« dargestellt wird, durchaus Schwierigkeiten bereitet. Die Schlüsselbegriffe der »logique réelle« sind: exakt, erweiternd und geschmeidig. Blondel fragt, wie kann angesichts des Kontradiktionsprinzips als Grundgesetz des Seins (vgl. Henrici, 291, A 370/395, 486/511) die Idee des

---

7 Vgl. hierzu auch: Peter Reifenberg, Gläubigkeit (croyance) und Offenbarungs-Denken. Eine Skizze zur Immanenzapologetik von Maurice Blondel (1861–1949), in: Norbert Fischer, Jakub Sirovátka, Vernunftreligion und Offenbarungsglaube. Zur Erörterung einer seit Kant verschärften Problematik. Freiburg (Herder) 2015. S. 442–462; hier besonders 442. 462.

8 Diese Fragestellungen werden auch von Peter Henrici in seinem sehr schönen Beitrag: »Maurice Blondels logique de la vie morale damals und heute (2006), in: ders., Philosophie aus Glaubenserfahrung. Studien zum Frühwerk Maurice Blondels. Freiburg (Alber) 2012, 290–306, hier 290. 303 behandelt. Unsere Ausführungen setzen sich mit diesem zum ersten Mal im Deutschen erschienenen Beitrag auseinander.

kontradiktorischen Widerspruchs in unserem Tun entstehen? Denn phänomenologisch zeigt ein solches sich nicht, weil etwas Kontradiktorisches im faktisch Gegebenen der Erfahrung niemals vorkommt: »Jamais la contradictoire n'est donnée en fait« (Pe (126) 369/526). Einzig und allein aus der inneren Erfahrung, die zugleich auch als reflexive Erinnerung gegeben ist, (vgl. Pe (124) 368/524) des bewusst Handelnden und erst nach der Entscheidung ergibt sich die Unmöglichkeit des Nicht mehr sein Könnens. Was getan wurde, kann nicht mehr ungeschehen gemacht werden: »*Quod factum est, factum non esse non potest*«[9] (A (370) 404/395/478). Die neue Logik und damit die neue Metaphysik werden erforderlich, um zu zeigen, dass das Leben Vorrang hat vor jedweder begrifflichen Abstraktion und dass die »Logik des Verstandes nur ein partieller und untergeordneter Extrakt der normalen Logik« (Pe (147) 385/537) ist. Wir finden mit der Reallogik für das heute Aufgegebene eine Argumentation für das wirkliche Leben und gegen eine Verabsolutierung des Rationalen, für eine wirklichkeitsentsprechende Logik und gegen eine idealistische Dialektik. Für eine Praxis autonomer Ordnung und gegen eine spekulative substanzontologische Metaphysik.

Das Abstrakte soll durch das Denken des Konkreten in der ›action‹ »in Kontakt mit dem denkenden und handelnden Denken« gebracht werden (Pe (147) 385/537).

Aus welchen Motiven heraus speist sich nun die »logique réelle«? Was macht sie notwendig?

Welches ist nun das Prinzip des Lebens?

Kurz gesagt: Das Prinzip des Lebens drückt sich in der ›action‹ aus. Das denkerische Instrumentarium des eingeschlossenen Dritten ist die Reallogik, die Methode vom Leben und Denken ist die Immanenzmethode.

Maurice Blondel schlägt im Ansatz einen Perspektivwechsel innerhalb der aristotelischen Logik vor, wenn er anstelle der Behauptung (apophasis) der logischen Bestimmung (antiphasis) *methodisch* vom

---

9 Peter Henrici weist darauf hin, dass Maurice Blondel die Urform des Kontradiktionsprinzips aus dem Denken Bernhard von Clairvaux gewinnt, vgl. Henrici, 291: »Quod factum est, infectum fieri nequit«. Vgl. Bernhard von Clairvaux, De consideratione, V, VII, 26, dieses Diktum findet sich auch bei René Descartes, Meditationes de prima philosophia, VI; Principia philosophiae, I, 49.

Blickpunkt der Steräsis und der Hexis ausgeht. Dieses aristotelische Begriffspaar drückt eine wertphilosophisches Haltung aus. Hierzu noch folgende Vorbemerkungen:

Blondel lotet die Logik noch tiefer aus, wenn er nach der Entstehung der Idee des Anderen, des Konträren und des Relativen und Kontradiktorischen fragt. Auch die vergangenen Dinge hätten anders sein können, als sie sind oder waren. Der Begriff der Gradualität sagt aus, dass das moralische Faktum sich im lebendigen Leben langsam entwickelt (vgl. Pe (147) 385/537). Wie die bloße Beobachtung der Phänomene zeigt, leuchtet Blondel einen Determinismus universeller Beziehungen auf die Weise der Phänomenologie aus (vgl. Pe (126) 369/525). Zunächst geht es ihm um die Ideen als Phänomene, die sich im Determinismus als zu verwirklichende Bedingungen der Möglichkeit der ›action‹ darstellen. Die Wirklichkeit wird also erkenntnistheoretisch zunächst phänomenalisiert. Das Denken legt lediglich Phänomene frei, die mögliche ›action‹ durch die Idee, die Vorstellung oder den Begriff frei. Der Determinismus des Denkens durchdringt die Wirklichkeit und stellt sie phänomenologisch im Erkennen dar, ohne die Praxis zu ersetzen. Die Ideen des Wirklichen sind nicht das Wirkliche selbst. Phänomenologisch ist das Verhältnis der Ideen untereinander. Das Verhältnis für die Wirklichkeit ist seinsbegründend (ontologisch) erst dann, wenn es durch die freie Wahl und die Entscheidung vollzogen wird.[10] In der Art einer transzendentalphänomenologischen Analyse stellt Maurice Blondel den Determinismus der ›action‹ als Möglichkeitsbedingung jedweder ontologischen Frage, die sich später als Autoontologie zeigt, im Denken auf die Weise der »ontologie enveloppée« dar.[11] Die wichtige Unterscheidung einer die Gegensätze der Phänomene austragenden Logik vor der Tat als einer Logik des »Vorher« auf der phänomenologischen Ebene und einer kontradiktorischen Entscheidung herbeiführenden sittlichen autoon-

10 Vgl. Peter Reifenberg, Verantwortung aus der Letztbestimmung. Maurice Blondels Ansatz zu einer Logik des sittlichen Lebens. Freiburg (Herder) 2002, 548. Die nachfolgende Darstellung ist eine konzise Reformulierung und Präzisierung meiner Kommentierung der Logique, in ebd. 538–640.

11 Vgl. Bouillard, Christianisme, 1961, S. 178–183/208–215.

tologischen Logik »nach« der Tat, die ontologisch bestimmt ist, ist der autoontologisch leitende Topos der Ethik der »logique réelle« Blondels.

Blondel schlägt eine Reallogik vor. Bei der inklusiven Logik des »Vorher« sind die Phänomene heterogen und solidarisch (hétérogène et solidaire). Dies ist die Formel für die phänomenologisch erkannte Wirklichkeit. Die exklusive Logik des »Nachher« entspricht dem autoontologischen Vollzug nach der Option in der ›action‹. Sie ist erkenntnis- und handlungsorientierend und trifft die wirkliche Wirklichkeit. Nicht alle Möglichkeit der inklusiven Logik, die im konträren Gegensatz zueinander stehen, können verwirklicht werden. Doch die in der ›option‹ verwirklichte Möglichkeit ist ein für alle Mal verwirklicht und damit vollendet. Maurice Blondels erster Gesprächspartner in »Principe élémentaire« ist zwar Aristoteles, doch seine Logik wird zwar ausgeschöpft in ihren Möglichkeiten, dann überwunden in der »logique réelle«, die die Grenzen der aristotelischen Logik aufzeigt und damit die Möglichkeit bietet, eine geschmeidige Erweiterung durch die »logique réelle« zu ermöglichen. Die durch die Option und in der Tat verwirklichte und damit vom Phänomen ins Sein gehobene Möglichkeit, die deshalb zugleich auch ihr kontradiktorisches Gegenteil ausgeschlossen hat, kann entweder ein wirklicher Gewinn (hexis) oder ein unwiederbringlicher Verlust (steräsis) sein, »je nachdem, ob die ausgeschlossene Möglichkeit im Hinblick auf das, was der Wille zu verwirklichen will, weniger nützlich oder wertvoller« ist (vgl. Henrici, 292).

Was ist mit dieser Unterscheidung für die Tat gewonnen? Zunächst, dass die Logik und die Gestaltung der Wirklichkeit als Ethik eng aufeinander bezogen sind. Die Logik dient der Tat, wie die Tat je die Logik einschließt (vgl. Pe (128) 371/527). Logik und Ethik werden durch das connubium verbunden.

1. Ideengeschichtliche Einbettung der Reallogik[12]

Henrici bestimmt in einem zweiten Abschnitt seiner Überlegungen die ethische Tragweite der ›logique réelle‹, indem er zunächst den ideen-

12 Vgl. auch Reifenberg, Verantwortung (2002) S. 479ff.

geschichtlichen Kontext derselben erhebt und dabei nicht nur das von Aristoteles beeinflusste Denken Ollé-Laprunes als für Blondel vorbildhaft aufführt, sondern auch *Frédéric Rauhs* (1861–1909) »Essai sur le fondement métaphysique de la morale« (Paris (Alcan) 1870) erwähnt, der ebenfalls im Gefolge Claude Bernards – der Zeit entsprechend – die Ethik positiv wissenschaftlich zu begründen sucht und dabei im empiristischen Sinne von »expérimentation morale/métaphysique« spricht (vgl. Henrici, 295): Hier wäre der unterschiedliche Wissenschaftsbegriff Blondels und Rauhs zu untersuchen, wenn auch Blondel in Principe élémentaire strenge Wissenschaftlichkeit von der Ethik einfordert. Er orientiert sich – so Henrici – auf Émile Durkheims Arbeit »La science positive de la morale en Allemagne« (Henrici, 296), der auch die Ethik Wilhelm Wundts darstellt. Die Hinweise scheinen weiteren Forschungen Nahrung zu geben, denn die Namen »Spir, Wundt, Hegel, Gratry« finden sich tatsächlich auf der ersten Seite des Autographen handschriftlich von Blondel als Quelle eingetragen.[13] Blondel befasste sich mit der Logique im Blick auf die zeitgenössischen ethischen Diskussionen. Ähnlich den Schlusseinlassungen meiner Habilitation (vgl. Reifenberg (2002) 635–640) benennt Henrici konzise (Henrici, 297.298) in guter jesuitischer Tradition drei die heutige Ethik weiterführende Punkte:

Gemäß dem damals durchaus umstrittenen Diktum aus Point »adaequatio realis mentis et vitae« (Point, 556/108) sei die Ethik Blondels bereits seit seiner Eingangsfrage nach dem Sinn und der Bestimmung des Lebens eine Hinführung zu einem gelingenden Leben, einer vita beata (vgl. Henrici 296f.). Es geht Blondel um das persönliche Wachstum und die Reifung zum Ganzseinkönnen der Person sowie der Übereinkunft und seines Willens, der Angleichung von »volonté voulue« und »volonté voulante« mit dem Willen Gottes (égaler le vouloir). Nur durch ein von der ethischen Erkenntnis bestimmtes Leben ist auch eine phänomenal- oder seinsbestimmte Erkenntnis möglich (vgl. auch Pe (144) 383/533f.).

Die Ethik Blondels – so Henrici – sei eine Ethik der Erfahrung, der Begriff der Erfahrung im Sinne Kants zur verifizierenden oder falsifizierenden Bestimmung einer Erwartung oder einer Hypothese (vgl. Henrici,

13 Vgl. Reifenberg, Verantwortung (2002) S. 487f.

298). Erfahrung aber auch zugleich im Sinne der situationellen Eingebundenheit des Handelnden gemeint. Zweifelsohne ließe sich bei Blondels Entwurf von einer Situationsethik aus dem Glaubensakt sprechen,[14] die als Handlungsform der Kirche besser anstünde als eine Naturrechtsethik, der eine bis heute schillernde Metaphysik zugrunde liegt.

Schließlich veranlasst die starke Betonung der Option in L'Action (1893) Henrici dazu, – drittens – von einer Ethik der Entscheidung und des individuellen Gewissensentscheids zu sprechen. Diese »Gewissensethik« schließt sich nahtlos an die Situationsethik aus dem Glaubensakt an. Eingebunden in die Struktur der ›action‹ ist diese Entscheidung autoontologisch, selbstseinssetzend, im modernen Sinne eine Autonomie im Kontext des Glaubensaktes. In dieser Form der gläubigen Situationsethik stellt sich der Gläubige ausdrücklich oder unausdrücklich die Frage, wie er in der konkreten Situation erkennen könne, was Gott von ihm will, und entscheidet gemäß der heilsgeschichtlichen Situation und in der Haltung der »mortification« und des Opfers durch das persönliche Gewissen, das in Koaktion zu Gottes Willen autoontologisch und nicht nach einer abstrakten Logik handelt.

2. Die »Lebensgesetze« der Reallogik

Diese aus der »Logique« erhobenen für die heutige Ethik relevanten Aspekte bedürfen selbst noch einmal einer tieferen Besinnung, welche die Beurteilungskriterien der Handlungsformen in konkreten Entscheidungen ins Wort fasst. In »Principe élémentaire« benennt Blondel vier »Gesetze« und einen exkursartigen, die vier Lebensgesetze erläuternden und verbindenden Zwischenabschnitt. Alle diese Gesetze und auch der Exkurs lesen sich überaus sperrig und erscheinen zunächst unverständlich. Und doch stellen sie ein Kondensat von L'Action (1893) und der auch dort entwickelten Reallogik dar. Blondel versteht sie als Leitlinien, Lebensgesetze, die aus seiner Reallogik erwachsen und mit dem Anspruch auftreten, den Lebenszusammenhang als Ganzes einzubefas-

14 Vgl. Peter Reifenberg, Gläubigkeit (croyance) und Offenbarungs-Denken, 2015. S. 442ff.

sen, um nicht eine idealistische oder rationalistische Logik zum Maßstab des Denkens und Handelns zu nehmen (vgl. Canonique, 17; LP, 10. Habil 565). Henrici fasst sie auch mit Hilfe einer ideengeschichtlichen Interpretation knapp und verständlich zusammen (Henrici, 299–301).

Wir gehen nachfolgend diesen Gesetzen nach, um eine Abzweckung für die kirchliche Praxis heute auf sicheren Argumentationsgrund zu stellen. Es gilt, durch die Lebensgesetze das anzuerkennen und zuzulassen, was in den Augen einer absolut gefassten formalen Logik, die eine Substanzmetaphysik begründet, lediglich im Ja oder Nein argumentiert und im Ausschlussverfahren abstößt. Denn das Aporetische des theoretischen Konflikts ist in der konkreten, verwirklichten Wirklichkeit immer schon gelöst und deshalb bedarf es einer dieser Wirklichkeit angemessenen geschmeidigen Reallogik, die gemäß des immanenten Gesetzes des Lebens (»loi immanente à la vie«) denkt, ein Prinzip, das die fragmentarischen Gedanken und Akte orientiert, fordert und beurteilt (Point, 556/108) sowie das einschließt, was die Begriffslogik ausschließt (vgl. Pe (140) 380/533). Dieses Gesetz wird nicht von außen an das Handeln herangetragen, sondern ist in der Struktur des Handelns selbst begründet und erschließt sich dem Menschen aposteriorisch als »vérité pour« in der praktischen Erkenntnis, nachdem er die option des sinntragenden Aktes vollzogen hat. Den Schlüssel der Reallogik findet Blondel in einer Ausdeutung, Aufladung und Erweiterung des aristotelischen Begriffs der Steräsis. Die Tat selbst bleibt absolutes Indizium des Urteils (Pe (139) 380/533). Während die Logik der Apophasis den verneinten Begriff beseitigt, behält die Reallogik der Steräsis durch die Dynamik des nicht realisierten oder möglichen Begriffs alle potentiellen Möglichkeiten bei. Trotz ihres verneinenden Charakters handelt es sich bei der Steräsis um wirkliche Verwirklichung der Erkenntnis sowie in der autoontologischen Wirklichkeit des Menschen auf die Weise des willentlichen Denkens (vgl. A (437f.) 471f./463f./554f). Während die »logique abstraite« die Privation und alle anderen Formen der Entgegensetzung als Formen bloßer Negation ansieht (vgl. Pe (137) 376/530), geht es der Reallogik um eine positive Vergleichsmöglichkeit und Verhältnisbestimmung von transzendentalen Bestimmungen konkreter Lebensvollzüge. Die aus der Privatio folgende Possessio nach der Tat ist vollkommen neu und unterscheidet sich grundlegend von der Possessio vor der Tat. Was im Bereich der zweidimensionalen Logik der Apophasis durch Affirmation und Negation ein- oder ausgeschlossen ist, wird in der dreidimensionalen Logik der Steräsis integriert. Die Lebensgesetze moralischen Lebens sind im Tun immer schon verwirklicht; sie müssen jedoch in der Reflexion je neu eingeholt werden, was wir nachfolgend in aller Kürze tun wollen:

1. *Gesetz des anfänglichen Alogismus und des spontanen Polylogismus und die Logik der Unordnung*

Die Logik ist im eigentlichen Sinne das ausgezeichnete Instrument des Geistes und der Sprache zur Ausbildung der Begrifflichkeit und dadurch der allgemeinen Verstehensmöglichkeit von Wirklichkeit. Wenn Blondel von einer Logik der Unordnung spricht (vgl. Pe (140) 380/533), so mutet dies zunächst als eine Provokation an. Tritt also die Logik mit dem erklärten Ziel an, durch Verstand und Vernunft einen allgemeingültigen Kanon und damit Ordnung ins Denken und Handeln zu bringen, so führt eine Logik des eingeschlossenen Dritten von Hexis und Steräsis zu einer zunächst Unordnung schaffenden Ausweitung, denn alle verwirklichten und nichtverwirklichten Lebensvollzüge tragen dazu bei, den Menschen in seinem Selbst zu konstituieren. Die formale Logik ist dann allenfalls ein partieller Restbestand und ein losgelöster Aspekt der umfassenden Lebenslogik. In der Reallogik lässt sich durch die Dynamik des intrinsischen und immanenten Gesetzes der Nexus aller Zustände und entgegengesetzten Entwicklungen des Lebens aufdecken, verständlich machen und werten. Dabei werden sogar alle Irrläufer und Irrtümer wiedergefunden, die von einer formalen sittlichen Logik sofort ausgeschlossen werden (vgl. Pe (140) 380/533), was der conditio humana im Innersten entspricht, weil damit auch die Schwächen und die Schuldverfallenheit sowie die innere Zerrissenheit des Menschen in sein Ganzseinkönnen integriert werden. Die Folgen einer Tat, die den Menschen einholen und verändern, können nicht behoben werden. Absolut reine Lösungen allzu schnellen menschlichen Urteilens erfahren eine Relativierung, denn Kompromisse helfen, der menschlichen Kontingenz gerecht zu werden: »Wir möchten öfters wünschen, mit einer lästigen und tyrannischen Vergangenheit zu brechen, die uns aufgrund der Logik der Unordnung unaufhaltsam neuen Kompromissen aussetzt« (A (331) 365/357/434). Die »Logique« wird auf diese Weise dem tragischen Hang zur Sündhaftigkeit des Menschen mit klarem Blick gerecht.

Blondel charakterisiert die Reallogik im Folgenden und betont die Leistungsfähigkeit der alle Einzelfälle einschließenden »logique universelle« (vgl. Pe (140) 381/533) als »unendlich gerecht und exakt« (Pe (141) 381/533f.), da ihr innerer Akt ›norma sui‹ ist, das spontane Leben einschließt und willentliche Eigengesetzlichkeit freisetzt, insofern die der jeweiligen ›action‹ vorausgehende Idee das Gesamt der Möglichkeitsbedingungen für diese ›action‹ auf einen Nenner bringt:

Auf die Alltagsethik heruntergebrochen könnte dies bedeuten, dass das Naturgesetz, kodifiziert im Naturrecht, der Formallogik angehört, welches durch die ›action‹ in der Reallogik in ihrer Verwirklichung überboten wird und nur Teilmoment einer moralischen Logik sein kann. Und schließlich sei sie eine den Menschen erleuchtende Logik, die auch die Dunkelheiten der moralischen Existenz bescheint und an der Wahrheit und Wirklichkeit Maß nimmt, um ihn zu seiner Bestimmung zu führen.

Die ›action‹ faltet das Gesamt der Möglichkeitsbedingungen zu einer Synthese zusammen und trifft durch alle Widersprüche und Alogismen und Anarchien hindurch die praktische Lebenswirklichkeit einer Mehrschichtigkeit des Lebens von Gesellschaften überhaupt wie des einzelnen Seelenlebens (vgl. Pe (141) 381/534). Das anfängliche, gesamte Chaos strebt dieses überwindend und übersteigend auf eine einzigartige Ordnung in der Synthese der verdichtenden ›action‹ hin, welche auch die ganz persönliche Berufung eines jeden Menschen trifft und bestimmt. Diese Verdichtung (»cristallisation«) im Ordnen und in der Zielgerichtetheit auf die Letztbestimmung hin gelingt einzig und allein dem Elementarprinzip der ›action‹.

2. Gesetz der Solidarität der unstimmigen Kräfte – Gesetz der ›action‹

Mit der dritten Etappe des dritten Teils von L'Action (1893), der unter dem Thema steht »das organische Anwachsen der gewollten ›action‹«, zeigt Blondel in einer groß angelegten transzendentalen Phänomenologie auf, wie die Entwicklung und das Fortschreiten des spontanen Lebens und der freien Entscheidung sich auf jeder Stufe des Determinismus phänomenhaft entfaltet. Dabei ist die Tat »der Mörtel des organischen Lebens und das Band des individuellen Bewusstseins (A (180) 214/206/258). Nach der Entscheidung zeigt sich, dass der Akt stets einen Mehrwert hat, mehr in ihm steckt als nur die ›action‹ selbst intendiert und durchsetzt; es geschieht im natürlichen Wachstum ständig systematische Aussöhnung seiner Kräfte und letztlich Zusammenhalt seiner Strebungen (»conciliation des contraires; vgl. A (180) 214/206/258). Dabei bewirkt die ›action‹ die freiheitliche Willensbildung, wie sie im dritten Lebensgesetz entfaltet wird.

Der innere Dynamismus (»dynamisme interne«) ermöglicht es, dass kein natürliches Element unterdrückt wird (Pe (142) 382/534) und durch das Gesetz des natürlichen Wachstums, der *Gradualität* (übrigens ein Schlüsselbegriff in Amoris Laetitia (AL 293–295,300), das Ganze des Personcharakters bilden und damit die einheits- und sinnstiftende Identität des Menschen festlegen. Die Kraft der durch die Option unterlegenen Beweggründe ist nicht verschwunden, sondern sie ist mit in der sich durchsetzenden Kraft mit eingebunden, wenn durch die analytische Deduktion eine neue Synthese in einer neuen ›action‹ verwirklicht wird und damit eine neue Qualität entsteht: »Auf diese Weise erscheint nichts von uns zurückgehalten und ausgeschlossen, was nicht zugleich mit eingeschlossen und genutzt wäre; nichts tritt in uns ein, was nicht in gewisser Hinsicht aus einer intimen Empfänglichkeit hervorginge« (Pe (142) 382/534; vgl. L (34) 124/137). Jede Tat zielt auf Verwandlung und auf Vereinfachung der Vielfalt der Person, um mit der ›action‹ je einen neuen Menschen »zu gebären« (CI 307/327).

3. Gesetz der Ausgleiche – Synthese und Allversöhnung

Auch das dritte Lebensgesetz hat für die Entwicklung der Person, die Gestaltung des individuellen Lebens wie der universellen Gesellschaft hohe Relevanz. In der Folge des zweiten Gesetzes und damit aus der Struktur von ›action‹ lässt sich ebenfalls schlussfolgern, dass die Normfindung nicht mehr im naturgesetzlichen Verständnis einer etwa neuscholastisch beeinflussten Moral zu finden ist, die begriffslogisch argumentiert, sondern mit Hilfe einer geschmeidigen Reallogik, welche die schwierigen ethischen Probleme anzugehen besser in der Lage ist. Der Ansatz Blondels über das Prinzip des moralischen Lebens zur Gestaltung alles Wirklichen liegt *vor* jeder Unterscheidung zwischen Individual- und Sozialethik. Deshalb ist es überflüssig, nach einer sozialethischen Relevanz zu fragen (vgl. Henrici, 305); sie ist immer schon mit der Ausweitung der ›action‹ gegeben. Blondel zeigt trotz aller Kritik an der Formallogik, welche das Widerspruchsprinzip als ontische Größe fasste, auf, dass sie ihre Bedeutung für die Reallogik nicht verliert, sondern sie nur durch diese in ihre Bedeutungsschranke verwiesen wird. Das Widerspruchsprinzip wird erst durch die Option zum entscheidenden Lebens- und Seinsprinzip. Dabei wird der ethische Maßstab nicht von außen an den Handelnden herangetragen (vgl. Point 556/108), sondern in der Tat selbst generieren sich der Maßstab und die Gesetzmäßigkeit. Alle Wirklichkeit ist schon ethisch durch die interne Norm der ›action‹ bestimmt, Handeln und Denken sind ineinander verwoben, das Handeln geht dem ihm leuchtenden Denken voraus (vgl. LP, 13), was Blondel unübertroffen ins Bild des Rades fasst. Mit dem dritten Gesetz der Ausgleiche (»loi des compensations«) geht es um die Bestimmung des moralischen Experimentes (»expérimentation morale«) (vgl. auch A (XIV) 22/14/; (XVII) 25/17; (477) 511/502); Tâche, 58). Hierzu muss der Handelnde das *Ziel* (»telos«; »le but«) der Tat bestimmen, um den Strebungen und Widerständen die richtige Richtung zu weisen. Die Tat ist immer schon durch ihre Dynamik bestimmt, der Handelnde ist involviert und engagiert innerhalb der immanenten Dialektik (»dialectique immanente«), welche die Verkettung der Ideen und der Handlungen verantwortet. Innerhalb der Bildung der Synthese der ›action‹ gewinnen jetzt die Begriffe »Opfer«, »Abständigwerden« (»mortification«), »Experiment« und »Liebe« besondere Bedeutung. Henrici formuliert aus dem dritten Gesetz einen ersten »ethischen Leitsatz«: »Damit der Mensch tatsächlich erreicht, was er erreichen will, muss er in jeder Entscheidung mehr einsetzen als das, was gerade zur Entscheidung steht« (Henrici, 300).

Blondel fasst diesen Gedanken der teleologisch bestimmten Handlung in ein Sprachbild aus der Ballistik: Das *Zielen* als die durch die Handlung zu verwirklichende Wirklichkeit wird vor der Option zur ethischen Handlung in Augenschein genommen und ist wichtig, um sich die Tat zu vergegenwärtigen; der *Schuss* (»le tir moral«) meint die ethische Tat selbst, die sich der *»entfernten Zielscheibe«* (»cible lointaine«), dem Ziel der Handlung und ihrer und damit auch der eigenen Sinnbestimmung, nähert. Die Handlung selbst hat stets einen *»Über-schuss«*, denn um tatsächlich das Ziel zu treffen, muss man höher anpeilen als die Zielscheibe, die das Zielfeld der Tat absteckt (vgl. Pe (143) 383/535), also mit noch größerer Anstrengung und höherem Einsatz handeln. Die Wissenschaft des *»moralischen Schießens«*, also die Form der situationellen Verantwortungs-Ethik, ersetzt jede »objektive Kasuistik« und bedarf einer für jede Berufung, für jeden Charakter, für jede Gelegenheit geeigneten, eigenen Form. Eine fast nicht zu bewältigende Aufgabe einer auf Allgemeinheit ruhenden Institution wie der Kirche, deren Lehrgebäude allein qua der institutionellen Entscheidungen unbeweglich ist.

Dennoch: Diese Anthropologie und Ethik der Individualität und Personalität, die auf das Sinnziel der Vollendung/Bestimmung gerichtete Situationsethik ist heute mehr denn je aktuell und gefordert; sie koppelt zurück auf die einzigartige Würde und Berufung jedes Einzelnen, auf die Namentlichkeit des von Gott in seine Einmaligkeit Gerufenen. In dieser Situation befindet sich auch der Fragende in der Einleitung von L'Action (1893), der seine ewigkeitsschwere Verantwortung hinterfragt: Es geht darum, »ohne Unterlass in uns das Gespür für unsere ursprüngliche Bestimmung und für unsere unvergleichliche Verantwortung zu entwickeln: eine heilsame Unruhe, ohne die wir Gefahr laufen, die Sittlichkeit im Vorprogrammierten zu begraben, in der Routine und den Gemeinplätzen, in den juristischen Ausflüchten. Die Logik des Lebens muss diese Gefahr bannen …« (Pe (143) 382/535).

Der Ansatz der geschmeidigen Logik des eingeschlossenen Dritten, der ›action‹, trägt eine Dynamik und eine Sprengkraft in sich, die der paulinischen Dialektik und der Verkündigung des Evangeliums in besonderer Weise entspricht. Eine abstrakte Lex-Naturalis-Lehre wird dadurch genauso relativiert wie eine rein abstrakte »natura pura«-Lehre obsolet wird: Die abstrakten Bestimmungen der objektiven Kasuistik verlieren gänzlich an Bedeutung (vgl. Pe (143) 383/535). Die stete Dynamik der ›action‹ ist norma sui; sie vermag es, den fortschreitenden Aufbau des moralischen Charakters des Menschen »mit Hilfe aller ausgleichenden Elemente« (ebd.) mit Geduld zu begleiten und mit Barmherzigkeit zu fördern. Bei den »ausgleichenden Elementen« handelt es sich im Sinne der Steräsis um die Reintegration aller Denk- und Tätigkeitsformen in das Absolute des Determinismus (vgl. Pe (143) 383/535), denn auch das »Gesetz der Ausgleiche« befördert die ›Gradualität‹, die durch die Institution mit Langmut zu begleitende Prozesshaftigkeit beim »Aufbau des moralischen Charakters«. Die durch die Entscheidung scheinbar ausgeschiedenen und doch integrierten Elemente ermöglichen und nähren die Tathandlung »durch ihren Lebenssaft«, so dass die Elemente gerade auch durch ihr Opfer und ihre »Beraubung/Entzug eines flüchtigen Vergnügens« transfiguriert und integriert werden und damit zur guten Tat mit beitragen.

Es klingt provozierend und für theologisch geschulte Ohren wie eine Reminiszenz an eine »Apokatastasis Panton«, wenn Blondel lapidar feststellt: »Auf diese Weise können wir durch all das Schlechte, das in uns ist, zum Guten beitragen« (Pe (143) 383/535). Und dennoch: Die Gedankenlinie Blondels bildet eine anthropologisch durchaus tröstliche Antwort auf den existenziellen Verzweiflungsschrei des »Ich« in Röm 7,24. Auf diese theo-anthropologische Linie geht er in »Logique« freilich nicht ein, da er vor Philosophen in der Begrifflichkeit der Philosophie verbleiben will. Die hier vertretene Anthropologie wie die aus ihr folgende heilsgeschichtliche Ethik der Situation und der personalen Berufung denken aus dem Lobpreis von Röm 7,25 her, da sie von der Letztbestimmung her und vom Determinismus der ›action‹ auf die Letztbestimmung hin denkt. Im Hintergrund steht der schon von Origenes favorisierte Allversöhnungsgedanke, der durch die Reallogik Blondels eine höchst differenzierte Hermeneutik mit einem eindeutigen Blick auf eine messianisch geprägte Liebesethik[15] erfährt. Mediator

---

15 Vgl. Peter Henrici, Maurice Blondels Philosophie der Liebe, in: Philosophie aus Glaubenserfahrung, S. 371–386.

ist Christus, der Nexus die Tathandlung (vgl. auch LP 18f.). Der Widerspruch findet nicht in einer abstrakten reinen Vernunft statt, sondern in der ethischen Entscheidung des Lebens selbst.

4. Bestimmung eines logisch-ethischen Maßstabes

Blondel greift den möglichen Einwand gegenüber der Allversöhnung und einer daraus folgenden Sündenmystik aus dem dritten Schritt auf: Denn aus ihm erhebt sich in einem exkursartigen vierten Teil, der nicht als »Gesetz« auftritt, die Frage, ob Blondel eine ethische Anakephalaiosis vertritt, welche den Maßstab zwischen Gut und Böse möglicherweise verwischt und die Sittlichkeit im Einen der Allversöhnung verschwindet. Damit stellt sich das Problem, ob damit die Ethik verunmöglicht wird (vgl. Pe (144) 383/535), was Blondel sofort verneint: In der Reintegration aller Denk- und Tätigkeitsformen in das Absolute des Determinismus ereignet sich das Wählenmüssen und schließlich die unwiderrufliche Entscheidung, deshalb der Kernsatz der Steräsis positive: »Ohne Zweifel entzieht jede getroffene Entscheidung dem Handelnden etwas, während sie ihm etwas schenkt: Es gibt also stets gleichzeitig Ktäsis (Erwerb) und Steräsis (Beraubung)« (Pe (144) 383/535). Das logisch-ethische Kriterium wohnt die universale Synthese der ›action‹ jeder seinsverwirklichenden Entscheidung auf die Weise des »loi interne« ein, unter dem das Urteil von Gut und Böse steht.[16] Denn die ›action‹ ist alles umschließendes »vinculum« und – von der Letztbestimmung her orientiert – besitzt ihr eigenstes inneres Kriterium. Die Dialektik von Einschluss und Ausschluss wird in die Dynamik der doppelten Reallogik hineingetragen. Dieser Ansatz einer methodologischen Grundlegung bemüht sich um einen universellen Rahmen; sie hat nicht primär einen normenethischen Auftrag, sondern findet ihren Grund und Auftrag *vor* jedem ethischen Entwurf. Beansprucht die abstrakte Logik einen ontischen Charakter, so bescheidet sich die Reallogik in ihrem wissenschaftlichen

16 »Dieses Urteil, das sie der souveränen Autorität eines Gesetzes unterwirft und radikale Unterschiede von Wahrheit und Irrtum, von Gut und Böse in ihnen feststellt: sie tragen es bereits in sich selbst (Spinozisme (335f./35) 83/33).

Teil mit dem phänomenologischen Aufweis der Elemente: Blondel legt Wert darauf zu sagen, dass die Reallogik »algebraisch« genau das Maß der Übereinstimmung des Menschen mit sich selbst diskutiert und den »strengen Rahmen« beschreibt, »auf den sich das freie Spiel der menschlichen Tathandlung stützt«, also die freie Tat, welche die Logik bei der Hexis im Plus- oder Minuspol, Ktäsis oder Steräsis, lenkt und analysiert (vgl. Pe (144) 383/535). Denn zur spontanen Entfaltung der Dialektik freiheitlichen Lebens trägt die sie vorbereitende, begleitende und ihr folgende Reallogik durch die aus ihr hervorgehenden konsequenzenreichen, autoontologischen Entscheidungen eine hohe Verantwortung: Von Wichtigkeit ist, ob die getroffene Entscheidung den Menschen in Übereinstimmung des Denkens und Handelns mit sich selbst näher bringt und Freiheit ermöglicht wird oder er in Unfreiheit gerät, wie Blondel es in Point fordert (Point 556/108f.) und in Principe durch die Reallogik beschreibt: »Zu sich selbst gelangen, von sich selbst Besitz ergreifen, explizit mit sich selbst übereinzustimmen, wie man im impliziten Konkreten ist; dies ist die Arbeit, die von der integralen Logik angeregt und beurteilt wird« (Pe (144) 383f./536). Das implizit Konkrete (»concret implicite«) ist zugleich auch das universell Konkrete (»universel concret«) und ist innerer Maßstab des ethischen Handelns. Es ist die ›action‹ als apriorische, fordernde und ermöglichende Idee der Synthese wie wirklichkeitsstiftende aposteriorische Synthese, welche die Beziehung zwischen Menschen ermöglicht, wobei die ›action‹ eine konkrete Synthese a priori darstellt. Das begriffliche Instrumentarium kann die Weite der Reallogik kennzeichnen, die ihr aus dem phänomenologischen Ansatz zugutekommt, während Aristoteles, so die Kritik Blondels, die Wirklichkeit lediglich aus der Perspektive der Substanz betrachtet, anstatt sie unter der Perspektive der dynamischen ›action‹ zu sehen, welche ein »tertium quid (admissum)« ermöglicht. Das Handeln ist nicht aus dem Sein, sondern das Sein aus dem Handeln zu bestimmen. Freiheit versteht sich nicht im Gegensatz zur Notwendigkeit, sondern steht in einem Begründungsverhältnis zu ihr und verwirklicht sich durch sie. In der Freiheit setzt sich der Mensch sinnfragend und wirklichkeitsstiftend ins Verhältnis zur Wirklichkeit. Der apriorisch vorgegebene Sinn wird im freiheitlichen Tun aposteriorisch eingeholt.

5. *Gesetz der endgültigen Reintegration oder des totalen Verlustes (Leben oder Tod der ›action‹)*[17]

Die Freiheit ist von der Letztbestimmung her geprägt, genauso wie das Leben sich in voller Weise nur als Hingabe (»mortification«) entfalten kann. Stets drängt die freie Tat (A (357) 391/382/357f.) zur Alternative und zur den Menschen verwandelnden Option. Nicht wählen und nicht entscheiden ist nicht möglich, der Dilettantismus ad absurdum geführt (vgl. A (132) 166/158/203). Das von Blondel als Letztes ausgearbeitete vierte Lebensgesetz nimmt den Anfang von L'Action (1893) quasi als Antwort auf: Es geht um die Letztbestimmung (Henrici übersetzt mit »Endbestimmung«) des kontingenten Menschen, der seine Existenz durch die Transzendenz begründet weiß. Es steht Blondels Einsicht dahinter, dass »das Kontradiktionsprinzip erst von einer transzendenten ›ewigen‹ Endbestimmung des Menschen her jene absolute Unwiderruflichkeit erhalten kann, die die Analyse der vergangenen Taten aufgedeckt hat« (Henrici, 302).

Das Maß der Sittlichkeit bemisst sich an der Verfolgung des Guten oder des Übels, der Wahl der »göttlichen Ordnung oder des menschlichen Egoismus« (Pe (145) 384/536). Jede Entscheidung, welche den gesamten Determinismus als eine Synthese in sich einschließt, trägt zugleich den Charakter des Loslassens und des Opfers, d.h. auch die Bereitschaft, die Heteronomie anzunehmen sowie in der positiven Entschiedenheit den Ausschluss anderer konkreter Möglichkeiten zuzulassen. Die ›action‹ faltet den gesamten phänomenalen Determinismus als neue Synthese in sich ein: »In jeder einzelnen Strebung, die um die Beachtung der Aktivität wirbt, steckt ganz die sie alle umfassende Kraft der entgegengesetzten Strebungen« (A (130) 164/157/201). Die Freiheit vereinzelt sich in jeder Strebung (ebd.). Das Entscheidungsmotiv verwirklicht sich, vermittelt durch die Freiheit des Willensaktes. Die »akosmischen« Gesetze von Identität und Widerspruch, nicht als ontische logische Gesetze verstanden, sondern als ethisch-autoontologische, ermöglichen unter der Voraussetzung der Bereitschaft zum Opfer erst

17 Henrici übersetzt sehr schön: »Gesetz der letztgültigen Einbergung oder des vollständigen Verlustes«, vgl. Henrici, 302.

Sittlichkeit und Seinsgewinn im wahren Sinne. Die existenzielle Ausgangsfrage nach Sinn und Bestimmung in L'Action (1893) findet jetzt ihre gültige Antwort: Besitz des Lebens und damit Sinnhaftigkeit. Die Absolutheit der Opferbereitschaft und damit höchste Sinnhaftigkeit mit höchster Moralitätsbewandtnis. In der Logique wegen des rein philosophischen Charakters des Traktats zwar unausgesprochen, aber in der Motivwahl wohl eindeutig richtet sich der Blick Blondels hinsichtlich des absoluten Opfers auf das selbsthingebende Kreuzesopfer Christi, mit dem die höchste Sinnstufe und das vollendete Ganzseinkönnen erreicht sind. Das formelle Prinzip des Widerspruchs arbeitet vermittelnd; durch seine künstlichen Verfahren bereitet es die entscheidende Option vor, die als Grundentscheidung zum Seinsgewinn oder zum Seinsverlust führt. Der Sinn stellt sich dann ein, wenn sich die menschliche Tat »im Absoluten einer Hexis oder einer Steräsis ansiedelt« (Pe (145) 384/536). Die Logik muss ins »Herz der Moral« hineingezogen werden, genauso wie die Moral an den »Unnachgiebigkeiten der formalen Logik teilhat« (ebd.). Beide sind eng aufeinander verwiesen, wobei die Entscheidung – radikal und einschneidend – das phänomenal Mögliche vom seinshaften Wirklichen trennt. Während sich gar in der negativen Option ein Zuwachs an Sinn und Sein als positive Steräsis einstellt, offenbart die positive Option durch die »mortification« und das Opfer den eigentlichen Sinn der ›action‹, denn durch den Verzicht auf die Eigenliebe wird es möglich, am freiheitlichen Selbstvollzug Gottes teilzunehmen. Gottes Handeln wird in das eigene Handeln eingeborgen, eine Einsicht, die Blondel wohlüberlegt nicht in der Logique ausspricht, aber in L'Action (1893) eindeutig vertritt (vgl. A (386f.) 420f./411/496).

Die Kerngedanken fasst Blondel am Ende des dichten Textes von Principe noch einmal zusammen: Was immer auch der Wille gewählt hat, wird er in sich die Gegenwart des ausgeschlossenen Zieles als ein Element der Synthese bewahren (»tiers inclu«), die er durch die ›action‹ verwirklicht; dessen er sich beraubt (Steräsis), ist nicht außerhalb von ihm. Das Opfer der Phänomene, das der Wille durch die Selbstverleugnung bringt, ist nur scheinbar. »Nie entgehen wir der Notwendigkeit, die Widersprüche einzuschließen. Und trotzdem gilt, dass die Verwirklichung des Einen die Ausschaltung des Anderen zur Folge hat« (vgl. A (473) 507/497f./594): Schuld z. B. versinkt nicht im Nicht-Sein, sondern ist Steräsis positive im Sein. Den parallelen Gedankengang einer inneren Verwiesenheit von Alternative, Wahl, Entscheidung und Hinsterben im Opfer durch den eingeschlossenen Dritten der dynamischen ›action‹ findet sich in L'Action (1893) (A 473f./507/497/594). Die eigentliche Würde des Menschen kommt vom göttlichen Wollen her und erfordert die grundsätzliche Haltung der Passivität. »Ursprung, Mitte und Ende« des menschlichen Handelns sind nicht in ihm selbst zu finden, sondern kommen vom Transzendenten her. Dabei ist für den Menschen die »mortification« die einzig adäquate Haltung, die dem sterbenden Leben (»vie mourante«) entspricht. Blondel bleibt in Principe strikt in der für Philosophen vielleicht gerade noch akzeptablen Begrifflichkeit:

Aus der tätig-passiven Akzeptanz in das sterbende Leben und in die Notwendigkeit der Abtötung »verwirklicht das Widersprüchliche des Nichtseins und bringt durch eine Art von metaphysischem Experiment unser Sein im Sein hervor; die antagonistische Lösung würde das Sein in der Beraubung (im Status des Entzugs) verwirklichen, die (der) nicht die Nicht-Existenz ist« (Pe (145f.) 384/536).

Die Grundaussage scheint eindeutig: Von der transzendenten Letztbestimmung her kommt die Antwort auf die Lebensfrage des Menschen, aber auch die Letztbegründung aller logischen Prinzipien (vgl. auch Henrici, 303).

Für die menschliche Logik bedeutet dies, dass die Logik des Verstandes nur ein partieller und untergeordneter Extrakt der moralischen Logik ist« (Pe (147) 385/537), denn das »gedachte Abstraktum« muss mit dem denkenden und handelnden Denken in Verbindung gebracht werden. Die Vernunft wird praktisch im Denken durch die ›action‹.

IV. Schlussfolgerungen

Ein solch wirkmächtiger Ansatz darf nicht in den Schubladen weniger Philosophiehistoriker verstauben. Freilich hat alles seine Zeit, auch philosophische Ansätze; dessen muss man sich bewusst sein. Auch sollte man sich vor einfachen, platten Umsetzungsversuchen philosophischer Besinnung auf theologisch-praktische Obliegenheiten hüten. Trotzdem lassen sich Aspekte und Anregungen reflektiert und behutsam für eine gelingende kirchliche Praxis nutzbar machen. Blondel wollte selbst, dass das dem Denken vorausgehende Tun stets verwirklichte Wirklichkeit trifft und dass sein Denken praktische Folgen hat. Gemäß dem Diktum Blondels (das sich auch umkehren lässt): »Indem ich das Christsein lebe, forsche ich nach dem, wie ich als Philosoph zu denken habe«[18], lässt sich das Wagnis einer vorsichtigen Adaptierung der Hauptgedanken vollziehen. Es geht hier nicht in erster Linie um die Darstellung einer gewiss reizvollen Wirkungsgeschichte der Reallogik, die sich nicht nur im Jesuitenorden, etwa bei de Lubac oder Rahner[19], besonders deutlich ausmacht,[20] dann aber durch diese im Blick auf das Zweite Vatikanische Konzil lebendig wird, in den letzten Jahren jedoch vergessen zu gehen schien. De Lubac fasst unübertroffen ins Wort: »Wenn wir die theologische Denkweise des Konzils mit einem Wort kennzeichnen sollten, dann würden wir auf das Erkenntnisideal verweisen, das Maurice Blondel vorgelegt hat« (vgl. ebd. 403). Erst mit dem Pontifikat von Papst Franziskus kommt die Reallogik wieder ins Spiel theologischer und ekklesiologischer Handlungsfelder. Deshalb wage ich es in einer Zusammenschau, einige wenige praktische Konsequenzen aus diesem Ansatz für die »kirchliche Lehre« und für die persönliche Glaubenswirklichkeit thesenartig darzustellen:

18 Maurice Blondel (in: Paul Archambault, Vers un réalisme intégral. L'œuvre de Maurice Blondel).

19 Albert Raffelt erstellte mit Akribie den Registerband der »Sämtlichen Werke«. Auf S. 922 kann man sich von der häufigen Bezugnahme Rahners auf Blondel überzeugen.

20 Vgl. hierzu den schönen Aufsatz von Peter Henrici »Blondels Nachkommenschaft bei den französischen Jesuiten«, in: ders., Philosophie aus Glaubenserfahrung (2012) S. 386–404.

1. **Das innere Strukturgeschehen von ›action‹[21] erlaubt eine neue, geänderte Wirklichkeitssicht, weg von einer verhärteten Substanzmetaphysik zu einer neuen, dynamischen »Metaphysik in der zweiten Potenz (›une sorte de Métaphysique à la seconde puissance‹)« (A (464) 498/586).** Das Bild des Rades steht hier paradigmatisch für eine neue Wirklichkeitssicht sowie für eine innere Verwiesenheit von Denken und Handeln, Reflexion und Prospektion. Die apriorische Synthese der action, der bestimmenden Grundwirklichkeit von Wirklichkeit überhaupt, wird im Determinismus/Phänomenzusammenhang der nachfolgenden Tat durch die Entscheidung neue verwirklichte Wirklichkeit. »Ist jedes Phänomen bereits eine konkrete Synthese von verschiedenartigen und zusammengehörigen Elementen, so geht es seinerseits auch wiederum in eine Synthese ein. In sich selbst weisen sie fortwährend über sich hinaus, rückwärts und vorwärts« (van Hooff, Nachwort, 629). Eine Dynamik, die ununterbrochen Neues schafft und das vergangene Verwirklichte wie Nichtverwirklichte integriert.
2. **Dieses neue Wirklichkeitsverständnis erlaubt es, mit Reallogik und der Immanenzmethode das Gott-Mensch-Verhältnis neu zu denken.**[22] De Lubac gelang aus der Philosophie Blondels der Durchbruch zu einem Gott-Mensch-Verständnis, das die enge Koaction/Koexistenz von Gott und Mensch als theologische Faktizität[23] herausarbeitet. Auch durch das Erstarken der analytischen Philosophie, deren Methoden auch in die Theologie hineinreichen, gewinnt eine Entwicklung an Kraft, welche die heute immer noch nicht überwundene Neuscholastik in der Theologie quasi durch das Hintertürchen wieder einschleust. Eine »Theologie der zwei Stockwerke«, welche das Gott-Mensch-Verhältnis lediglich extrinsezistisch bestimmen konnte, weicht einem intrinsischen, personal gedachten Beziehungsverhält-

---

21 Dargestellt etwa, in: Peter Reifenberg, Gläubigkeit und Offenbarungsdenken (2015) S. 454f.

22 Vgl. Peter Reifenberg, Gläubigkeit und Offenbarungsdenken (2015) besonders S. 452–457.

23 Vgl. Anton van Hooff, Nachwort, in: Maurice Blondel. L'Action – Die Tat (1893). Versuch einer Kritik des Lebens und einer Wissenschaft der Praxis. Freiburg/München (Alber) 2018. S. 624.

nis. Die Immanenzmethode, konkrete Wegbeschreibung der ›action‹, setzt im Innersten des konkreten Subjekts an. Jeder Erkenntnisakt impliziert zugleich einen Glaubensakt und öffnet durch den »état transnaturel« den Erkennenden auf das einzig Notwendige für den Menschen (vgl. A (388) 412/498), Chancen zur Formulierung einer zeitgemäßen Anthropologie aus dem Geiste Blondels.

3. **Die Reallogik relativiert nicht das begriffliche Erkennen, sondern erweitert es: Das Erkennen vermittelt lediglich die Idee des Wirklichen, während die Wirklichkeit einzig in der Tat gegenwärtig ist.** Die Anwendung der Reallogik kann einer Entwicklung entgegensteuern, welche gerade durch die Analytik wieder zurückzukommen droht: Nämlich eine abstrakte, totale Rekonstruktion von Wirklichkeit durch einen reinen Intellektualismus, in der Idee und im bloßen Begriff, anstatt einer geweiteten Reallogik Platz zu machen, welche der Synthese des Tuns vor dem Denken den Vortritt lässt. Alle Wirklichkeit, die nach Blondel Beziehung ist, bestimmt die Begriffe und nicht umgekehrt. Die Gleichsetzung von Substanz und Substantiv verengt die Wirklichkeitssicht und beschränkt das Erkennen auf die begriffliche Erkenntnis (vgl. Pe (134) 375/530). Während Aristoteles in der Perspektive der Sprache verharrte und mit der formalen Logik der Affirmation oder Negation, des bloßen Ja oder Nein einen künstlichen, wenn auch lebendigen Ersatz der konkreten Welt schuf, korrigiert Blondel – die aristotelische Logik weiterhin wertschätzend – jeden rationalistischen Ansatz nicht etwa, indem er ihn nominalistisch verkürzt, sondern ihn mit Hilfe der Reallogik auf das Konkrete der Wirklichkeit hin über die Begriffe hinaus erweitert (vgl. Pe (134) 375). Denn: Die Wirklichkeit des Lebens reicht weiter als das Wort des Begriffs. Sowohl ein verkürzender Rationalismus als auch ein verschattender Idealismus in der Erkenntnishaltung treffen die Wirklichkeit nicht.[24]
4. **Die Reallogik des eingeschlossenen Dritten (»tiers inclu«) gibt eine Methode an die Hand, die Perspektiven für eine lebendige Sittlichkeit in einer »science de la pratique« eröffnet.**[25]

---

24 Vgl. Peter Reifenberg, Gläubigkeit und Offenbarungs-Denken (2015) S. 461.
25 Vgl. Peter Reifenberg, Verantwortung aus der Letztbestimmung (2002) S. 635–640.

Denn aus der Reallogik folgt eine geschmeidige situationelle Ethik aus der Glaubenserfahrung. Der Maßstab für die Moralitätsbewandtnis einer Tat wird nicht von außen an sie herangetragen, sondern sie ist im Handeln selbst begründet. Denn in ihm wird das Verhältnis des Menschen zu seinen ihn normierenden Möglichkeitsbedingungen gestaltet. Die der ›action‹ innewohnende Idee bringt das Gesamt der Möglichkeitsbedingungen auf einen Nenner.

Eine moralisierende Gnaden-Ontologie, die mit einer ontisierenden, abstrakten Logik argumentiert und die eines künstlichen Gedankenkonstrukts einer von Gott unabhängig gedachten »natura pura« und eines »les naturae purae« bedarf, weicht einer geschmeidigen situationellen Ethik aus dem Glaubensvollzug in enger Koaktion zwischen Gott und Mensch. Die »Richtformel« einer solchen Reallogik auf der Suche nach der Leben spendenden Wahrheit lautet dann nicht mehr »adaequatio speculativa rei et intellectus«, sondern »adaequatio realis mentis et vitae«. Ein durch die Glaubenspraxis geläuterter Wahrheitsvollzug entspricht dann dem Lebensvollzug. Alle verwirklichten und nichtverwirklichten, alle eingeschlossenen wie ausgeschlossenen Lebensvollzüge tragen dazu bei, das Wachsen der Person zu fördern (Prinzip der Gradualität).[26]

Die Reallogik steuert durch das innere Lebensgesetz der »normative« die anfängliche Unordnung auf die Ordnung einer dynamisch-koordinierenden Synthese hin, die bestimmt ist durch die namentliche Berufung: Jede sittliche Tat zielt darauf hin, uns zu verwandeln, einen neuen Menschen zu gebären, wobei die Einheit der sich durchsetzenden und unterlegenen Kräfte und Elemente die Einheit und Konstanz der Person ausmachen (vgl. CI, I 307/327). Eine besondere Form der ethischen Anakephalaiosis muss neu bedacht werden. Das Allgemeine tritt stets in einer individuellen, konkreten Gestalt auf. Die Ethik, situationsgerecht, weil wirklichkeitstreffend als Hilfsmittel verstanden, schafft nur die Voraussetzungen, um der persönlichen

26 »Es handelt sich ... um die bereits in uns enthaltene Wirklichkeit, die positive Zielrichtung, die die Entfaltung des je bestimmten Denkens wie des moralischen Lebens in jedem Menschen stimuliert« (Point 556/108; vgl. LP 300; CI, I 102/86).

Berufung gerecht zu werden. In jeder Situation der ›action‹ der Lebenszeit geht es um die Vollendungsgestalt des Menschseins. Auf der Basis einer Reallogik kann die Vermittlung von Faktizität und interner Norm gelingen. Fundamental- und normenethisch behielte die Moral die wichtige Aufgabe, ohne Unterlass im Menschen das Gespür für seine ursprüngliche Bestimmung und seine unvergleichbare Verantwortung wachzurufen und zu entwickeln. Zugleich ermöglicht eine solche Einsicht einen demütigen Lebensvollzug in der Einsicht in das sterbende Leben (»vie mourante«; vgl. A (386)/496).

Der Kern eines solchen Ansatzes findet sich in der selbst erwirkenden (autoontologischen) Setzung von Identität oder Widerspruch, zunächst durch eine Fundamentaloption (»option fondamentale«), dann mit jeder Entscheidung, die damit an Tiefenschärfe gewinnt.

5. **Mit dem Instrumentarium der Reallogik lässt sich ein Perspektivwechsel innerhalb der Theologie, ihrer Sprache und ihrer Methoden, vollziehen.**

   Man könnte vereinfachend sagen: *von der direktiven Lehre von außen hin zur theologischen Besinnung von innen – vom Glaubensakt – her.* Diese Doktrin aber hätte gewaltige Auswirkungen sowohl auf die einzelnen Disziplinen der Theologie und Philosophie wie auf das Verständnis des Lehramts überhaupt. (Innerhalb dieser Doktrin muss einschränkend – das ist klar – der von Blondel in L'Action (1893) begangene Weg des Buchstabendienstes eigens gewürdigt werden. Aus Pe lässt sich ein solcher nicht ableiten). In Evangelii Gaudium werden erste Schritte eines solchen Neuverstehens der Lehre (EG 165/118) des Sakramentes (EG/4740), aber auch des Amtes (31/29; 32/30f.) begangen, was die Freunde der Neuscholastik gegen den Papst auf die Bühne treibt. Die Folgen für die tätige Verkündigung liegen auf der Hand:

   - Keine juridischen Ausflüchte z. B. durch eine veräußerlichte, institutionelle, kirchenrechtliche Sakramententheologie oder Moralverkündigung, sondern durch die Stärkung des Einzel-Gewissens wird auch eine Stärkung der höheren »ewigkeitsschweren« Verantwortung des je personal einzelnen Berufenen begünstigt.
   - Eine dogmatische (nicht kirchenrechtliche) Neubewertung etwa des Ehebandes bei der Frage nach der Wiederverheiratung Ge-

schiedener, allein schon durch das Strukturgeschehen der ›action‹. Gerade mit Blick auf die Ehelehre hält sich auch nach dem Konzil innerhalb der Dogmatik und des Kirchenrechts eine Begründungsebene, die letztlich neuscholastisch-substanzmetaphysische Züge trägt und sich dann juridisch ausfaltet. Die doppelte Reallogik könnte durch den Gedanken des eingeschlossenen Dritten letztlich – ohne die Lehre zu relativieren oder zu verdunkeln – vom Glauben getragene humane Wege aufzeigen, um den betroffenen Menschen konkrete pastorale Hilfen anzubieten, dies zur Begründung eines neuen Lebensweges.

- Wenn alles Denken »sub specie actionis« geschieht, hört die Pastoral auf, lediglich ein »lebenspraktischer Anhang« der theologischen Reflexion zu sein, denn gerade die »science de la pratique« und der pastorale Vollzug« werden zugleich zur grundierenden, ermöglichenden, transzendentalen Qualität jeder Theologie (vgl. van Hooff, Nachwort 627f.).
- Das Glaubensleben vollzieht sich im Zeugnisgeben und in der Verkündigung als geschichtliche Faktizität. Offenbarung und Glaube werden bis heute noch wie die Glaubensüberlieferung als »intellektuelle Angelegenheit« angesehen. Die Tradition war und wird »auf einen rationellen Deduktionsprozess« verkürzt (vgl. van Hooff, Nachwort, 626), anstatt die Tradition als ›action‹, als Dynamik von Bewegtheit und ständiger Bewegung« im Glaubensgeschehen der Kirche zu leben, wie es eine »philosophie der ›action‹« ermöglicht[27].

27 Zum gesamten Komplex der Tradition, vgl. Peter Reifenberg, Anton van Hooff (Hg.), Tradition – Dynamik von Bewegtheit und ständiger Bewegung. 100 Jahre Maurice Blondels »Histoire et Dogme« (1904–2004). Würzburg (echter) 2004.

Juan Carlos Scannone †

Die Blondelsche Philosophie der Aktion und die Aktion von Papst Franziskus[1]

Einleitung

Kann die Philosophie Blondels beitragen, die pastorale Aktion von Papst Franziskus besser zu verstehen? Wahrscheinlich gibt es keine *unmittelbare* Beziehung zwischen beiden Autoren, aber beide wurden stark durch die ignatianische Spiritualität der Aktion beeinflusst. Bischof Peter Henricis These lautet, dass L'Action (1893)[2] »die philosophische Übertragung der Wahrheit der Exerzitien« ist, insofern jene Wahrheiten nicht nur geglaubt, sondern auch erlebt und praktiziert werden.[3] In Bezug auf Franziskus, obwohl er der universelle Hirte ist, bleibt er ganz und gar Jesuit, insbesondere wegen seines Charismas der Unterscheidung der Geister, den er auch für die Regierung der Kirche übt.

Zwischen beiden gibt es wenigstens eine *mittelbare* Verbindung, nämlich das Werk Gaston Fessards *Die Dialektik der geistlichen Exerzitien des*

1 Deutsche kürzere Übersetzung der Arbeit des Verfassers »La filosofía blondeliana de la acción y la acción del Papa Francisco«, *Stromata* 71 (2015), 211–226.

2 Vgl. Maurice Blondel, *L'Action (1893). Essai d'une critique de la vie et d'une science de la pratique*, Paris, PUF, 1950 (weiter vorn wird mit A und der Seitennummer zitiert); auf Deutsch: *L'Action – Die Tat (1893), Versuch einer Kritik des Lebens und einer Wissenschaft der Praxis*, Freiburg-München, Karl Alber, 2018.

3 Vgl. Peter Henrici, »Blondels Option und die ignatianische Wahl, ein Beispiel vom Verhältnis von Philosophie und Theologie (1957)«, in: id., *Philosophie aus Glaubenserfahrung. Studien zum Frühwerk Maurice Blondels*, Freiburg-München, Alber, 2012, 178–195 (weiter vorn: PaG); für die Zitate im Text vgl. S. 187 und 191.

Ignatius von Loyola,[4] das Franziskus aus eigenem Zeugnis gelesen hat. Fessard hat mir persönlich erklärt, dass, obwohl sein Buch der Form nach die dialektische Sprache Hegels benutzt, der Inhalt seines Werkes seine Quelle in Blondel hat, wie später Henri Bouillard und Henrici bestätigten.[5] Denn sogar bei der ersten *Action* wie bei den Exerzitien handelt es sich um eine Dialektik der Freiheit, deren Zentrum sich in der Wahl befindet. Aus diesem Grund kann man leicht verstehen, dass der Papst Blondel explizit – zusammen mit anderen Vertretern der französischen gläubigen *Intelligentia* – lobte, als er einmal den Leiter der Zeitung *La Croix* empfing.

Der vorliegende Aufsatz wird zunächst Übereinstimmungen zwischen Blondel und Franziskus behandeln, die sich auf die *action* selbst und ihren Bezug auf die Mitwirkung Gottes mit ihr *ad modum laborantis* beziehen. Ein zweiter Schritt wird den erstaunlichen Parallelismus betrachten, der zwischen einigen »Gesetzen« der Blondelschen Logik des moralischen Lebens *und* dem Prinzip Bergoglios besteht, dass »die Einheit über dem Konflikt steht« (*Evangelii Gaudium* [EG] 228). Letztlich werde ich die Konvergenz beider Autoren bezüglich des evangelischen (strengen, aber biegsamen) Gesetzes der Liebe berücksichtigen, dessen Fügsamkeit sich dem geschichtswidrigen Integralismus[6] widersetzt.

1) Erster Teil: *In actione contemplativus*

Dieser Ausdruck wird durch Jerónimo Nadal benutzt, um die Spiritualität des Ignatius von Loyola zu charakterisieren. Nach meiner Meinung kann er auch mehrere Texte von Papst Franziskus und sogar wichtige Züge der Epistemologie und der Methode Blondels kennzeichnen. Denn

4 Vgl. Gaston Fessard, *La dialectique des »Exercises Spirituels« de Saint Ignace de Loyola*, Paris, Aubier, 1956.

5 Vgl. Henri Bouillard, *Blondel et le Christianisme*, Paris, Seuil, 1961; Peter Henrici, »Blondels Nachkommenschaft bei den französischen Jesuiten (2004)«, in: PaG, 386–403, insbes. S. 398.

6 Vgl. Hans Urs von Balthasar, »Integralismus«, *Wort und Wahrheit 18* (1963), 737–744.

alle drei erfuhren eine sapientielle Erkenntnis (Gottes, der Personen, der Ereignisse) in der durch die Liebe bewegten Aktion, wenigstens als sie den Exerzitienmonat durchlebt und die »*contemplatio ad amorem*« betrachtet haben, da diese Beschauung nicht nur die vier Wochen der Exerzitien krönt und zusammenfasst, sondern die Exerzitien im späteren alltäglichen Leben fortsetzt. Denn für die drei Autoren wird eine gut geistlich unterschiedene und getroffene Wahl durch ihre Bewährung in der nachfolgenden Aktion bestätigt.

Mehrmals interpretiert Franziskus solches sapientielle Wissen Thomas gemäß als eine »*cognitio per connaturalitatem*«, wie z. B. in *Evangelii Gaudium*, wenn er schreibt:

> Die Gegenwart des Geistes gewährt den Christen eine gewisse Wesensgleichheit (»connaturalidad«) mit den göttlichen Wirklichkeiten und eine Weisheit, die ihnen erlaubt, diese intuitiv zu erfassen (EG 119).

Oder:

> Allein von der wesensähnlichen Hinneigung (»connaturalidad afectiva«) her, die die Liebe schenkt, können wir das gottgefällige Leben würdigen, das in der Frömmigkeit der christlichen Völker, besonders bei den Armen, vorhanden ist (EG 125).

Seinerseits verwendet Blondel in der ersten *Action* diese von Thomas geprägte Terminologie nicht. Aber später gebraucht er sie, nachdem er sie durch Pierre Rousselot und Antonin Sertillanges erkannte.[7] Trotzdem spielt die erste *Action* m. E. auf eine Art *cognitio per connaturalitatem* an, wenn sie über die »*direkte* Methode« redet, die durch den »praktischen Weg« auf die Frage nach dem Sinn des Lebens und nach der menschlichen letzten Bestimmung antwortet. Denn es handelt sich um eine Methode, die direkt in der Aktion, im Leben, in der Praxis selbst geübt wird, indem »alle, sowohl Unwissende oder Philosophen, wie die Kinder, der Empirik der Pflicht gegenüber gelehrig, ja naiv gelehrig [...]

---

7 Vgl. Peter Henrici, »Von der *Action* zur Kritik des ›Monophorismus‹. Zur Sozialphilosophie Blondels (1991)«, in: id., PaG, 307–336, insbes. S. 331.

bleiben« (A 15). Solche kindliche Naivität, die Blondel so tief aufwertet, wird oft von den Evangelien, aber auch von Papst Franziskus hoch gepriesen, da sie »den Einfachen und Armen« eigen ist.

Der Philosoph aus Aix setzt dieser direkten Methode die indirekte entgegen, die nicht der *action* selbst, sondern der *Philosophie* der *action*, nicht dem Leben, sondern der *Kritik* des Lebens, nicht der Praxis, sondern der *Wissenschaft* der Praxis eigen ist.[8] Später wird er auch Prospektion und Retrospektion, noetisches und pneumatisches Denken polar entgegensetzen,[9] indem er explizit auf die Heilige Dreieinigkeit philosophisch (d. h. epistemologisch und ontologisch) anspielt, wie es der Heilige Vater Franziskus in *Laudato Si'* auch explizit, aber theologisch tut (vgl. LS 238ff.).

Dementsprechend ist die *contemplatio in actione* ein wichtiger Schlüssel zum Verständnis der pastoralen Aktion des heutigen Papstes und auch das sapientielle Erfahrungsfundament der Blondelschen Philosophie der Aktion.

Geisterunterscheidung durch Trost und »Untrost«

In den Exerzitien unterscheidet Ignatius die sogenannten »drei Zeiten der Wahl«. Die *erste* Zeit ist fast ein Ideal, wie es im durch die Schrift erzählten Fall des Matthäus geschah, den Jesus selbst unvermittelt als seinen Apostel wählte, oder der Fall des Paulus auf dem Weg nach Damaskus. Nach Ignatius wird diese erste Zeit auch im Fall des »Trostes

---

8 Vgl. den Untertitel von *L'Action* (1893); »Kritik des Lebens« setzt sich einer »Kritik (der reinen/praktischen Vernunft« und »Wissenschaft der Praxis« einer »Wissenschaft der Logik« entgegen.

9 Z.B. vgl. M. Blondel, »Le point de départ de la recherche philosophique«, in: id., *Œuvres complètes (Texte établi et présenté par Claude Troisfontaines)* II, Paris (PUF) 1997, 529–578 (zuerst wurde es in *Annales de Philosophie chrétienne* 1906 veröffentlicht); id., *La Pensée I. La génèse de la pensée et les paliers de son ascension spontanée; II. La responsabilité de son achèvement*, Paris (PUF) 1948 y 1954 (1ª ed.: Paris, Alcan, 1934). Siehe auch mein Buch: *Sein und Inkarnation. Zum ontologischen Hintergrund der Frühschriften Maurice Blondels*, Freiburg-München (Alber) 1968.

ohne vorausgehende Wirkursache« erlebt, wenn man im Glauben eine innere und befriedende absolute Sicherheit empfindet.[10]

Die *zweite* Zeit der Wahl kann sich auf die oben zitierten Texte von Franziskus beziehen, in denen er über die Geisterunterscheidung durch »eine gewisse Wesensgleichheit (»connaturalidad«) mit den göttlichen Wirklichkeiten« und von einer affektiven »durch die Liebe geschenkten wesensähnlichen Hinneigung« spricht (EG 119, 125), die während einer mehr oder weniger längeren Zeitspanne gespürt wird, z. B., wenn bestimmte Gedanken oder Vorsätze, die während der Betrachtung der Evangelien uns in den Sinn kommen, in uns ähnliche Gefühle und Grundstimmungen hervorrufen wie die nach Christus, der Heiligen Jungfrau oder der Apostel. Nach Ignatius ist es möglich, den göttlichen Willen durch diese in der Zeit erlebte Glaubenserfahrung des Trosts und des entgegengesetzten »Untrosts« zu erkennen. Der Friede des Herzens, die Freude des Evangeliums, die selbstabtötende Liebe, wenn sie in der Zeit bleiben, können Zeichen einer gut gemachten Entscheidung sein.

Ihrerseits bringt die *dritte* Zeit der Wahl diesen sapientiell affektiven Vorgang zur Reflexion und zur vernünftigen Einschätzung der Gründe für und gegen eine bestimmte Entscheidung hervor. Aber am Ende dieser rationalen Überlegung muss man ihr Ergebnis Gott im Gebet opfern, dessen bestätigende Antwort wieder im oben genannten Frieden des Herzens besteht. Denn die dritte Zeit der Wahl führt sich gewissermassen auf die zweite, und die dritte und zweite führen sich endlich auf die erste Zeit der Wahl zurück. In der Praxis der Exerzitien und des alltäglichen Lebens besitzt die zweite Zeit eine hervorragende Stellung, indem sie durch die dritte unterstützt wird und auf die erste hin abzielt.

Franziskus bezieht sich oft nicht nur auf die affective *connaturalitas* der Liebe als Kriterium für die Unterscheidung der Geister, sondern auch auf die stille Anziehungskraft der Schönheit und auf die in der Diffe-

---

10 Vgl. Karl Rahner, »Die Logik der existentiellen Erkenntnis bei Ignatius von Loyola«, in: id., *Das Dynamische in der Kirche*, Freiburg i. Br., Herder, 1958; Daniel Gil, *La consolación sin causa precedente* (theologische Dissertation, PUG), Rom, 1970. Über Rahners Artikel siehe meine Arbeit: »Die Logik des Existentiellen und Geschichtlichen nach Karl Rahner«, in: Herbert Vorgrimler (Hg.), *Wagnis Theologie. Erfahrungen mit der Theologie Karl Rahners*, Freiburg i. Br., Herder, 1979, 82–98.

renz erlebte Harmonie, d. h. auf Glaubensaffekte, die den ignatianischen Trost charakterisieren. Seinerseits unterscheidet Blondel nach der Wahl zwischen »dem Leben der Aktion« und »dem Tode der Aktion«, die dem echten Trost nach einer gut gemachten bzw. dem »Untrost« nach eine bösen Handlung entsprechen. Für unsere drei Autoren: Ignatius, Blondel und den Papst, spielen die Wahl, die Zeit *vor* und *nach* ihr und deren lebenspendende oder todbringende Früchte eine Schlüsselrolle.

Ignatius nimmt den authentischen Trost – besonders im Kontrast mit dem Untrost – als Kriterium und gibt wichtige Hinweise, um den echten vom unechten zu unterscheiden.[11] Für den Meister von Aix gilt als Maßstab die Übereinstimmung zwischen dem menschlichen Grundwollen und dem Gewollten (d. h. zwischen wollendem und gewolltem Willen). Seinerseits bezieht sich Bergoglio auf die innere (und gegebenfalls auch auf die soziale) Harmonie. Alle drei Erlebnisse drücken den Frieden mit sich selbst, mit den anderen und mit Gott aus, der für die Theologie eine Gabe des Heiligen Geistes ist wie die Liebe und die Freude.

Der polare Gegensatz[12] zwischen Ganzheit und Grenze, von der Bergoglio oft spricht, entspricht m. E. dem Blondelschen Gegensatz zwischen *volonté voulante* und *volonté volue*, die in jeder Gelegenheit, in der beide zusammentreffen, sich gleichzeitig entfernen. Denn die erste geht immer über die zweite ins Unendliche hinaus. Ein solcher Überfluss in der gleichzeitigen Übereinstimmung beider kann durch die zeitliche Metapher »ja schon, aber noch nicht« oder durch die räumliche »in und darüber hinaus« ausgedrückt werden.

Die Gleichung der beiden Willen bei Blondel – die der Mensch unentbehrlich benötigt und wünscht – entspricht der existentiellen und sozialen Harmonie, auf die die polaren Gegensätze bei Bergoglio abzielen. Für diesen ist sie eine Gabe des Heiligen Geistes, welche der

11 Die Unterscheidungsregeln der zweiten Exerzitienwoche tragen bei, die falschen, täuschenden Tröstungen von den authentischen zu unterscheiden. Man könnte Ignatius als einen früheren »Meister des Verdachts« betrachten.

12 Bergoglio wollte seine theologische Doktorarbeit über Romano Guardini und sein Werk *Der Gegensatz. Versuche einer Philosophie des Lebendigkonkreten* (Mainz, Grünewald, 1985[3]) schreiben, das eine Dialektik der polaren Gegensätze beinhaltet, die man mit der Blondelschen Dialektik der Aktion vergleichen kann.

menschlichen Freiheit vorausgeht und mit ihr mitwirkt. Seinerseits erkennt der französische Philosoph an, dass der Mensch *allein*, obwohl er diese Gleichung unerlässlich braucht, sie ohne eine Gabe von oben nicht erlangen kann. In dieser Erfahrung sind beide Autoren auch mit der *contemplatio ad amorem* des Ignatius in Einklang, indem sie nicht nur überzeugt sind, dass alles Gute eine unentgeltliche Gabe von oben ist, sondern auch, dass Gott sich im Geben *ad modum laborantis* behält und die Freiheit befreit, um mit Ihm wirken zu dürfen.

Denn in der erwähnten ignatianischen Erfahrung der Beschauung *ad amorem* stimmen die *contemplatio in actione*, die Unterscheidung *der* Liebe (*genitivus objectivus und subjectivus*) und das ignatianische Prinzip »Gott in allen Dingen (und Ereignissen) finden« zusammen. Aber bei Ignatius handelt es sich um das Gespür der Anwesenheit und des Willens des dreieinigen Gottes; bei Blondel um das sapientielle, prospektive, *direkte* Fundament seiner philosophischen, *indirekten* Methode; und bei Franziskus um die Geisterunterscheidung in der Leitung nicht nur der Personen, sondern auch des gläubigen Volkes Gottes und seiner evangelisierenden Beziehungen mit den Völkern der Erde.

In den Notizen für seine Doktorarbeit schreibt Bergoglio, dass nach Guardini jeder Mensch mit der Geburt ein »existentielles *Kérygma*«, ein Passwort, eine Urberufung erhält, auf die er durch sein ganzes Leben antworten soll. Ausdrücklich bringt er den erlebten und getanen Einklang bzw. Missklang mit einem solchen Urwort mit dem göttlichen Trost in Verbindung bzw. mit dem widergöttlichen »Untrost«.[13] Seinerseits wird Blondel zwischen dem Leben und dem Tod der Aktion nach der Wahl unterscheiden. Die erste entspricht der glücklichen Übereinstimmung des Gewollten mit der den wollenden Willen bewegenden Urberufung in einer gut getroffenen Wahl. Dagegen kommt die Dissonanz mit dem von Gott gewährten Lebensauftrag einer erlebten Lüge –

13 Vgl. Diego J. Fares, »Prefazione. L'arte di guardare il mondo«, Vorwort der italienischen Übersetzung des oben zitierten Werks Guardinis: *L'opposizione polare. Saggio per una filosofía del concreto vivente*, Roma, La Civiltà Cattolica-Corriere della Sera, 2014. Dort werden das Buch Guardinis *Berichte über mein Leben*, Düsseldorf, Patmos, 1985, S. 20, und ein persönliches Dokument von Jorge M. Bergoglio (vom 12. Juli 1986) in den Fußnoten 7 bzw. 8 zitiert.

heute würde man sagen: einem pragmatischen Widerspruch – gleich. Der Meister aus Aix nennt sie *stérêsis*, d. h. einen *positiven* Mangel.

2) Zweiter Teil: *Überwindung der Konflikte auf einer höheren Einheit*

Wenn Franziskus feststellt, dass »die Einheit über dem Konflikt steht« (EG 228), behauptet er, dass man dem Konflikt weder ausweichen – wie der Priester und der Levit der Parabel des Guten Samariten es taten –[14] noch in ihm gefangen bleiben muss. Man soll ihn überwinden, indem man »die Bereitschaft« hat, »den Konflikt zu erleiden, ihn zu lösen und ihn zum Ausgangspunkt eines neuen Prozesses zu machen« (EG 227). Denn »es geht nicht darum, für einen Synkretismus einzutreten« oder »den einen [der Gegensätze] in den anderen zu absorbieren«, sondern es geht darum, dass die Konflikte, die Spannungen und die Gegensätze zu einer vielgestaltigen Einheit [ge]führ[t werden], die neues Leben hervorbringen (vgl. EG 228). Demzufolge handelt es sich um eine »Befriedung in der Verschiedenheit« (EG 229), um »eine neue und verheißungsvolle Synthese«, eine »versöhnte Verschiedenheit« (EG 230). Denn die Verschiedenheit »ist schön, wenn sie es annimmt, beständig in einen Prozess der Versöhnung einzutreten« (ibid.).

Folglich kann der Konflikt nach Franziskus »eine Lösung auf einer höheren Ebene« erreichen, »welche die wertvollen innewohnenden Möglichkeiten der Polaritäten im Streit beibehält« (EG 228). Es ergeben sich also zwei Hauptbedingungen einer möglichen Lösung: 1) die Synthese geschieht auf einer höheren oder tieferen menschlichen Dimension, und 2) weil es so ist, ereignen sich gleichzeitig die Beibehaltung und die Umgestaltung der Differenzen. Ein solcher Vorgang entfernt sich von der Dialektik Hegels und Marx' und nähert sich Guardinis Dialektik der Gegensätze, nicht weit von der Blondels.

---

14 Vgl. Jorge M. Bergoglio, *Noi come cittadini, noi come popolo. Verso un bicentenario in giustizia e solidarietà 2010–2016*, Città del Vaticano-Milano, Ed. Vaticana-Jaca Book, 2013, S. 63: Es handelt sich um den Vortrag, den Kardinal Bergoglio an der XIII. Erzdiözesanen-Tagung für Sozialpastoral in Buenos Aires (2010) gehalten hatte.

Bergoglio lehrt, dass die Versöhnung der Gegensätze nur auf einer *höheren* Ebene erreicht wird. So muss man auch nach Blondel das Visier der Absicht *höher* auf das Ziel richten, damit der moralische Schuss genau trifft, wie er in seinem Artikel über das Prinzip der Logik des moralischen Lebens die Sache erklärt.[15]

Aber die größte Annäherung von Franziskus an den Meister von Aix ergibt sich m. E. in der Erfahrung der inneren existentiellen Konfliktivität und ihrer Übertragung auf das Soziale. Denn der Papst, nachdem er auf Christus, unseren Frieden, anspielt, fügt hinzu:

> Wenn wir uns [die] biblischen Texte genau anschauen, werden wir eines feststellen müssen: der erste Bereich, wo wir aufgerufen werden, diese Befriedung in der Verschiedenheit zu vollziehen, ist unsere eigene Innerlichkeit, unser eigenes Leben« (EG 229).

An dieser Stelle zitiert er den spanisch-argentinischen Jesuitenphilosophen Ismael Quiles.[16] Aber nach meiner Meinung hätte er Blondel mit noch größerem Recht zitieren können, der wie Quiles und Bergoglio eine ähnliche Erfahrung *nach der Wahl* in den ignatianischen Exerzitien erlebt hatte. Diese Erfahrung bildet die existentiell erlebte Grundlage von mehreren »Gesetzen« des moralischen Lebens.[17]

In diesem bestimmten Fall handelt es sich um das zweite solcher Gesetze, das unser Philosoph das »der *Solidarität der missklingenden Kräfte*« (LVM 142) nennt, dessen Name selbst unseren jetzigen Zusammenhang ins Gedächtnis ruft. Er sagt:

> Keiner der zwei oder mehr Gegensätze überlebt einsam nach der Wahl und der Tat. Es entsteht eine neue Wirklichkeit, weil eine verwirklichte Idee nicht mehr so ist, wie sie war, bevor sie unter den anderen ausgewählt wurde, als sie noch den anderen entgegensetzte. Das sich aus der menschlichen Aktion Ergebende entwickelt sich also nicht in der durch die klare und einfache

15 Siehe den Artikel Blondels, der in der Fußnote 17 zitiert wird, S. 145.

16 Vgl. Ismael Quiles, *Filosofía de la educación personalista,* Buenos Aires (De Palma) 1981, S. 46–53.

17 Vgl. Maurice Blondel, »Principe élémentaire d'une logique de la vie morale«, in: *Les premiers écrits de Maurice Blondel II*, Paris, PUF, 1956, 123–147 (weiter vorn: LVM).

Idee orientierten Linie. Denn die Logik des Lebens entfaltet sich gemäß der Schräglinie des Parallelogramms von allen zusammenwirkenden und solidarischen Kräfte (ibid.).

Dies ist eine unendlich gerechte und exakte Logik, da sie das in doppeltem Sinne innere Gesetz für das spontane Leben und die willensmäßige Aktivität ist, somit norma sui; eine leuchtende Logik, da sie quer durch die Dunkelheiten unserer gegenwärtigen Bestimmung hindurch nur darauf aus ist, die Beziehung zwischen dem, was wir können und sollen, und dem, was wir wollen und tun, auszudrücken, um im Voraus die letztgültige Gerechtigkeit unseres Lebensschicksals zu erhellen; eine Logik, die allein diesen Namen aus sich heraus verdient, da ja die logische Wissenschaft sich ihrer halbwegs bemächtigt hat, bloß ein partieller Restbestand und ein losgelöster Aspekt ist.

2° Wenn dies der wesentliche Gegenstand der Logik und deren erste Materie ist, wie soll sie dann die Form der Wissenschaft annehmen? Welche werden vor der Reflexion die Gesetze des logischen Lebensprozesses sein?

Gesetz des anfänglichen Alogismus und des spontanen Polylogismus.

Die Sinneswahrnehmung und die menschliche Vernunft sind universale Instrumente. Dies erklärt zunächst einmal die augenscheinliche Unklarheit und Anomie des wirklichen Lebens, die gegenseitigen {20} Behauptungen (des glatten Gegenteils) oder die häufigen Widersprüche, die man – so aus dem Leben gegriffen – bei den Charakteren feststellt. Doch die anfängliche Anarchie, die mit der natürlichen Vielfalt der vitalen Mächte und der geistigen Fähigkeiten, mit der Mehrschichtigkeit des Lebens und der Mehrschichtigkeit des Seelenlebens gegeben ist, hindert nicht daran, dass es zu einer Verdichtung kommt. Alle unsere Daseinszustände, ob wir sie nun subjektiv nennen oder sie uns als objektiv erscheinen, sind schließlich mit unserer geistigen Veranlagung verbunden, einer Veranlagung, die sowohl allgemein menschlich als auch individuell ist und die als Untergrund und als reflektierender Spiegelbelag für alles dient, was von uns empfunden oder gewünscht, erfasst oder gewollt, verworfen oder zu eigen gemacht wird. Das anfängliche Chaos strebt also auf Ordnung schlechthin zu und auf eine gewisse einzigartige Ordnung, die sich zusammensetzt dank dieser Mischung von Instinkt, der die persönliche Berufung bestimmt, und von der Reflexion, die zum Prinzip der Entscheidungen, der Verdienste oder der willentlichen Fehler wird. Somit streben wir dank der tiefen Voreingenommenheit unserer konkreten Eigenart einerseits danach, ein System zu errichten, das wir für exklusiv und geschlossen halten (142).

Blondel bezieht sich auf das Parallelogramm der affektiven Kräfte und Beweggründe, die *vor* der Wahl alternativ gewesen waren, aber *nach* der Wahl nicht zerstört wurden, sondern sich vereinten und solidarisch die Aktion in Richtung der gewählten Alternative und über sie hinaus lenken. Wir können die Blondelsche geometrische Figur des Parallelogramms mit der Bergoglianischen des Polyeders (vgl. EG 236) vergleichen, weil beide die dynamische Einheit einer differenzierten Vielheit versinnbildlichen.

Obwohl der Papst Quiles sachgemäß zitiert, meine ich, dass Blondel noch besser die ignatianische Erfahrung erklärt, auf die beide sich beziehen. Denn der französische Philosoph beruft sich auf die affektive – nicht nur auf die intellektuelle – Dimension, und in der L'Action (1893) (und in späteren Texten) überträgt er explizit solche Erfahrung auf die soziale Ebene, wie es Bergoglio in einem in der Zeitschrift des CIS (des Zentrums für ignatianische Spiritualität) veröffentlichten Aufsatz auch tut. Dort behandelt er die »unio animorum« (Einheit der Gesinnungen) unter den Jesuiten, die aus verschiedenen Kulturen, Rassen und Nationen kommen, die gelegentlich in Konflikt sind.[18]

In diesem Artikel sagt Bergoglio, dass man »die erste Erfahrung der Einheit in der Verschiedenheit in sich selbst, in seiner eigenen Innerlichkeit entdeckt« (UA 131). Denn man erhält eine erneuerte Stimmung nach einer gelungenen Unterscheidung der Geister, d. h., dass »eine neue innere Einheit ausgebildet wird, welche die frühere fortsetzt, aber von ihr verschieden ist« im Sinne der oben genannten affektiven »höheren Synthese« oder des Blondelschen Parallelogramms der Gefühle. Dann spricht Bergoglio von der »inneren Harmonie der gegensätzlich spielen-

18 Vgl. Jorge M. Bergoglio, »›Y conforme a esta esperanza‹ (Const. 812). Algunas reflexiones acerca de la unión de los ánimos«, *CIS (Centrum Ignatianum Spiritualitatis)*, 20 (1990), N° 63–64, 121–142 (weiter vorn: UA).

den Teile« und erinnert daran, dass »gemäß den Exerzitien der Friede als erste Form des Trostes das Zeichen ist« (ibid.).

Letztlich wendet er das auf das Soziale an, was er über das Personale geschrieben hatte. Er zitiert die Verfassungen der Gesellschaft Jesu, in denen die ignatianische Intuition der Einheit in der Verschiedenheit der Gegensätze aufleuchtet, z.B. wie Ignatius sich über die Parteien bei den christlichen Prinzen ausdrückt. Dann fasst Bergoglio zusammen:

> Die Lösung von Ignatius ist die Allgemeinheit, die er als »universale Liebe« bezeichnet. Aber die Allgemeinheit ist nur möglich in der Fähigkeit der Erfassung des konkret Allgemeinen, dessen ursprüngliche Erfahrung und Primarreferenz sich in der eigenen Innerlichkeit ergibt (UA 132–133).

Selbstverständlich meint der Ausdruck »konkret Allgemeines« in diesem Kontext nicht die Hegelsche Bedeutung, sondern nähert sich eher dem »Konkret lebendigen« Guardinis, das seinerseits dem konkret Allgemeinen Blondels nahe ist. Christus ist für alle diese Autoren *der* Konkret Lebendige und *das* Konkret Allgemeine überhaupt.

Den Rat, den Ignatius zu seiner Zeit den christlichen Prinzen gab, praktizierte Kardinal Erzbischof Bergoglio in Buenos Aires, als er die Begegnung und den Dialog von christlichen und nicht christlichen argentinischen Politikern forderte, um allgemeine Konsense und Staatspolitiken für das Gemeinwohl zu erreichen. Auch auf diesen Fall kann das Modell des Polyeders angewandt werden, welches die polaren Gegensätze in eine höhere, aber gespannte Einheit übernimmt.

Das oben Gesagte werden wir vielleicht besser verstehen, wenn wir es im Lichte des *dritten* Blondelschen Gesetzes des moralischen Lebens betrachten. Denn es handelt sich um *das gegenseitige Aufwiegen* der früher entgegengesetzten und jetzt im Dienst des gewählten Motivs vereinten Kräfte. Nach Blondel erreichen wir

> den fortschreitenden Aufbau unseres moralischen Charakters mit Hilfe aller gegenseitig aufgewogenen Elemente, keins von denen soll gänzlich abwesend bei der letzten Lösung sein. Demzufolge können wir dem Guten durch alles Böse beitragen, das es in uns gibt, indem wir die Neigungen opfern, die ganz

weggeschaffen scheinen, aber deren lebendiger Saft unsere Aktion ernährt hat. Sie wurden einfach verklärt und dank der Vorenthaltung eines vergänglichen Genusses haben sie sich in eine bleibende Freude umgewandelt (LVM 143).

Aber andererseits ist diese Arbeit an der koordinierenden Synthese nie auf einmal fertig, nie ganz vollständig, selbst nicht nach einem langen Leben voller Einigung und methodischer Umkehr: Das geht so weit, dass Zustände in uns zusammenwohnen und sich gegenseitig durchdringen, die vor der Reflexion unvereinbar sind und die ihre Anwesenheit bekunden, lange nachdem die Überlegung oder der Wille versucht oder sogar geglaubt haben, sie zurückzudrängen, sie zu bändigen oder sie zu absorbieren. <382>

Gesetz der Solidarität der unstimmigen Kräfte.

Die Verdichtung, die abwechselnd oder gleichzeitig spontan wie willensmäßig nach und nach die Züge jeder Persönlichkeit nach dem Gesetz des logischen Wachstums und der inneren Spezifikation bestimmt, unterdrückt oder vernachlässigt keines der von der Natur bereitgestellten und auferlegten Elemente.

Die dynamische Genese unserer Ideen und unserer Empfindungen bildet ein totales und unauflösliches Ganzes. Wir trennen uns nicht von uns selbst. Die gebändigten Strebungen halten durch, {21} um für die Strebungen, die den Sieg davongetragen haben, den Sinn zu markieren, den Preis zu bestimmen, deren Leben zu fördern: auf diese Weise erscheint nichts gehemmt und ausgeschlossen von uns, ohne zugleich mit eingeschlossen und verwendet zu sein; nichts tritt in uns ein, was nicht in gewisser Hinsicht aus einer intimen Empfänglichkeit hervorginge. Von zwei oder mehreren Gegensätzen überlebt keiner die Option und den Akt allein; es gibt eine neue Wirklichkeit; denn eine verwirklichte Idee ist nicht dieselbe, die sie alleine war, bevor sie den anderen entgegengesetzt und ihnen vorgezogen worden ist. Das Ergebnis der menschlichen Aktivität entwickelt sich also nicht auf der Linie, die durch eine einfache und klare Idee abgesteckt wird, der wir vielleicht allein zu folgen meinen: Die Logik des Lebens entfaltet sich auf der Diagonalen des Parallelogramms aller wetteifernden und eng verflochtenen Kräfte. Das ist auch der Grund, warum wir oft, warum wir stets dorthin gelangen, wohin wir es nicht klar vorgesehen haben zu gehen, dorthin, wo die abstrakte und monoeidetische Dialektik

> mit ihrer linearen Skizze uns nicht geführt hätte: so dass die Tathandlung uns stets Neues enthüllt 143) und ihre Logik jede analytische Deduktion übersteigt.

Solche Erwähnung des Opfers oder der Abtötung, die für Blondel »die metaphysische Erfahrung« ausmacht, entspricht der dritten Woche der ignatianischen Exerzitien und der Behauptung des Papstes, dass »der Herr es ja ist, ›der Frieden am Kreuz durch sein Blut‹ (Kol 1,20) gestiftet hat« (EG 229).

Im Gegenteil bezieht sich der Hinweis Blondels auf die Verklärung der affektiven Neigungen und auf deren durch ihr Opfer erreichte Umwandlung in bleibende Freude auf die vierte Exerzitienwoche, die der Auferstehung Christi gewidmet ist. Auf diese Weise verknüpft sich mit dem Ostermysterium »die Überzeugung« – von der der Papst spricht –, dass »die Einheit, die vom Heiligen Geist kommt, alle Unterschiede in Einklang bringen kann« (EG 230). Ignatius, Blondel und Franziskus betrachten die Einheit in der Verschiedenheit als österliches Ergebnis der dritten Person der Heiligen Dreifaltigkeit.

Die Logik der Liebe und die Logik des Integralismus

In seiner Homilie vom 15. Februar 2015 an die neuen Kardinäle[19] sagte der Papst, dass »es zwei Arten von Logik des Denkens und des Glaubens sind: die Angst, die Geretteten zu verlieren, und der Wunsch, die Verlorenen zu retten« (Paragraph 3). Die zweite ist »die Logik der Liebe, die sich nicht auf der Angst gründet, sondern auf der Freiheit« (Par. 2). Denn es handelt sich um

> die Logik Gottes, der mit seiner Barmherzigkeit den Menschen umarmt und aufnimmt, ihn wieder eingliedert und so das Böse in Gutes, die Verurteilung in Rettung und die Ausgrenzung in Verkündigung verwandelt (Par. 3).

Das Gegenteil ist »die Logik der Gesetzeslehrer« (ibid.), die »einer Mentalität« eigen ist, »die sich in Angst verschließt und in ihren Vor-

---

19 Siehe die Homilie »All'incrocio di due logiche«, *L'Osservatore Romano* (16–17 febbraio 2015), 8.

urteilen selbst beschränkt« (S. 2). Sie sind die im Herzen Verschlossenen,

> für die sogar eine Heilung ein Ärgernis ist, die an jeglicher Öffnung Anstoß nehmen, an jedwedem Schritt, der nicht in ihr geistiges und geistliches Schema passt, an jeder Liebkosung oder Zärtlichkeit, die nicht ihren Denkgewohnheiten und ihrer ritualischen Reinheit entspricht (ibid.).

Der Papst und Blondel sprechen beide von »Logik«. Nach dem ersten »durchziehen [diese] zwei Arten von Logik die gesamte Geschichte der Kirche: *ausgrenzen* und *wiedereingliedern*« (ibid., par. 3). Aber »der Weg der Kirche ist vom Jerusalemer Konzil zum Weg Jesu: der Weg der Eingliederung« (ibid.). Auch Blondel erkennt im Vorwort der italienischen Übersetzung seines Artikels über »Das Elementarprinzip der Logik des moralischen Lebens« an, dass er eine globale Logik vorschlägt, die der biegsamen und strengen »Logik der Liebe« von Franziskus gleichkommt. Der Denker von Aix behauptet:

> Es geht um die harmonische Teilnahme am gebieterischen Gebot des allmächtigen Meisters ...; das Gesetz ist endlich der eingeflossene Ausdruck einer Liebe, die sich nicht an den anfänglichen Zwang hält, die gebietet, nur um zu ordnen, die ordnet, nur um mitzuteilen, nur um das Möglichste am Sein, an Vollkommenheit, an Glückseligkeit herauszurufen ... *Et nos credimus Caritati.*[20]

Blondel führte das Wort »Charitismus« spät ein. Aber schon seit der »ersten Notiz« für seine Doktorarbeit wertete er hauptsächlich die Aktion höher als die Idee der Aktion, weil die theologale Liebe in der Aktion selbst erlebt und geübt wird. Nach ihm bringt die Logik der Liebe – als Logik des moralischen Lebens – die höchste Fügsamkeit (*souplesse*) mit der höchsten Strenge in Verbindung. Denn es handelt sich um ein allgemeines Gesetz, das sich doch biegsam den verschiedenen Personen und Situationen anpasst, ohne trotzdem aufzuhören, allgemein zu gelten. Er lehrt:

---

20 Vgl. M. Blondel, *Principio di una logica della vita morale* con lettera-prefazione di Maurice Blondel (Introduzione e traduzione a cura di Enrico Castelli), Roma (Signorelli) 1925, S. 10.

> Die unbekannte Schwierigkeit der Ethik hat ihren Grund darin, dass die Wissenschaft des moralischen Schusses eine zu jeder Berufung, zu jedem Charakter, zu jeder Gelegenheit geeignete Wurflehre voraussetzt, d.h. eine Kasuistik, die die objektive Kasuistik *omnibus* (für alle) ersetzen soll (LVM 143).

Ein solches Blondelsches Verständnis der moralischen Allgemeinheit der Liebe stimmt mit der Lehre von *Amoris Laetitia* (AL) über die Unterscheidung der Geister in der Ablehnung einer abstrakten, univoken, ungeschichtlichen Regelung aller Fälle durch eine generelle gesetzliche Norm kanonischer Art (vgl. AL 300) überein. Denn für beide Denker »steht die Wirklichkeit über der Idee« (EG 231). M.E. kann solche Auffassung einer situierten Universalität der Liebe mit Hilfe der thomasischen Analogie gut gedeutet werden.[21]

Beide stellen sich gegen den Integralismus, weil dieser herzlos, ungeschichtlich und univok denkt und sich dem evangelischen Primat der barmherzigen Liebe widersetzt. Franziskus kritisiert Haltungen und Stimmungen, die dieser Ideologie verwandt sind, wie »die spirituelle Weltlichkeit« (EG 93ff.), »den Ethizismus ohne Güte« (EG 231) und »den Intellektualismus ohne Weisheit« (ibid.). In Bezug auf Blondel behauptet von Balthasar, dass Blondel »der erste christliche Denker war, der das Phänomen des heute bezeichneten Integralismus beachtete« und »der eine noch nicht überwundene, schärfere und systematische Diagnose [desselben] anbot«. Zu seiner Zeit sprach er jedoch überwiegend kryptisch über den Monophorismus.[22]

---

21 Für Blondel war die Analogie des Thomismus seiner Zeit problematisch. Ich versuche die Analogie des Thomas in meinen Arbeiten neu zu interpretieren: *Religión y Nuevo Pensamiento. Hacia una filosofía de la religión para nuestro tiempo desde América Latina*, Barcelona-México, Anthropos-UAM (Iztapalapa) 2005, Kap. 6, und »Nuevo pensamiento, analogía y analéctica«, *Stromata* 68 (2012), 33–56.

22 Blondel veröffentlichte mit dem Pseudonym Testis in den *Annales de Philosophie chrétienne* 1909–1910 den Artikel: *Catholicisme sociale et Monophorisme. Controverses sur les méthodes et les doctrines* (als Sonderdruck: Paris, Bloud & Gay, 1910). Siehe auch meinen Aufsatz »La philosophie sociale de Blondel et la théologie de la libération de Gustavo Gutiérrez; convergences, divergences, apports«, in: Marc Leclerc (ed.), *Blondel entre L'Action et la Trilogie*, Bruxelles (Lessius) 2003, 392–398.

Schluss

Die *contemplatio ad amorem* kann als der goldene Leitfaden des vorliegenden Aufsatzes angesehen werden. Denn diese Anschauung vereinigt die Handlung »in actione contemplativus«, die Unterscheidung der Geister in der Aktion, die durch die Erfahrung von Trost und Untrost erleuchtete Wahl und die ignatianische Überwindung der existentiellen und der sozialen Konflikte durch die polyedrische Kommunion in den Differenzen, die Logik der barmherzigen Liebe, die sich der ungeschichtlichen Logik des Integralismus widersetzt, usw. Denn die tätige Liebe empfindet, dass alles – sogar unsere befreite Freiheit – eine Gabe Gottes ist, die von oben und unentgeltlich kommt, weil der dreieinige Herr sich mitwirkend *ad modum laborantis* behält.

Dort liegt nach meiner Meinung der Schlüssel der merkwürdigen Konvergenz zwischen der pastoralen Aktion von Papst Franziskus und der Blondelschen Philosophie der Aktion, welche die erlebte Tat der Liebe als ihre Erfahrungsgrundlage hat. Das philosophische Denken des Zweiten Vatikanums erleuchtet die Hirtenpraxis des Ersten, und diese beweist den tief menschlichen und christlichen Wert der Philosophie Blondels.

Peter Reifenberg

Le prix de la vie chrétienne. Un coup d'œil sur une publication peu appréciée de Maurice Blondel: *Exigences Philosophiques du Christianisme* (1950)

»… vivant en chrétien, je cherche comment je dois penser en philosophe.«
Maurice Blondel, dans: Archambault, Paul: Vers un réalisme intégral. L'Œuvre de Maurice Blondel. Paris (Bloud & Gay 1928) p. 40. note 3.

I. Esquisse des problèmes

1. Questions introductives

Le lecteur actuel, qu'il soit philosophe ou théologien, rencontrera tout d'abord des difficultés dans sa lecture et sa compréhension de la dernière œuvre publiée par Blondel et parue à titre posthume chez PUF en 1950, les *Exigences philosophiques du Christianisme*, et ce même si Peter Henrici affirme à raison que le cœur de la pensée blondélienne, c'est-à-dire la plus profonde préoccupation de son action philosophique, se retrouve dans cette œuvre.[1] A la veille de sa mort, Blondel a donné deux contributions à l'impression: la première sous le titre *Le sens chrétien*, la seconde sous le titre *De l'Assimilation (Comme Aboutissement et Trans-*

1 Maurice Blondel: Exigences philosophiques du Christianisme. PUF. Paris, 1950 (par la suite abrégé en Ex, le deuxième chiffre se référant à la traduction allemande de Robert Scherer: Maurice Blondel: Philosophische Ansprüche des Christentums (Herold) Wien/München 1954. Cf. Emmanuel Gabellieri, »Les Exigences Philosophiques du Christianisme«: Une métaphysique du don, dans: Marc Leclerc (éd.), Blondel entre L'action et la Trilogie (Lessius) Bruxelles 2003. p. 331–344.

position de la Théorie de l'Analogie). Dans la première, il part du Dieu chrétien de l'amour pour tracer une philosophie de l'amour de grande envergure.[2] La seconde présente sous le terme d'assimilation une philosophie de l'assimilation de l'Homme à Dieu. Les deux contributions aboutissent à une profonde piété et pratique eucharistique.

Le philosophe critique ne pose cependant pas directement la question des prétentions philosophiques du christianisme, mais se demande bien plus si une telle question peut se poser judicieusement de manière philosophique. La corrélation entre croyance et pensée, entre raison et Révélation, ne relève-t-elle pas bien plus de questions de théologie fondamentale? Les déclarations de la Révélation ne sont-elles pas des déclarations de salut théologiques, qui doivent rester étrangères aux systèmes et concepts philosophiques? C'est aussi une question qui est posée à notre Nestor de la recherche germanophone sur Blondel de savoir si l'on doit effectivement »sensément commencer par lire *Les Exigences* lorsque l'on s'intéresse à Blondel«. Pourquoi l'ouvrage n'est-il que très peu considéré, si ce n'est pas évité, dans la recherche sur Blondel? En quoi est de plus justifié son caractère étranger? Quelle manière de penser philosophique est-elle nécessaire pour simplement comprendre l'esprit chrétien et transmettre à l'Homme l'idée d'une proximité la plus grande possible en tant qu'achèvement sensé de sa vie? Comment la philosophie peut-elle, si elle ne veut pas se considérer comme »philosophie séparée«, se concevoir par rapport à la Révélation?

2. Méditation des aspects chrétiens dans la philosophie

Nous recourons tout d'abord à une réponse du spécialiste mayençais de Blondel et de Kant, Joachim Kopper, mort en 2013, qui donne dans ses publications des indications précieuses. Il soulignait régulièrement à la fin de sa vie que la philosophie ne doit pas être comprise comme un enseignement/une doctrine, c'est-à-dire pas comme un système ar-

2 Voir aussi: Peter Henrici, Blondels Philosophie der Liebe (1995), in: Peter Henrici: Philosophie aus Glaubenserfahrung. Studien zum Frühwerk Maurice Blondels. p. 371–386.

rêté, mais doit avoir lieu en passant par la méditation philosophique. Appliqué aux principes philosophiques et à »l'esprit chrétien«, cela signifie que ceux-ci doivent se produire de manière réfléchie, en tant que »méditation« des aspects chrétiens dans la philosophie.[3] Cet accès à la compréhension de la pensée philosophique par le biais de la Révélation ne sera pas tout de suite évident pour tout le monde. Kopper écrit à ce sujet que »la pensée chrétienne se comprend elle-même comme issue de la croyance juive et de la religion juive …, comme il est présenté dans la Bible. Les maîtres de la Bible rendent compte avec une pure imagination productive,[4] dont on a autrefois appelé l'apparence dans les représentations picturales »inspiration«, de la création des premiers hommes, du fait que Dieu leur ait interdit de goûter aux fruits de l'arbre de la connaissance et de leur péché« (ibid. p 87). On arrive en pensant la philosophie comme une méditation de la pure imagination productive à se rapprocher de la conception de Maurice Blondel, qui définit la pensée elle-même comme »le problème des problèmes« (Ex, 282/280), étant donné qu'elle ne serait pas homogène et pas non plus l'unique solution pour définir le sens et la vocation de la vie humaine, interrogation qui reste la question fondamentale de la pensée blondélienne. Il est nécessaire d'inverser l'orientation philosophique dans le sens de Blondel et à la suite de Joachim Kopper, afin de donner les bonnes réponses aux grandes interrogations concernant l'esprit chrétien et une philosophie de l'assimilation de l'Homme à Dieu. Ce sont l'intégrité d'une possible efficacité de la pensée philosophique, et ainsi la philosophie en tant qu'instrument de la pensée qui sont en jeu. Au regard de l'unité concrète de la réalité, dans laquelle sont réunies et se reflètent de manière adéquate dans la pensée l'histoire, la science et la métaphysique, la philosophie ne doit

---

3 C'est ainsi qu'il l'exprime dans sa contribution à l'Erbacher Hof, académie épiscopale de Mayence le 3 février 2011, dans: Joachim Kopper: Sechs Vorträge, herausgegeben und eingeleitet von Lutz Baumann, Margit Ruffing und Margit Kopper. (WBG) Darmstadt 2018, 79–99. (Gesamtausgabe Bd. I).Cf. aussi Meditation des Christlichen Glaubens, in: Dietmar H. Heidemann/Raoul Weicker: Glaube und Vernunft in der Philosophie der Neuzeit. Festschrift für Robert Theis (Olms) Darmstadt 2013, 87–93 (= Kopper I, 79–99).

4 Cf. aussi: Rudolf Eisler, Kant-Lexikon. (Olms) Darmstadt ^{8}1979. p. 105–107.

pas seulement être conçue comme une simple représentation conceptuelle d'une idée abstraite de l'universel, mais comme quelque chose d'à la fois concret et universel (cf. Ex, 293/291). Qu'est-ce que ce concret et universel? Peut-on le définir, le représenter, le concevoir, le méditer?

Blondel dit à ce sujet: »c'est-à-dire d'un universel qui est réellement présent partout et en chaque singulier« (Ex 293/291).

La méditation philosophique peut-elle mener à une vue d'ensemble concrète et en même temps déchiffrer le concret au sein de l'ensemble de manière suffisante? La question fondamentale de la nature et de la surnature se laisse-t-elle décrire en s'intéressant à l'esprit chrétien et à l'assimilation?

Que nous dit Joachim Kopper à ce sujet? Il énonce dans son interprétation du sermon sur la pauvreté de Eckhart: »*Beati pauperes spiritu*« (sermon 52) que la béatitude en Dieu dans la parole du Christ et dans le sermon sur la montagne devance (tout enseignement) toute doctrine affirmati(f)ve.[5] La philosophie ne doit pas s'épuiser à des affirmations, sous peine de les figer en simples doctrines.[6]

---

5 Cf. Joachim Kopper: Einbildungskraft, Glaube und ontologischer Gottesbeweis. Die Gottesfrage in philosophischer Besinnung. Freiburg (Alber) 2012. S. 84f., hier S. 85 (=Kopper 2012):«In dem Text dieser Predigt stellt sich die Verkündigung, wie sie aus dem Sichverstehen im Glauben geschieht, selbst – in Vernunft – auf die Weise einer behauptenden Lehre, d.h. aber in Nichtverstandensein dar. Es wird behauptet, dass das Wollen, das Erkennen, das Sein und Haben nicht zu der Armut führen, die Seligkeit bedeutet. Aber dieses Behaupten hat eben den Charakter der Lehre und hat mit dem Sichverstehen in der Seligkeit als Denken und Sprechen im behauptenden Feststellen nichts zu tun. Es ist das Sichverstehen des Menschen in der Armut, die als solche die Seligkeit ist, das in Eckharts Predigt dem Sichangeben seiner Bedeutung auf die Weise der behauptenden Lehre vorangeht.« Kopper I,31–53.)

6 »Dann sage ich zu Anfang, dass man bei der Philosophie den eigentlichen philosophischen Impetus, die eigentliche philosophische Grundhaltung, und die Lehre, die dann dabei herauskommt, unterscheiden muss. Sowohl Spinoza als auch Kant haben das Richtige in ihrer Lehre betont. Bei Kant z. B. heißt es vor allem in den *Prolegomena zu einer jeden Metaphysik, die als Wissenschaft wird auftreten können*: ,Meine Lehre ist die einzig richtige!' Das macht Spinoza auch. Man muss also zwischen der eigentlich philosophischen Grundhaltung und dem, was dann daraus gemacht wird, unterscheiden. Das erschwert die Sache sehr. Denn wenn ich jetzt zu Ihnen von Spinoza rede, und auch von Kant, dann kann ich Sie nicht darauf verpflichten, dass wir hier die einzig richtige Lehre haben, und davon gleich zwei. ... Die philosophische Lehre

La foi ne peut par exemple pour Kant pas être appréhendée par une doctrine théorique[7].

La philosophie ne serait donc pas à concevoir comme une doctrine, mais plutôt comme une méditation, et à la manière de cette dernière en tant que pure imagination productive. »Toute doctrine qui prétend se suffire est illégitime et déficiente« (Ex 260/261).

3. Intellectualité et dévouement: Mt 11,25b

Que penser d'une philosophie, et que dire sur celle-ci, quand elle utilise de manière répétée à des endroits précis une péricope critiquant ouvertement la raison, issue du Nouveau Testament?

»Je te loue, Père, Seigneur du ciel et de la terre, de ce que tu as caché ces choses aux sages et aux intelligents, et de ce que tu les as révélées aux enfants« (Mt 11,25).

---

wiederum besteht normalerweise in Behauptungen. **Behauptungen** sind das Üble. Und warum ist das Übel, in der Philosophie, mit den Behauptungen? Weil man von etwas redet, wo gar nichts da ist. Sofern etwas da ist, kann ich von der Sache reden, und je mehr ich davon weiß, desto mehr kann ich darüber auch sinnvoll reden: Das sind also Dinge, bei denen man übereinkommen kann. Bei der Philosophie kann man das nicht. Das wollen wir also jetzt hier exerzieren«. (Kopper I,101–120, hier S. 102).

7 Cf. Kopper (2012) S. 105f.: »Die Schriftgelehrten der Bibel haben … dieses Sichverstehen der Menschen in reiner produktiver Einbildungskraft erfahren, und dieses Sichbezeugen des Sichverstehens der Menschen … haben sie in den Bildern der reproduktiven Einbildungskraft angegeben. Ihr Sicherfahren in reiner produktiver Einbildungskraft gibt sich ihnen – in Aussprechen – in Bildern der reproduktiven Einbildungskraft an. Dieses Geschehen des Sichverstehens des Menschen … gestaltet Kant von seiner Lehre aus dem Sichverstehen des Menschen im Glauben (der sich auch in der Lehre von der »reinen Vernunft »selbst gestaltet hat), so, dass er das Sichverstehen des Menschen aus dem Sprechen Gottes, als sein Sichaussprechen in Fürsichsein in reproduktiver Einbildungskraft weiß. An die Stelle der behauptenden Lehre der Transzendentalphilosophie, die für sich selbst objektive Gültigkeit beansprucht, tritt, … das Sichaussprechen des Glaubens, wie er in Aussprechen sein Geschehen als reine produktive Einbildungskraft, ohne alles Behaupten, reproduktiv als das Geschehen einer subjektiven Notwendigkeit ist. … das Sichverstehen des Menschen im Glauben ist das Offenbarsein des Lebens aus Gott, dass dieses Leben sich auch unter dem Fluche Gottes erfährt und der Mensch sich in seinem Leben als das erkennende Wesen so weiß, dass sein Sicherkennen auch als sein Verworfensein geschieht …«

Ce passage traverse comme un adage l'œuvre de Maurice Blondel.

L'exégèse interprète Mt 25,11 comme une prière du Christ à Dieu le père souverain et aimant, qui détient dans sa volonté le salut de l'Homme. La raison de ce cette louange est formulée dans un parallèle antithétique, dans lequel Jésus ne remercie pas Dieu pour ne pas avoir choisi les sages, mais seulement pour s'être révélé aux enfants, alors qu'il reste inaccessible aux sages. Lorsque la péricope est présentée par un sage (intellectuel), la louange est indissociablement accompagnée d'une sorte de résignation. L'opposition antithétique entre sages et enfants attire l'attention sur le contexte et la situation d'énonciation particuliers, puisque l'enseignement d'Israël, les élèves de la sagesse et partisans des groupes apocalyptiques, mais aussi les sages du Qumrân et les érudits sont visés. Ils forment un groupe qui est supérieur au commun du peuple. Tous ceux qui en Israël passent pour des sages ou se considèrent comme tels sont concernés, c'est-à-dire toute »l'aristocratie religieuse«.
Le terme utilisé en opposition aux sages »*Näpios*« contient une double nuance, signifiant d'une part nourrisson et enfant, c'est-à-dire au sens large les immatures et les irresponsables, mais aussi les simples d'esprit, les incultes et les idiots. L'expression en est ainsi renforcée: le Père ne s'est pas révélé à ceux qui s'en réclament habituellement, mais aux simples Hommes, aux non philosophes, non réfléchis, non sages. Le Père ne se révèle donc pas aux élites religieuses, mais plutôt aux pauvres, y compris aux femmes, qui n'ont ni le temps ni la possibilité d'apprendre des sages.

Cette louange, qui se retrouve dans toute l'œuvre de Blondel comme une mise en garde, mais aussi comme un doute de soi et de sa propre profession philosophique, s'inscrit dans l'annonce du Royaume de Dieu par le Christ, qui amène Dieu avant tout aux pauvres, aux simples et aux défavorisés d'Israël.[8] Le sens de ces propos doit être mis en lien avec le reste de l'œuvre et la vie de Blondel. Cette idée se répète dès *L'Action* (1893) de manière continue.[9] Dans l'introduction aux *Exigences*, Blon-

8 Pour l'éxégèse cf. Ulrich Lutz, Das Evangelium nach Matthäus (Mt 8–17) EKK I/2 (Benziger) Zürich 1990, 205.206.

9 Cf. la répétition de l'idée A (XI) 19/12; (XIV) 22/15; (XVI) 24/16; (85) 119/110 et suiv.; (409) 443/435. Et ensuite en tant que »conclusion« de toute sa méthodologie A (474) 499/528. »La logique de l'action cherche uniquement à découvrir un itinéraire qui per-

del pose la question de la possibilité d'une analyse philosophique de l'esprit chrétien. »Est-il possible, est-il légitime, est-il bon d'étudier, d'un point de vue philosophique, l'esprit chrétien?« (Ex 3/17). Et il évoque directement la piste de Mt 11,25, lorsqu'il répond: »Bien plus, l'Évangile ne nous avertit-il pas que ces choses restent cachées aux curieux pour n'être révélées qu'aux simples et aux petits?« (Ex 3/17).

L'adage[10] est à garder en mémoire lorsqu'il s'agit d'analyser la signification de la pensée et de la philosophie. C'est dans cette mesure que Blondel reste fidèle à la »critique de la vie« même dans les *Exigences*, dans cette mesure qu'il exige un changement de paradigme de l'image que se fait la philosophie d'elle-même. Les pauvres de l'esprit ne sont évidemment pas seulement les riches de la vie, mais ceux qui devancent grâce à une voie directe l'intellectuel, c'est-à-dire le philosophe, dans le processus d'assimilation de l'Homme à Dieu et atteignent ainsi plus rapidement l'apothéose, puisqu'ils pénètrent dans l'ordre surnaturel par une voie directe, en recevant la grâce du Dieu caché venant vers eux sans passer par le biais de la réflexion (cf. Ex 258/258).

L'action de l'amour appartient aux humbles, à ceux qui sont toujours prêt à accueillir Dieu comme le Dieu aimant. C'est dans cette mesure que l'amour est le principe dominant et unificateur de l'esprit chrétien (cf. Ex 85–88/98–101). Cette conception amène à une nouvelle conception de la vie au-delà de la vie, et ne peut être surmontée que par l'étroite porte de la mort comme apogée de l'assimilation, dans le but d'obtenir un »*Consors naturae divinae*« adapté (cf. Ex 291/290). Cette idée se

---

mette à l'intelligence des doctes de rejoindre lentement et sûrement les hauteurs des humbles et des petits; elle les amène à un point de départ. Mais la lumière dont elle éclaire la route ne dispense personne de l'effort qui reste nécessaire pour y monter.« Cf. Pascal-Bild (2011) 159 note 21.

10 Cf. Ex 18/32; 24/38; 24.25/39; 59/73; 61/75; 88/101.

trouve dès *Point de départ* (1906).[11] Une nouvelle manière de philosopher s'annonce.[12]

II. Le texte

1. Les »Avant-Propos« tardifs

Blondel se lance avec les *Exigences* dans une entreprise philosophique osée. Il s'intéresse à la perfection de l'Homme, à la possibilité d'une assimilation dans laquelle l'Homme deviendrait Dieu. Il est pour cela nécessaire de redéfinir le Surnaturel, c'est-à-dire de réfléchir à la relation entre nature et grâce. Il est selon moi indispensable pour interpréter l'œuvre de jeter un coup d'œil aux deux avant-propos rédigés par Blondel le premier juin 1949, c'est-à-dire quelques jours seulement avant sa mort le 4 juin 1949. Ils montrent que Blondel est resté fidèle à ses convictions religieuses profondes, puisque les deux textes restaient valides même vingt ans plus tard. Ils datent de la moitié de sa période de création, à la fin des années 1920. Ils durent déjà être dictés du fait d'une cécité accrue, ce qui a eu des répercussions sur le style prolixe de l'ouvrage et donné lieu à de nombreuses redondances. Blondel n'en vécut pas la mise à l'impression. Même s'il approuve toujours à la fin de sa vie le contenu de ces deux traités, il n'en reste pas moins que l'on peut se demander pourquoi il s'immisce au bout d'une si longue période une fois de plus dans le débat sur la raison et la Révélation. Lui-même précise que les textes doivent être publiés avant la parution du troisième tome encore inédit à cette période de *La Philosophie et l'Esprit Chrétien*.

---

11 Point (569) 127 en lien avec Philosophie de L'Action, 234: »Die Philosophie ist ein Erlernen des Todes, d. h. die Antizipation des wahren Lebens, das für uns untrennbar Erkennen und Tun ist.« (La philosophie est un apprentissage de la mort, c'est-à-dire l'anticipation de la vraie vie, qui est pour nous de manière indissociable connaissance et action.).

12 Cf. en général: Peter Reifenberg, Verantwortung aus der Letztbestimmung. Maurice Blondels Ansatz zu einer Logik des sittlichen Lebens. Freiburg (Herder) 2002. (=Reifenberg (2002)). Reifenberg (éd.) Mut zur offenen Philosophie. Ein Neubedenken der Philosophie der Tat. Würzburg (echter) 2012. (=Reifenberg (2012)).

Il était apparemment conscient du fait qu'il avait 89 ans et plus énormément de temps pour exprimer une fois encore le fait que l'élévation surnaturelle de l'Homme est un thème central pour l'anthropologie. De plus était paru chez Aubier à Paris en 1946 un ouvrage ayant fait date du disciple de Blondel, Henri de Lubac SJ: *Surnaturel. Etudes historiques*, ce dont Blondel était certainement averti.

Dans sa publication, Blondel s'adresse à des novices, qui doivent être éclairés par l'œuvre et obtenir ainsi un accès plus simple à l'esprit chrétien, ce qui n'est au vu de la complexité du contenu théologique que difficilement compréhensible, puisque l'œuvre doit pour être correctement comprise et permettre l'obtention d'un apport personnel être étudiée à plusieurs reprises à l'aide du texte original – la traduction effectuée par Robert Scherer n'étant finalement que d'une utilité limitée. Dans le but d'une interprétation correcte, il serait nécessaire – ce qui ne sera pas possible ici – de traiter la discussion théologique concernant la problématique de la grâce divine dans les années 1920 et dans le même temps de prendre en compte les œuvres de Maurice Blondel parues dans les années 1920, en particulier *Itinéraire philosophique* de 1928 et *Le procès de l'intelligence* de 1922, tout en reflétant ceci sur *L'Action* (1893). Blondel remarque dans le premier avant-propos (Ex 2/15) que le livre contient une sorte de force de commencement tout comme également un testament de toute sa pensée, lorsqu'il remarque que les »vues fondamentales« de l'œuvre ne sont »*ultimum in excessione*« que parce qu'elle était »*primum in intentione*« et qu'elle est donc à relier dans l'histoire de l'œuvre de Blondel à l'objectif philosophique que celui-ci se fixe lui-même dans son *Mémoire* de 1893. Le temps investi ne doit jouer aucun rôle lorsqu'on se soumet à la laborieuse étude des textes que nous considérons comme une unité; le gain de connaissances pour le domaine concerné, mais aussi pour l'analyse herméneutique de la totalité de l'œuvre blondélienne est incroyablement grand.

Le deuxième avant-propos, plus long, celui du texte *De L'Assimilation* me paraît tout aussi important (cf. Ex 219.220/223.224). Blondel évoque le fait que la contribution, rédigée à la même période, était prévue pour être le douzième chapitre du texte précédent, *Le Sens Chrétien*. Seuls l'importance du problème et le devenir de l'être humain justifieraient une publication séparée. Avec ce deuxième texte, Maurice Blondel ne s'adresse pas à un public spécialisé, ce qui ne peut cependant être au vu de la complexité et de la difficulté du texte qu'une déclaration d'intention. Il part de la phrase thomiste »*Omnia intendunt assimilari Deo*« et s'efforce de rendre clair le concept d'assimilation, régulièrement mal compris, utilisé de manière ambigüe et souvent méconnu, par une analyse philosophique minutieuse. Ce projet est également abordé dans le second texte en partant de l'idée d'une »destinée de l'homme«, avec pour principe fondamental la limitation et la facticité de la raison humaine. Si l'Homme se ferme à la destinée surnaturelle, il ne subit pas seulement des déceptions, mais se rend également coupable. Maurice Blondel ouvre directement le texte avec sa thèse: »Mais c'est à condition de ne point parler seulement d'une imitation analogique de Dieu par l'homme. Car il s'agit plutôt d'une incorporation de la vie divine en l'homme« (Ex 219/223) et d'une présence absolue de »l'action surnaturalisante« en lui. En prenant en compte les idées de *L'Action* (1893) sur la co-action (cf. A (214–227/298–313) ainsi que la dignité de l'action humaine, Blondel insiste sur la coopération nécessaire entre Dieu et l'Homme, qui équivaut dans le »*conubium*«, le lien conjugal, à une symbiose. Il assimile le refus de la »vocation« au Surnaturel à l'adultère et appelle au Surnaturel, constatant qu'une esquive par le biais de la raison n'est pas possible. »Toute la morale et toute la mystique chrétiennes sont conditionnées par là et ne sont intelligibles et viables que de ce point de vue pleinement compréhensif« (Ex 220/224).

Il renvoie à la »reprise et vue d'ensemble« finales (Ex 255/256 et suiv.), ainsi qu'à deux lettres plus détaillées explicitant la problématique et ne nommant pas de destinataire précis (Ex 296 et suiv./287 et suiv.). Ces deux extraits sont d'une importance capitale pour l'interprétation (cf. Ex 209/213).

2. Place dans l'œuvre blondélienne

Les *Exigences* semblent au vu du courant philosophique dominant en Europe concernant l'existentialisme tout comme l'analytique existentiale d'Heidegger comme sorties d'un autre temps; elles ont un motif apologétique concret: »Combien jugent et condamnent l'esprit chrétien parce qu'ils ne connaissent ou ne le comprennent pas?« (Ex 207/211). Blondel prend ainsi en compte un contre-courant au christianisme de manière durable. Rappelons-nous cependant que le philosophe allemand Karl Jaspers (1883–1969) a été invité en 1947 à donner cinq cours magistraux sur le thème de »la foi philosophique« (»*Der philosophische Glaube*«); approche qu'il reprit de manière plus intensive en 1962 dans son ouvrage *La Foi philosophique face à la Révélation* (*Der philosophische Glaube angesichts der Offenbarung*). Henrici souligne dans sa première critique de la traduction allemande[13] l'entreprise louable de Robert Scherer, qui a rendu l'œuvre posthume de Blondel accessible à un public allemand plus large, cependant la traduction allemande pose à mon avis dans sa formulation encore plus de difficultés que ne le fait le texte français d'origine. Il reste de plus à prouver que le livre et son contenu sont vraiment »du Blondel véritablement vrai« (Henrici: »*echtester Blondel*«). Même si les idées fondamentales de l'œuvre de jeunesse sont très subtilement traitées, Blondel fait usage d'un autre langage, qui exprime sa préférence de l'époque pour Thomas par rapport à l'époque de la néoscolastique. Blondel reste cependant dans sa pratique herméneutique très proche de Thomas lui-même, tout en montrant clairement ses préférences pour la philosophie de l'Un en prenant en compte les idées de Pascal ou Saint Augustin.

Quant à l'interdépendance entre foi et Révélation, Révélation et raison, foi et pensée, Blondel était loin d'être un débutant: les thèmes apologétiques font partie de sa perception philosophique de lui-même, lorsque l'on pense qu'il s'intéresse au lien entre christianisme et philosophie dès sa *Lettre sur les exigences de de la pensée contemporaine en matière d'apologétique et sur la méthode de la philosophie dans l'étude du problème re-*

13 Peter Henrici: Rez. Blondel, Maurice. Philosophische Ansprüche des Christentums, in: Scholastik (23e année) 1958, p. 459.460. Cf. aussi: Hermann Riefstahl, Rez. Maurice Blondel, Exigences philosophiques du Christianisme, in: Zeitschrift für Philosophische Forschung tome VI. Meisenheim/Glan (1951/52) p. 616–618; ibid. Maurice Blondel, Philosophische Ansprüche des Christentums, in: Philosophischer Literaturanzeiger tome VIII. (1955) p. 260–263; Fl. Schlagenhaufen SJ.: Maurice Blondel, Philosophische Ansprüche des Christentums, in: ZKTh tome 77 (1955). p. 369.

ligieux de 1896. Il défendait cependant encore à cette période dans la continuité de la »science de la pratique« sa propre »méthode d'immanence«, qu'il essayait de différencier d'autres conceptions de l'immanence. Il voulait également réfuter des approches positivistes et scientistes cherchant à éviter tout contact avec les idées chrétiennes. Blondel cherche à atteindre une profonde symbiose entre philosophie et christianisme à partir de 1932 avec son œuvre *Le problème de la philosophie catholique*, ainsi que dans les deux tomes parus en 1944 et 1946 de *La philosophie et l'esprit chrétien*, dont les *Exigences philosophiques du christianisme* sont la continuation et le résumé. La philosophie se confronte aux vérités de la Révélation, tout en cherchant d'une part à conserver son indépendance, une certaine correspondance réciproque se retrouvant cependant d'autre part, malgré une transcendance absolue constante de la Révélation, entre vérités philosophiques et vérités de la foi.

3. Rapide coup d'œil sur le contenu

Blondel veut également éviter de franchir cette frontière dans les *Exigences*, lorsqu'il parle de du sens profond de la foi et de la vie chrétiennes. Une analyse critique fondamentale de cette œuvre complexe n'étant envisageable que dans un cadre plus grand, nous devons donc nous limiter dans notre présentation à quelques idées centrales. D'où l'utilité d'un rapide et sommaire survol des thèmes abordés: lorsque Blondel place au centre de la première étude la question du sens du christianisme, et par là même celle du sens et de la destinée de l'Homme, il montre que la question du sens et du devenir est en progression; il ouvre avec son essai apologétique de nouvelles voies à une période préconciliaire. La première partie de l'étude développe en dix-sept chapitres et une conclusion une apologie appropriée et moderne; il aborde dans les chapitres un à cinq la critique des différentes méthodes apologétiques, dans le but de démontrer l'existence d'une unité surnaturelle du plan terrestre divin. C'est pour cette raison qu'il esquisse un court résumé des résultats de sa trilogie dans son aspect philosophique (cf. Ex 98 et suiv./110 et suiv.) et qu'il aborde le problème de la coexistence de l'être fini et infini en tant que problème du don de la grâce surnaturelle. Si la pensée philosophique doit se dérouler dans l'espace-temps historique concret, cela a alors des conséquences pour le bonheur et le sens de celui qui est touché par la grâce. Il développe en conséquence dans les chapitres sept à dix-sept une considération détaillée du don de la grâce divine »par en haut« et de son insertion dans la nature. Ceci a lieu en partant d'une connaissance de la grâce. Le second traité *De l'Assimilation* désigne la théorie de l'analogie comme la perfection, l'appliquant cependant de manière très particulière, faisant ainsi des idées fondamentales suivantes le cœur de l'œuvre:

La réalisation grâcieuse de la surnature suppose l'existence d'un être libre, c'est-à-dire d'une nature propre (Ex 57 et suiv./71 et suiv.; 86/99; 184 et suiv./191 et suiv.). On peut ainsi écarter le reproche du supranaturalisme[14], puisque ce dernier est rendu caduque par la cohérence de l'existence humaine. L'influence de Dieu est en effet déjà active dans une nature sensée. Une telle nature est le prix à payer pour la »surnature« et ainsi pour un parachèvement de soi naturel au profit d'un parachèvement surnaturel en Dieu, qui ne peut être atteint que par le sacrifice. La conséquence en est décisive pour la relation entre Dieu et sa créature, qui ne se réduit pas à une simple image et représentation statique et ainsi à une simple analogie, mais est au contraire quelque chose de dynamique, qui se montre comme à la fois une participation à la vie de Dieu et une réponse à l'appel divin, comme une réelle assimilation.

Même si toutes les idées fondamentales de la philosophie de Blondel se trouvent résumées et savamment retravaillées dans cette œuvre, on peut remarquer qu'à la différence de *L'Action* (1893), Blondel dresse une liste d'interlocuteurs. Il est dans ce contexte particulièrement intéressant de constater que Blondel avait connaissance – certes dans un contexte négatif – de l'ouvrage d'Adolf Harnack, remarqué dans le monde germanophone, *L'Essence du christianisme* (*Das Wesen des Christentums*)[15] (cf. Ex 63/76), et, plus étonnant encore, qu'il fait référence – de manière

14 Cf. Peter Henrici, Art. Supranatural, in: HWPH (Bâle 1998) tome 10, col. 670–677, en particulier col. 674 et suiv.

15 Cf. Adolf Harnack: Das Wesen des Christentums. Sechzehn Vorlesungen vor Studierenden aller Fakultäten im Wintersemester 1899/1900 an der Universität Berlin. Leipzig (Hinrich'sche Buchhandlung) 1913.

critique – au théologien douteux de Tübingen Karl Adam avec *Le vrai visage du catholicisme* (*Das Wesen des Katholizismus*) (Blondel fait ici référence au onzième chapitre)[16] (cf. Ex 209/213).

III. Herméneutique des pensées clés

1. Objectif du texte

Malgré l'idée générale apologétique de l'œuvre, présentée comme un testament spirituel, Blondel se réclame d'une »double inspiration« traversant l'intégralité de son questionnement philosophique (cf. Ex 255/256). Il cherche à atteindre une unité de toute la perspective de réalité dans la pensée, qui répondrait aux besoins non seulement théoriques, mais aussi éthiques et religieux de l'Homme. Il s'intéresse dans cette mesure profondément à l'Homme, à la possibilité qu'il a d'atteindre la perfection et ainsi à la possibilité d'une relation à Dieu ne pouvant se réaliser dans sa totalité que par l'esprit chrétien. Ce lien unificateur au sein de la Création, des entités les plus simples aux plus complexes, représente une violente tentative de philosophie de l'Un, qui doit donner la possibilité de comprendre et de pénétrer par la pensée la cause de tout être. Cette pensée est certes problématique en tant que pensée philosophique, mais elle est pour Blondel inévitable. L'objectif est cependant tout à fait comparable à celui de *L'Action* (1893), lorsque Blondel cherche à redessiner l'enchaînement réel et intelligible (Ex 255/256) de l'architecture du monde physique jusqu'au développement de la vie spirituelle (ibid.). » … il s'agit de rendre explicable de haut en bas tout cet immense enchaînement de la création, de comprendre la possibilité et la raison des êtres« (Ex 256/257). Où se trouve la cause de tout ce qui est, et comment doit-on la comprendre? Si Blondel nomme désormais Thomas d'Aquin en tant que premier interlo-

16 Cf. Karl Adam: Das Wesen des Katholizismus (Haas und Grabherr Verlag) Augsburg 1924, p. 151. Karl Adam (1876–1966) était après la Première Guerre mondiale l'un des dogmatiques les plus renommés d'Allemagne. Il fit cependant partie sous le troisième Reich de la fraction des théologiens défendant une compatibilité entre catholicisme et national-socialisme.

cuteur, c'est du fait de la discussion concernant la grâce divine. Il conserve au fond la question du sens et de la vocation de la vie humaine, qu'il vérifie également chez Thomas – même si ce n'est pas de manière néoscolastique:

»Comment et pourquoi y a-t-il des êtres capables d'agir et de réaliser une destinée qui soit, grâce à des dons reçus, leur œuvre propre?« (Ex 256/257).

Ce processus de recherche de sens visant à prouver l'unité de la vocation humaine se déroule d'abord par le biais de l'humiliation et de l'abaissement de la raison, comme Blondel l'exprime à la suite de Pascal (cf. Ex 59 et suiv./73). L'esprit de la foi catholique se dévoile ainsi comme un paradoxe, puisque ce sont en effet une pauvreté incurable et la misère qui se trouvent à la base de la recherche. On arrive en partant de la situation fondamentale de l'Homme définie par Pascal à distinguer deux actes fondamentaux régissant le problème de la vie: d'une part le don de la nature raisonnable (Ex 256/257), composé de tout ce que l'homme possède comme possibilités de découvertes et qui mène de la raison à l'aporie, c'est-à-dire Dieu, le monde, le devoir et la liberté, et d'autre part un don qui est à la fois un don et exprime la misère et la pauvreté, c'est-à-dire la vocation surnaturelle, qui est toujours offerte librement comme don, et se présente à l'Homme comme obligatoire et inévitable, puisqu'il pêche s'il la rejette, un besoin et un don, qui laissent même aux damnés un reste d'amour indissoluble. Blondel n'affirme ici pas seulement la pensée d'Origène de manière très forte; c'est aussi ici que la dérivation du Surnaturel issue de *L'Action* (1893) (cf. A 388/497 et suiv.) est rendue vivante. La pauvreté et la grandeur sont ici réunies de façon dramatique et ne peuvent être surmontées que par le Surnaturel. Blondel trace cette vocation dramatique à la manière d'une anthropologie théologique de grande envergure. La pensée blondélienne a désormais comme devoir et objectif d'expliquer aussi bien la différence radicale que la dépendance et la solidarité entre les différents ordres dans la situation humaine concrète (cf. la formule définissant toute ce qui est réel comme »hétérogène et solidaire« dans *L'Action* (1893)). Blondel suit ici aussi la voie de Pascal: »Il ne suffit pas de les opposer; il faut les relier *in eodem dramate*« (Ex 256/257). Sont à expliquer une » … distinction et une connexion également indispensables« (Ex 257/258).

Il est pour cela nécessaire de réfléchir de manière fondamentale à la façon dont le Surnaturel doit être défini et pourquoi une réunion des deux dons est nécessaire. Le Surnaturel ne s'appuie pas uniquement sur la nature, mais la pénètre entièrement et lui insuffle ainsi de profondes responsabilités (cf. Ex 267/258). Il faut pour cela noter que la nature et la grâce sont deux sphères qui certes se touchent, mais ne se pénètrent pas.[17] Comment Blondel définit-il maintenant le Surnaturel? En partant du principe que la nature et la grâce constituent une unité de la vie, le Surnaturel n'est pas une création *ex nihilo*, pas plus qu'une superposition postiche (Ex 58/71): » ...elle est une élévation de nos facultés, une compénétration vitale et vitalisante, sans confusion, mais sans dualité«. Blondel décrit le Surnaturel comme un don pur et simple, qui ne reste pas enfermé en lui-même mais élit au contraire domicile en l'Homme: »Il est au contraire fait pour être en nous« (Ex 58/71). Il s'agit désormais de définir plus précisément ce »en nous«, puisqu'il ne s'agit pas d'un pur théocentrisme, mais d'une relation partant d'un désir humain profond (*desiderium naturale*) et visant à un rapprochement assimilateur (Ex 58/71). Le danger dans la description de ce processus est de vouloir exercer l'esprit chrétien en partant de principes abstraits, d'en tirer des conclusions et ainsi de le réduire injustement (cf. Ex 82/95). Le Surnaturel est cependant un fait réel, puisqu'il ne vient que de l'extérieur et ne peut ainsi astreindre l'Homme que de l'extérieur (cf. Ex 265/265: »Le Surnaturel ne saurait venir que du dehors ...«). Ce »du dehors« se glisse de manière grâcieuse à l'intérieur de l'Homme sur ses actions naturelles et influe sur toutes ses décisions de telle sorte que la liberté ne soit non seulement pas opprimée, mais qu'elle obtienne par son influence dignité et valeur. Cette vocation divine de l'Homme a également des répercussions de manière *anonyme:* »Il ne s'agit donc plus d'une simple question morale à résoudre, il s'agit, fût-ce anonymement, d'une option qui engage notre divine destinée.« (Ex 149/160). On entrevoit ici clairement où le terme de »chrétien anonyme« *(»anonymer Christ«)* chez Rahner

---

17 » ... les deux ordres de la nature et de la grâce sont comme deux sphères qui peuvent se toucher et ne se compénètrent aucunement« (Ex 265/265).

trouve ses racines (cf. aussi Ex 178/191; 206/250; 268/268).[18] Cette grâce insufflée est amenée par la Création. Blondel épure le terme de Surnaturel de toutes les positions peu claires ayant joué un rôle dans la querelle de la grâce lorsqu'il écrit: »le surnaturel, c'est en effet ce qui, comme vérité, comme vie, comme fin, est infus, c'est-à-dire donné par Dieu sans qu'aucune industrie humaine puisse déceler la présence ou procure l'action de cet élément« (Ex 115/126 et suiv.).

2.1 Immanence et transcendance

Qu'est-ce qui fait alors la spécificité de »l'intérieur«, en particulier dans sa relation à »l'extérieur«, de la transcendance avec le Surnaturel, qui une fois révélé et librement offert rend nécessaire une inversion de l'éthique? (Cf. Ex 155/165). De quoi se compose l'intimité de la relation entre l'Homme et Dieu, puisqu'elle ne peut être recherchée par la raison? (Cf. Ex 154/164). Il est nécessaire pour cette intimité également de procéder à un retournement de perspective, pour parler de manière théologique à une nouvelle naissance (cf. Ex 61/75), qui n'a rien à voir avec de l'immanentisme mais a pour cible le fait que »le transcendant est pour ainsi dire plus intime que ce qui est en nous au plus profond de l'âme« (Ex 60/74). L'intime, l'immanence, est ainsi le point d'appui et le support de la transcendance divine (»notre immanence qui véhicule le mieux en nous la vie cachée de Dieu, la présence inconsciente de la grâce, l'humble charité qui s'ignore elle-même« (Ex 60/74)). Ce thème augustinien réapparaît régulièrement dans les *Exigences.* Le Surnaturel n'est ainsi rien d'extérieur, mais plutôt la réalité transcendante, qui s'immisce depuis l'intérieur dans l'Homme et vit en lui. Le Surnaturel est la transcendance devenue être, qui ne provient certes pas de notre nature, mais vit en nous: »et c'est sous cette forme intérieure que s'opère la surnaturalisation« (cf. Ex 166/174; cf. aussi Ex 268/268): » … il faut donc que

---

18 Concernant le motif du chrétien anonyme chez Rahner, cf. Karl Rahner, SW 32/2, p. 603. 693; Albert Raffelt: »Anonyme Christen« und »konfessioneller Verein« bei Karl Rahner, in: ThPh (1997) 565–573; ibid.: Rahner und Blondel, in: A. R. Batlogg et alt., Was den Glauben in Bewegung bringt, FS K. H. Neufeld SJ, (Herder) Freiburg 204. p. 17–33.

ce surnaturel, qui, d'un côté, est proposé comme une Révélation extérieure et transcendante, soit, aussi, enfoncé au dedans et, même indiscerné, demeure actif et inconfusible avec les seules puissances de la nature humaine« (ibid.). L'intention de Blondel est donc de montrer que le Surnaturel ne peut prendre que la voie de l'intime. L'Homme n'est pas seulement déterminé de manière hétéronome, ni sans mêler ces deux ordres. »Car il s'agit de faire voir que le surnaturel ne vient et ne peut venir en effet que par voie d'intériorité« (Ex 168/176). Blondel traduit cette très belle pensée de la »participation vitale« (Ex 271/271) à l'intérieur de l'Homme de façon christologique par la réalité de l'incarnation et de façon représentative par le don eucharistique, qui éveille la vie mystique du Christ en nous, pour vivre en nous et pour nous, d'une manière qui »mêle deux vies absolument inconfusibles mais entièrement unies l'une à l'autre« (Ex 58/72). Cette unité, qu'Aristote désigne comme scandaleuse et indécente (ibid.) – on ressent clairement la distance critique de Blondel vis-à-vis de sa propre profession – doit trouver un appui dans le naturel humain: »Si inconsciente que soit la grâce en tant que telle, elle doit cependant trouver dans la nature un appui, un aliment, une expression pour sa flamme secrète« (cf. Ex 58/72).

L'eucharistie est ainsi la plus grande forme possible de l'assimilation. Le christianisme trouve son origine et son centre dans Jésus Christ lui-même, qui agit comme seul et suprême intermédiaire entre nature et surnature, entre Dieu et l'ordre créé (cf. Ex 82/95). Une théorie séparant absolument les différents étages est à exclure, »le surnaturel n'est pas une barrière de séparation« (Ex 151/162), mais au contraire ce qui est révélé de manière surnaturelle, ce qui agit à l'intérieur de l'Homme est accepté et élevé *a parte Dei* et doit également être accepté par l'Homme (»l'effort de pénétration et d'assimilation, *a parte hominis*« Ex 151 et suiv./162), afin de former un tout. Dieu n'est pas abaissé pour que l'Homme reçoive la dignité qui lui est due. La relation entre Homme et Dieu est une relation très personnelle et intime, qui ne s'exprime ni par une abstraction intellectuelle, ni par une énigme métaphysique, mais dans la simple parole de l'évangile selon Saint Jean: (Jean 15,15 et suiv.: »Je ne vous appelle plus serviteurs, parce que le serviteur ne sait pas ce que fait son maître; mais je vous ai appelés amis, parce que je vous ai fait connaître tout ce que j'ai appris de mon Père« (cf. Ex 154/156)[19]. Blondel répète cette idée de manière intensive dans Ex 162/171. »L'esprit chrétien« est résumé par cette parole, puisque par elle se montre de manière qualitative la différence entre la Révélation, qui fait de cette relation une vocation et »notre participation à la vie de la Trinité elle-même« (Ex 155/165). Le Surnaturel révélé et librement offert permet un retournement de toute la vie pour l'innocent et plus encore pour l'Homme disgracié, et a ainsi de manière qualitative une grande importance éthique.[20] Le royaume de Dieu n'est ainsi pas fondé sur la différence entre naturel et Surnaturel, »mais au contraire leur rapprochement, leur intime coopération, l'union transformante qui, sans rien supprimer de la nature humaine, la fait participer à une vie plus qu'humaine« (Ex 156/165). La force transformatrice donnée par le Surnaturel conditionne une »mortification radicale« de l'Homme (Ex 156/166). Le danger du naturalisme est banni, puisque le Surnaturel peut possiblement être naturalisé à la manière d'un don, ce qui implique l'aveu du sacrifice jusqu'à la mort de notre vie naturelle (cf. Ex 157/167).

---

19 Concernant l'exégèse de la péricope, cf. Rudolf Schnackenburg, Das Johannesevangelium, HThKNT V/3. Freiburg 1975 (2000) p. 125 et suiv.; Josef Blank, das Evangelium nach Johannes, 2. Teil Düsseldorf (Patmos) 1977. p. 156 et suiv. Blank remarque que le terme d'esclave (»Knecht, Sklave (gr. doûlos)«) signifiait la soumission à Dieu non seulement en Israël, mais dans tout le monde antique. Le fait d'être l'esclave de Dieu était ainsi dans la pensée antique la chose la plus importante pouvant être énoncée sur l'Homme (cf. Ex 33,11; Dt 34,10; Jes 41,8). »Die Distanz zwischen Gott und Mensch läßt den Begriff der ‚Freundschaft' eigentlich nicht zu, so daß es sich regelrecht um einen ‚Umsturz der Werte' handelt, wenn Joh. Jesus die Jünger zu seinen Jüngern ‚ernennt'.« (La distance entre Dieu et Homme ne permet pas vraiment d'utiliser le terme d'amitié', de sorte qu'il s'agit au sens propre d'un 'retournement des valeurs' lorsque Jean 'nomme' les disciples de Jésus ses propres disciples.) »Diesen neuen Stand von ‚Freunden Jesu' gewinnen die Glaubenden dadurch, daß sie an seiner Gottesgemeinschaft teilhaben … Der Höhepunkt der Offenbarung ist die Lebenshingabe Jesu« für seine Freunde als der »vollendete Erweis seiner Lieb«. (»Ce nouveau statut d'amis de Jésus' est obtenu par les croyants en participant à sa communauté de Dieu … L'apogée de la Révélation est l'abandon de la vie par Jésus« pour ses amis comme la »preuve absolue de son amour«.) L'interprétation s'adapte parfaitement à la conception de la »mortification« et du »sacrifice« de Blondel.

20 C'est ainsi qu'est définie pour Blondel et à sa suite pour Joachim Kopper dans Marc 1,14.15 la fondation de la vie chrétienne dans le royaume de Dieu s'étant rapproché et désormais réalisé. Cf. Kopper, 82 et suiv.

2.2 Le Surnaturel comme lien d'amour

Le terme de Surnaturel n'est à comprendre dans sa signification étymologique ni comme une supériorité d'une surnature ou d'un étage, ni comme quelque chose d'extranaturel, inhabituel et inexplicable. Pour Blondel, qui (toujours pour assurer et prouver son orthodoxie) approuve l'avis de Deschamps, est surnaturel seulement »ce qui va à l'union par la charité et d'une manière qui échappe à toutes les prises de la conscience et de l'intelligence humaines« (Ex 160/169). Blondel conçoit désormais dans le douzième chapitre le Surnaturel comme une sorte de lien d'amour. Il se réclame ainsi d'une part clairement de la tradition augustinienne, et rapproche d'autre part dans sa pensée le lien d'amour de la signification du *vinculum substantiale.* »Le surnaturel ... suppose d'abord une nature donnée, un ordre humain« (Ex 161/170). La nature humaine n'est pas le point de départ d'une création nouvelle (ibid.), mais plutôt un »point d'appui et la donnée d'une élévation« (Ex 161/170), afin de pouvoir participer à la vie divine. En cela le Surnaturel n'est pas Dieu lui-même, puisqu'il n'est pas créé, mais »une sorte d'hymen de l'âme et de Dieu«, c'est-à-dire une connexion intérieure de l'âme avec Dieu (Ex 162/171). » ... selon l'expression consacrée, une adoption, une assimilation, une incorporation, un consortium, une transformation qui assure à la fois l'union et la distinction des deux incommensurables par le lien de la charité« (Ex 162/171).

La volonté d'atteindre le Surnaturel par le biais de la raison et de la compréhension, par de l'abstraction et des conclusions logiques, serait donc vouée à l'échec (cf. Ex 226/230); Blondel se réclame d'une »solution concrète«, d'une pratique de la connaissance d'amour, qui se réalise uniquement et seulement dans la parole de l'évangile (Jean 15, 15). La pure spéculation ne suffit pas pour arriver à une certitude de la possession, mais il faut au contraire prendre en compte le plus intime, l'assimilation conditionne l'intussusception entre Dieu et l'Homme (Ex 163/171; cf. PI 237[21]).

21 Cf. PI 237: » ... par la connaissance réelle, ce que nous cherchons, ce ne sont pas des représentations, des images, des symboles, des spécimens, des phénomènes, c'est la vive présence, l'action effective, l'intussuspection, l'union assimilatrice, la réalité«.

Ce n'est pas une spéculation métaphysique, mais une méditation dans la logique de l'amour qui mène à l'assimilation (cf. Ex 301/298).

3. *La vocation théandrique*

Blondel dit d'une part que le passage du naturel au Surnaturel ne peut être appréhendé, d'autre part que » … l'on ne peut expliquer le passage de l'un à l'autre sans compromettre soit la valeur propre de la raison, soit la transcendance de la grâce« (Ex 164/172). Il tente de reconstituer de manière philosophique la phrase »*gratia non tollit naturam sed perficit*«, et la trouve préconstruite dans l'»inhabitation de la vie nouvelle dans la nature« (cf. Ex 164/172) en la personne de Jésus Christ. Le »*verbum caro factum*« désigne cette union entre naturel et Surnaturel, cet »état mystérieux« comme un état théandrique, qui surmonte l'état de la *natura pura*, puisque quelque chose d'absolument surnaturel ne prendrait pas suffisamment en compte la dignité de la nature et de la raison (cf. Ex 165/173). La vocation théandrique ne peut pas être décrite par la connaissance notionnelle définie par une nature pure. La confrontation artificielle entre nature et surnature est ainsi exclue. L'extrinsécisme a aussi peu de chances qu'un pur immanentisme. La surnature reste transcendante, et parachève grâce au lien d'amour la nature en un tout unique: » … ce vrai surnaturel procède au-dedans« (Ex 166/174). Blondel répète ici sa théorie concernant le devenir en tant qu'être du Surnaturel à l'intérieur de l'Homme: » … et c'est sous cette forme intérieure que s'opère la surnaturalisation« (Ex 166/174). Le fait de souligner la croissance interne du Surnaturel exclut tout extrinsécisme. La difficulté est aussi de ne pas laisser se mêler les deux ordres sans distinction, mais de conserver en toute »incommensurabilité« une différenciation dans l'unité de l'étroite coopération (cf. Ex 168/176; Ex 302/299). Cette »rénovation intime« (Ex 169/176) correspond à »la grâce d'adoption filiale«[22] (Ex 168/176). Cette »conversion intérieure« souhaitée par

22 Le devenir de l'adoption filiale est résumé par Blondel dans une complexe déclaration à la fin du livre: »Et c'est à la fois par une sorte d'histologie métaphysique et par une genèse spirituelle qu'il convient d'envisager cette théogonie, cette ontogénie et phylogénie cosmo-anthropo-Christo-théandrique« (Ex 303/300).

Mt 1,15, a en même temps lieu »au prix d'une oblation de sa nature purement humaine« (Ex 169/176). Ce que cela signifie, Blondel le développe en tant que renaissance active et dynamique de l'Homme dans la grâce et la participation, qui se réalise dans l'abandon au sacramental (cf. Ex 169/177). Une possible réunion du naturel et du Surnaturel n'a lieu – Blondel se répète ici – que si l'on peut »dépasser le point de vue notionnel« (Ex 178/185). Il apparaît de plus en plus clairement que Blondel reprend la sémantique du *Procès de l'Intelligence* (1922), en différenciant une »connaissance notionnelle« d'une »connaissance pneumatique«.[23]

3.1 Assimilation

Blondel s'efforce de présenter l'esprit chrétien d'un point de vue philosophique (Ex 3/17). Le centre du message et de la promesse chrétiens est formé par l'union de Dieu avec l'Homme, l'assimilation pour obtenir l'être théandrique de l'Homme (cf. Ex 302/299).

Cette action globale, dérivée de la parole de saint Thomas »*Omnia intendunt assimilari Deo*« (Ex 221/225) forme dans les deux traités le point de départ de tout ce qui s'est passé dans le monde, des débuts du cosmos jusqu'à l'apogée, de la Création au royaume de Dieu, car Dieu crée le monde et ses créatures dans l'amour, afin d'y participer de manière assimilatrice, ce qui représente un paradoxe chrétien et est considéré par Platon comme par Aristote comme déplacé et absurde (cf. Ex 225 et suiv./229 et suiv.). Il s'agit cependant d'une forme toute particulière de l'assimilation. L'action et la pensée reçoivent comme fonction d'atteindre par leur propre forme d'existence une compréhension de la façon dont pensée, action et être peuvent à la fois être pensés en dehors de Dieu et prendre une forme divine, tout en conservant la totale humanité de l'Homme, puisqu'ils représentent la condition *sine qua non* pour une transformation et une assimilation, afin de pouvoir vivre Dieu comme amour unificateur. Cet évènement désigné par Blondel comme une assimilation et une symbiose théandrique trouve d'une

23 Cf. par ex. PI 236 et suiv. .260.271.294 et suiv., ici surtout pour la différence entre la »connaissance notionnelle« et la »connaissance réelle«.

part l'intérêt de Dieu lui-même, qui n'agit pas par sa propre nécessité, mais se rend sur place avec une profusion de dons dans le but de mener le plus d'Hommes possibles à la perfection après avoir créé un monde et l'Homme à partir d'un débordement d'amour, afin qu'ils puissent participer à sa béatitude. Les Hommes doivent dans le même temps approuver et participer dans un abandon volontaire à la façon dont toute l'histoire humaine porte en elle la vocation surnaturelle d'amener toute la Création à son but final et suprême: la béatitude éternelle. Il s'est fait Homme, et l'Homme devient Dieu.

3.2 Raison et Révélation

Nous voulons à la fin de nos considérations jeter à nouveau un regard au début, afin de déterminer et caractériser plus précisément la façon controversée de philosopher dans les *Exigences*. Blondel lui-même voyait le fait de déterminer l'esprit chrétien comme une tâche délicate et risquée pour la philosophie, d'autant plus qu'il se laisse inspirer de la Révélation chrétienne. Il essaye dans le même temps de différencier ce qui est accessible à la raison de ce que seule la Révélation dans la foi présente comme vérité inatteignable. Peut-on cependant déterminer philosophiquement »à la lumière de la Révélation« (Ex 111/123) ce qui distingue l'Homme dans sa vocation et sa détermination surnaturelles? La pensée philosophique autorise-t-elle une intervention de la part de la pensée chrétienne? (Cf. Ex 98/110).

Maurice Blondel doit se confronter au début de son travail à une objection justifiée, selon laquelle la question de Dieu, du monde et de l'Homme posée par la philosophie ne peut pas être représentée »de l'extérieur«, c'est-à-dire dans toutes ses dimensions, si elle est écrite »de l'intérieur«, c'est-à-dire depuis une position de foi en la Révélation. La raison doit dans sa recherche de la vérité aussi bien reconnaître »son impuissance et son indigence« que saisir l'occasion de pouvoir reconnaître »l'élévation surnaturelle de l'Homme« (ibid.) ainsi que l'unité de la diversité du plan divin. Blondel s'attaque effectivement à une tâche herculéenne en vue d'une raison contingente. Toute interprétation scientifique du monde nécessite en effet d'être fondée et complétée par la philosophie, qui montre à quel point il est insuffisant de comprendre le monde comme une unité fermée se suffisant à elle-même. Chaque action rompt l'immanence et se projette vers l'infini, c'est ainsi que l'ordre du monde est relié à une dynamique s'immisçant sans cesse dans l'histoire (cf. Ex 184/191) en tant qu'évènement universel auquel participe chaque action, et qui est placé sous une vocation et une promesse, ne pouvant ainsi être pensé qu'à partir du but suprême. Le monde n'est pas une scène de spectacle, mais un évènement et une action permanents, qui se déroulent entre Dieu et l'Homme et assignent à l'Homme une lourde responsabilité éternelle. L'interprétation du monde par l'esprit chrétien détruit et surmonte ce doute apporté par l'esprit critique du subjectivisme, du relativisme et de l'historicisme. Le scientisme se tient éloigné de la foi du fait d'une image limitée et réductrice de la raison, réduisant ainsi le rapport entre Dieu et le monde à des faits historisants et psychologisants. La foi en l'ordre plein de sens établi par Dieu nécessite une unité de la pensée chrétienne dans la philosophie. C'est pour cette raison que Blondel se décide à analyser la doctrine de la grâce chrétienne à la manière de la »sainteté de la raison« (»la véritable philosophie est la sainteté de la raison« A 442/560), elle ne peut pas être décrite de l'extérieur, mais nécessite que le philosophe se place – de façon croyante – au cœur même de la doctrine de la grâce. C'est en partant de son centre qu'il pense. C'est dans la position du croyant que pense le philosophe, et cela rend le procédé difficile à saisir pour les non-croyants venant de l'extérieur. La philosophie est pour Blondel justement prédestinée à voir ses obligations dans la pénétration du sens profond de la Révélation. Il place de ce fait sans hésiter et sans possibilité de doute ou d'échappatoire le lecteur appliqué directement au centre du message chrétien de salut. Il s'agit d'une entreprise de philosophie religieuse dans son meilleur sens, qui voit cependant la philosophie dans son regard sur les choses, indépendamment de tout préjugé apologétique, ce qui n'est pas fondamentalement vrai (Ex 161 et suiv./170). Il pose la question de savoir si une analyse philosophique de l'esprit chrétien peut être entreprise sans toucher au mystère, même si l'ordre surnaturel est pris en compte (Ex 22/36). Mais la philosophie ne peut se parachever elle-même et ensuite juger la pensée et la vie, c'est la raison qui se met au service de l'esprit chrétien (Ex 23/37) en encourageant le sens de l'humilité et du mystère face à une fausse autosuffisance égoïste. Blondel ne pense cependant pas qu'il soit possible d'élever la foi en la connaissance à la philosophie. Blondel a sous les yeux une vue d'ensemble du christianisme, ce que la direction prise par le texte ne confirme pas (cf. Ex 69/82). On ne parvient philosophiquement sur les traces de l'esprit chrétien que lorsque les contraires se fondent l'un dans l'autre et que les paroles de Dieu sont vécues comme de l'amour (Ex 95 et suiv./108). La tâche véritable de la philosophie est de concilier ces contraires, par exemple la plus grande spéculation philosophique avec l'adoration de l'enfant ignorant (cf. à nouveau Mt 11,25) jusqu'à un »incomparable amour« (Ex 95/108). Cette synthèse devra être pensée de manière philosophique, mais ne représente pas encore »l'unité parfaite« (Ex 95 et suiv./108). Il s'agit d'éviter non seulement le danger de l'abstraction, qui est toujours dissimulé dans la voie philosophique, mais aussi une apologétique, qui amène avec elle une »conversion des âmes« (Ex 65/78). La philosophie n'est pas une idée, »mais une disposition totale de l'être spirituel en tant qu'il connaît, qu'il sent, qu'il agit, qu'il espère, qu'il aime« (Ex 65/78). On se trouve avec cette manière de philosopher à une autre échelle, celle d'une anthropologie théologique issue d'une manière de philosopher chrétienne qui s'est entièrement ouverte à la foi. La foi se pose d'une certaine manière concernant la raison d'exister de l'être en opposition à la raison (Ex 67/81), laquelle ne peut pas étudier complètement le mystère divin dans toute sa portée par le biais de la pensée discursive, et ce même si cela est fait dans le but du repos de l'accomplissement en Dieu (cf. Ex 67/81). La philosophie témoigne enfin de la façon dont pensée et action se reflètent dans la conscience. Elle acquiert ainsi une grande importance éthique (cf. Ex 97/109). Blondel résume dans ce contexte les résultats de sa trilogie (*La Pensée*, *L'Action*, *L'Être et les Êtres*), qui se rejoignent en une unique idée centrale (cf. Ex 97/109), celle de »la vocation surnaturelle« (cf. 98 et suiv./110 et suiv.). C'est par elle qu'a lieu la réalisation de la vocation humaine, également sur le mode du religieux (cf. Ex 98/110), en montrant une profonde posture d'agitation concernant la science et toutes les spéculations abstraites, mais aussi l'éthique.

3.3 La Pensée

La philosophie, dans la mesure où elle démontre la naissance de »l'intelligence« dans toutes ses possibilités et ses défauts, traverse toutes les étapes de la réalité (monde des sens, ordre scientifique, spéculation métaphysique). L'inquiétude permet la poursuite de la pensée humaine, et cherche l'issue de ce mouvement inéluctable. C'est dans l'agitation que se densifient l'attente messianique et la Révélation, tout comme la sécurité catholique (Ex 99/111).

La pensée appelle profondément de ses vœux la parfaite unité d'elle-même en tant que représentation à l'image de la parfaite union, »à l'image de la parfaite union du Père et du Verbe« (Ex 100/112).

Nous nous concentrerons sur la question de la définition de la pensée et du rôle qu'y joue la raison. La raison participe de la lumière, et ressent cependant ses défauts et ses inadéquations vis-à-vis de la lumière divine. Elle doit ainsi sans cesse reconnaître ses propres limites (Ex 100/112). Même lorsque la philosophie se fait le fort de résoudre le problème de la pensée et d'atteindre sa parfaite unité avec elle-même, cela reste dans l'inquiétude, dans l'aspiration de voir Dieu et dans la limitation. Blondel pense de manière strictement verticale. La pensée est à chaque fois une pensée partant de la lumière divine, qui éclaire chaque Homme et donne de la clarté à ses découvertes.

Il faut déjà regarder de très près le texte français pour apprendre ce que Blondel conçoit comme la »pensée en soi«. Il utilise le terme »*méditer*« pour exprimer le fait que l'on ne peut pratiquer la pensée que comme une méditation de la foi chrétienne (la thèse de Kopper se trouve ici corroborée). La philosophie libre serait dans ses questionnements concernant la genèse de l'esprit involontairement en accord avec les conclusions de la théologie catholique. Le miracle de la pensée pousse Blondel à en donner une définition qui pour la pensée philosophique telle qu'elle a notamment été marquée par les Lumières, que ce soit autrefois ou aujourd'hui, ne peut être suivie que très difficilement ou alors sous les prescriptions de Kopper:

> »Si l'on médite en effet sur ce qu'est la pensée en soi et sur l'immense difficulté d'élever à la faculté de penser des êtres créés, on demeure dans l'étonnement de cette merveille ...«

S'ensuit une définition dans l'absolu de la pensée: »Penser, c'est absolument parlant, l'intime vie de la Trinité sainte où l'unité se consomme dans la lumière réverbérée du Père au Fils dans la réciprocité d'amour de l'Esprit« (Ex 101/113). Une réminiscence de la grande profession de foi est ensuite formulée: »*Lumen de lumine, spiritus, lumen et vita*«.[24] Le pas vers la »sainteté de la raison« est ainsi franchi.

3.4 Le problème philosophique de la sainteté

C'est sous ce titre que Blondel rédige le très intéressant chapitre XV, dans lequel il se demande »qu'est-ce donc qu'un saint?« (Ex 190/197) et s'il existe des saints en-dehors de l'Eglise visible?[25] Blondel donne rapidement une réponse à ces questions: »Ils semblent, comme le Christ, un signe de contradiction (!), une pierre de scandale, un démenti à la prudence timorée et aux apparentes vertus qu'inspire l'esprit mondain« (ibid.). Les saints sont ceux qui aiment Dieu sans mesure ou méthode (cf. Bernard de Clairvaux), c'est-à-dire qui ne cultivent pas seulement des vertus bourgeoises, mais ce sont des croyants prophétiques, qui protègent l'Homme de la philosophie idéaliste (!), la réveillant de son sommeil moral. La sainteté doit amener »la présence du Surnaturel« (cf. Ex 191/198) dans le monde à briller, ce qui a justement lieu dans une Eglise invisible imprégnée de l'esprit en tant que correctif et lien vers le visible (Ex 192/199). Les petits et les humbles ont aussi une certaine avance au vu de la sainteté, puisqu'ils vivent dans le silence de la foi. »La vérité de l'ordre religieux se révèle humblement, dans l'intimité des âmes, par des preuves discrètes bien plutôt que par des manifestations éclatantes« (Ex 192/199).

---

24 La pensée comme tentative d'interprétation de la Trinité est aussi ce qui attirait Hans Urs von Balthasar dans *La dramatique divine* (*Theodramatik*). Cf. Theodramatik II,1, p. 239.

25 Nous ne devons ici pas oublier que Blondel écrit aussi en 1925, c'est-à-dire à peu près au moment de la rédaction des deux traités, sur la mystique: Le problème de la mystique, in: Qu'est Ce Que La Mystique? Cahier De La Nouvelle Journée. Nr. 3 (Bloud et Gay) 1925. On peut ici se référer au remarquable travail de Heiner Wilmer: Mystik zwischen Tun und Denken. Ein neuer Zugang zur Philosophie Maurice Blondels. (Herder) Fribourg 1992.

Blondel s'obstine à obtenir la reconnaissance de l'Eglise comme le lieu spécifique de la sainteté. Il essaie savamment de réunir deux écoles philosophiques opposées: d'une part la lignée augustinienne, d'autre part celle de Saint Thomas[26], même si l'on ressent clairement que son cœur va à une métaphysique de l'Un (marquée par Saint Augustin).

»... c'est à concilier ces deux points de vue diversement vrais qu'il semble bon de s'efforcer« (Ex 212/216). Blondel rejette une philosophie critique indépendante de l'esprit chrétien et pense certainement par là – sans le nommer – au criticisme de Kant, mais aussi à cette autre »philosophie séparée« qui place l'abstraction et non la vie vécue au centre de ses préoccupations. Il ne nomme pas directement le néothomisme, visiblement par peur de sanctions de la part de ses influents représentants. Un système philosophique dans le sens de l'esprit chrétien doit présenter un »élément dialectique« formant un système, ainsi qu'»une intention finale qui oriente vers un terme moral ou religieux tout l'effort de la dialectique intellectuelle« (Ex 212/216). Il s'agit également dans les questionnements d'une justification philosophique correcte du christianisme de compenser les contraires tout en les développant, afin de trouver une solution complète du moral et du religieux dans la pensée. Le mode d'action de la philosophie reste cependant limité; une »adhésion requise pour la foi« est nécessaire (Ex 215/219). Le profond scepticisme de Blondel envers la néoscolastique[27] comme envers toute forme de »philosophie séparée« représente également la toile de fond pour le mode d'action de la philosophie. Puisque »la foi peut naître par la grâce« (Ex 215/219). La difficulté reste cependant le fait que pour déterminer la vie humaine l'unité entre la raison capable de discernement et les vérités revendiquées par la foi doivent être coordonnées (cf. Ex 264/264), afin de provoquer »l'unité de la destinée humaine« dans la pensée et l'action.

---

26 »Saint Bonaventure disait, après saint Augustin, que notre philosophie à nous c'est le christianisme; et saint Thomas répondait: la philosophie a un domaine propre, une méthode rationnelle, une autonomie relative« (Ex 212/216).

27 »Mais en somme la philosophie est toujours réduite à pouvoir peu par elle-même« (Ex 215/219).

3.5 La Méthode d'Implication

Maurice Blondel évite pour désigner sa méthode philosophique d'utiliser le terme employé au départ de »méthode d'immanence«[28], de toute évidence à cause des attaques subies dans ses jeunes années et du reproche de l'immanentisme[29]. Il choisit désormais pour la façon d'agir méthodique de la philosophie le terme d'implication. L'objectif reste cependant le même: il va à l'encontre de toute abstraction discursive et de tout essai constructiviste d'expériences de la pensée, de tout intellectualisme (Ex 273/272) ainsi que de toute méta-noétique (Ex 266/267). La méthode d'implication s'inscrit dans la suite directe d'une sévère critique de la philosophie. La philosophie aurait fait faillite dans tous les domaines (Ex 274/273) en prenant la fuite vers l'abstraction, avec des conséquences fâcheuses pour l'éthique et la religion. Une argumentation plus précise aurait sans doute été la bienvenue pour appuyer un jugement si tranché. Il révèle cependant de manière indirecte, à l'aide d'exemples issus du 18ème siècle, qu'il vise par là les Lumières et plus encore la philosophie contemporaine, désignée impitoyablement comme »le désordre, la dissolution, l'anarchie« (Ex 274/273).

C'est pour cela qu'il énonce une fois pour toutes que pour la philosophie »Rien n'est plus important que de restituer la véritable idée, la véritable pratique d'une méthode philosophique intégrale« (Ex 275/274). Il reconstitue à traits rapides son célèbre concept de la connaissance, explique en les réfutant les concepts de Platon et Aristote et – ce qui est intéressant pour les phénoménologues: il critique le manque d'attention porté au monde des apparences (»le monde des apparences / phénomènes, quoiqu'il soit au fond l'appui véritable et comme le lest nécessaire de la doctrine philosophique« (Ex 276/275). Le point de départ de la vraie philosophie est constitué par l'expérience et le fait de rendre visibles les phénomènes. Une science du réel lui tient particulièrement à cœur, il s'agit de »faire confiance à la raison constructive ou bien renoncer à toute science du réel« (Ex 277/276). La vérité philosophique se base sur le monde des apparences (Ex 276/275).

---

28 Cf. Reifenberg (2002) p. 182–197.

29 Cf. Reifenberg (2002) p. 189–192.

Les pensées concrètes se font à la manière d'un réalisme intégral issu de certitudes directes: celui qui pense lit au travers d'elles, les inclut, recherche ce qu'elles supposent au lieu d'en déduire des constructions terminologiques artificielles. La méthode d'implication s'intéresse aux vérités simples, naturelles et évidentes. Cette méthode de la vérité simple s'intéresse au concret, qui englobe à chaque fois l'universel (cf. 281/279) et se dresse contre les pures affirmations provenant de constructions terminologiques abstraites. Blondel introduit plus précisément son intention par le biais de l'étymologie: » … impliquer, c'est non pas inventer, déduire; c'est découvrir ce qui est déjà présent, mais non pas remarqué, non encore explicitement connu et formulé. Ce mot suggère donc à la fois l'idée d'une compénétration réelle et d'une dépendance logique« (Ex 288/286). La meilleure façon de définir la méthode d'implication est de partir des concepts qui lui sont opposés, de la »philosophie séparée«, de l'idéalisme et du criticisme comme de la néoscolastique. Je soupçonne que derrière le réalisme représenté par Blondel, qu'il ne développe lui-même pas suffisamment dans son texte, se cache une forme de variation à tendance métaphysique d'une pensée transcendantale et phénoménologique: la raison doit accepter les faits à la façon d'une »acquisition pour toujours« (Ex 281/279); il s'agit de vérités données par la réalité à la vie concrète, et ce pour la vie extérieure comme intérieure (cf. 281/279). La raison demeure dans la position fondamentale à la fois sceptique et croyante d'une »*docta ignorantia*«[30] fondée sur l'expérience, la foi et la confiance. Les »données réelles« ne doivent pas être falsifiées par un monde des idées artificiel, même si un minimum d'abstraction est nécessaire au sein de la connaissance (cf. Ex 279/278). Une philosophie de la vie intérieure ainsi que les »vérités d'ordre métaphysique« se soustraient finalement à l'abstrait, au construit et au théorique (cf. Ex 281/279) florissants dans l'immanentisme, mais elle reste une méthode de l'expérience concrète, même pour des non-spécialistes (cf. Ex 281/279). Quand et

30 Blondel recourt ici à Socrate et à Jean de la Croix, sans cependant se référer au Cusain; je suppose qu'il n'avait que peu de connaissances de la philosophie cusaine (cf. Ex 278/277).

comment cette expérience de la pensée concrète et implicative peut-elle cependant avoir lieu? Elle ne se trouve pas dans la pensée intuitive (cf. Ex 289/287), puisque ce point de départ exige de pénétrer complètement le concret (cf. 289/287), ce pour quoi il n'existe pas de repères. Le scepticisme de Blondel vis-à-vis de l'intuitionnisme – notamment celui de Bergson[31] – se trouve dès *Point de départ* (1906) et repose sur sa conviction de la limite et de la finitude de la pensée capable de discernement. Blondel propose pour cela une »attuition« adaptée à la méthode d'implication, qui a au contraire de l'»intelligence«[32], laquelle insinue une vision intérieure totale, une signification plus faible (cf. Ex 292/290), ne revendique qu'une »demi possession« du concret et n'impose pas de pénétrer la cause et l'intérieur de l'objet. La méthode d'implication, travaillant de manière plus modeste, ne commence pas non plus par traiter le problème de la »contemplation acquise« par la »contemplation infuse«, mais se contente en pensant et priant d'une connaissance plus simple et plus incomplète de l'unité du concret, puisque la dualité entre »connaissance noétique« et »connaissance pneumatique« – des termes qu'il développe dans le *Procès de l'intelligence* (1922) – reste présente dans la pensée hétérogène de l'Homme. La cause profonde de ce point de vue est évidente: »C'est en Dieu seul que ce que nous appelons, défectueusement, sujet et objet ont ou plutôt sont une unité parfaite par le lien même de l'Esprit« (Ex 290/289).

Conclusion

Ma modeste relecture peut être résumée de manière concise en trois phrases:

1. Le testament intellectuel effectué par Blondel dans les *Exigences* représente une réponse intellectuelle impressionnante à la question du sens et de la vocation de la vie humaine formulée au départ dans *L'Action* (1893), ainsi qu'un com-

31 Cf. aussi: PI 278. 249.250. 281; Reifenberg (2002) p. 216.
32 Cf. par ex. PI 223.237; Reifenberg (2002) p. 216–224.

mentaire de philosophie religieuse tardif, en particulier de la cinquième partie de l'ouvrage.

2. La pensée de Blondel à la façon d'une philosophie de l'amour atteint véritablement une détermination finale provisoire et un achèvement parfait par la détection de l'esprit chrétien dans le mouvement d'une assimilation vivante.
3. L'ouvrage est riche en révélations et profond dans son expérience religieuse.

Peter Reifenberg

Der Sinn des christlichen Lebens – Le prix de la vie chrétienne Ein Seiten-Blick auf eine wenig geschätzte Publikation Maurice Blondels: »Philosophische Ansprüche des Christentums (1950)«[1]

»… Indem ich das Christsein lebe, forsche ich nach dem, wie ich als Philosoph zu denken habe« (vivant en chrétien, je cherche comment je dois penser en philosophe).«

Maurice Blondel, in: Archambault, Paul: Vers un réalisme intégral. L'Œuvre de Maurice Blondel. Paris (Bloud & Gay 1928) S. 40. Anm 3.

I. Problemaufriss

1. Einleitende Fragen

Der heutige Leser, der Philosoph wie der Theologe, wird mit der Lektüre und dem Verstehen des letzten von Blondel in seinem Leben veröffentlichten Werks, »Exigences philosophiques du Christianisme«, das erst nach dem Tode, also posthum, bei PUF 1950 erschien, zunächst Schwierigkeiten haben, auch wenn Peter Henrici zu Recht behauptet, dass der Kern des Blondelschen Denkens, ja das tiefste Anliegen seines philoso-

1 Erweiterte Version des am 15.11.2019 während des Internationalen Symposions »Une spiritualité pour demain: Maurice Blondel (1861–1949)« in Aix en Provence unter dem Titel »Le prix de la vie chrétienne. Un coup d'œil sur une publication peu apréciée de Maurice Blondel: ›Exigences Philosophiques du Christianisme‹ (1950)« gehaltenen Vortrags.

phischen Tuns, sich in diesem Werke widerspiegeln.[2] Blondel hat am Vorabend seines Todes zwei Beiträge zum Druck freigegeben: den ersten Beitrag unter dem Titel »Le sens chrétien«, den zweiten unter dem Titel »De l'Assimilation (Comme Aboutissemant et Transposition de la Théorie de l'Analogie)«. Im ersten geht er aus vom christlichen Gott der Liebe und zeichnet eine groß angelegte Philosophie der Liebe.[3] Im zweiten geht es unter dem Begriff der Assimilation um eine Philosophie der Gottangleichung des Menschen. Beide Beiträge gründen in einer tiefen eucharistischen Frömmigkeit und Praxis.

Doch der kritische Philosoph fragt nicht zuerst und zugleich nach den philosophischen Ansprüchen des Christentums, vielmehr, ob sich überhaupt solch eine Frage philosophisch sinnvoll stellen lässt. Gehört der Wechselbezug von Glaube und Denken, von Vernunft und Offenbarung nicht vielmehr in das fundamentaltheologische Fragen hinein? Sind die Aussagen der Offenbarung nicht vielmehr theologische Heilsaussagen, die philosophischen Systemen und Begriffen fremd bleiben müssen? Es ist auch eine Frage an unseren geschätzten Nestor der deutschsprachigen Blondel-Forschung, ob man »die Exigences« tatsächlich »sinnvollerweise als Erstes lesen soll, beschäftigt man sich mit Blondel«. Warum wird das Buch selbst in der Blondel-Forschung nur wenig rezipiert, wenn nicht sogar gemieden? Worin ist näherhin seine Fremdheit begründet? Welche Art und Weise philosophischen Denkens ist nötig, um überhaupt den Geist des Christentums zu erschließen und den Menschen eine größtmögliche Nähe als Sinnvollendung seines Lebens zu vermitteln? Wie kann sich Philosophie, will sie sich nicht gerade als »philosophie séparée« verstehen, angesichts der Offenbarung verstehen?

---

2 Maurice Blondel, Exigences philosophiques du Christianisme. PUF. Paris, 1950 (nachfolgend abgekürzt mit Ex, die zweite Ziffer bezieht sich auf die deutsche Übersetzung von Robert Scherer, Maurice Blondel, Philosophische Ansprüche des Christentums (Herold) Wien/München 1954. Schwierigere Texte werden (auch abweichend von der Übersetzung R. Scherers) ins Deutsche übertragen.

3 Vgl. auch: Peter Henrici, Blondels Philosophie der Liebe (1995), in: ders., Philosophie aus Glaubenserfahrung. Studien zum Frühwerk Maurice Blondels. (Alber) Freiburg 2012. S. 371–386.

2. Meditation des Christlichen in der Philosophie

Wir helfen uns zunächst mit einer Antwort des 2013 verstorbenen Mainzer Blondel- und Kant-Forschers Joachim Kopper, der in seinen Veröffentlichungen wertvolle Hinweise gibt. Am Ende seines Lebens betonte er immer wieder, dass die Philosophie keineswegs als *Lehre,* das heißt nicht als festgefahrenes System verstanden werden darf, sondern auf die Weise der *philosophischen Besinnung* stattzufinden hat. Angewandt auf die philosophischen Ansätze soll der »Geist des Christentums« reflexiv im Denken als »*Meditation*« des Christlichen in der Philosophie bedacht werden.[4] Dieser Zugang zum Verständnis philosophischen Denkens angesichts der Offenbarung wird nicht jedem gleich und sofort einsichtig sein. Kopper schreibt hierzu: »Das christliche Denken versteht sich selbst aus dem jüdischen Glauben und der jüdischen Religion …, wie es in der Bibel dargestellt ist. Die Schriftgelehrten der Bibel berichten in reiner produktiver Einbildungskraft[5] „deren Gestalten in bildlicher Darstellung man früher auch Inspiration[6] genannt hat, von der Erschaffung der ersten Menschen, davon, dass sie Gott unter das Verbot, vom Baum der Erkenntnis zu essen, gestellt hat, und von ihrem Sündenfall« (ebd. 87).

Mit dem Gedanken der Philosophie als einer *Besinnung in reiner produktiver Einbildungskraft* kommen wir der Vorstellung Maurice Blondels näher, der das Denken selbst als »das Problem der Probleme« (Ex 282/280) bezeichnet, weil es nicht homogen sei und auch nicht das einzige Lösungsmittel, um die Frage nach dem Sinn und der Bestimmung des menschlichen Lebens, die bleibende Grundfrage des Den-

4 So sein Akademievortrag im Erbacher Hof, Akademie des Bistums Mainz, vom 3. Februar 2011, in: Joachim Kopper, Sechs Vorträge, herausgegeben und eingeleitet von Lutz Baumann, Margit Ruffing und Margit Kopper. (WBG) Darmstadt 2018, 79–99. (Gesamtausgabe Bd. I). Vgl. auch Meditation des Christlichen Glaubens, in: Dietmar H. Heidemann/Raoul Weicker, Glaube und Vernunft in der Philosophie der Neuzeit. Festschrift für Robert Theis (Olms) Darmstadt 2013, 87–93 (= Kopper I, 79–99).

5 Vgl. auch: Rudolf Eisler, Kant-Lexikon. (Olms) Darmstadt ^{8}1979. S. 105–107.

6 Vgl. zur theologisch-biblischen Aufarbeitung des Themas: Ralf Rothenbusch, Karlheinz Ruhstorfer (Hg.), Eingegeben von Gott. Zur Inspiration der Bibel und ihrer Geltung heute. Freiburg (Herder, QD 296) 2019.

kens Blondels, zu bestimmen. Notwendig ist eine Umkehrung der philosophischen Orientierung im Sinne Blondels und in der Folge Joachim Koppers, um die großen Fragen nach dem Geist des Christentums und einer Philosophie der Gottangleichung des Menschen (assimilation) der rechten Antwort zuzuführen. Die Redlichkeit einer möglichen Effizienz des philosophischen Denkens und damit die Philosophie als Instrument des Denkens stehen auf dem Spiel. Im Blick auf die konkrete Einheit der Wirklichkeit, in der sich alles Geschichtliche, Wissenschaftliche und Metaphysische zusammenbindet und im Denken adäquat widerspiegelt, soll die Philosophie nicht nur als bloße begriffliche Schau einer abstrakten Idee des Universalen, sondern als Konkret-Universales ausgelegt werden (vgl. Ex 293/291). Was ist dieses Konkret-Universale? Lässt es sich aussagen, darstellen, begreifen, meditieren?

Hierzu Blondel: »c'est-à-dire d'un universel qui est réellement présent partout et en chaque singulier« (Ex 293/291).

Kann die philosophische Besinnung zu einem konkreten Einheitsblick führen und zugleich das Konkrete in der Einheit hinreichend dechiffrieren? Lässt sich durch den Blick auf den Geist des Christentums und auf die Assimilation das Grundproblem von Natur und Übernatur beschreiben?

Wie hilft uns Joachim Kopper hinsichtlich dieser Frage? In der Auslegung zu Eckharts Armutspredigt: »beati pauperes spiritu« (Predigt 52) sagt er, die Seligkeit in Gott im Wort Jesu und in der Bergpredigt geht jeder behauptenden Lehre voran.[7] Philosophie darf sich nicht in

7 Vgl. Joachim Kopper, Einbildungskraft, Glaube und ontologischer Gottesbeweis. Die Gottesfrage in philosophischer Besinnung. Freiburg (Alber) 2012. S. 84f., hier S. 85 (=Kopper 2012): »In dem Text dieser Predigt stellt sich die Verkündigung, wie sie aus dem Sichverstehen im Glauben geschieht, selbst – in Vernunft – auf die Weise einer behauptenden Lehre, d. h. aber in Nichtverstandensein dar. Es wird behauptet, dass das Wollen, das Erkennen, das Sein und Haben nicht zu der Armut führen, die Seligkeit bedeutet. Aber dieses Behaupten hat eben den Charakter der Lehre und hat mit dem Sichverstehen in der Seligkeit als Denken und Sprechen im behauptenden Feststellen nichts zu tun. Es ist das Sichverstehen des Menschen in der Armut, die als solche die Seligkeit ist, das in Eckharts Predigt dem Sichangeben seiner Bedeutung auf die Weise der behauptenden Lehre vorangeht« Kopper I,31–53.)

Behauptungen erschöpfen, sonst erstarrt sie zur bloßen Lehre.[8] Es besteht eine zumindest inhaltliche Nähe in der Aussage der Bergpredigt »Selig sind die Armen im Geiste« (Mt 5,3) und dem Lobpreis Jesu in Mt 11,25.

Bei Kant etwa ist der Glaube durch die theoretische Lehre nicht zu begreifen.[9] Und Kopper fährt – Kant kommentierend – fort » … er hat diesen »Übergang« doch darin vollzogen, daß er – in der philosophi-

---

8 »Dann sage ich zu Anfang, dass man bei der Philosophie den eigentlichen philosophischen Impetus, die eigentliche philosophische Grundhaltung, und die Lehre, die dann dabei herauskommt, unterscheiden muss. Sowohl Spinoza als auch Kant haben das Richtige in ihrer Lehre betont. Bei Kant z. B. heißt es vor allem in den *Prolegomena zu einer jeden Metaphysik, die als Wissenschaft wird auftreten können*: ›Meine Lehre ist die einzig richtige!‹ Das macht Spinoza auch. Man muss also zwischen der eigentlich philosophischen Grundhaltung und dem, was dann daraus gemacht wird, unterscheiden. Das erschwert die Sache sehr. Denn wenn ich jetzt zu Ihnen von Spinoza rede, und auch von Kant, dann kann ich Sie nicht darauf verpflichten, dass wir hier die einzig richtige Lehre haben, und davon gleich zwei. … Die philosophische Lehre wiederum besteht normalerweise in Behauptungen. **Behauptungen** sind das Üble. Und warum ist das Übel, in der Philosophie, mit den Behauptungen? Weil man von etwas redet, wo gar nichts da ist. Sofern etwas da ist, kann ich von der Sache reden, und je mehr ich davon weiß, desto mehr kann ich darüber auch sinnvoll reden: Das sind also Dinge, bei denen man übereinkommen kann. Bei der Philosophie kann man das nicht. … (Kopper I,101–120, hier S. 102).

9 Vgl. Kopper (2012) S. 105f.: »Die Schriftgelehrten der Bibel haben … dieses Sichverstehen der Menschen in reiner produktiver Einbildungskraft erfahren, und dieses Sichbezeugen des Sichverstehens der Menschen … haben sie in den Bildern der reproduktiven Einbildungskraft angegeben. Ihr Sicherfahren in reiner produktiver Einbildungskraft gibt sich ihnen – im Aussprechen – in Bildern der reproduktiven Einbildungskraft an. Dieses Geschehen des Sichverstehens des Menschen … gestaltet Kant von seiner Lehre aus dem Sichverstehen des Menschen im Glauben (der sich auch in der Lehre von der »reinen Vernunft« selbst gestaltet hat), so, dass er das Sichverstehen des Menschen aus dem Sprechen Gottes, als sein Sichaussprechen in Fürsichsein in reproduktiver Einbildungskraft weiß. An die Stelle der behauptenden Lehre der Transzendentalphilosophie, die für sich selbst objektive Gültigkeit beansprucht, tritt, … das Sichaussprechen des Glaubens, wie er im Aussprechen sein Geschehen als reine produktive Einbildungskraft, ohne alles Behaupten, reproduktiv als das Geschehen einer subjektiven Notwendigkeit ist. … das Sichverstehen des Menschen im Glauben ist das Offenbarsein des Lebens aus Gott, dass dieses Leben sich auch unter dem Fluche Gottes erfährt und der Mensch sich in seinem Leben als das erkennende Wesen so weiß, dass sein Sicherkennen auch als sein Verworfensein geschieht …«

schen Besinnung – das Insichsein des Sichverstehens des Menschen schließlich – nicht mehr als behauptende Lehre, sondern – als sein bloßes Sichaussprechen, als sein bloßes Sichverkündigen geschehen lässt: als ein Verkündigen, in dem der Mensch – ohne Lehre – ein Sichverstehen so ist, dass sein Sprechen … in der Zeit der Welt als solches Unmittelbarkeit als sein Sichverstehen gilt. In diesem Aussprechen ist der Philosoph das Geschehen des Sichverstehens in Offenbarsein, indem es als solches als Sprechen das Geschehen des Sichverstehens in der Zeit ist, ohne Lehre zu sein« (Kopper (2012) 105).

Philosophie sei also nicht als Lehre zu verstehen, sondern als Besinnung und auf die Weise der Meditation in reiner produktiver Einbildungskraft. So auch Blondel: Jede »Lehre«, die sich selbst genügen will, ist unrechtmäßig und unzulänglich (»Toute doctrine qui prétend se suffire est illégitime et deficient« Ex 260/261).

3. Intellektualität und Ergebenheit: Mt 11,25b

Was ist von einer Philosophie zu halten und welche Aussage erfolgt über diese, wenn sie eine höchst vernunftkritische Perikope des Neuen Testaments an pointierter Stelle immer wieder einsetzt?

»Ich preise dich, Vater, Herr des Himmels und der Erde, dass du dies vor Weisen und Klugen verborgen, Unmündigen aber offenbart hast« (Mt 11,25).

Wie ein Adagium durchwirkt diese Stelle das Werk Maurice Blondels.

Die Exegese interpretiert Mt 11,25 als Gebet Jesu an den souveränen und liebenden Vatergott, in dessen Willen das Heil des Menschen beschlossen liegt. Der Grund für den Lobpreis wird in einem antithetischen Parallelismus formuliert, in dem Jesus Gott nicht dafür danken lässt, dass er die Weisen nicht erwählt hat, sondern nur dafür, dass er sich den Unmündigen offenbart hat, während er den Weisen verschlossen blieb. Wird die Perikope von einem Weisen (Intellektuellen) vertreten, so wohnt dem Lobpreis durchaus auch ein resignatives Moment inne. Die antithetische Gegenüberstellung von Weisen und Unmündigen macht auf den bestimmten Kontext und die Sprechsituation aufmerksam, denn die Weisheitslehre Israels, die Schüler der Weisheit und Anhänger der apokalyptischen

Gruppen, auch der Weisen in Qumran und der Schriftgelehrten, werden angesprochen. Sie bilden eine Gruppe, welche dem gewöhnlichen Volk gegenübersteht. Alle, die in Israel als Weise gelten oder sich dafür halten, sind betroffen, also die gesamte »religiöse Aristokratie«.

Der Gegenbegriff zu den Weisen »Näpios« enthält eine doppelte Nuance, einmal bedeutet er Säugling und Kind, also im übertragenen Sinn die Unreifen und die Unmündigen, dann aber auch die Einfältigen, Ungebildeten und Dummen. Somit ist der Ausdruck sehr stark; gerade nicht denen, die normalerweise darauf Anspruch erheben, hat sich der Vater geoffenbart, sondern den ganz einfachen Menschen, den nicht Philosophen, nicht Reflektierenden, nicht Weisen. Der Vater offenbart sich also nicht den religiösen Eliten, sondern den Armen, aber auch den Frauen, die keine Zeit und Möglichkeit haben, von den Weisen zu lernen.

Der Lobpreis, der sich durch das gesamte Werk Blondels wie eine Mahnung, aber auch wie ein Zweifel an sich und der eigenen philosophischen Profession hindurchzieht, gehört hinein in Jesu Gottesreichverkündigung, die Gott in erster Linie zu den Armen, Einfachen und Deklassierten Israels bringt.[10] Der Aussagesinn ist in das Gesamtwerk und in das Leben Blondels einzuordnen. Der Gedanke wiederholt sich bereits in L'Action (1893) ständig.[11] In der Einführung von »Exigences«, stellt Blondel die Frage nach der Möglichkeit einer philosophischen Untersuchung im Blick auf den Geist des Christentums: »Ist es möglich, legitim und gut, vom philosophischen Standpunkt aus den Geist des Christentums zu untersuchen?« (»Est-il possible, est-il légitime, est-il bon d'étudier, d'un point de vue philosophique, l'esprit chrétien?« [Ex 3/17]).

Und gleich danach legt er bereits die Spur auf Mt 11,25, wenn er antwortet: »Gemahnt es uns nicht vielmehr das Evangelium, dass

10 Vgl. zur Exegese Ulrich Lutz, Das Evangelium nach Matthäus (Mt 8–17) EKK I/2 (Benziger) Zürich 1990, 205.206.

11 Vgl. die Wiederholung des Gedankens: A (XI) 19/12; (XIV) 22/15; (XVI) 24/16; (85) 119/110f.; (409) 443/435. Und dann als »conclusion« seiner gesamten Methodologie A (474) 499/528. »La logique de L'Action cherche uniquement à découvrir un itinéraire qui permette à l'intelligence des doctes de rejoindre lentement et sûrement les hauteurs des humbles et des petits; elle les amène à un point de départ. Mais la lumière dont elle éclaire la route ne dispense personne de l'effort qui reste nécessaire pour y monter.« Vgl. Pascal-Bild (2011) 159 Anm. 21.

diese Dinge den (wissenschaftlich) Neugierigen verborgen bleiben, um einzig und allein den Einfachen und Kleinen geoffenbart zu werden?« (»Bien plus, l'Évangile ne nous avertit-il pas que ces choses restent cachées aux curieux pour n'être révélées qu'aux simples et aux petits?« [Ex 3f./18]).

Das Adagium[12] ist in Erinnerung zu behalten, wenn es darum gehen soll, die Bedeutung des Denkens und der Philosophie zu untersuchen. Insofern bleibt Blondel der »Kritik des Lebens« auch in »Exigences« treu, wenn er einen Paradigmenwechsel des philosophischen Selbstverständnisses einfordert. Die Armen des Geistes sind offensichtlich nicht nur die Reichen des Lebens, sondern diejenigen, welche den Assimilationsprozess der Gottwerdung des Menschen durch einen direkten Weg jeweils dem Intellektuellen, d. h. dem Philosophen vorangehen und damit die Vollendung insofern auf schnellerem Wege erreichen, als sie in die übernatürliche Ordnung auf direktem Wege eintreten, weil sie die entgegenkommende Gnade des verborgenen Gottes ohne Dazwischenkunft der Reflexion entgegennehmen (vgl. Ex 258/258).

Dem Demütigen gehört die Tat der Liebe, dem, der immer bereit ist, Gott als den Liebenden entgegenzunehmen. Denn die Liebe ist das beherrschende und einigende Prinzip des Geistes des Christentums (vgl. Ex 85–88/98–101). Diese Anschauung führt zu einem Neuverständnis des Lebens über das Leben hinaus und ist nur durch die enge Pforte des Todes als höchstem Punkt der Assimilation zu bestehen, um zu einem angemessenen »Consors naturae divinae« zu gelangen (vgl. Ex 291/290). Dieser Gedanke findet sich bereits in »Point de départ (1906)«.[13]

Ein neues Philosophieren kündigt sich an.[14]

---

12 Vgl. Ex 18/32; 24/38; 24.25/39; 59/73; 61/75; 88/101.

13 Point (569) 127 in Verbindung mit Philosophie de L'Action, 234: »Die Philosophie ist ein Erlernen des Todes, d. h. die Antizipation des wahren Lebens, das für uns untrennbar Erkennen und Tun ist.«

14 Vgl. insgesamt: Peter Reifenberg, Verantwortung aus der Letztbestimmung. Maurice Blondels Ansatz zu einer Logik des sittlichen Lebens. Freiburg (Herder) 2002. (= Reifenberg (2002)). Ders. (Hg.) Mut zur offenen Philosophie. Ein Neubedenken der Philosophie der Tat. Würzburg (Echter) 2012. (= Reifenberg (2012)).

II. Der Text

1. Die späten »Avant-Propos (1949)«

Blondel ging mit den »Exigences« ein philosophisches Wagnis ein. Es geht ihm um die Vollendung des Menschen, um die Möglichkeit einer Assimilation als einer Weise der Gottwerdung des Menschen. Hierzu bedarf es einer Neubestimmung des Übernatürlichen, d. h. einer Reflexion über das Verhältnis von Natur und Gnade. Unverzichtbar erscheint mir für die Interpretation des Werks, einen Blick auf die beiden Vorworte (Avant-Propos) zu werfen, die Blondel am 1.6.1949, also wenige Tage vor seinem Tode am 4.6.1949, verfasste. Sie zeigen, dass Blondel seinen tief religiösen Überzeugungen treu blieb, wenn für ihn die beiden Aufsätze nach zwanzig Jahren immer noch gültig waren. Sie stammen aus der mittleren Schaffensperiode, Ende der zwanziger Jahre. Wegen zunehmender Blindheit mussten sie bereits diktiert werden, was sich auf den ausladenden Stil des Buches auswirkt und mehrfache Redundanzen auslöst. Die Drucklegung erlebte er nicht mehr. Auch wenn er am Ende seines Lebens hinter dem Inhalt beider großer Abhandlungen steht, bleibt die Frage offen, warum er sich in die Debatte von Vernunft und Offenbarung nach einer solch langen Zeit noch einmal einschaltet. Er selbst gibt an, dass die Texte vor dem Erscheinen des damals noch nicht publizierten dritten Bandes von »La Philosophie et l'Esprit Chrétien« herauszubringen seien. Offenbar war ihm bewusst, dass ihm als 89-Jährigen nicht mehr allzu viel Zeit verblieb, um noch einmal zum Ausdruck zu bringen, dass es sich bei der übernatürlichen Erhebung des Menschen um ein zentrales anthropologisches Thema handelt. Andererseits erschien bei Aubier, Paris, 1946 das epochemachende Werk des Blondel-Schülers, Henri de Lubac SJ, »Surnaturel«. Études Historiques, was Blondel gewiss zur Kenntnis nahm.

In seiner Veröffentlichung möchte Blondel Nichtfachleute ansprechen, die durch das Werk Erhellung erfahren und einen leichteren Zugang zum Geist des Christentums bekommen sollten, was angesichts der Komplexität der theologischen Inhalte nur schwerlich nachzuvollziehen ist, denn das Werk muss zum rechten Verstehen und zum persönlichen Gewinn mehrfach am Originaltext – auch die von Robert Scherer angefertigte Übersetzung hilft letztlich nur bedingt – studiert werden. Hinsichtlich einer sauberen Interpretation müsste man – was hier nicht möglich sein wird – die theologische Diskussion der 20er Jahre zur Gnadenproblematik aufarbeiten, dabei allerdings auch die in dieser Zeit erschienenen Werke Maurice Blondels immer im Blick behalten, besonders *»L'Itinéraire philosophique«* von 1928 und *»Le procès de l'intelligence«* von 1922, und all dies auf L'Action (1893) zurückspiegeln. Blondel vermerkt im ersten Vorwort (Ex 2/15), dass dem Buch so etwas wie ein Anfangsimpetus innewohnt wie zugleich ein Testament seines gesamten Denkens vorliegt, wenn er bekennt, dass »die grundlegenden Ansichten« dieses Werks nur deshalb *»ultimum in excessione«* seien, weil es *»primum in intentione«* war und deshalb auch werkgeschichtlich durchaus an den im »Mémoire« von 1893 formulierten selbstgegebenen philosophischen Auftrag zurückzubinden ist. Unterzieht man sich dem mühsamen Studium der von uns als Einheit betrachteten Texte, so darf die investierte Zeit keine Rolle spielen; der Erkenntnisgewinn für die bedachte Sache, aber auch für die Hermeneutik des Blondelschen Gesamtopus ist ungemein groß.

Ebenso beachtenswert scheint mir das *zweite,* etwas umfangreichere Vorwort zum Text »De L'Assimilation« (vgl. Ex 219.220/223.224). Blondel erwähnt, dass der aus der gleichen Zeit stammende Beitrag als zwölftes Kapitel des Vorgängertextes »Le Sens Chrétien« vorgesehen war. Einzig die Bedeutung des Problems und der Gestaltwerdung des Menschen rechtfertige eine eigene Veröffentlichung. Mit dem zweiten Beitrag wendet sich Blondel nicht an ein Fachpublikum, was bei der Dichte und dem Schwierigkeitsgrad des Textes nur eine Absichtserklärung darstellen kann. Er geht aus vom thomistischen Satz *»Omnia intendunt assimilari Deo«* und ist bestrebt, dem häufig missverstandenen, mehrdeutig gebrauchten und oft verkannten Begriff der »assimilation« durch eine sorgfältige philosophische Untersuchung Eindeutigkeit zu verleihen. Das Unterfangen steht auch mit dem zweiten Beitrag ganz unter dem Blick der »destinée de l'homme« mit der grundlegenden Einsicht der Begrenztheit und Kontingenz der menschlichen Vernunft.

Sollte sich der Mensch der übernatürlichen Bestimmung verschließen, erleidet er nicht nur Enttäuschungen, sondern er macht sich darüber hinaus schuldig. Blondel schlägt sofort mit seiner These auf: »Assimilation bedeutet keine analoge ›imitatio‹ Gottes, sondern es geht um die »Einverleibung des göttlichen Lebens« im Leben des Menschen (»une incorporation de la vie divine en l'homme«) (Ex 219/223) und um eine absolute Präsenz der übernatürlichen *action*) in ihm. Die Gedanken von L'Action (1893) zur »Co-action« (vgl. A 214–227/298–313) aufnehmend und dabei auch die Würde menschlichen Tuns berücksichtigend, betont Blondel das notwendige Zusammenwirken von Gott und Mensch, was im »Conubium«, dem Eheband, einer Symbiose gleichkommt. Er setzt die Ablehnung der »Vocation« zum Übernatürlichen mit dem Ehebruch gleich und ruft zum Übernatürlichen »l'appel au surnaturel« und stellt fest, dass ein Ausweichen durch die Vernunft keine Möglichkeit darstellt. »Toute la morale et toute la mystique chrétiennes sont conditionées par là et ne sont intelligibles et viables que de ce point de vue pleinement compréhensive« (Ex 220/224).

Er verweist auf die Zusammenfassung am Ende (»reprise et vue d'ensemble« (Ex 255/256ff.) sowie auf zwei ausführlichere, die Problematik verdeutlichende Briefe, die den Adressaten nicht näher benennen (Ex 296ff./287ff.). Beide Abschnitte sind für die Interpretation zentral (vgl. Ex 209/213).

2. Werkgeschichtliche Einordnung

Die »Exigences« scheinen angesichts der herrschenden philosophischen Strömung in Europa, besonders des Existentialismus sowie der Existenzialontologie Heideggers wie aus der Zeit gefallen zu sein; sie haben einen konkreten apologetischen Anlass: »Combien jugent et condamnent l'esprit chrétien parce qu'ils ne connaissent ou ne le comorennent pas!« (Ex 207/211). So nahm Blondel durchaus eine Gegenströmung zum Christentum dauerhaft wahr. Rufen wir allerdings auch in Erinnerung, dass der deutsche Philosoph Karl Jaspers (1883–1969) 1947 in Basel fünf Gastvorlesungen zum Thema »Der philosophische Glaube« hielt; 1962 verdichtete er diesen Ansatz zum beachtenswerten Entwurf

»Der philosophische Glaube angesichts der Offenbarung«. Henrici betont in seiner frühen Besprechung der deutschen Übersetzung[15] das verdienstliche Unternehmen Robert Scherers, der das posthume Werk Blondels einer breiteren deutschen Leserschaft zugänglich machte. Allerdings weist m. E. die deutsche Übersetzung in ihrer Sprache noch mehr Schwierigkeiten auf, als dies der französische Originaltext tut. Zudem: Ob Buch und Inhalt »echtester Blondel ist« (Henrici), wird zu prüfen sein. Selbst wenn die Grundmotive des Frühwerks durchaus feinsinnig verarbeitet sind, findet Blondel zu einer geänderten Sprache, welche die damalige Präferenz Thomas gegenüber in der Zeit der Neuscholastik zum Ausdruck bringt. Blondel bleibt allerdings streng in seiner Hermeneutik bei Thomas selbst, bzw. durch die Berücksichtigung Pascals und Augustinus' zeigt er jeweils seine Präferenzen hin zur Einheitsphilosophie deutlich auf.

Hinsichtlich des Wechselbezugs zwischen Glaube und Offenbarung, zwischen Offenbarung und Vernunft, Glaube und Denken war Blondel kein Anfänger: Die apologetischen Themen gehörten zu seinem philosophischen Selbstverständnis, wenn man daran denkt, dass 1896 bereits in *»Lettre sur les exigences de de la pensée contemporaine en matière d'apologétique et et sur la méthode de la philosophie dans l'étude du problème religieux«* es schon um das Verhältnis von Christentum und Philosophie ging. Damals vertrat er allerdings noch eine in der Folge der »science de la pratique« eigene »méthode d'immanence«, die er gegen immanentistische Entwürfe abzugrenzen versuchte. Andererseits ging es ihm um die Abwehr positivistischer und scientistischer Ansätze, welche jegliche Berührung mit dem Christlichen vermeiden wollten. Die tiefe Symbiose zwischen Philosophie und Christentum strebte Blondel mit seinem Werk *»Le problème de la philosophie catholique«* von 1932

15 Peter Henrici, Rez. Blondel, Maurice. Philosophische Ansprüche des Christentums, in: Scholastik (23 Jahrgang) 1958, S 459.460. Vgl. auch: Hermann Riefstahl, Rez. Maurice Blondel, Exigences philosophiques du Christianisme, in: Zeitschrift für Philosophische Forschung Bd. VI. Meisenheim/Glan (1951/52) S. 616–618; ders. Maurice Blondel, Philosophische Ansprüche des Christentums, in: Philosophischer Literaturanzeiger Bd. VIII. (1955) S. 260–263; Fl. Schlagenhaufen SJ, Maurice Blondel, Philosophische Ansprüche des Christentums, in: ZKTh Bd. 77 (1955). S. 369.

an und 1944/46 erschienen die beiden Bände »*La philosophie et l'esprit chrétien*«, deren Verdichtung und Zusammenfassung die »*Exigences philosophique du christianisme*« sind. Die Philosophie konfrontiert sich mit den Offenbarungswahrheiten, wobei sie ihre Eigenständigkeit einerseits bewahren möchte und andererseits bei bleibender absoluter Transzendenz der Offenbarung doch eine gewisse wechselseitige Entsprechung zwischen philosophischen Wahrheiten und Glaubenswahrheiten zu finden sind.

3. Kurzer Blick auf den Inhalt

Diese Grenzüberschreitung will er auch in den »Exigences« vermeiden, wenn er von der Sinnerfülltheit des christlichen Glaubens und Lebens spricht. Wenn eine gründliche kritische Untersuchung dieses komplexen Werkes nur in einem größeren Rahmen möglich ist, müssen wir uns in unserer Darstellung auf wenige zentrale Gedanken beschränken. Deshalb wird ein rascher und summarischer Überblick der Themen durchaus nützlich sein:

Wenn Blondel in der ersten Studie nach dem Sinn des Christentums die Sinn- und Bestimmungsfrage des Menschen in den Mittelpunkt stellt, so zeigt er, dass die Sinn- der Wesensfrage vorangeht; er bereitet mit seinem apologetischen Versuch in einer vorkonziliaren Zeit neue Wege. Der erste Teil der Studie entfaltet in siebzehn Kapiteln mit einer Schlussbemerkung eine zeit- und sachgerechte Apologetik vor; in den ersten Kapiteln eins bis fünf setzt er sich mit der Kritik der verschiedenen apologetischen Methoden auseinander mit dem Ziel, eine große übernatürliche Einheit des göttlichen Weltplanes aufzuweisen. Aus diesem Grund skizziert er unter philosophischem Aspekt eine konzise Zusammenfassung der Ergebnisse seiner Trilogie (vgl. Ex 98f./110f.), und er nimmt das Problem der Koexistenz des endlichen mit dem unendlichen Sein als Problem des übernatürlichen Gnadengeschenks in den Blick. Wenn das Philosophieren im konkret historischen Raum-Zeit-Gefüge geschehen soll, dann hat dies Folgen für Glück und Sinn des Begnadeten. Im Kapitel sieben bis siebzehn entwickelt er dementsprechend eine ausführliche Betrachtung des Gnadengeschenks »von oben« und seiner Einpflanzung (insertion) in die Natur. Es geschieht von einem Gnadenwissen her. In der zweiten Abhandlung, »De L'Assimilation«, wird die Theorie der Analogie als Vollendung bezeichnet, allerdings auf ganz eigenen Wegen durchgeführt, so dass folgende Grundgedanken dieses Werk ausmachen:

Die gnadenhafte Verwirklichung der Übernatur setzt ein gegenüber Gott freies Geschöpf und damit eine eigene Natur voraus (Ex 57f./71f; 86/99; 184f/191f.). Damit kann man den Vorwurf des Supranaturalismus[16] abwehren; durch die Sinnhaftigkeit der menschlichen Existenz wird damit der Vorwurf des Supranaturalismus hinfällig. Denn in einer sinnhaften Natur ist bereits Gottes Ausfluss wirksam. Eine solche Natur gilt als Kaufpreis für die »Übernatur« und damit für eine natürliche Selbstvollendung zugunsten einer übernatürlichen Vollendung in Gott, die nur durch das Opfer zu erreichen ist. Entscheidend ist die Folge für das Verhältnis zwischen Gott und Geschöpf, das nicht statisch sich als bloßes Bild und Abbild und damit in einer bloßen Analogie erschöpft, sondern ein Dynamisches ist, das sich je als verwirklichendes Anteilnehmen und -geben, als wirkliche Assimilation zeigt.

Auch wenn alle wesentlichen Grundeinsichten von der Frühphilosophie Blondels im Werk zusammengefasst und kunstvoll verarbeitet sind, fällt auf, dass im Unterschied zu L'Action (1893) Blondel eine Reihe von Gesprächspartnern auflistet. In diesem Zusammenhang ist interessant, dass er – wenn auch in einem negativen Kontext – Kenntnis hatte von Adolf Harnacks im deutschsprachigen Raum berühmten Werk »Das Wesen des Christentums« (L'Essence du christianisme); allerdings müsste ihm das im Prinzip wohl auch aus L'évangile et l'église – der Gegenschrift – nicht ungeläufig gewesen sein, wenn auch lange Jahre her[17] (vgl. Ex 63/76), und – was noch mehr erstaunt – nimmt Blondel – wenn

16 Vgl. Peter Henrici, Art. Supranatural, in: HWPH (Basel 1998) Bd. 10, Sp. 670–677, besonders Sp. 674f.

17 Vgl. Adolf Harnack, Das Wesen des Christentums. Sechzehn Vorlesungen vor Studierenden aller Fakultäten im Wintersemester 1899/1900 an der Universität Berlin. Leipzig (Hinrich'sche Buchhandlung) 1913.

auch kritisch – Bezug auf den damals anerkannten Tübinger Theologen Karl Adam, »Das Wesen des Katholizismus« (hier auf das elfte Kapitel[18]) (vgl. Ex 209/213).

III. Hermeneutik der Kerngedanken

1. Zielrichtung des Textes

Bei aller apologetischer Grundstimmung des Werks, das als geistiges Testament vorliegt, macht Blondel eine »doppelte Inspiration« geltend, die sein gesamtes philosophisches Fragen durchzieht (vgl. Ex 255/256). Er möchte eine Einheit der gesamten Wirklichkeitsperspektive im Denken erreichen, die sowohl die erkenntnistheoretischen als auch ethischen und religiösen Bedürfnisse des Menschen erfüllt. Insofern geht es ihm im Tiefsten um den Menschen, um die Möglichkeit seiner Vollendung und damit um die Möglichkeit einer Gottesbeziehung, die sich nur im Geiste des Christentums in ihrer Vollform verwirklichen kann. Diese einheitliche Verknüpfung der Schöpfung von den einfachsten bis zu den komplexen Gebilden stellt einen gewaltigen Versuch einer *Einheitsphilosophie* dar, welche die Möglichkeit bieten soll, den Grund für alles Seiende zu verstehen und denkerisch zu durchdringen. Dieses Denken ist als philosophisches Denken zwar problematisch, für Blondel aber unausweichlich (vgl. 9.2.10). Dabei ist die Zielrichtung durchaus vergleichbar mit der von L'Action (1893), wenn Blondel die intelligible Verkettung der Wirklichkeit (»l'enchaînement réel et intelligible«) (Ex 255/256) vom einfachsten der Physis bis zur Entfaltung des geistig-

18 Vgl. z. B. auf Adam bezugnehmend Karl Rahner, SW 12, S. 549ff. Vgl. Karl Adam, Das Wesen des Katholizismus (Haas und Grabherr Verlag) Augsburg 1924, S. 151. (Le vrai visage du catholicisme). Karl Adam (1876–1966) war nach dem Ersten Weltkrieg einer der angesehensten Dogmatiker Deutschlands, gehörte allerdings im Dritten Reich zur Fraktion von Theologen, die eine Vereinbarkeit von Katholizismus und Nationalsozialismus vertraten.

geistlichen Lebens nachzuzeichnen versucht (vgl. Ex 256/257). Wo ist der Grund für alles Seiende eingeborgen und wie ist er zu verstehen? Wenn Blondel nun Thomas von Aquin als ersten Gesprächspartner benennt, so ist dies auch der damaligen Gnadendiskussion geschuldet. Im Grunde behält er die Frage nach Sinn und Bestimmung des menschlichen Lebens bei, die er nun auch bei Thomas – nicht aber neuscholastisch – verifiziert: »›Wie und warum gibt es Seiende, die fähig sind, zu handeln und eine Bestimmung zu verwirklichen, die auf Grund empfangener Gaben dennoch ihr eigenes Werk ist?‹« (Ex 256/257).

Dieser Sinnfindungsprozess, um die Einheit der menschlichen Bestimmung nachzuweisen, geschieht zunächst und zuerst praktisch als Verdemütigung und Erniedrigung der Vernunft, wie Blondel sich von der Denkungsart Pascals angerührt fühlt (vgl. Ex 59f./73). Der Geist des katholischen Glaubens entfaltet sich als Paradoxon, nämlich, dass eine unheilbare Bedürftigkeit und das Elend am Anfang der Suche zugrunde liegen. Aus dieser pascalschen Grundsituation des Menschen heraus gelangt man zur Unterscheidung zweier Grundweisen, welche das Problem des Lebens bestimmen: einerseits die Gabe der vernünftigen Natur (»le don de la nature raisonnable« (Ex 256/257), mit allem, was den Menschen an Erkenntnismöglichkeiten zur Verfügung steht und von der Vernunft her in die Aporie führt, nämlich Gott, Welt, Pflicht und Freiheit, und auf der anderen Seite eine Gabe, die zugleich Gabe als auch Elend und Bedürftigkeit zum Ausdruck bringen soll, und zwar die übernatürliche Berufung, die je frei als Gabe geschenkt ist und für den Menschen unausweichlich und obligatorisch sich darstellt, bei der Zurückweisung derselben er in Schuld verfällt, ein Bedürfnis und eine Gabe, die selbst dem Verdammten einen Restbestand an unauslöschlicher Liebe belässt. Nicht nur, dass Blondel hier sehr stark das Denken des Origenes profiliert; hier wird die Ableitung des Übernatürlichen aus L'Action (1893) (vgl. A 388/497f.) lebendig. Die Bedürftigkeit und die Größe fallen hier in dramatischer Weise zusammen und können einzig und allein durch das Übernatürliche überbrückt werden. Blondel zeichnet diese dramatische Berufung auf die Weise einer groß angelegten theologischen Anthropologie. Aufgabe und Zielrichtung des Blondelschen Denkens nun ist, zugleich den radikalen Unterschied wie die gleichzeitige Angewiesenheit und Solidarität der unterschiedlichen Ordnungen in der konkreten menschlichen Situation zu erklären (vgl. die alles Wirkliche bestimmende Formel »*hétérogène et solidaire*« aus L'Action [1893]). Auch hier bemüht Blondel wieder Pascals Weg: »Es genügt nicht, sie entgegenzusetzen, man muss sie verbinden, *in eodem dramate*« (»Il ne suffit pas les opposer; il faut les relier, *in eodem dramate*« [Ex 256/257]). » … *distinction* et une connexion également indispensables« (Ex 257/258) sind zu erklären.

2. Das Übernatürliche/Le Surnaturel

Hierzu bedarf es einer grundständigen Überlegung, wie das Übernatürliche überhaupt zu bestimmen sei und warum überhaupt eine Vereinigung der beiden »dons« vonnöten ist. Das Übernatürliche stützt sich nicht bloß auf die Natur, sondern durchdringt diese ganzheitlich und haucht ihr damit tiefe Verantwortlichkeiten ein (vgl. Ex 267/258). Dabei ist zu beachten, dass Natur und Gnade zwei Sphären sind, die sich zwar berühren, nicht aber durchdringen.[19] Wie bestimmt Blondel nun das Übernatürliche? Ausgehend davon, dass Natur und Gnade eine Lebenseinheit bilden, ist die Übernatur keine Schöpfung ex nihilo und auch kein nachträglicher Überbau (»superposition postiche«) (Ex 58/71): » … sie ist eine Erhebung unserer Fähigkeiten, eine vitale und verlebendigende Durchdringung ohne Verworrenheit, aber auch ohne Dualismus.« Blondel beschreibt das Übernatürliche als reine Gabe, die nicht in sich bleibt, sondern im Menschen Wohnstatt nimmt:

»Il est au contraire fait pour être en nous« (Ex 58/71). Dieses »*en nous*« gilt es nun weiter zu bedenken, handelt es sich doch um keinen reinen Theozentrismus, sondern um eine Beziehung, die von einem tiefen menschlichen Verlangen im Blick auf eine assimilierende Annäherung (Ex 58/71) hinzielt. Eine Gefahr, diesen dynamischen Prozess zu beschreiben, besteht darin, von abstrakten Prinzipien her den Geist des Christentums beschreiben zu wollen, Schlüsse zu ziehen und ihn damit

19 » … les deux ordres de la nature et de la grâce sont comme deux spères qui peuvent se toucher et ne se compénètrent aucunement« (Ex 265/265).

zu verkürzen (vgl. Ex 82/95). Dabei stellt das Übernatürliche jeweils eine objektive Tatsache dar, da es nur von außen kommen und deshalb auch nur von außen her den Menschen verpflichten kann (vgl. Ex 265/265). Dieses »von Außen« schmiegt sich auf gnadenhafte Weise im Inneren des Menschen ein auf all seine natürlichen Taten und wirkt bei den Entscheidungen so mit, dass die Freiheit einerseits nicht unterdrückt, andererseits ihr durch die Einwirkung Würde und Wert verliehen wird.

Diese göttliche Bestimmung des Menschen wirkt sich auch *anonym* aus: »Es handelt sich somit nicht nur um die Lösung einer moralischen Frage, es handelt sich, und wäre es auch anonym, um eine Entscheidung, in der unsere göttliche Bestimmung im Spiele ist« (Ex 149/160). Man könnte allenthalben spüren, wo der Begriff des »*anonymen Christen*« bei Rahner seine Wurzeln hat (vgl. auch Ex 178/191; 206/250; 268/268).[20] Die eingegossene Gnade ist durch die Schöpfung mitgegeben. Blondel reinigt den Begriff des Übernatürlichen von allen im Gnadenstreit eine Rolle spielenden unklaren Auffassungen, wenn er schreibt: »*Das Übernatürliche* ist tatsächlich das, was als Wahrheit, als Leben und als Ziel eingegossen, das heißt, von Gott gegeben wird, ohne dass irgendein menschliches Machwerk die Gegenwart dieses Elementes und Fermentes, das sowohl unzugänglich wie im Innersten unseres Selbst eingesenkt ist, enthüllen oder dessen Wirkung hervorrufen könnte« (Ex 115/126f).

2.1 Immanenz und Transzendenz

Was ist dann aber das Besondere des »Inneren«, auch in seinem Verhältnis zum »Äußeren«, der Transzendenz, zum Übernatürlichen, das einmal geoffenbart und frei geschenkt, auch eine ethische Umkehr erforderlich werden lässt? (vgl. Ex 155/165). Worin besteht die Intimität der Beziehung des Menschen zu Gott, die durch die Vernunft nicht zu er-

---

20 Zum Motiv des anonymen Christen bei Rahner, vgl. Karl Rahner, SW 32/2, S. 603. 693; Albert Raffelt, »Anonyme Christen« und »konfessioneller Verein« bei Karl Rahner, in: ThPh (1997) 565–573; ders., Rahner und Blondel, in: A. R. Batlogg (Hg.), Was den Glauben in Bewegung bringt, FS K. H. Neufeld SJ, (Herder) Freiburg 2014. S. 17–33.

gründen ist? (vgl. Ex 154/164). Auch für diese Intimität bedarf es einer Umkehrung der Perspektiven, theologisch gesprochen, einer neuen Geburt (vgl. Ex 61/75), die nichts mit einem Immanentismus zu hat, sondern darauf zielt, dass das Transzendente innerlicher ist als das, was im Tiefsten unserer Seele ist: »le transcendant est pour ainsi dire plus intime que ce qui est en nous au plus profond de l'âme« (Ex 60/74). Das Innere, die Immanenz ist damit der Stützpunkt und der Träger der Transzendenz Gottes (vgl. Ex 60/74). Dieses Augustinische Motiv kehrt in »Exigences« regelmäßig wieder. Das Übernatürliche ist somit nichts Äußerliches, sondern die transzendente Wirklichkeit, die von innen her in den Menschen eindringt und in ihm wohnt. Das Übernatürliche ist die Gestalt gewordene Transzendenz, die zwar nicht von unserer Natur stammt, aber in uns wohnt (vgl. Ex 166/174; vgl. auch Ex 268/268): »So muss also dieses Übernatürliche, das auf der einen Seite als eine von außen kommende und transzendente Offenbarung angeboten wird, auch in das Innere des Menschen eingesenkt sein und, auch wenn es selbst unerkannt bleibt, tatsächlich wirken, ohne mit den bloßen Fähigkeiten der menschlichen Natur verwechselt zu werden (ebd.).

Blondels Intention geht also dahin, zu zeigen, dass das Übernatürliche nur den Weg über das Innere nehmen kann. Der Mensch ist nicht ausschließlich heteronom bestimmt und ohne die beiden Ordnungen zu vermengen. »car il s'agit de faire voire que le surnaturel ne vient et ne peut venir en effet que par voie d'intériorité« (Ex 168/176). Blondel übersetzt diesen sehr schönen Gedanken der *»participation vitale«* (Ex 271/271) im Inneren des Menschen *christologisch* durch die Wirklichkeit der Inkarnation und anschaulich in der *eucharistischen Gabe*, welche das mystische Leben Christi in uns weckt, um in uns und für uns zu wohnen, und »zwei absolut unvertauschbare, aber völlig – eines mit dem anderen – vereinte Leben miteinander vermischt« (Ex 58/72). Diese Einheit, die Aristoteles als skandalös und ungehörig bezeichnet (»scandaleux indécent«, ebd.) – man spürt deutlich die kritische Haltung Blondels gegenüber der eigenen Profession, wenn es um den Kernbestand des christlichen Glaubens geht –, muss im Natürlichen des Menschen einen Anhalt haben: »So unbewusst auch die Gnade als solche sein mag, so muss sie doch in der Natur eine Stütze, eine Nahrung und einen Ausdruck finden für ihre geheimnisvolle Flamme« (vgl. Ex 58/72).

Diese höchste Ausdrucksform und Ausdruckshandlung des im Übernatürlichen sich Gebenden findet sich in der Eucharistie. Die Eucharistie ist somit die höchste Form der möglichen Assimilation. Das Christentum findet seinen Ausgangspunkt und Mittelpunkt in Jesus Christus selbst, der als einziger und höchster Mittler zwischen Natur und Übernatur, zwischen Gott und der geschaffenen Ordnung wirkt (vgl. Ex 82/95). Eine absolute Stockwerktheorie ist ausgeschlossen, das Übernatürliche dient nicht als bloß trennende Schranke (Ex 151/162), sondern das übernatürliche Geoffenbarte, im Inneren des Menschen Wirkende wird durch Gott angenommen und erhoben und muss vom Menschen andererseits angenommen werden (vgl. Ex 151f/162), um eine Einheit zu bilden. Gott wird nicht herabgewürdigt und der Mensch erhält die ihm zustehende Würde. Die Beziehung zwischen Gott und Mensch ist eine ganz personale und intime, die sich nicht in einer intellektuellen Abstraktion oder in einem metaphysischen Rätsel ausdrückt, sondern im schlichten Wort des Johannes-Evangeliums (Joh 15,15f.):

»Ich nenne euch nicht mehr Knechte; denn der Knecht weiß nicht, was sein Herr tut. Euch habe ich Freunde genannt, weil ich euch alles mitgeteilt habe, was ich von meinem Vater gehört habe« (vgl. Ex 154/156)[21].

Blondel wiederholt den Gedanken noch einmal nachdrücklich (vgl. Ex 162/171), denn in diesem Wort ist *»der Geist des Christentums«* zu-

21 Zur Exegese der Perikope, vgl. Rudolf Schnackenburg, Das Johannesevangelium, HThKNT V/3. Freiburg 1975 (2000) S. 125f.; Josef Blank, das Evangelium nach Johannes, 2. Teil Düsseldorf (Patmos) 1977. S. 156f. Blank weist darauf hin, daß »Knecht, Sklave (gr. doûlos)« nicht nur in Israel, sondern in der gesamten antiken Welt, Ausdruck der Unterordnung unter Gott bedeutete. So war das Knecht-Gottes-Sein im atl. Denken das Höchste, was über den Menschen ausgesagt werden kann (vgl. Ex 33,11) Dt 34,10; Jes 41,8) »Die Distanz zwischen Gott und Mensch läßt den Begriff der ›Freundschaft‹ eigentlich nicht zu, so daß es sich regelrecht um einen »Umsturz der Werte« handelt, wenn Joh. Jesus die Jünger zu seinen Jüngern »ernennt«. »Diesen neuen Stand von ›Freunden Jesu‹ gewinnen die Glaubenden dadurch, daß sie an seiner Gottesgemeinschaft teilhaben … Der Höhepunkt der Offenbarung ist die Lebenshingabe Jesu« für seine Freunde als der »vollendete Erweis seiner Liebe«. Die Interpretation paßt genau in das Verständnis der »mortification« und des »sacrifice« Blondels.

sammengefasst, in ihm zeigt sich qualitativ der Unterschied zwischen der Offenbarung, die die Beziehung zu einer Berufung und zur Teilhabe am Leben der Dreifaltigkeit werden lässt (»notre participation à la vie de la Trinité elle-même«, Ex 155/165). Das geoffenbarte und frei geschenkte Übernatürliche setzt eine Umkehr des gesamten Lebens für den Unschuldigen und noch mehr für den gefallenen Menschen frei und hat damit qualitativ eine hohe ethische Relevanz.[22] Das Gottesreich gründet demnach nicht auf der Unterscheidung zwischen Natürlichem und Übernatürlichem, »sondern im Gegenteil auf ihrer Annäherung, auf ihr inniges Zusammenwirken, auf die umwandelnde Vereinigung, die, ohne etwas von der menschlichen Natur zu unterdrücken, sie an einem mehr als menschlichen Leben teilhaben lässt« (» ... mais au contraire leur rapprochement, leur intime coopération, l'union transformante qui, sans rien supprimer de la nature humaine, la fait participer à une vie plus qu'humaine« [Ex 156/165]). Die umwandelnde Kraft durch das Übernatürliche bedingt eine *»mortification radicale«* des Menschen (Ex 156/166). Die Gefahr des Naturalismus ist gebannt, weil das Übernatürliche auf die Weise einer Gabe nicht unmöglich naturalisiert werden kann, was auch das Eingeständnis zum Opfer bis hin zum Tode unseres natürlichen Lebens impliziert (vgl. Ex 157/167).

2.2 Das Übernatürliche als Liebesband

Der Begriff des Übernatürlichen ist in seiner etymologischen Bedeutung weder im Sinne einer Überordnung einer Übernatur oder eines Stockwerks zu verstehen, nicht als außergewöhnlich unerklärliches Außernatürliches, sondern nur das ist übernatürlich nach Blondel, der sich (stets auch zur Absicherung und zum Beweis seiner Orthodoxie) Deschamps anschließt, »was durch die Liebe zur Vereinigung führt, und zwar auf eine Weise, die sich jedem Zugriff des menschlichen Bewusstseins und Verstandes entzieht« (vgl. Ex 160/169). Blondel fasst im

22 Somit wird für Blondel wie in der Folge für Joachim Kopper in Mk 1,14.15 die Grundierung des christlichen Lebens im nahe gekommenen und jetzt verwirklichten Reich Gottes lebendig. Vgl. Kopper, 82f.

zwölften Kapitel nun das Übernatürliche in Richtung eines *»Liebesbandes«* (»un lien d'amour«). Zum einen bekennt sich Blondel damit eindeutig wieder zur Augustinischen Linie, zum anderen bringt er gedanklich das *»lien d'amour«* in die Nähe der Bedeutung des *»Vinculum substantiale«*[23]. Das Übernatürliche »le suranturel ... suppose d'abord une nature donnée, un ordre humain« (Ex 161/170). Die menschliche Natur ist nicht schöpferischer Ausgangspunkt (ebd.), sondern ein Stützpunkt (vgl. Ex 161/170), um am göttlichen Leben teilhaben zu können. Hierin ist das Übernatürliche nicht Gott selbst in sich, weil ungeschaffen, sondern »une sorte du l'âme et de Dieu«, eine innige Verbindung der Seele mit Gott (Ex 162/171) und »nach dem geheiligten Ausdruck, eine Adoption, eine Verwandlung, eine Einverleibung, ein Consortium, die zugleich die Einigung und die Unterscheidung der beiden unvergleichlichen Größen durch das Band der Liebe sichert« ... (Ex 162/171).

Ein Bestreben, durch Abstraktion und logische Schlussfolgerungen zum Übernatürlichen durch Verstand und Vernunft zu gelangen, würde scheitern (vgl. Ex 226/230); Blondel bekennt sich zu einer »solution concrète«, zu einer Praxis der liebenden Erkenntnis, die sich nur einzig und allein im Wort des Evangeliums (Joh 15,15) erfüllt. Nicht reine Spekulation, um zu einer Gewissheit des Besitzes zu erlangen, sondern das Innerste ist aufzunehmen, die Assimilation bedingt die innigste Beziehung zwischen Gott und Mensch (»intussusception«, Ex 163/171; vgl. PI 237[24]).

Nicht eine metaphysische Spekulation, sondern eine Meditation in der Logik der Liebe führt zur Assimilation (vgl. Ex 301/298).

---

23 Vgl. Peter Reifenberg, *Vinculum substantiale*. Die Hypothese von Leibniz in der Interpretation von Maurice Blondel (1861–1949), in: Irene Dingel et alt. (Hg.), Leibniz in Mainz. Europäische Dimensionen der Mainzer Wirkungsperiode. Göttingen (Vandenhoeck & Ruprecht) 2019, S. 261–289.

24 Vgl. PI 237: »... par la connaissance réelle, ce que nous cherchons, ce ne sont pas des représentations, des images, des symboles, des spécimens, des phénomènes, c'est la vive présence, L'Action effective, l'intussuspection, l'union assimilatrice, la réalité«.

3. La vocation théandrique – Die »theandrische« Berufung

Blondel sagt zum einen, dass der Übergang vom Natürlichen zum Übernatürlichen nicht gefasst werden kann, zum anderen »kann man nicht den Übergang der einen in die andere Sphäre erklären, ohne den Eigenwert der Vernunft oder die Transzendenz der Gnade zu kompromittieren« (» … l'on ne peut expliquer le passage de l'un à l'autre sans compromettre soit la valeur propre de la raison, soit la transcendance de la grâce« [Ex 164/172]). Er versucht nun den Satz *»gratia non tollit naturam sed perficit«* philosophisch nachzuzeichnen und findet ihn in »inhabitation de la vie nouvelle dans la nature« (vgl. Ex 164/172), in der Person Jesu Christi, vorgebildet. Das *»Verbum caro factum«* bezeichnet diese Vereinigung zwischen Natürlichem und Übernatürlichem, diesen geheimnisvollen Zustand (»état mystérieux«) als theandrischen Zustand, der den Zustand der »natura pura« überwindet, weil ein absolut Übernatürliches die Würde der Natur und der Vernunft nicht hinreichend berücksichtigen würde (vgl. 165/173). Durch die begriffliche Erkenntnis (»connaissance notionelle«), die eine reine Natur (natura pura, nature pure) definiert, kann die theandrische Berufung nicht beschrieben werden. Damit ist die abstrakte Entgegensetzung von Natur und Übernatur ausgeschlossen. Der Extrinsezismus hat genauso wenig Chance wie ein reiner Immanentismus. Die Übernatur bleibt transzendent und vollendet durch das Liebesband die Natur zu einem einzigen Ganzen: » … ce vrai surnaturel procède au-dedans« (Ex 166/174). Hier wiederholt Blondel seinen Ansatz im Blick auf die Gestaltwerdung des Übernatürlichen im Inneren des Menschen: » … et c'est sous cette forme intérieure que s'opère la surnaturalisation« (Ex 166/174). Die Betonung auf das innere Wachstum des Surnaturel lässt jeden Extrinsezismus ausscheiden. Das Schwierige ist auch, die beiden Ordnungen nicht ineinanderfließen zu lassen ohne Unterscheidung, sondern bei aller »incommensurabilité« eine Unterscheidung in der Einheit der engen Kooperation festzuhalten (vgl. Ex 168/176; Ex 302/299). Diese innere Erneuerung (»rénovation intime«) (Ex 169/176) kommt der Gnade der Gotteskindschaft[25] gleich

---

25 Das Werden der Gotteskindschaft fasst Blondel in einer sehr dichten Aussage am Ende des Buchs zusammen: »Et c'est à la fois par une sorte d'histologie métaphysi-

(»la grâce d'adoption filiale« [Ex 168/176]). Diese innere Umkehr (»conversion intérieure«), welche Mk 1,15 intendiert, geschieht zugleich auch »au prix d'une oblation de sa nature purement humaine« (Ex 169/176). Was dies heißt, führt Blondel als aktive dynamische Neugeburt des Menschen in Gnade und Mitwirkung aus, die sich in der Hingabe in das Sakramentale verwirklicht (vgl. Ex 169/177). Eine mögliche Vereinigung von Natürlichem und Übernatürlichem geschieht – und Blondel wiederholt sich – nur im Überwinden des rein begrifflichen Standpunktes (»dépasser le point de vue notionnel« [Ex 178/185]). Deutlich wird immer wieder, dass Blondel die Begrifflichkeit aus »Le Procès de L'intelligence« (1922) übernimmt, indem er eine »connaissance notionnelle« von einer »connaissance pneumatique« unterscheidet.[26]

3.1 Assimilation

Blondel bemüht sich, den Geist des Christentums von einem philosophischen Standpunkt aus aufzuweisen (Ex 3/17). Das Zentrum der christlichen Botschaft und Verheißung ist die Vereinigung Gottes mit dem Menschen, die Assimilation zur Gewinnung des theandrischen Wesens des Menschen (vgl. Ex 302/299).

Dieses ganzheitliche Tun, das vom Wort des hl. Thomas »*Omnia intendunt assimilari Deo*« (Ex 221/225) hergeleitet wird, bildet in beiden Abhandlungen die Grundlage des gesamten Weltgeschehens von den Anfängen des Kosmos bis zur Höhe, von der Schöpfung bis zum Reich Gottes, weil Gott die Welt und seine Wesen in Liebe erschafft, um assimilierend Anteil zu haben, was ein christliches Paradoxon darstellt und sowohl von Platon als auch von Aristoteles als deplatziert und absurd beurteilt wird (vgl. Ex 225f/229f). Es handelt sich jedoch um eine ganz besondere Form der Assimilation. Das Denken und Tun bekommt zur Aufgabe, durch die eigene Existenzweise zu einer Einsicht zu gelangen, wie Denken, Tun und Sein zugleich außerhalb Gottes denkbar sind

---

que et par une genèse spirituelle qu'il convient d'envisager cette théogonie, cette ontogénie et phylogénie cosmo-anthropo-Christo-théandrique« (Ex 303/300).

26 Vgl. etwa PI 236f.260.271.294ff., hier vor allem die Unterscheidung im Wortpaar zwischen »connaissance notionelle« und »connaissance réelle«.

und gottförmig werden können und dabei auch die volle Menschlichkeit des Menschen beibehalten, weil sie Voraussetzung für eine Veränderung und Assimilierung darstellen, um in Gott in einender Liebe leben zu können. Dieses von Blondel als Assimilation und theandrische Symbiose bezeichnete Geschehen findet einerseits das Interesse Gottes selbst, der nicht aus eigener Bedürftigkeit handelt, sondern sich in verschenkender Fülle mit dem Ziel dahingibt, möglichst viele Menschen zur Vollendung zu führen, nachdem er eine Welt und den Menschen aus überströmender Liebe erschaffen hat, damit sie an seiner Seligkeit teilhaben können. Zugleich sollen die Menschen in freier Hingabe zustimmen und mitwirken, wie die gesamte Menschheitsgeschichte die übernatürliche Bestimmung in sich trägt, die gesamte Schöpfung zum letzten und höchsten Ziel in die ewige Glückseligkeit hineinzuführen. Er ist Mensch geworden, und der Mensch wird zu Gott.

3.2 Vernunft und Offenbarung

Am Ende unserer Untersuchungen wollen wir noch einmal einen Blick auf den Anfang werfen, um die umstrittene Weise des Philosophierens in »Exigences« näher zu bestimmen und zu charakterisieren. Den Geist des Christentums zu bestimmen, sah Blondel selbst als heikle und gefahrvolle Aufgabe für die Philosophie an, zumal, wenn er sich von der christlichen Offenbarung inspirieren lässt. Dabei versucht er zu unterscheiden, was der Vernunft zugänglich ist und was nur die Offenbarung im Glauben als unzugängliche Wahrheit angibt. Lässt sich aber gerade im Lichte der Offenbarung (»à la lumière de la Révélation«) (Ex 111/123) das philosophisch aufzeigen, was den Menschen in seiner übernatürlichen Berufung und Bestimmung auszeichnet? Gestattet das philosophische Denken einen Eingriff von Seiten des christlichen Denkens? (vgl. Ex 98/110).

Am Beginn seiner Arbeit muss sich Maurice Blondel mit dem berechtigten Einwand auseinandersetzen, dass die Frage der Philosophie nach Gott, Welt und Mensch »von außen«, also in ihrer ganzen Breite, sich nicht darstellen kann, wenn sie auf die Weise des »von innen«, d. h. vom Stehen im Glauben an die Offenbarung geschrieben wird. Die Vernunft in ihrer Suche nach Wahrheit soll ihre Begrenzung, Ohnmacht und Bedürftigkeit (»son impuissance et son indigence«) erkennen und zugleich die Chance wahrnehmen, durch die übernatürliche Erhebung des Menschen (»l'élévation surnaturelle de l'homme«) (ebd.) die Einheit der Vielfalt des göttlichen Planes erkennen zu können. Blondel stellt sich tatsächlich einer Herkules-Aufgabe im Blick auf eine kontingente Vernunft. Denn alle wissenschaftliche Weltdeutung bedarf der philosophischen Grundierung und Ergänzung, die zeigt, wie wenig es genügt, die Welt als eine in sich geschlossene und sich selbst genügende Gegebenheit zu verstehen. Jede Tat durchbricht die Immanenz und wirft sich in die Unendlichkeit aus, so verbindet sich die Weltordnung in einer stets in die Geschichte drängende Dynamik (vgl. Ex 184/191), als allumfassendes Geschehen, an dem jede Tat mitwirkt, die unter einer Berufung und Verheißung steht und deshalb nur vom höchsten Ziel aus gedacht werden kann. Die Welt ist keine Schaubühne, sondern ein ständiges Geschehnis und Tun, die sich zwischen Gott und Mensch ereignen und dem Menschen eine ewigkeitsschwere Verantwortung (vgl. A (VII/27) zusprechen. Die Weltdeutung aus dem Geist des Christentums durchbricht und überwindet jenen Zweifel, den der kritische Geist des Subjektivismus, Relativismus und Historizismus hervorbringt. Der Scientismus hält sich durch ein beschränktes und verengtes Bild der Vernunft vom Glauben fern und reduziert damit das Gott-Welt-Verhältnis auf historisierende und psychologisierende Fakten. Der Glaube an Gottes sinnerfüllende Ordnung bedarf der Einheit des christlichen Denkens in der Philosophie. Aus diesem Grunde entschließt sich Blondel, die christliche Heilslehre auf die Weise der »*Heiligkeit der Vernunft*« zu verstehen (»la véritable philosophie est la sainteté de la raison«) (A 442/560). Sie ist nicht von außen zu beschreiben, sondern der Philosoph versetzt sich – gläubig – mitten hinein und unmittelbar in das Herz der Heilslehre. Aus ihrer Mitte heraus denkt er. In der Position des Glaubenden denkt der Philosoph, und dies macht es für die von außen kommenden Nicht-Gläubigen schwer, zu folgen. Für Blondel ist die Philosophie geradezu dazu prädestiniert, ihre Aufgaben in der Durchdringung des Sinngehalts der Offenbarung zu sehen. Er stellt deshalb den bemühten Leser ohne Zögern und ohne die

Möglichkeit des Zweifelns oder des Entkommens mitten hinein in die christliche Heilsbotschaft. Es handelt sich um – im besten Sinne – ein religionsphilosophisches Unterfangen, doch Philosophie wird in seinem Blick der Dinge, unabhängig von jedem apologetischen Vorurteil gesehen, was im Grunde so nicht stimmt (Ex 161f/170). Er stellt die Frage, ob eine philosophische Untersuchung des Geistes des Christentums angestellt werden kann, ohne dass das Mysterium angetastet wird, selbst wenn auch die übernatürliche Ordnung in den Blick genommen wird (Ex 22/36). Doch die Philosophie kann sich nicht selbst vollenden und das Denken und das Leben abschließend beurteilen, sondern die Vernunft stellt sich in den Dienst am Geist des Christentums (Ex 23/37), indem sie gegen falsche egoistische Selbstgenügsamkeit den Sinn für die Demut und das Mysterium fördert. Den Glauben aus dem Wissen der Philosophie zu erheben, hält Blondel allerdings für nicht möglich (vgl. Ex 65/79). Eine Gesamtschau des Christentums steht Blondel vor Augen, was sich in der inhaltlichen Ausrichtung des Textes nicht bestätigt findet (vgl. Ex 69/82). Selbst dem Geist des Christentums kommt man philosophisch nur auf die Spur, wenn die Gegensätze verschmelzen und die Worte Gottes als Liebe erfahren werden (Ex 95f/108). Die genuine Aufgabe der Philosophie ist der Ausgleich der Gegensätze, so z. B. die höchste philosophische Spekulation und die Anbetung des unwissenden Kindes (vgl. wieder Mt 11,25) bis hin zu einer unvergleichlichen Liebe (»incomparable amour«) (Ex 95/108). Diese Synthese wird philosophisch zu denken sein, stellt aber noch nicht die vollkommene Einheit dar (»unité parfaite«) (Ex 95f/108). Die Gefahr der Abstraktion, immer im philosophischen Weg eingeborgen, auch eine Apologetik, welche auch eine »conversion des âmes« (Ex 65/78) mit einherbringt, soll vermieden werden. Die Philosophie findet nicht als Idee statt, sondern umfasst alle Dimensionen des Menschseins (»une disposition totale de l'être spirituel en tant qu'il connaît, qu'il sent, qu'il agit, qu'il espère, qu'il aime«) (Ex 65/78). Wir befinden uns mit dieser Weise des Philosophierens auf einer anderen Ebene, einer theologischen Anthropologie aus einem christlichen Philosophieren heraus, das sich dem Glauben gänzlich geöffnet hat. Der Glaube stellt sich im Blick auf den Daseinsgrund des Seins in gewissem Sinne gegen die Vernunft (Ex 67/81), welche das göttliche Mysterium in seiner gänzlichen Tragweite nicht durch das diskursive Denken ergründen kann, auch, wenn es auf die Erfüllungsruhe in Gott ausgerichtet ist (vgl. Ex 67/81). Die Philosophie gibt letztlich auch Zeugnis, wie Denken und Tun sich im Gewissen widerspiegeln. Sie hat damit auch höchste ethische Relevanz (vgl. Ex 97/109). In diesem Zusammenhang fasst Blondel die Ergebnisse der Trilogie zusammen, die in einem einzigen Mittelpunkt (vgl. Ex 97/109), in »la vocation surnaturelle« übereinkommen (vgl. 98ff./110f.). Durch sie findet die Erfüllung der menschlichen Bestimmung statt (vgl. Ex 98/110), indem sie in einer tiefen Haltung der Unruhe über Wissenschaft und über alle abstrakten Spekulationen, aber auch über die der Ethik hinausweist (ebd.).

3.3 Das Denken

Die Philosophie geht, insofern sie die Geburt der »intelligence« ist, auch in all ihren Möglichkeiten und Unzulänglichkeiten über alle Stufen der Wirklichkeit hindurch (Sinnenwelt, wissenschaftliche Ordnung, metaphysische Spekulation). Die Unruhe treibt das menschliche Denken fort und sucht nach dem Ausgang dieser nicht aufzuhaltenden Bewegung. In der Unruhe verdichten sich die messianische Erwartung und die Offenbarung, wie die Sicherheit innerhalb des Katholischen (»sécurité catholique«) (Ex 99/111).

Das Denken ersehnt zutiefst die vollkommene Einheit seiner selbst als Abbild mit dem Bild der perfekten Union, mit dem Bild der Einheit zwischen Vater und Sohn »à l'image de la parfaite union du Père et du Verbe« (Ex 100/112).

Wir konzentrieren uns auf die Frage, was das Denken ist und welche Rolle die Vernunft hierbei spielt: Die Vernunft hat Teil am Licht, verspürt jedoch je die Unzulänglichkeit und Inadäquatheit gegenüber dem göttlichen Licht. So muss sie ihre eigenen Grenzen stets anerkennen (Ex 100/112). Selbst wenn die Philosophie sich anheischig macht, das Problem des Denkens zu lösen und seiner vollkommenen Einheit mit sich selbst zu erreichen, bleibt es dennoch in der Unruhe, in der Sehnsucht, Gott zu sehen, und in der Begrenzung. Blondel denkt streng vertikal. Das Denken ist jeweils ein Denken aus dem Lichte Gottes, das jeden Menschen erleuchtet und seiner Erkenntnis Klarheit verleiht.

Man muss schon sehr gut den französischen Text anschauen, um zu erfahren, was Blondel unter dem »Denken in sich« versteht. Er verwendet den Begriff *»méditer«*, um zum Ausdruck zu bringen, dass man das Denken einzig als Meditation des christlichen Glaubens (wir finden Koppers These bestätigt) betreiben kann. Die freie Philosophie sei unwillkürlich in ihren Fragestellungen nach der Genese des Geistes in Übereinstimmung mit den Folgerungen der katholischen Theologie. Das Wunder des Denkens veranlasst Blondel, eine Definition von ihm zu geben, die freilich für das besonders von der Aufklärung her kommende philosophische Denken damals wie heute nur unter den Vorgaben Koppers, sonst aber schwer nachzuvollziehen ist:

»Si l'on médite en effet sur ce qu'est la pensée en soit et sur l'immense difficulté d'élever à la faculté de penser des êtres crées, on demeure dans l'étonnement de cette merveille …«

Dann erfolgt eine für die heutige Philosophie nur schwer zugängliche Definition des Denkens: »Penser, c'est absolument parlant, l'intime vie de la Trinité sainte où l'unité se consomme dans la lumière réverbérée du Père au Fils dans la réciprocité d'amour de l'Esprit« (Ex 101/113). Es folgt eine Reminiszenz an das große Glaubensbekenntnis: *»Lumen de lumine, spiritus, lumen et vita«*.[27] Der Schritt zur »Heiligkeit der Vernunft« ist getan.

3.4 Das philosophische Problem der Heiligkeit

Unter dieser Überschrift fasst Blondel das interessante Kapitel XV, in dem er fragt, was der Heilige eigentlich sei (»qu'est-ce donc qu'un saint«? (Ex 190/197) und ob es Heilige auch außerhalb der sichtbaren Kirche gäbe.[28] Blondel gibt auch prompt die Antwort: Die Heiligen »erscheinen

27 Denken als Auslegungsversuch der Trinität, dies lockte auch Hans Urs von Balthasar in der »Theodramatik«. Vgl. TD II,1, S. 239.

28 Wir dürfen dabei nicht vergessen, dass im Jahr 1925, also etwa zur Entstehungszeit der beiden Beiträge, Blondel auch über die Mystik schreibt: Le problème de la mystique, in: Qu'est Ce Que La Mystique? Cahier De La Nouvelle Journee. Nr. 3 (Bloud

wie Christus als ein Zeichen des Widerspruchs, als ein Stein des Anstoßes und als ein Dementi aller ängstlichen Klugheit und allen Scheintugenden gegenüber, die vom Weltgeist inspiriert sind« (»Ils semblent, comme le Christ, un signe de contradiction (!), une pierre de scandale, un démenti à la prudence timorée et aux apparentes vertus qu'inspire l'esprit mondain« [ebd.]). Die Heiligen sind diejenigen, die Gott lieben ohne Maß und Weise (vgl. Bernhard von Clairvaux), die nicht bürgerliche Tugenden alleine pflegen, sondern es sind prophetische Gläubige, die den Menschen vor der idealistischen Philosophie bewahren (!) und sie aus einem Tugendschlaf aufrütteln. Die Heiligkeit soll die Gegenwart des Übernatürlichen (»la présence du surnaturelle«) (vgl. Ex 191/198) in der Welt zum Leuchten bringen und findet gerade in einer unsichtbaren, geisterfüllten Kirche statt, als Korrektiv und Organ zur sichtbaren (Ex 192/199). Auch hinsichtlich der Heiligkeit haben die Kleinen und Demütigen einen Vorsprung, da sie in der Stille des Glaubens leben: »Die Wahrheit der religiösen Ordnung offenbart sich auf demütige Weise in der Intimität der Seelen, eher durch diskrete Beweise als durch glänzende Kundgebungen« (vgl. Ex 192/199).

Blondel beharrt auf der Anerkennung der Kirche als spezifischem Ort der Heiligkeit. Kunstvoll versucht er, zwei konträre philosophische Schulen zusammenzuführen: einerseits die Augustinistische Linie, zum anderen die Thomistische[29], wobei deutlich zu spüren ist, dass sein Herz für eine (augustinisch geprägte) Einheitsmetaphysik schlägt (vgl.Ex 212/216). Eine vom christlichen Geist unabhängige kritische Philosophie lehnt Blondel ab und denkt dabei gewiss – ohne ihn zu nennen – an den Kritizismus Kants, aber auch an jede andere *»philosophie séparée«*, welche die Abstraktion und nicht das gelebte Leben in den Mittelpunkt stellt. Den Neuthomismus nennt er nicht ausdrücklich,

et Gay) 1925. Hierzu vergleiche man die schöne Arbeit von Heiner Wilmer, Mystik zwischen Tun und Denken. Ein neuer Zugang zur Philosophie Maurice Blondels. (Herder) Freiburg 1992. = Mystique entre action et pensée: une introduction nouvelle à la philosophie de Maurice Blondel. Paris 2014.

29 »Saint Bonaventure disait, après saint Augustin, que notre philosophie à nous c'est le christianisme; et saint Thomas répondait: la philosophie a un domaine propre, une méthode rationnelle, une autonomie relative (Ex 212/216).

offensichtlich aus der Befürchtung heraus, von Seiten seiner einflussreichen Vertreter sanktioniert zu werden. Ein philosophisches System im Geist des Christentums muss ein systembildendes »élément dialectique« sowie »une intention finale qui oriente vers un terme moral ou religieux tout l'effort de la dialectique intellectuelle« (Ex 212/216) aufweisen. Auch in den Fragen einer rechten philosophischen Begründung des Christentums geht es darum, bei der Entfaltung der Gegensätze sie zugleich auszugleichen, um eine integrale Lösung des Sittlichen und Religiösen im Denken zu finden. Allerdings ist die Wirkweise der Philosophie begrenzt; eine für den Glauben erforderliche Zustimmung ist erforderlich (»l'adhésion requise pour la foi«) (Ex 215/219). Hintergrund der Wirkweise der Philosophie ist wohl auch Blondels tiefe Skepsis gegenüber der Neuscholastik[30] wie jeder Form der »philosophie séparée«. Denn der Glaube kann ausschließlich aus der Gnade entstehen (»dans l'ordre surnaturel où seule la foi peut naître par la grâce«) (Ex 215/219). Die Schwierigkeit bleibt, dass zur Bestimmung des menschlichen Lebens die Einheit zwischen der erkennenden Vernunft und den vom Glauben geforderten Wahrheiten zu koordinieren ist (vgl. Ex 264/264), um die Einheit der menschlichen Bestimmung (»l'unité de la destinée humaine«) im Denken und Tun zu erwirken.

3.5 Die Implikationsmethode

Maurice Blondel vermeidet zur Bezeichnung seiner philosophischen Methode den ursprünglich gebrauchten Begriff »méthode d'immanence«[31], offenbar wegen der Anfeindungen früherer Jahre und des Vorwurfs des Immanentismus.[32] Er wählt nun für die methodische Handlungsweise der Philosophie den Begriff der Implikation. Die Zielrichtung jedoch bleibt gleich: Es geht gegen jede diskursive Abstraktion und gegen jeden konstruktivistischen Versuch von Gedankenexperimenten, gegen jeden Intellektualismus (Ex 273/272) sowie gegen jede Metanoethik (»méta-

30 »Mais en somme la philosophie est toujours réduite à pouvoir peu par elle-même« (Ex 215/219).

31 Vgl. Reifenberg (2002) S. 182–197.

32 Vgl. Reifenberg (2002) S. 189–192.

noétique«) (Ex 266/267). Die Implikationsmethode folgt direkt aus einer harschen Philosophiekritik. Die Philosophie habe auf allen Gebieten bankrott gemacht (Ex 274/273), indem sie die Flucht in die Abstraktion genommen habe mit peinlichen Konsequenzen für Ethik und Religion. Bei einem solch harten Urteil hätte freilich eine präzisere Argumentation gutgetan. Er verrät mit Beispielen aus dem 18. Jahrhundert jedoch indirekt, dass die Aufklärung, besonders jedoch die zeitgenössische Philosophie, die er mit den vernichtenden Begriffen »le désordere, la dissolution, l'anarchie« belegt (Ex 274/273), gemeint sind.

Deshalb schreibt er der Philosophie ins Stammbuch, dass sie die Wiederherstellung der wahren Ideen der wirklichen Praxis einer integralen philosophischen Methode anzustellen hat: »Rien n'est plus important que de restituer la véritable idée, la véritable pratique d'une méthode philosophique intégrale« (Ex 275/274). In kurzen Strichen rekonstruiert er sein bekanntes Erkenntniskonzept und erläutert ablehnend die Konzepte Platons und Aristoteles' und – interessant für den Phänomenologen: Er bemängelt das Fehlen der Aufmerksamkeit auf die Welt der Erscheinung (vgl. Ex 276/275). Der Ausgangspunkt der wahren Philosophie ist die Erfahrung und das Sichtbarmachen der Phänomene. Wichtig ist für ihn eine Wissenschaft des Realen (vgl. Ex 277/276). Auf der Welt der Erscheinungen grundiert die philosophische Wahrheit (Ex 276/275).

Die konkreten Gedanken denken auf die Weise eines wirklichkeitsbezogenen Realismus unmittelbarer Gewissheiten; der Denkende liest aus ihnen, schließt sie ein, untersucht, was sie voraussetzen, anstatt künstliche Begriffskonstruktionen abzuleiten. Es sind die einfachen, selbstverständlichen und evidenten Wahrheiten, um die es der Implikationsmethode geht. Diese Methode der einfachen Wahrheiten richtet sich je auf das Konkrete, welches jeweils das Universale umschließt (vgl. 281/279) und gegen die bloßen Behauptungen aus abstrakten Begriffskonstruktionen. Näherhin leitet Blondel das von ihm Intendierte vom Etymon ab: »Implizieren heißt nicht erfinden und deduzieren; es heißt entdecken, was schon gegenwärtig, aber nicht beachtet, noch nicht explizit erkannt und formuliert ist. Das Wort legt somit zugleich die Idee einer wechselseitigen Durchdringung und einer logischen Abhängigkeit nahe« (» … impliquer, c'est non pas inventer, déduire; c'est découvrir ce qui est déjà présent, mais non pas remarqué, non encore explicitement connu et formulé. Ce mot suggère donc à la fois l'idée d'une compénétration réelle et d'une dépendance logique« [Ex 288/286]). Die Implikationsmethode erklärt sich besser von den Methoden ihrer Gegenbilder, der »philosophie séparée«, von dem Idealismus und vom Kritizismus wie der Neuscholastik. Hinter dem von Blondel vertretenen Realismus, den er im Text selbst nicht hinreichend ausarbeitet, vermute ich auch eine metaphysisch aufgeladene Abwandlungsform eines transzendental-phänomenologischen Denkens: Die Vernunft hat das Gegebene auf die Weise »acquisition pour toujours« (Ex 281/279) hinzunehmen; es handelt sich um (egoistische) Wahrheiten, welche die Wirklichkeit dem konkreten Leben gibt, und zwar für das äußere wie für das innere Leben (vgl. 281/279). Die Vernunft verbleibt in der skeptisch-gläubigen Grundhaltung einer auf Erfahrung, Glauben und Vertrauen grundierten *»docta ignorantia«*[33]. Die unmittelbaren Gegebenheiten (»données réelles«) dürfen nicht durch eine künstliche Begriffswelt verfälscht werden, selbst wenn ein Minimum an Abstraktion innerhalb der Erkenntnis erforderlich ist (vgl. Ex 279/278). Eine Philosophie des inneren Lebens sowie die metaphysischen Wahrheiten (»vérités d'ordre métaphysiques«) entziehen sich letztlich dem Abstrakten, Konstruierten und Theoretischen (vgl. Ex 281/279), die im Immanentismus Blüten trieben, sondern sie bleiben eine Methode des konkreten Experiments, auch für Nicht-Fachleute (vgl. Ex 281/279). Wann und wie aber kann diese Erfahrung des konkret-implizierenden Denkens geschehen? Sie liegt nicht im intuitiven Denken (vgl. Ex 289/287), denn dieser Ansatz gibt vor, das Konkrete gänzlich zu durchdringen (vgl. 289/287), wofür es keinen Anhaltspunkt gibt. Blondels Skepsis gegenüber dem Intuitionismus – gerade auch dem Bergsons[34] – bestand schon seit »Point de départ« (1906) und beruht auf seiner Überzeugung der Begrenztheit und Endlichkeit des erkennenden Denkens. Blondel schlägt deshalb die für die Implikationsmethode angemessene *»attuition«* vor, die im Gegensatz auch zu

33 Blondel rekurriert auf Sokrates und Johannes vom Kreuz, allerdings ohne auf Cusanus Bezug zu nehmen; ich vermute, dass er von der cusanischen Philosophie nur wenig Kenntnis hatte; vgl. Ex 278/277.

34 Vgl. auch: PI 278.249.250.281; Reifenberg (2002) S. 216.

»intelligence«[35], welche eine vollkommene Innensicht insinuiert, einen schwächeren Bedeutungsgrad hat (vgl. Ex 292/290), nur eine »demi possession« des Konkreten beansprucht und nicht schon den Grund und das Innere des Gegenstandes zu durchdringen vorgibt. Die bescheidener arbeitende Implikationsmethode setzt beim Problem der »contemplation acquise« auch nicht bei der »contemplation infuse« an, sondern bescheidet sich beim Denken und Beten mit der einfacheren und unvollkommeneren Erkenntnis der Einheit des Konkreten, denn im heterogenen Denken des Menschen bleibt die Zweiheit von »connaissance noétique« und »connaissance pneumatique« – Begriffe, die er in »Procès de l'Intelligence« (1922) entwickelte – erhalten. Der tiefe Grund dieser Einsicht liegt auf der Hand: »Nur in Gott selbst besitzen oder vielmehr sind das, was wir unzulänglicherweise Subjekt und Objekt nennen, eine vollkommene Einheit durch das Band des Geistes« (»C'est en Dieu seul que ce que nous appelons, défectueusement, sujet et objet ont ou plutôt sont une unité parfaite par le lien même de l'Esprit« [Ex 290/289]).

Zusammenfassung

Meine bescheidene Relecture lässt sich konzise in drei Sätzen zusammenfassen:

1. Das geistige Testament Blondels in den Exigences stellt eine beeindruckende geistliche Antwort auf die Eingangsfrage von L'Action (1893) nach Sinn und Bestimmung des menschlichen Lebens und einen späten religionsphilosophischen Kommentar besonders zum fünften Teil dar. 2. Tatsächlich ist mit dem Auffinden des Geistes des Christentums in der Bewegung einer lebendigen Assimilation das Denken Blondels auf die Weise einer Philosophie der Liebe formvollendet zu einer vorläufigen endlichen Bestimmung und Vollendung gelangt. 3. Das Buch ist reich an Einsicht und tief an religiöser Erfahrung.

35 Vgl. etwa PI 223.237; Reifenberg (2002) S. 216–224.

Christoph Theobald SJ

Das Zweite Vatikanische Konzil als Stil in der Nachgeschichte Blondels

In seinem Kommentar zum Vorwort und zum ersten Kapitel der Offenbarungskonstitution *Dei verbum* des zweiten Vatikanums analysiert Henri de Lubac den 1963 vollzogenen »abrupten Perspektivwechsel« in der theologischen Kommission des Konzils.[1] Zu diesem Zeitpunkt meldete sich die Forderung der Väter, ein eigenes Kapitel zur Offenbarung zu redigieren; was dann auch geschah, ohne dass jedoch seine »immense Tragweite«[2] – so das Urteil von de Lubac – wahrgenommen wurde. Die auch ökumenisch brennende Frage nach den »beiden Quellen der Offenbarung« (Schrift und Tradition) und die von der kritischen Exegese ausgelösten Konflikte standen zu stark im Vordergrund. Ein Vergleich zwischen dem vom vorbereitenden Schema *De deposito fidei* vertretenen extrinsezistischen Offenbarungsbegriff und der Theologie von *Dei verbum* macht jedoch den tatsächlich erfolgten Paradigmenwechsel deutlich, den der Kommentator im Wesentlichen dem Fortschritt der Fundamentaltheologie zuschreibt.[3] In diesem Zusammenhang tauchen dann Namen wie der von Jules Lebreton und Léonce de Grandmaison auf; de Lubac zitiert hier auch zweimal den 1907 unter dem Pseudonym »François Mallet« erschienenen Artikel Maurice Blondels *Qu'est-ce que la foi?*[4], bis er dann ganz am Ende des Kommentars seine Identität preisgibt[5] und ihn in eine Gruppe von Vorläufern des Konzils

1 Henri de Lubac, *Commentaire du Préambule et du chapitre I*, in: Vatican II, *La révélation divine*, I, »Unam sanctam«, 70a, Editions du Cerf, Paris, 1968, 288.

2 *Ibid.*, 280.

3 *Ibid.*, 283.

4 F. Mallet (= Maurice Blondel), *Qu'est-ce que la foi?*, Librairie Bloud, Paris, 1907, 288f.

5 Henri de Lubac, *La révélation divine*, I, 297.

einreiht: »Newman, Blondel, Grandmaison, Lebreton, Rousselot usw. – und viele andere, ohne von den Lebenden zu reden […] – die bezeugen, dass der zentrale Glaube an Christus ›*mediator simul ac plenitudo revelationis*‹ (*DV*, 2) lebendig blieb, nicht nur im Herzen der Gläubigen, sondern auch im Prinzip der theologischen Reflexion. Er schritt fort in ihr. Er reifte in ihr aus.«[6]

Pater de Lubac will nicht »behaupten (so schreibt er), dass zwischen den beiden Texten (dem *De deposito fidei* der vorbereitenden Kommission und der Konstitution *Dei verbum*) ein formeller Widerspruch bestehe«. Er spricht aber von einem »radikalen Perspektivwechsel«: »der Blickpunkt ist anders, die Methode ist eine andere, und die Tragweite dieser Veränderung ist beträchtlich«[7]. Sie entspricht tatsächlich dem Paradigmenwechsel, den Johannes XXIII. in seiner Eröffnungsansprache des Konzils eingefordert hatte: »Es muss, was alle ernsthaften Bekenner des christlichen, katholischen und apostolischen Glaubens leidenschaftlich erwarten, diese Lehre in ihrer ganzen Fülle und Tiefe erkannt werden, *um die Herzen vollkommener zu entflammen und zu durchdringen.* Ja, diese sichere und beständige Lehre, der gläubig zu gehorchen ist, muss so erforscht und ausgelegt werden, wie es den modernen Forschungsmethoden und Denkformen entspricht. Denn etwas anderes ist die *Substanz* der im Depositum enthaltenen altehrwürdigen Lehre und etwas anderes die *Formulierung*, in der man sie mitteilt, wobei man sich hinsichtlich ihrer Form und ihrer Proportionen nach den *Bedürfnissen eines pastoralen Lehramtes und Stils* richten muss.«[8]

Genau dieser vom Papst Johannes verlangte Perspektivwechsel ist mit dem Begriff der »Pastoralität« gemeint. Wenn sich das Zweite Vatika-

---

6 *Ibid.*, 301.

7 *Ibid.*, 289f.

8 Johannes XXIII., *Ansprache anlässlich der feierlichen Eröffnung des Zweiten Vatikanischen Konzils am 11. Oktober 1962*, in: *HThK Vatikanum II*, 5, 486f. (nach dem italienischen Original korrigierte Übertragung; siehe kritische Ausgabe des Textes *Gaudet mater Ecclesia* durch A. Melloni, in: G. Alberigo, A. Melloni, G. Batelli, et S. Trinchese, *Fede, tradizione profezia, Studia su Giovanni XXIII et sur Vaticano II*, Brescia, Paidei Editrice, 1984, 269).

num als »Pastoralkonzil« versteht, dann heißt das keineswegs, dass die Lehre *nicht* mehr im Mittelpunkt seines Interesses stehe und *nur* noch deren Applizierung von Bedeutung sei. Die Aufgabe des Konzils – so Papst Johannes – besteht vielmehr darin, seinen geistlichen Scheinwerfer auf die *interne Beziehung*, die *innere Verbindung* zwischen der Lehre *und* ihren möglichen Empfängern zu lenken; so wie das Kardinal Volk von Mainz im Namen des Einheitssekretariats bereits während der ersten Periode des Konzils in der Debatte über das Kirchenschema betont: »Die dogmatische Lehre von der Kirche kann und muss vom Konzil als Evangelium, und das heißt als Gute Nachricht vorgelegt werden: und so ist die dogmatische Lehre *in sich selbst pastoral*. Wenn die *Lehre selbst* keine Heilskraft in sich hat, dann kann auch die pastorale Arbeit ihr solche nicht von außen hinzufügen.«[9]

Somit besteht die »Pastoralität« in einem Begegnungs- und Beziehungsgeschehen: »diejenigen«, so schreibt Henri de Lubac mit einem Zitat aus *Qu'est-ce que la foi?*, »die einen unvollständigen Glaubensbegriff haben, neigen unbewusst dazu, ihn auf *bezeugte Sachen* zu reduzieren, während er sich doch auf den *göttlich Zeugenden* selbst bezieht«[10]. Warum sich der von Johannes XXIII. gebrauchte *Begriff des Stils* am besten dazu eignet, diese Glaubensbeziehung und ihre pastorale Form zu denken, das soll im Laufe dieses Vortrags deutlich werden; wobei sich – so hoffe ich – der Weg »zurück« zu Blondel nicht als Umweg, sondern im Gegenteil als »Fort-schritt« in unserem Verständnis des Konzils erweisen wird.

Dieser Schritt in die »Vorgeschichte des Konzils« oder, umgekehrt formuliert, in die »Nachgeschichte Blondels« stellt allerdings ein methodisches Problem dar, das nicht einfach zu lösen ist, da Henri de Lubac, der beste Kenner Blondels unter den Konzilstheologen, aber auch Yves Congar[11] und andere den Philosophen aus Aix in eine *ganze Reihe von Vorläufern* stellen, ohne direkte Angaben zu seinem spezifischen Einfluss zu machen. Auch eine Spurensuche in den drei dog-

9 *AS* I/4, 388.

10 Henri de Lubac, *La révélation divine*, I, 288, note 29.

11 Yves Congar, *La Tradition et les traditions*, II: Essai théologique (1963), Editions du Cerf, Paris, 2010, 122–130.

matisch-pastoralen Konstitutionen, *Dei verbum, Lumen gentium* und *Gaudium et spes*, führt nicht sehr weit. Hier kommt uns jedoch eine erstaunliche, quasi-prophetische Notiz Blondels in seinen *Carnets* zu Hilfe. Ihre Datierung scheint zweifelhaft: In der kleinen, für die dritte Konzilsperiode vorbereiteten Sammlung von Notizen – *Attente du Concile* – findet sich das Datum vom 2. Mai 1897 (knapp ein Jahr nach der Veröffentlichung des berühmten Briefes über die Apologetik)[12], in Blondels Exerzitiennotizen das Jahr 1907 (nach der Enzyklika *Pascendi*)[13]. In besagter Notiz heißt es lapidar: »*Ein Konzil einberufen*: – um zu zeigen, dass die Unfehlbarkeit seine Existenz nicht überflüssig macht; – um die seit 1870 diskutierten, erhellten oder aufgeschobenen Fragen zu entscheiden; um die Seele der Kirche und den *Primogenitus* zu definieren«.

Die beiden letzten Desiderata betreffen das Kerngestein Blondelschen Denkens. Ausgehend von einigen Hinweisen zur Immenenzmethode im *Brief über die Anforderungen des heutigen Denkens an die Apologetik und über die Methode der Philosophie bei der Untersuchung des Problems Religion*, konzentriere ich mich deshalb in einem ersten Gedankengang auf diese beiden von Blondel selbst angegebenen und im dritten Teil des Briefes in aller Klarheit auf ihr Prinzip durchsichtig gemachten Themen der Ekklesiologie und der Christologie. In einem zweiten – *analogen* – Schritt nähere ich mich dann den drei soeben genannten Konstitutionen des zweiten Vatikanums, wiederum um ihr theologisches, in der Offenbarungskonstitution vorgestelltes Prinzip auf seine ekklesiologischen und christologischen Konsequenzen hin zu beleuchten. Erst in einem dritten Gedankenschritt kann dann die heuristische Funktion des Stilbegriffs sowohl für das Denken Blondels als auch für das Konzil selbst geprüft werden – genau an dem Punkt, wo Pater de Lubac einen »radikalen Perspektivwechsel« diagnostizierte. Daraus lassen sich dann zum Abschluss auch einige kritische Bemerkungen ableiten.

---

12 Maurice Blondel, *Attente du concile,* Les éditions du Cerf, Paris, 1964, 14f.

13 Maurice Blondel, *Carnets intimes,* II (1894–1949), Les Editions du Cerf, Paris, 157f.

I. Blondels »apostolischer Plan« und seine Konzilsdesiderata: von der »buchstäblichen Treue im Tun« zum jemeinigen Gehorsam gegenüber dem »Gesetz des Geistes«

Blondels apostolische Denkform

Will man das *Organisationszentrum* des Blondelschen Denkens ohne zu lange Umwege »isolieren«, dann stößt man auf die paulinische Dialektik des *Buchstabens* (*Lettre*) und des *Geistes* (*Esprit*) im 2. Korintherbrief[14] *und* deren philosophische Übersetzung: »Zwischen Buchstabe und Geist, zwischen Dogma und Vorschrift gibt es einen ständigen Austausch und eine innere Zusammengehörigkeit. *Der Buchstabe ist der Geist in Action*«[15]; so die zusammenfassende Grundformel Blondels am Schnittpunkt des ersten und zweiten Kapitels im Fünften Teil von L'Action (1893). In äußerster Konzentration zeigt sich in ihr seine katholische Denkform, die auf der »buchstäblichen Treue im Tun« (*pratique littérale*) gegenüber den sakramentalen Riten – der Eucharistie – besteht wie auch und gleichzeitig auf der konstitutiven Bedeutung der Heiligkeit und der Heiligen. Die hier vollzogene Akzentverschiebung von der Glaubenswahrheit zum *Glaubensleben* geht auf Blondels Spiritualität zurück: »Die Tat empfindet ursprünglicher als der Gedanke«, lesen wir in den *Carnets intimes*: »das beweisen die Beispiele und die stete Handlungsweise der Heiligen: aus den Taten oder Worten des Herrn leiten sich die Dogmen her …«[16]. In Absetzung vom Modernismus und Liberalismus auf der einen Seite, aber auch vom Dogmatismus auf der anderen, wird hier die Dialektik des Buchstabens und des Geistes *vom* Buchstaben, bzw. von seiner Verwirklichung her verstanden: »Die ein-

---

14 2 Kor 3, Röm 2,27–29 und 7,6.

15 Maurice Blondel, *L'Action* (1893). *Essais d'un critique de la vie et d'une science de la pratique*, PUF, Paris, 1973, 404; dt. Übertragung von Anton van Hooff unter Mitarbeit von Ruth Beissel, *L'Action – Die Tat* (1893). Versuch einer Kritik des Lebens und einer Wissenschaft der Praxis, Karl Alber, Freiburg/München, 2018, 517 (nunmehr: A, 404/517).

16 Maurice Blondel, *Carnets intimes*, I (1883–1894), Editions du Cerf, Paris, 1961, 196; dt. Übertragung von Hans Urs von Balthasar, *Tagebuch vor Gott*. 1883–1894, Johannes-Verlag, Einsiedeln, 1964, 214 (nunmehr: CI 1, 196/214).

zige Weise, *in Geist und Wahrheit anzubeten*, ist gerade, sich zu einer buchstäblichen Treue und zu einer praktischen Unterwerfung aufzuschwingen. Wenn der Geist den Buchstabe erfordert und hervorruft, so regt der wahre Buchstabe den Geist an und erfüllt ihn mit Leben.«[17]

Genau an diesem Schnittpunkt, wo sich die Interpretation der biblischen Dialektik von der Glaubens*wahrheit* zum Glaubens*leben* verlagert und deshalb von einer Philosophie der Aktion rezipiert werden kann, lässt sich Blondels Programm einer laikalen Apologetik, »sein apostolischer Plan«, wie er in seinem Brief an Abbé Bieil (1893) schreibt, explizieren.[18] Der Kontext der Entchristlichung Frankreichs, auch »kollektive Apostasie« genannt,[19] und das als Prüfung erfahrene Gegenüber der *Anders- oder Ungläubigen* spielen hier eine ganz entscheidende, übrigens weiterhin aktuelle Rolle. Wollte Blondel zu Beginn seines Studiums »die *Wahrheiten* des Katechismus eine nach der anderen nehmen und den Philosophen zeigen, dass nichts Schöneres oder Besseres ersonnen werden könne«[20], so übernimmt er nunmehr – in L'Action (1893) und im »Brief über die Apologetik« – die methodischen Voraussetzungen der Ungläubigen.[21] Die *»action«* oder der *tatsächliche Vollzug des Lebens* werden so zum gemeinsamen anthropologischen Sockel: Glaubende und Ungläubige können ihn bedenken, ragt er doch als Grund in den Glaubensakt hinein und ist *jedem* Denkenden als unmittelbare und deshalb *nur singulär erfahrbare* Gegebenheit zugänglich. Das wirkliche Drama des Lebens ist für *alle* Menschen dasselbe und *gleichzeitig* das je meinige: » … die Gedanken und Akte eines jeden ergeben gesamthaft so etwas wie ein Drama, dessen Lösung nicht eintritt, ohne dass sich im Bewusstsein früher oder später die entscheidende Frage gestellt hätte.«[22]

---

17 A, 405/518.

18 Maurice Blondel, *Mémoire envoyé à Monsieur R. Prêtre de Saint-Sulpice,* le 9 septembre 1893, in CI 1, 549/579–554/584.

19 Maurice Blondel, *La semaine sociale de Bordeaux et le monophorisme,* Paris, 2010 (Sonderdruck der Annales de Philosophie chrétienne), 23.

20 Maurice Blondel, *Notes – semailles,* Nr. 1134, zitiert nach Henri Bouillard, *Blondel et le christianisme,* Editions du Seuil, Paris, 1961, 202.

21 Siehe CI 1, 546/576.

22 Maurice Blondel, *Lettre sur les exigences de la pensée contemporaine en matière d'apologétique et sur la méthode de la philosophie dans l'étude du problème reli-*

Damit ist das eigentlich Neue der Blondelschen Philosophie und Apologetik getroffen. Seine Absicht, »das Konkrete und Direkte, das Einzelne und Inkarnierte zu rechtfertigen«[23], entstammt seiner eigenen Spiritualität und macht ihm den unaufhebbaren Unterschied zwischen dem Denken und einer Wissenschaft der *action* auf der einen Seite und dem notwendigen, jemeinigen Lebens- und Entscheidungsvollzug auf der anderen bewusst. Bereits hier zeigt sich eine Beziehung zwischen der »Pastoralität«, wie sie von Johannes XXIII. verstanden wird, und Blondels »apostolischem Plan«, der nicht das »*Objekt* des Glaubens« in den Vordergrund stellt – wie das ja auch der Roncalli-Papst nicht tut –, sondern »das, was das *Subjekt* an den Glauben bindet«[24] und dazu eine philosophische Logik der *action* entwickelt, die *in* ihrer Entfaltung der unmittelbaren Singularität des je Einzelnen Platz macht. Genau dies ist auch, wie noch gezeigt werden muss, die Sinnspitze des Stilbegriffs.

Vor diesem Hintergrund lassen sich nun die Immanenzmethode und die beiden Konzilsdesiderata Blondels verstehen.

Theologische und philosophische Bedingungen des »apostolischen Plans«

Die im »apostolischen Plan« Blondels begründete *Übersetzung* der Theologie in eine autonome Philosophie des Lebensvollzugs gehorcht einer doppelten Bedingung. Die *erste ist theologischer Natur.* Blondel führt hier eine folgenreiche Unterscheidung zwischen dem »materialen Inhalt der christlichen Lehre« und ihrem »formalen Grund« ein. Mit diesem *formalen* Grund ist die »*Beziehung* der übernatürlichen Ordnung zur natürlichen« gemeint[25] oder in der Formulierung von *Qu'est-ce que la foi?*: »das, was das *Subjekt* an den Glauben *bindet*«. Es handelt sich mit

---

gieux (1896), in: *Les premiers écrits de Maurice Blondel,* PUF, Paris, 44; dt. Übertragung von Ingrid und Hansjürgen Verweyen, *Brief über die Anforderungen des heutigen Denkens an die Apologetik und über die Methode der Philosophie bei der Untersuchung des Problems Religion,* Johannes-Verlag, Einsiedeln, 1974, 149f. (nunmehr L, 44/149f.).

23 F. Lefèvre, *L'itinéraire philosophique de Maurice Blondel,* Paris, Spes, 1928, 66.

24 Maurice Blondel, *Qu'est-ce que la foi?,* 29.

25 L, 18/118.

anderen Worten um das »*Prinzip*« katholischen Christentums. Blondel selbst spricht hier auch von »den exaktesten und bedrängendsten Anforderungen des vollen Katholizismus«[26]: nur weil das Übernatürliche als »ungeschuldete Gnade, die in ihrem Ursprung dem Belieben des Spenders überlassen bleibt, für den Empfänger unausweichlich, auferlegt und verpflichtend wird«, muss es in der autonomsten Philosophie noch eine Spur von ihm geben.[27]

Damit ist bereits die *zweite Bedingung* angesprochen: Sie ist *philosophischer Natur.* Blondel entwickelt hier die Immanenzmethode, die mit der Logik der *action* oder des Lebensvollzuges übereinstimmt. Sie formuliert zwar die »Bedingungen, die uns notwendig scheinen, damit unser Gedachtes und Gewolltes auch so *sei*«[28], kann aber nie dessen Wirklichkeit selbst vermitteln. Sie entfaltet nämlich nichts anderes als ein integrales Beziehungsgeflecht (des Denkens und Tuns), das unter logischer Hinsicht der Modalität der *Notwendigkeit* gehorcht und ontologisch betrachtet eine *Phänomenologie* darstellt. Diese epistemologische Voraussetzung muss unbedingt mitbedacht werden, wenn man die *philosophische Tragweite* der zunächst *formaltheologisch* verstandenen Formel des Vierten Teils von L'Action (1893) und des Briefes zur Apologetik verstehen will, nach der das »Übernatürliche für den Menschen unerlässlich wie zugleich unerreichbar ist«[29].

Man kann hier auch von einem »epistemologischen Perspektivismus« sprechen, den Blondel folgendermaßen zusammenfasst: »Dass das Übernatürliche seinem wesentlichen Sein nach dem menschlichen Zugriff entzogen sein muss, ist die Lehre des Glaubens und nicht minder die Forderung der Vernunft. Was der Erstere uns als real auferlegt, begreift die Letztere als notwendig, wenn auch als unerreichbar für uns. Der eine erklärt als frei geschenkt, was die andere nur unbedingt postulieren kann. Sie kommen also darin überein, dass sie sich nirgends wiederholen und dass die eine dort leer ist, wo der andere

---

26 L, 38/142.
27 L, 317/142.
28 L, 42/147.
29 L, 43/148.

voll ist. Selbst wenn sich ihre Setzungen wenigstens teilweise *sub specie materiae seu objecti* zu überlagern scheinen, sie bleiben *vi formae* von Grund aus heterogen«[30]. Blondel weitet diese Heterogenität auch auf »*Den* aus«, so fährt er fort, »von dem Paulus lehrt, dass er der *primogenitus omnis creaturae in quo omnia constant*«[31] ist, da auch diese letzte den »Gesamtzusammenhang aller Dinge« betreffende theologische Aussage in den philosophisch-apologetischen Übersetzungsvorgang einbezogen werden muss.

Ehe wir aber auf dieses christologische Konzilsdesiderat Blondels zurückkommen, sei im Sinne des hier sichtbaren Perspektivismus festgehalten, dass sich Blondels *philosophische Apologetik* – Pater de Lubac spricht von »Fundamentaltheologie« – *zwischen* der dem *Inhalt* des Buchstabens gewidmeten Theologie und der *tatsächlichen*, sowohl singulären wie kirchlichen, buchstäblichen und deshalb vom Geist erfüllten *Praxis* ansiedelt. Sie hat die Aufgabe, den *formalen Grund* dieser Praxis als »sowohl notwendig wie unerreichbar« sichtbar zu machen, und erfüllt diesen Auftrag im Rahmen einer integralen Philosophie, die sich an ihrer Grenze, weil sie notwendigerweise eine Phänomenologie der Offenbarung einschließt, in eine philosophische Apologetik verwandelt. Blondel spricht auch von einer »aszetischen Wissenschaft« oder einer »Wissenschaft von der Unterscheidung der Geister«[32], die er in »Geschichte und Dogma« (1904) mit dem Begriff einer »*experimentalen Theologie*« belegt.[33] Diese letzte Bezeichnung macht deutlich, dass er sich trotz seines absoluten Respekts vor dem »rationalen Objektivismus« der scholastischen Theologie, den er sorgfältig vom Extrinsezismus unterscheidet, eines möglichen Einflusses seiner Philosophie *auf die Theologie selbst* bewusst ist.

---

30 L, 42/147.

31 Kol 1,15f.

32 L, 84/198f; A 477/502; ebenfalls Maurice Blondel, *Histoire et dogme. Les lacunes philosophiques de l'exégèse moderne* (1904), *Les premiers écrits de Maurice Blondel*, PUF, Paris, 215; dt. Übertragung von Hansjürgen Verweyen, *Geschichte und Dogma*, Friedrich Pustet, Regensburg, 103 (nunmehr: HD, 215/103).

33 HD, 228/119.

Diesen mit der näheren Bestimmung des »Formalobjektes« christlich-katholischen Glaubens gegebenen *Perspektivwechsel* führt Blondel im zweiten Abschnitt des dritten Teils seines Briefes über die Apologetik systematisch in neun Punkten durch, wobei es nunmehr um die *Ganzheit der Menschheitsgeschichte und der Heilsökonomie geht.* Uns interessieren hier vor allem die drei mittleren Paragraphen zur Ekklesiologie und die letzten drei zur Christologie, die den beiden Konzilsdesiderata Blondels entsprechen und auf besondere Weise den von Blondel hier analysierten »Fortschritt des christlichen Geistes in der Menschheit«[34] markieren.

1. Die Idee der Kirche als »mystischer Leib« wurde vom ersten Vatikanum zurückgewiesen und dann von Leo XIII. in zwei, 1896 und 1897 erschienenen Enzykliken rehabilitiert, wobei die zweite, *Divinum illud* vom 9. Mai 1897, die Analogie zwischen dem Leib und der Seele auf der einen Seite und der Kirche als Leib Christi und dem Heiligen Geist auf der anderen ausführt.[35] Es ist schon erstaunlich, dass sich Blondel 1896 dieser Analogie bedient, ihr aber als Erster eine universalistisch-integralistische Bedeutung gibt, die er aus dem Prinzip selbst christlich-katholischen Glaubens ableitet. Ich fasse seinen dialektischen, in den drei mittleren Punkten des Briefes entwickelten Gedankengang zusammen.

Die Kirche als »präzise organisierter Leib«[36] ist der Ort, an dem der streng definierte Buchstabe und die verpflichtenden Gebote *eo ipso* den Geist enthalten. Bedingung und Maßstab dieser Übereinstimmung zwischen dem Buchstaben und dem Geist ist die in der formalen Definition des Übernatürlichen angelegte *Autorität.*[37] Nur unter dieser Voraussetzung kann dann »das konkrete und dem Einzelnen geltende Wirken des Geistes, der in allen Seelen weht, wo und wie er will«[38], beachtet werden. Dieses Wirken kann sich außerhalb der Kirche »in den Menschen

34 L, 69/180.
35 DH 3300–3304 und 3327–3331.
36 L, 79/193.
37 Siehe A, 402/514.
38 L, 80/193.

guten Willens« manifestieren, selbst wenn ihm die abstrakten Vehikel der Vernunft, ja die »Formen des Glaubens und Handelns« objektiv nicht entsprechen.[39] Allerdings gehorcht auch diese Gegenwart des Geistes, die sich nicht mehr *in concreto* bestimmen lässt, einem *Gesetz*, dem paulinischen »*Ipse quisque sibi lex*«[40]. Es spielt seine Rolle in zwei Etappen: Es stellt den Einzelnen *notwendig* vor das Problem der Religion und unterwirft ihn der Lösung, die er *selbst* gibt; das Gesetz verwandelt darüber hinaus in dem Moment die »formelle« Notwendigkeit in eine »materielle und buchstäbliche« Notwendigkeit, wo eine Identifikation zwischen der internen Forderung und dem von außen vorgestellten Buchstaben möglich wird.[41] Schließlich ergibt sich hieraus, dass der Buchstabe selbst weder mit Gewalt durchgesetzt noch anderen als Bürde auferlegt werden kann;[42] das »*Forum internum*« des Einzelnen und seine von ihm selbst zu verantwortende freiheitliche Option bleiben so gewahrt.

Man könnte versucht sein, den Blondelschen Gesetzesbegriff mit dem »Buchstaben« zu identifizieren. Das Gesetz reguliert jedoch vielmehr die *Bewegung des Geistes*, der sich ausgehend vom klar umgrenzten Buchstaben der Schrift und den dogmatisch-moralisch-sakramentalen Formulierungen und Praktiken der Kirche auf die gesamte Menschheit und ihr humanes und religiöses Leben ausdehnt und von dort wieder zum Katholizismus zurückkehrt: Es hat seinen Ort im je Einzelnen und in seiner Aktion, aber nur insofern es ihn auf den »Buchstaben« hin öffnet; es verbindet – in diesem sozusagen zirkularen oder spiralförmigen apostolischen Plan – die Seele der Kirche, samt der in ihr *möglichen* Erlösungsordnung, mit dem kirchlichen Leib und der in ihm konzentrierten Offenbarung. In dem Maße wie die von der Philosophie vertretene *Autonomie* der Schöpfungsordnung in ihrer Öffnung auf eine notwendige Option hin geschichtlich bewusst wird, kann sich auch das *theologale Formalobjekt* des Glaubens als ungeschuldete und doch verpflichtende Gnadengabe spezifizieren. *Gleichzeitig* verbinden sich aber beide

39 L 79/192.

40 Röm 2,14; L, 80/194.

41 L, 81/195.

42 L, 80/194 und 84/198.

Ordnungen *in einer einzigen Bewegung*, in der sich der übernatürliche Glaube in einer jemeinigen Entscheidung einwurzelt, die bereits dann, wenn sie konsequent dem »*Ipse quisque sibi lex*« der Schöpfungsordnung gehorcht, der Seele der Kirche angehört.

2. Die letzten christologischen Paragraphen des Briefs zur Apologetik durchdenken den hier *synchron* betrachteten kirchlich-gesellschaftlichen Gesamtzusammenhang in seiner *diachronen* Dimension. Auf dem Spiel steht weiterhin die dialektisch zu lösende Spannung zwischen zwei Perspektiven auf das »Ganze«: der »bis zum Ende« autonomen Phänomenologie des menschlichen Lebensvollzugs im Ganzen der Wirklichkeit und der christlich-katholischen Vision der Heilsgeschichte. Diese Spannung, die sich nach Blondel in der Modernität in einen radikalen Konflikt verwandelt hat, kann nur im Sinne der chalzedonensischen Christologie gelöst werden, die beide Perspektiven »unvermischt« und deshalb »ungetrennt« in einer einzigen Bewegung zusammenhält. Die Christologie kann allerdings nur dann mit einer autonomen Philosophie konkordieren, die die Totalität der Phänomene in einem System versammelt, gerade so aber – aufgrund ihrer begrenzten Tragweite – das Geheimnis der Wirklichkeit einer persönlichen Option (IV. Teil der »Aktion«) und der Offenbarung (V. Teil) überlässt, *wenn* das »Geheimnis des Gottmenschen«[43] seinerseits nicht eine von *außen* kommende Antwort auf einen Sündenfall darstellt, sondern bereits im *Schöpfungsplan Gottes* als dessen Finalursache angelegt ist.

Von diesem Perspektivpunkt aus wendet sich Blondel in seiner experimentalen Theologie nicht nur gegen jeden »Extrinsezismus«, sondern optiert auch für die deutero-paulinische Christologie und die der Apokalypse[44] und stellt seine eigene »philosophische« Christologie in das skotistische Erbe, auch wenn er an dieser Stelle den Sündenfall, die schmerzvolle, demütige Form der Erlösung mit einer Überfülle an Gnade[45] und eine echte Kreuzestheologie[46] integriert. »Es wäre eine

43 L, 89f./205f.

44 Siehe den von Blondel zitierten Christustitel in Ap 3,14: *Testis verus et fidelis qui est principium creaturae Dei.*

45 L, 89f./205f.

46 A, 461/582f.

schöne Aufgabe für die Philosophie«, schreibt Blondel bereits im Apologetikbrief, »eine jener dogmatischen Definitionen, um die vielleicht die Zukunft den sich stets vermehrenden Schatz des Glaubens bereichern wird, vorzubereiten oder opportun werden zu lassen.«[47]

*

Fassen wir den Ertrag dieser Einordnung der Blondelschen Konzilsdesiderata zusammen. Sie müssen *innerhalb* seiner zukunftsträchtigen apostolischen Vision angesiedelt werden. Diese führt zu einer bedeutenden, von Papst Johannes bestätigten Akzentverschiebung vom Glaubens*inhalt* zum lebendigen Glaubensvollzug des *Subjekts* in seiner Einzigkeit und seiner Ekklesialität.[48] Der Verweis auf das Wirken des Geistes in der Seele der Kirche und der Rückbezug des Geheimnisses der Inkarnation auf den Schöpfungsplan ermöglichen eine philosophische Apologetik oder Fundamentaltheologie, die einer komplexen, den Gesetzesbegriff integrierenden Rationalität gehorcht, deren außerordentliche Sensibilität für die Singularität unserer Lebensvollzüge den Stilbegriff vorbereitet.

II. Die »Pastoralität« des zweiten Vatikanums und seine dogmatischen Voraussetzungen

Stellt man nun das zweite Vatikanum in die »Nachgeschichte« Blondels und seiner Konzilsdesiderata, dann eröffnet sich eine spezifische Perspektive auf das *Gesamt* des Konzils als Ereignis *und* als Textkorpus. Ohne eine notwendige historische Betrachtungsweise aufzugeben, muss unsere Konzilsrezeption nunmehr die Intertextualität der Konstitutionen, Dekrete und Erklärungen beachten und der Idee des »Korpus« einen hermeneutischen Status geben, wie ich das in der französischen Dogmengeschichte und im ersten Band meiner Rezeptionsgeschichte

---

47 L, 89/205.

48 Siehe hierzu Christoph Theobald, *Maurice Blondel und das Problem der Modernität. Beitrag zu einer epistemologischen Standortbestimmung zeitgenössischer Fundamentaltheologie,* »Frankfurter theologische Studien«, 35, Josef Knecht, Frankfurt, 1988.

des Zweiten Vatikanischen Konzils systematisch durchgeführt habe.[49] *In analoger Weise* zum Vorgehen Blondels muss man dann die *Denkform* des Konzils ernst nehmen. In der Tat gibt der von Blondel vollzogene »Perspektivwechsel« dem zu Beginn bereits diagnostizierten Paradigmenwechsel des Konzils neues Relief. Dieser muss zunächst präzisiert werden, ehe seine dogmatischen Voraussetzungen mit den Blondelschen Desiderata konfrontiert werden können.

Zur pastoralen Denkform des Zweiten Vatikanums

Das Prinzip der »Pastoralität« wurde bereits in der Einleitung als »Perspektivwechsel« verstanden, der darin besteht, den Scheinwerfer von der christ-katholischen Lehre auf deren mögliche Rezipienten zu lenken. Diese von Johannes XXIII. verlangte Verschiebung kommt erst in der sogen. »Pastoralkonstitution« (1965) an ihr Ziel. Es ist bekannt, dass dieser Text den von Blondel nicht unwesentlich beeinflussten Dreischritt der katholischen Aktion »Sehen – Urteilen – Handeln« übernimmt. Das Vorwort[50] und die »einführende Darlegung« über »die Situation des Menschen in der heutigen Welt«[51] stellen das methodische Grundgerüst des Textes vor und *artikulieren* vor allem in ihrem zentralen Paragraphen 10 die *beiden Pole* aller Pastoralität: die aktuellen Fragen des Menschengeschlechts und den Glauben der Kirche.

Hier haben die Blondelsche *Immanenzmethode* und die von ihr gezeichnete zirkulare Bewegung Pate gestanden. Im ersten Teil des Paragraphen werden die »Ungleichgewichte«, von denen bereits in den vorausgehenden Paragraphen des Textes die Rede war, zusammengefasst. Die zentrale Formel, die an den Konflikt zwischen der »*volonté voulue*« und der »*volonté voulante*« erinnert, könnte von Blondel stammen: »Im Menschen selbst widerstreiten sich mehrere Elemente gegenseitig. Wäh-

49 Bernard Sesboüé und Christoph Theobald, *La parole du salut. Histoire des dogmes*, IV, 471–510; Christoph Theobald, *La réception du concile Vatican II.* I: L'accès à la source, »Unam sanctam? Nouvelle série«, 1, Editions du Cerf, Paris, 2009, 275–488.

50 Pastoralkonstitution über die Kirche in der Welt dieser Zeit *Gaudium et spes*, 1–3 (nunmehr: GS).

51 GS, 4–10.

rend er sich nämlich einerseits als Geschöpf vielfältig begrenzt erfährt, fühlt er sich andererseits aber in seinen Sehnsüchten unbegrenzt und zu einem höheren Leben *berufen*. Von vielen Reizen angezogen, wird er gezwungen, dauernd unter ihnen auszuwählen und auf manche zu verzichten. Ja, als Schwacher und Sünder tut er sogar nicht selten das, was er nicht will, und das, was er tun wollte, tut er nicht (vgl. Röm 7,14ff.).« Im Vierten Teil von L'Action (1893) findet sich der gleiche, allerdings implizit bleibende Hinweis auf diesen paulinischen, dem Willen inhärenten Konflikt, den Blondel auch *Antibolie* nennt.[52] Zwar bringt *Gaudium et spes*, 10, im Folgenden nicht die den Vierten Teil von L'Action (1893) abschließende »Alternative« zwischen den beiden Optionen ein. Der Text stellt aber eine Reihe von gegensätzlichen Haltungen gegenüber der Frage nach dem Sinn der menschlichen Berufung vor.

In einem zweiten Teil des Paragraphen wird dann der Glaube der Kirche so zusammengefasst, dass seine *erfahrungsbezogene Seite* und seine *Beziehung zur Berufung des Menschen* gewahrt bleiben: Das vom Geist des Auferstandenen dem Menschen mitgeteilte *Licht* und seine ihm gewährte *Kraft* sollen ihn dazu befähigen, seiner höchsten Berufung zu entsprechen. Parallel zu Blondels christologischer Argumentation im Fünften Teil von L'Action (1893), stellt der Text dann den »Herrn und Meister« der Kirche als »Schlüssel, Mittelpunkt und Ziel der ganzen menschlichen Geschichte« sowie als deren »letzten Grund« (*fundamentum ultimum*) vor und expliziert seinen Bezug zur Schöpfungsordnung, wie bei Blondel, mit dem Hinweis auf den *Primogenitus*: »Im Lichte Christi also, des Abbildes des unsichtbaren Gottes, des *Erstgeborenen aller Schöpfung*, beabsichtigt das Konzil, alle anzusprechen, um das Mysterium des Menschen zu erhellen, usw.«

Natürlich fehlen im Konzilstext die von Blondel gemachten epistemologischen Differenzierungen zwischen der Wissenschaft als Phänomenologie und der tatsächlichen, jemeinigen Bejahung des Wirklichen, auch wenn die gesamte »einführende Darlegung« – *das »Sehen«* – im Sinne des Dritten Teils von L'Action (1893) die Humanwissenschaften bemüht. Der entscheidende, mit Blondels Immanenz*methode* vergleich-

52 A, 329f./431f.; CI 1, 287f./306f.

bare Punkt ist die zu Beginn der »einführenden Darlegung«[53] gemachte und in dem auf die »Darlegung« folgenden Paragraphen 11 wiederholte Aussage, dass der Text – bei aller inhaltlichen Prägnanz – eine allgemeine metatheoretische, *methodische Anweisung* voraussetzt und in der »heutigen Welt« (sprich: 1965) verwirklicht: »Zur Erfüllung ihres Dienstes *(munus)* obliegt der Kirche *durch alle Zeit* die Pflicht, die Zeichen der Zeit zu erforschen und im Licht des Evangeliums zu interpretieren« – auf das »*Sehen*« folgt hier das »*Urteilen* –, »so dass sie in einer der jeweiligen Generation angemessenen Weise (*modo accommodato*) auf die beständigen Fragen der Menschen nach dem Sinn des gegenwärtigen und zukünftigen Lebens und nach ihrem gegenseitigen Verhältnis antworten kann«[54]; Anweisung, die sich dann im dritten Kapitel in *ein dem »Sehen« und »Urteilen« entsprechendes »Handeln«* verwandelt.

Theologische, ekklesiologische und christologisch-anthropologische Voraussetzungen der pastoralen Denkform

Die so verstandene »Pastoralität« ist somit ein von Generation zu Generation immer wieder von neuem in Gang zu bringender *modus procedendi*: ein Prozess, sogar ein *Lernprozess*, der in einem Akt des *Urteilens* oder der *Unterscheidung* – Blondel spricht auch von einer »Wissenschaft der Unterscheidung der Geister« – dem, »was sich nicht verändert und was seinen letzten Grund in Christus hat«[55], einen dem »Heute« entsprechenden Sinn gibt. Das *Prinzip* dieser Interpretation findet sich in der Offenbarungskonstitution und seine ekklesiologischen und seine christologisch-anthropologischen Implikationen in *Lumen gentium* und in *Gaudium et spes*. Dies muss hier wenigstens skizziert werden.

1. Der erste Satz des entscheidenden Paragraphen 2 der Offenbarungskonstitution, der sich in analoger Form auch in anderen Konzilstexten wiederfindet[56], zeichnet die zirkulare Bewegung des »göttli-

53 *GS*, 4.

54 GS, 4.

55 GS, 10.

56 Siehe zum Beispiel Dogmatische Konstitution über die Kirche *Lumen gentium*, 2 (nunmehr: LG).

chen Planes« nach: »Es hat Gott in seiner Güte und Weisheit gefallen, sich selbst zu offenbaren und das Geheimnis/Sakrament seines Willens (*sacramentum voluntatis suae*) bekannt zu machen (vgl. Eph 1,9), durch das die Menschen durch Christus, das Fleisch gewordene Wort, im Heiligen Geist Zugang zum Vater haben und der göttlichen Natur teilhaftig gemacht werden (vgl. Eph 2,18; 2 Petr 1,4)«. Der Mittelpunkt dieser zirkularen »Bewegung« ist Christus, der – so die Schlussformel dieses Paragraphen – als »*mediator simul et plenitudo*« der ganzen Offenbarung »existiert« (*existit*). Der schon mehrfach erwähnte »Perspektivwechsel« konzentriert sich in der Erscheinung dieser seiner »gegenwärtigen« *Existenz*« (*tota Sui ipsius praesentia*),[57] die von vornherein *sakramental verstanden wird:* Sie ereignet sich in Taten *und* Worten, »die inwendig (*intrinsece*) miteinander verknüpft sind«; wie im Fünften Teil von L'Action (1893), wo diese Sakramentalität von der Eucharistie her auf die gesamte »buchstäbliche Praxis« des Christentums ausgedehnt wird.

Der theologale Glaubensakt[58] und die Traditionsgeschichte des Christentums[59] samt der von der »Pastoralität« geforderten Beziehung zwischen den Verkündigern und den »Menschen der heutigen Welt«[60] müssen innerhalb dieser zirkularen Bewegung des »göttlichen Heilsplanes« angesiedelt und expliziert werden. Die in Paragraph 8 gemachten Aussagen zum Traditionsbegriff entsprechen, bis auf das Zitat aus der lukanischen Kindheitsgeschichte,[61] ziemlich genau dem von Blondel im Fünften Teil von L'Action (1893) und im dritten Kapitel von »Geschichte und Dogma« entwickelten Traditionsbegriff: »Diese Überlieferung, die von den Aposteln stammt, entwickelt sich in der Kirche unter dem Beistande des Heiligen Geistes weiter; es wächst nämlich das Verständnis der überlieferten Dinge und Worte sowohl aufgrund der Betrachtung und des Studiums der Gläubigen, die sie in ihrem Herzen erwägen (vgl.

57 Dogmatische Konstitution über die göttliche Offenbarung *Dei verbum,* 4 (nunmehr DV).

58 DV, 5.

59 DV, 7–10.

60 GS, 44.

61 HD, 210f./97.

Lk 2,19 und 51), als auch aufgrund des innersten Verständnisses der geistlichen Dinge, das sie *erfahren*, als auch aufgrund der Verkündigung, usw.« Es ist schon bemerkenswert, dass in der Reihe dieser drei die Glaubensentwicklung bestimmenden Kriterien die »Erfahrung« der Gläubigen – im Sinne der »experimentalen Theologie« Blondels – vor dem Wahrheitscharisma der autorisierten Verkündiger genannt wird: »Die Tradition«, so schreibt er in »Geschichte und Dogma«, »hat zwar zweifellos in den Texten ihren Halt, zugleich und in erster Linie aber in etwas anderem, nämlich in einer stets lebendigen (*en acte*) Erfahrung, die es ihr erlaubt, in gewisser Hinsicht Herrin über die Texte zu bleiben.«[62]

2. Von diesem sowohl sakramentalen wie auf die Erfahrung der Gläubigen bezogenen Verständnis des göttlichen Planes ist es nur ein Schritt zur sakramentalen Ekklesiologie von *Lumen gentium* und zur anthropologisch-christologischen Vision von *Gaudium et spes*. Der zentrale Begriff der Kirche als universalen »Heilssakraments«[63] ist das ekklesiologische Pendant des in der Selbstoffenbarung Gottes mitgegebenen »Sakramentes seines Willens«. Er impliziert eine radikale Dezentrierung der Kirche, die sich einerseits als »Widerschein« Christi versteht und sich gerade deshalb auf alle Menschen und ihr Heil ausrichtet.

In diesem Gesamtzusammenhang muss dann auch die von Blondel als definitionsreif betrachtete Übernahme der kontroversen Leib-Seele-Analogie verstanden werden. Die Konstitution übernimmt sie in ihrem Paragraph 7 über die Kirche als Leib Christi. In diesem und im folgenden Paragraphen zitiert sie auch die bereits angesprochenen Enzykliken von Leo XIII. Der eigentliche Perspektivwechsel erfolgt jedoch erst am Ende des zweiten Kapitels in den Paragraphen 14 und 16, wenn der Text im Anschluss an den hl. Augustinus die Möglichkeit erwägt, man könne »im Schoße der Kirche« »dem Leibe«, aber nicht »dem Herzen nach« verbleiben«,[64] umgekehrt aber auch »dem Herzen nach« auf das Volk Gottes »hingeordnet sein«, ohne dem »Leib Christi« anzugehören: »Die göttliche Vorsehung verweigert auch denen die zum

62 HD, 204/89.
63 LG, 1, 9 und 48.
64 LG, 14.

Heil notwendigen Hilfen nicht, die ohne Schuld noch nicht zur ausdrücklichen Anerkennung Gottes gelangt sind und nicht ohne göttliche Gnade ein rechtes Leben zu führen sich bemühen.« Im christologischen Abschluss des ersten Kapitels von *Gaudium et spes* über »die Würde der menschlichen Person«[65] wird dann nochmals der *Primogenitus* (Kol 1,15) zitiert, das »unsichtbare Wirken der Gnade in den Herzen aller Menschen« jedoch nicht mit der Schöpfungsordnung, sondern mit dem Paschamysterium verbunden und die Kenntnis solchen Wirkens *Gott allein* überlassen.[66]

3. Ein letzter Punkt muss noch kurz erwähnt werden: Der pastorale Lernprozess, der mit dem »*Sehen*« des Adressaten in der Welt von heute beginnt und dann im Akt einer theologischen Interpretation der Gegenwart – dem »*Urteilen*« – auch dem Glauben selbst einen neuen und tieferen, der Situation entsprechenden Sinn gibt, mündet im dritten Kapitel von *Gaudium et spes* im »*Handeln*« des Menschen in der gesamten Welt. Hier ist die Anlehnung an Blondels Philosophie der *action* am deutlichsten. Ich verweise nur auf einen wesentlichen Paragraphen, der zwischen einer richtig und einer falsch verstandenen *Autonomie* der irdischen und zeitlichen Dinge unterscheidet.[67] Es ist ja auch Blondels apostolisches Anliegen – nach seinem Verzicht auf eine philosophische Übersetzung der Katechismuswahrheiten –, die Autonomie der irdischen Realitäten, der Wissenschaften und der Philosophie ganz ernst zu nehmen und gerade so – im Sinne der chalzedonensischen Christologie – das von Gott getragene Geheimnis der Dinge (*abscondita rerum*) zu respektieren. Seine hier anzusiedelnde Theorie des »*vinculum substantiale*«, mit der der Philosoph die Konsistenz der Dinge in der Herablassung des Schöpfers begründet, übernimmt das Konzil jedoch nicht.

*

Ohne hier die methodologischen Probleme aufzugreifen, die unser Vergleich zwischen Blondels *Denkform* und der des Zweiten Vatikanums

---

65 Dieser Abschluss rekapituliert die gesamte anthropologisch-christologische Entwicklung des Kapitels in der Adam-Christus-Typologie.

66 GS, 22.

67 GS, 36.

stellt, kann nunmehr festgehalten werden, dass das Konzil eine induktive, der Immanenzmethode durchaus vergleichbare pastorale Methode entwickelt, deren *metatheoretischer Status* erst ganz am Ende des Konzilsprozesses sichtbar wird.[68] Allerdings ist der in dieser Methode implizierte »Perspektivwechsel« gleichzeitig in anderen Texten am Werk, die das dogmatische Glaubensgut der Kirche – in seinem Prinzip selbst – auf neue Weise auslegen: in der Offenbarungskonstitution und ihrem Traditionsbegriff, bereits ein Jahr vorher in der Kirchenkonstitution und schließlich in der Pastoralkonstitution, die ihre theologische Anthropologie in der *action* des Menschen im Weltall kulminieren lässt und – ganz im Sinne der »experimentalen Theologie« Blondels – die in ihr verborgene und zu explizierende *kontemplative Dimension* entfaltet. Zusammenfassend darf man deshalb das *Zentrum* der so sichtbar werdenden *Vision* durchaus in der in der Glaubenserfahrung zu artikulierenden Verbindung zwischen der Sakramentalität der Kirche und der sie begründenden Offenbarung auf der einen und dem von daher an den gläubigen Menschen ergehenden allgemeinen Ruf zur Heiligkeit auf der anderen Seite zusammenfassen; Heiligkeit, »durch die – so Lumen gentium 40 – auch in der irdischen Gesellschaft eine *menschlichere Lebensweise* (*humanior modus vivendi*) gefördert wird«.

III. Ein notwendiger Paradigmenwechsel: zur heuristischen Bedeutung des Stilbegriffs

Es bleibt nun, am Ende unseres Vergleichs zwischen der *Denkform* Maurice Blondels und der des Konzils, die Frage, *inwiefern* uns der von Johannes XXIII. und heute von Papst Franziskus gebrauchte Stilbegriff hilft, den vom Philosophen aus Aix und einer Reihe anderer Fundamentaltheologen vorbereiteten »radikalen Perspektivwechsel« des Zweiten Vatikanums kritisch weiterzudenken. Dies sei wenigstens kurz in drei Schlussbemerkungen angedeutet.

---

68 Siehe GS, 44, und AG, 22.

Zur heuristischen Funktion des Stilbegriffs

Eine elementare Definition des Stilbegriffs, so wie sie uns zum Beispiel von der Phänomenologie eines Merleau-Ponty[69] angeboten wird, artikuliert drei unverzichtbare Aspekte: (1.) die *Singularität* eines Werkes oder die *einzigartige* Gestaltungskraft seines Autors, die (2.) nur in einem *Begegnungsgeschehen* ihre unvergleichliche und jeweils neue Wirkung entfalten kann, in dem der Betrachter, Leser oder Hörer sich auf den schöpferischen Vorgang der künstlerischen oder einfach menschlichen Gestaltung selbst einlässt. Diese die schöpferischen Kräfte des Empfängers freisetzende Wirkung eines jeweils einzigartigen Kunstwerks oder einer Person vollzieht sich (3.) *in der Welt*. In dem Moment, wo man annimmt, dass Christentum nicht in dogmatischen Lehrsätzen eingefangen werden kann, sondern als *Begegnungs- und Beziehungsgeschehen in der Welt* verstanden werden will, bietet sich der hier vorgestellte Stilbegriff geradezu an, sich seinem Wesen zu nähern. Die Offenbarung in Christus ist nämlich nicht eine Mitteilung, sondern – und genau darin besteht der »Paradigmenwechsel« – eine *Form von Begegnung*, von der der Inhalt des Glaubens niemals gelöst werden kann.[70]

Dieses stilistische Prinzip bestimmt nicht nur Blondels Glaubensverständnis – dessen »formalen Grund« –, sondern auch die allgemeine Denkform des Philosophen. In *Qu'est-ce que la foi?* ist der Glaubensgrund folgendermaßen zusammengefasst: »Indem man dem *Offenbarten* zustimmt, übergibt man sich dem *Offenbarenden* und bindet sich an ihn. ›Geht, sagt Jesus, euer Glaube hat euch gerettet‹. Was ist solcher Glaube, wenn nicht das einfache, herzliche Vertrauen in die Person Jesu wie auch *gleichzeitig* die Überzeugung (*croyance*), dass sich in ihm das Ideal von Güte und die Kraft der Gerechtigkeit verwirklicht, nach dem eine rechte Seele verlangt, worauf ohne Zweifel ein Nathanael unter dem Feigenbaum wartete.«[71] Die allgemeine Denkform Blondels lebt vom

69 Maurice Merleau-Ponty, *Signes*, Gallimard, Paris, 1960, besonders die Kapitel I: *Le langage indirect et les voix du silence* und II: *Sur la phénoménologie du langage*.

70 Zuletzt hierzu: Christoph Theobald, *Christentum als Stil. Für ein zeitgemäßes Glaubensverständnis in Europa*, Herder, Freiburg – Basel – Wien, 2018.

71 *Qu'est-ce que la foi?*, 39.

gleichen Unterschied zwischen den *Inhalten* aller Phänomene, so wie sie in einer reflexiven Wissenschaft der *action* analysiert und synthetisiert werden können, und dem *tatsächlichen* jemeinigen Lebens- und Entscheidungs*vollzug*, dessen absolute Singularität sich dem Denken und der Wissenschaft der *action* entzieht, ohne jedoch irrational zu sein; er entspringt dem *Forum internum* eines jeden Menschen und bleibt das Geheimnis Gottes, auch wenn für jeden Menschen in seiner Singularität das »*Ipse quisque sibi lex*« gilt. Blondels »Logik des moralischen Lebens« (1903)[72] kann als der Versuch einer solche Singularität respektierenden Stilistik verstanden werden, die allerdings noch nicht die in seiner Glaubenstheologie bereits entscheidende Relationalität integriert.

Wie der apostolische Plan Blondels, so ist auch die Pastoralität des Zweiten Vatikanums eine Frage des Stils. Die ekklesiale Präsenz des Christentums *zeigt sich* als spezifisches Begegnungs- und Beziehungsgeschehen *in der Welt*, das dann *sakramental wird*, wenn die jeweils in dieses Geschehen einbezogenen Personen in ihrer *Einzigartigkeit*, vor allem die letzten einer Gruppe oder Gesellschaft, zu messianischen »Zeichen« werden. In diesem Sinne beschreibt auch *Ad gentes 11*, den Ausgangspunkt aller Mission als »Zeugnis«, das nicht nur zur »Verherrlichung des Vaters« führen kann, sondern gleichzeitig dazu *dienen* soll, »den ursprünglichen Sinn des menschlichen Lebens *und* das allgemeine Band (*vinculum*) der Gemeinschaft der Menschen voller zu erfassen«[73]. Gleichzeitig wird die Freiheit des Gewissens, der Religionsausübung und des Glaubens jeglichem von außen auferlegten Gesetz entzogen und gerade diese, *auch anthropologisch zu verantwortende Singularität* menschlicher Verantwortung in ihrer unüberschaubaren Diversität im Beziehungsgeschehen Jesu und seiner Jünger begründet.[74]

---

72 Maurice Blondel, *Principe élémentaire d'une logique de la vie morale*, in: *Les premiers écrits de Maurice Blondel*, PUF, Paris, 123–147; dt. Übertragung von Peter Reifenberg, in: *id.*, *Verantwortung aus Letztbestimmung. Maurice Blondels Ansatz zu einer Logik sittlichen Lebens*, »Freiburger theologische Studien«, 166, Herder, Freiburg – Basel – Wien, 2002, 524–537. Reifenberg (2002).

73 AG, 11, §1.

74 Siehe Erklärung über die religiöse Freiheit *Dignitatis humanae*, 11f.

Die theologische Fortentwicklung des Zweiten Vatikanums: eine Frage des Stils

Der Stilbegriff erlaubt uns auch – dies ist meine zweite kritische Schlussbemerkung – die Fortentwicklung von Blondels Denkform zu der des Zweiten Vatikanums zu präzisieren und weiterzuverfolgen. Bereits in der ersten Konzilsperiode verbindet sich der von Johannes XXIII. geforderte »pastorale Stil« mit einem »ökumenischen Stil«, der seinerseits (wie auch der »pastorale Stil«) in der zweiten und dritten Konzilsperiode eine interne Reform von Theologie und Kirche auslöst und vor allem mit Hilfe des Begriffes der »Hierarchie der Wahrheiten« zu einer klaren Unterscheidung zwischen dem Formalobjekt des Glaubens und seiner konfessionellen Ausgestaltung führt.[75] In der letzten Konzilsperiode werden schließlich die Geschichtlichkeit der Tradition und ihre kulturelle Vielfalt bewusst. Dieser konfliktuelle Prozess führt zu einer neuen Formulierung der Pastoralität, die nunmehr als Inkulturation verstanden werden muss: »Die angepasste Predigt des geoffenbarten Wortes muss das Gesetz aller Evangelisation bleiben.«[76]

Ökumenismus und Kirchenreform sind noch keine wirklichen Fragen für Blondel. Die *Historizität* der christlichen Tradition wurde allerdings bereits während der Modernismuskrise verhandelt und führte in »Geschichte und Dogma« zu einer Lösung, die nicht von allen katholischen Historikern des Urchristentums übernommen[77] und auch vom Zweiten Vatikanum, trotz seiner erneuten Auseinandersetzung mit der kritischen Exegese, nicht wesentlich weiterentwickelt wurde. Allerdings machte das Konzil die tatsächliche Begegnung oder den Dialog mit dem

---

75 Siehe Dekret über den Ökumenismus *Unitatis redintegratio*, 6 und 11; siehe auch Anton van Hooff, »Paradigmenwechsel? Grundsätzliche Überlegungen zur Begründung der Ökumene«, in: Elisabeth Dieckmann, Karl Kardinal Lehmann (Hg.), *Blick zurück nach vorn. Das Zweite Vatikanum aus der Perspektive der multilateralen Ökumene*, Echter, Würzburg, 189–214.

76 GS, 44.

77 Siehe die kritischen Bemerkungen Y. Congars in: *La Tradition et les traditions*. II, 128–130.

Anderen sowie dessen kulturelle Verwurzelung zu einem Prinzip, dessen Integration in den zirkularen göttlich-apostolischen Plan nicht mehr unternommen wurde.

Den Perspektivwechsel des Zweiten Vatikanums stilistisch weiter- und umdenken

Hier zeigen sich schließlich – dritte abschließende Bemerkung – die Grenzen des Zweiten Vatikanums, dessen Dokumente weitgehend unverbunden nebeneinanderstehen und erst im Rezeptionsprozess in eine kohärente Denkform gebracht werden können. Dabei spielt der Stilbegriff nochmals eine, nunmehr in die Zukunft weisende, Rolle. Er impliziert nämlich ein noch nicht erwähntes »ästhetisches Kriterium«: die mehr oder weniger große *Konkordanz* zwischen dem Inhalt und der Form; Kriterium, das ja nicht nur das ästhetische Urteil über ein Kunstwerk, sondern auch letztendlich das philosophisch-theologische Urteil über die Glaubwürdigkeit des christlichen Glaubensgeschehens bestimmt.

Wirft man von diesem Punkt her nochmals einen Blick auf Blondels Denkform und die des Zweiten Vatikanums, dann fällt auf, dass dieses entscheidende Glaubwürdigkeitskriterium nur ganz am Rande auftaucht[78] und Blondel die in der buchstäblichen Praxis *eo ipso* gegebene Gegenwart des Geistes eher von ihrer autoritativen Bestimmung und der vom Gesetz geregelten Bewegung vom Geist zum Buchstaben hin abhängig macht. Das Zweite Vatikanum insistiert zwar einerseits auf der »*inwendigen* Verbindung zwischen den Taten und Worten« im Offenbarungsgeschehen und in der Person Jesu[79] und andererseits auf der Notwendigkeit, Predigt und Aktion dem »Fassungsvermögen aller« möglicher Rezipienten anzupassen,[80] verwandelt diese *Beziehung* jedoch nicht in ein Glaubwürdigkeitskriterium.

78 Siehe A, 461/582f.

79 DV, 2 und 4.

80 GS, 44: »Diese angepasste Predigt des geoffenbarten Wortes muss das Gesetz der Evangelisation bleiben« (*Quae quidem verbi revelati accommodata praedicatio lex omnis evangelisationis permanere debet*).

Hier muss der Perspektivwechsel des Konzils mittels des im Stilbegriff mitgegebenen Kohärenzkriteriums weitergedacht werden. (1.) Die Heiligkeit *des* und *der* Zeugen lässt sich in ihrer Singularität von den Rezipienten wahrnehmen, deren *sensus fidei* als stilistischer Sinn auf die Kohärenz seines Gegenübers anspricht. In dieser Begegnung ist die »Autorität« der Zeugen keineswegs die Bedingung ihrer Geistesbegabung, sondern sie entsteht erst in der vom Geist ermöglichten Kohärenz zwischen ihren Taten und Worten, vor allem aufgrund ihrer gnadenhaften und absichtslosen »Gegenwart« (*praesentia*)[81], die »für den Empfänger« *keineswegs* »unausweichlich, auferlegt und verpflichtend« ist, wie das Blondel von der »Gnade« behauptet. Hier liegt ein kaum zu überschätzender Differenzpunkt. (2.) Heilige Zeugenschaft und deren Wahrnehmung finden von vornherein in einem Begegnungs- und Beziehungsgeschehen statt, in dem man mit einer Pluralität von Lebensstilen rechnet. Dies wird wenigstens im Kapitel der Kirchenkonstitution über »die allgemeine Berufung zur Heiligkeit in der Kirche« angedeutet, jedoch weder mit der paulinischen Charismenlehre noch mit den messianischen Zeichen der Evangelien verbunden, die jedoch der beste Ansatzpunkt in der Schrift für eine stilistische Wesensbestimmung des Christentums bieten. Schließlich (3.) wird der stilistische Ansatz dann notwendig, wenn sich die Beziehung *der* Zeugen zu *dem* Zeugen zeigt und sich gleichzeitig die Gegenwart der Kirche in ein *sakramentales* Begegnungs- und Beziehungsgeschehen in der Welt verwandelt (Merleau-Ponty spricht von Metamorphose) und als solches wahrgenommen wird.[82]

*

Dies auszuführen ist jedoch eine andere Geschichte! Es sollte wenigstens deutlich geworden sein, dass Blondels einer gegengesellschaftlichen Position der Kirche entsprechende Philosophie der *action* und

81 DV, 4.

82 Siehe Christoph Theobald, *Christentum als Stil.*

seine Fundamentaltheologie in der Nachgeschichte einen Perspektivwechsel ermöglicht haben, den wir heute in den Spuren des Zweiten Vatikanums mit Hilfe des Stilbegriffs weiter- und wohl auch umdenken müssen.

III

Außenblicke auf die Phänomenologie Maurice Blondels

Klaus Kienzler

Phänomenologie bei Bernhard Welte und Klaus Hemmerle mit einem Blick auf Maurice Blondel

Der äußere Anschein kann täuschen. Bei Welte und Hemmerle findet man wenige Erwähnungen von Blondel. Bei Welte finden sich immer wieder kurze Hinweise auf die große Bedeutung der Immanenzapologetik Blondels für die Theologie. Welte fügt dieser Aussage gewöhnlich hinzu, leider sei Blondel wenig rezipiert worden, er sei vor allem verkannt und falsch verstanden worden. Das mag der Grund sein, warum Welte dem äußeren Anschein nach kaum auf Blondels Werk einging. Der äußere Anschein täuscht aber, wenn man auf die Rezension der deutschen Übersetzung von »La Pensée« durch Robert Scherer aus dem Jahr 1953 achtet, die eine tiefgründige Kenntnis des Denkens Blondels verrät. Und die Sicht wird noch einmal eine andere, wenn man nicht so sehr auf die direkten Inhalte achtet, sondern auf die Denkweise beider. Und die ist bei Blondel und Welte offensichtlich phänomenologisch. Ich nenne die Denkweise beider einmal allgemein phänomenologisch, wenn sie sich auch unterscheiden. Blondels Methode wird man im Großen und Ganzen der transzendentalen Phänomenologie zuschreiben, was man von der Weltes und Hemmerles nicht mehr sagen kann. In solchem Achten auf die phänomenologische Methode gibt es zwischen Blondel und Welte, aber auch Hemmerle interessante Berührungen. Das möchte ich im Folgenden aufzeigen.

1. Phänomenologie bei Bernhard Welte und Maurice Blondel

Es ist sicher nicht zufällig, wenn Welte am Anfang seines zentralen Werkes *Religionsphilosophie* den Anfang von L'Action (1893) ausdrücklich zitiert: »Ja oder nein, hat das menschliche Leben einen Sinn, hat der Mensch eine Bestimmung?« (A 27).[1] Welte: »Wenn Maurice Blondel sein berühmtes Buch ›*L'Action*‹ mit der Frage beginnt: Hat das Leben einen Sinn oder hat es keinen, ja oder nein?; dann hat er damit die eigentliche Leitfrage des Lebens selbst klassisch artikuliert, eine Frage, die freilich in der Ausdrücklichkeit des Denkens und in der Interpretation vergessen oder verwechselt oder auch verneint werden kann.«[2]

Welte nennt diesen Einstieg Blondels »Sinnpostulat des Lebens« und macht ihn zum eigenen Einstieg in die *Religionsphilosophie*. Wenn er dann das Sinnpostulat des Daseins zusammenfassend vorstellt, dann fällt der Name Blondel zwar nicht mehr, man fühlt sich aber doch ganz in der Nähe zu L'Action (1893). Welte: »Fragt man schließlich, ob diese Sinnvoraussetzung zu Recht besteht oder ob sie nicht vielleicht bloß eine nützliche Illusion sei, so muss dafür auf folgendes hingewiesen werden. Der eigentliche Ort der Entfaltung des Sinnpostulates ist das konkrete Leben, und zwar vor allem dort, wo es sich ethisch akzentuiert. Das konkrete ethisch akzentuierte Leben aber ist die Mitte des menschlichen Lebens überhaupt. In abstracto kann man freilich über den Sinn dies oder jenes denken. Aber in concreto und dort, wo unser konkretes Dasein ethisch engagiert ist, etwa in konkreten mitmenschlichen Verhältnissen, wo es um Treue und Freundschaft geht oder um den Einsatz von Freiheit und Gerechtigkeit anderer oder um irgend etwas Vergleichbares, dann zweifeln wir keinen Augenblick daran, dass dieses Sinn habe. Das Sinnpostulat samt seinem inneren Recht liegt dann am Tage. Denn es liegt dann am Tage, dass man solches Handeln als sinnvolles voraussetzen darf und soll. Es liegt als ein innerlich berechtigtes Postulat am Tage.

So können wir schließlich sagen: Der gelebte Hinblick auf Sinn im Ganzen und das berechtigte Postulat von Sinn leben im Grunde und

1 Blondel, Maurice, L'Action – Die Tat (1893). Versuche einer Kritik des Lebens und einer Wissenschaft der Praxis, aus dem Französischen übertragen von Anton van Hooff unter Mitarbeit von Ruth Beissel, Verlag Karl Alber Freiburg/München 2018 [= A].

2 Welte, Bernhard (1978), Religionsphilosophie, Freiburg, S. 102 [= RPh].

in der Wurzel des menschlichen Daseins. Solches lebt als ein lautloser, niemals zwingender, aber immer an die Freiheit appellierender Ruf: Glaube, dass das Leben einen Sinn hat! Wer dem Ruf sich wirklich öffnet, wird seine Wahrheit erkennen. Sie zeigt sich ihm. Von zwingenden Argumenten kann freilich keine Rede sein wie überall, wo sich der Gedanke im Horizont der Freiheit bewegt. Die Freiheit muss sich frei dem öffnen, was in ihrem Grunde lautlos, aber vernehmlich spricht, wie auch schon das ethische Handeln, in dem das Recht dieses Postulats offenbar wird, den Gebrauch der Freiheit voraussetzt, was niemals zwingend ist« (RPh 102f.).

Die Nähe zu Blondel in einer Reihe von Aussagen dürfte spürbar sein. Auf zwei auffallende Unterschiede möchte ich aber hinweisen: Einmal ist für Welte das Sinnpostulat nicht so sehr Ergebnis der transzendentalen Verfassung von Wille und Vernunft des Menschen, sondern es ereignet sich in der Mitte »menschlichen Daseins« – ein möglicher Hinweis auf die phänomenologische Daseinsanalytik Heideggers, die bei Welte führend wurde. Dann der deutliche Hinweis auf die – auch transzendentale – Nicht-notwendigkeit des Sinnpostulats und seine Grundlage des Glaubens.

Ich habe gesagt, die Nähe zu Blondel ist spürbar. Warum? Vielleicht nicht zuerst der gehaltlichen Nähe zu L'Action (1893), sondern zur Denkweise Blondels. Ich meine damit, phänomenologisches Denken ist bei Blondel und Welte zu erkennen. Aber wiederum nicht so sehr der Form einer bestimmten Phänomenologie, sondern der charakteristischen phänomenologischen Denk- und Zugangsweise insgesamt nach.

Deshalb ein kurzes Wort zur Denkweise der Phänomenologie. Der Begründer der modernen Phänomenologie ist Edmund Husserl. Aber schon vor Husserl war Phänomenologie ein Begriff, wenn man etwa an Hegels *Phänomenologie des Geistes* denkt. Phänomene sind seit Kant die Erscheinungsweisen der Dinge, inwieweit sie wahrnehmbar sind, ohne Entscheidung über deren Realitätsgehalt. Auf diese transzendentale Phänomenologie hinzuweisen ist für das Verständnis von Blondel wichtig, da für ihn die moderne Phänomenologie noch nicht bekannt war. So wird man Blondel zwar der transzendentalen Phänomenologie zuordnen können, da sich seine phänomenologischen

Untersuchungen auf die metaphysischen Geistesvermögen von »Vernunft« und »Willen« (»Volonté/Pensée«) beschränken. Aber es wird gerade auch Ergebnis der folgenden Überlegungen sein, dass bei Blondel darüber hinaus interessante Schritte in Richtung einer modernen Phänomenologie vorliegen.

Das Schlagwort von Husserls Phänomenologie ist in diesem Zusammenhang »zu den Sachen selbst«. Es wäre aber zu kurz zu meinen, damit hätte man die »Sache« direkt ergriffen. Welte eröffnete seine Vorlesungen gewöhnlich mit dem einfachen Satz: »Etwas erkennen«, ohne Zweifel, um darauf hinzuweisen, dass er phänomenologisch vorgehen werde. Das ist die schlichte Formel jeder Phänomenologie, die im Handeln oder Erkennen jeweils zwischen Akt oder Noesis (»erkennen«) und Thema oder Noema (»etwas«) unterscheidet. Die Phänomenologie begnügt sich von vornherein nicht mit einem opaken »Etwas«, sondern jedem »Etwas« oder, wie Husserl sagt, jedem Thema oder Noema entspricht eine bestimmte Aktmodalität, Noesis. Dieses Verhältnis von Noema und Noesis, die sogenannte »Intentionalität«, zu erheben, ist die erste Aufgabe des Phänomenologen. Nach dem Freilegen der Intentionalität kann die »Konstitution« der »Sache selbst« erfolgen.

In einer kurzen Autobiographie ging Rombach auf den Schritt der Phänomenologie von Husserl zu Heidegger ein. Hemmerle wurde von der erneuerten Phänomenologie Rombachs angeregt, ohne sich von Husserl oder Heidegger abzusetzen. Für Heidegger und Rombach war Husserls Phänomenologie zuletzt Bewusstseinsphänomenologie. Heidegger wandte sich zuerst der Lebensphilosophie zu, die er dann zur Daseinsanalytik und Fundamentalontologie vertiefte. Bernhard Welte machte übrigens, wie bekannt, im Blick auf Heidegger eine ähnliche Wendung von der Religionsphänomenologie zur Religionsphilosophie mit. Rombach formuliert dann einen weiteren Schritt über Heidegger hinaus zu einer erneuerten Phänomenologie. Sie wird auch für Hemmerle bedeutsam, wie wir sehen werden. Für unser Vorhaben ist zusammenfassend Hemmerles Sichtweise leitend: Phänomenologie ist nicht zuerst gehaltlich, sondern der Methode nach zu charakterisieren. Hemmerle unterscheidet zwischen »phänomenologia quae«

und »phänomenologia qua«.[3] »Was« und »Wie« der Phänomenologie sind zu unterscheiden.

Ich möchte die Nähe Weltes zu Blondel durch die Betrachtung ihres jeweiligen phänomenologischen Denkens aufzeigen: Auf eine kurze Formel gebracht: »Oui ou Non« – »Ja *oder* Nein« kann man als Kurzformel des phänomenologischen Denkens Blondels ansehen; bei Welte würde ich eine kleine, aber wichtige Veränderung feststellen. Ich würde als Kurzformel Weltes »Ja *und* Nein« angeben. Ich beziehe mich dabei auf die Betrachtung der Phänomenologie Weltes durch Klaus Hemmerle.

1.1 Phänomenologie Bernhard Weltes in der Auslegung von Klaus Hemmerle

Klaus Hemmerle hat zu den Geburts- und Gedenktagen seines Lehrers Bernhard Welte drei öffentliche Vorträge an der Uni Freiburg gehalten. Wenn man sie zusammenhängend liest, dann stellt man fest, dass Hemmerle in diesen drei Vorträgen die Phänomenologie Weltes in drei Etappen charakterisiert hat. Zuerst im Festvortrag zum 75. Geburtstag Weltes 1981 mit dem Titel, »*Denken der Grenze – Grenze des Denkens. Zur Phänomenologie Bernhard Weltes*« (1981)[4], sodann in zwei Gedenkvorträgen nach dem Tod Weltes im Jahr 1983 mit dem Titel »*Eine Phänomenologie des Glaubens – Erbe und Auftrag von Bernhard Welte*« (nämlich 1986)[5] und schließlich »*Weite des Denkens im Glauben, Weite des*

3 Hemmerle, Klaus (1995f), Ausgewählte Schriften, 5 Bde., hg. v. Reinhard Feiter in Zusammenarbeit mit Michael Albus, Reinhard Göllner, Heinz-Jürgen Görtz, Hanspeter Heinz, Klaus Kienzler, Richard Lorenz, Wolfgang Schneider, Bernd Trocholepczy, Anton E. van Hooff. Freiburg (1995f) [= AS I–V]. Hier Hemmerle, Klaus (1987), Eine Phänomenologie des Glaubens – Erbe und Auftrag von Bernhard Welte (AS I, 472–497), hier S. 477.

4 Hemmerle, Klaus, Denken der Grenze – Grenze des Denkens. Zur Phänomenologie Bernhard Weltes (1982) (AS I, 239–263). Grundlage des Vortrages ist Bernhard Welte: Die Grenze als göttliches Geheimnis (1958), in: ders., Auf der Spur des Ewigen, Freiburg 1965, S. 315–336.

5 Hemmerle, Klaus (1987), Eine Phänomenologie des Glaubens – Erbe und Auftrag von Bernhard Welte (AS I, 472–497).

Glaubens im Denken« (1991)[6]. Dabei referiert Hemmerle nicht so sehr Einzelheiten aus dem fruchtbaren Denken Weltes, sondern es sind die ausführlichsten Überlegungen und Äußerungen Hemmerles zur Phänomenologie Weltes, aber auch zu seiner eigenen, Hemmerles Religionsphänomenologie. Weder Hemmerle noch Welte haben meines Wissens auf ähnliche Weise an einer anderen Stelle über das eigene Denken in dieser Deutlichkeit gesprochen.[7]

Für mein Vorhaben sind der erste und zweite Vortrag von Bedeutung. Im Vortrag *Grenze des Denkens – Denken der Grenze* (1981) interpretiert Hemmerle einen frühen Vortrag Weltes, *Grenze als göttliches Geheimnis* aus dem Jahr 1957, den Welte zuerst beim Dies academicus als Rektor der Freiburger Universität gehalten hat. Welte geht darin zunächst auf den Anlass dieses Vortrages ein, nämlich die Grenzen der einzelnen Wissenschaften zueinander und schließlich von Philosophie und Theologie zu benennen, um dann grundsätzlich über den Begriff der »Grenze« nachzudenken. Nach Welte hat der Begriff der Grenze vor allem in der fundamentalen philosophischen Handlung der »determinatio« seinen Ort. Welte fasst die Handlung der determinatio in die drei »Urworte« jeder Bestimmung, nämlich das demonstrative »Ja, d. i. Dieses«, das die Unterscheidung markierende »Nein, d. i. Nicht(-Dieses)« sowie das »Und« beider Urworte. Grundlage dafür ist zunächst die bekannte klassische Formel »omnis determinatio negatio est«. Das »Und« wird dabei kaum beachtet. Hemmerle entwickelt daraus den Ansatz der Phänomenologie Weltes, indem er die Handlung der Grenzziehung (determinatio) als Bewegung des Denkens verfolgt und beschreibt. Hemmerle kommt zu dem Ergebnis, Welte weise hier an der Grundunterscheidung der determinatio »drei Urbegriffe« auf, die für jedes philosophische Handeln fundamental sind. Es sind in der Formulierung Hemmerles die

6 Hemmerle, Klaus (1994), Weite des Denkens im Glauben, Weite des Glaubens im Denken (AS II, 354–370).

7 Kienzler, Klaus (2013), Religionsphänomenologie bei Bernhard Welte, in: Bausenhart, Guido; Böhnke, Michael; Lorenz, Dominik (Hg.) (2013), Theologie und Phänomenologie im Gespräch. Impulse von Bernhard Welte und Klaus Hemmerle, Freiburg, S. 180–200.

»Grundworte dessen, dass ist, was immer ist […] [denn] Alles sagt: Dieses, Nicht, Und« (AS I, 244).

Hemmerle sieht in dieser philosophischen Operation Weltes dessen »Phänomenologie« grundgelegt. Welte gehe dabei von einer einfachen, positiven Gegebenheit aus: »Dieses« (»Ja«). Er zeige dabei aber vor allem die nicht zutage liegende, aber doch vorgewusste Selbstverständlichkeit auf: das »Nicht-Dieses«, »Andere« (»Nein«). Das Verhältnis von »Dieses« und »Nicht-Dieses« determiniert das »Dieses« zu einem »So und nicht anders«. Der Unterschied werde durch das »Und« markiert und konstituiert. Welte lege gerade auf das »Nicht(s)« und das »Und« der ›determinatio‹, entgegen den üblichen Auslegungstendenzen der klassischen Logik, besonderes Gewicht. Welte habe mit den drei »Urworten« oder Urbegriffen das »phänomenologische Dreieck« benannt, das die großen Themen seines Werkes insgesamt kennzeichneten: »Geheimnis (»Und«) – der/das Andere (»Nicht«) – ich (»Dieses«)« (AS I, 489).

Nebenbei gesagt könnte das phänomenologische Denken Weltes leicht mit der Beschreibung der phänomenologischen Methode als »kritischer Theorie der Erfahrung« bei Bernhard Waldenfels verglichen werden (vgl. Waldenfels zur Erfahrung mit den Dimensionen: »Ich/Selbst« – »Fremde/Andere« – »Gesagte und Unsagbare«).[8]

Im Folgenden möchte ich kurz darlegen, dass Weltes zentrales Werk der *Religionsphilosophie* diesem phänomenologischen Ansatz folgt.[9] Dies wäre aber auch an anderen Werken Weltes zu zeigen. Ich will aber mehr. Im Grunde sind die drei Urworte auch die drei Grundworte von L'Action (1893) Blondels. Es sind die Grundworte auch des phänomenologischen Vorgehens Blondels. Und doch fällt gleich auch ein Unterschied beider auf. Die phänomenologische Denkweise ist im Grunde eine Bewegung, welche die drei Grundworte in Beziehung setzt. Die Frage ist dann, auf welche Weise die jeweilige phänomenologische Bewegung die drei Grundworte einsetzt. Mein Vorschlag ist: Blondel betont zunächst das »Oui ou Non (Ja *oder* Nein)«, Welte vor allem das »Ja *und*

8 Waldenfels, Bernhard (1998), Grenzen der Normalisierung, Frankfurt, S. 20.

9 Kienzler, Klaus (1997), Zur Einführung, in: Bernhard Welte, Religionsphilosophie, 5., überarbeitete und erweiterte Auflage, hg. von Bernhard Casper und Klaus Kienzler, Frankfurt, S. 13–42.

Nein«. Meine weitere These wird aber sein, dass bei Blondel nicht nur die Entscheidung »oder« im Mittelpunkt steht, sondern zugleich nicht weniger das »und«. Zunächst sei ein Blick auf die Grundworte von »Ja« und »Nein« bei Blondel einerseits und bei Welte andererseits geworfen.

1.2 Die Grundworte »Dieses (Ja)« und »Nicht-Dieses (Nichts)« bei Maurice Blondel

Blondel führt das »Dieses« oder »etwas« ohne jedes »und« am Anfang von L'Action (1893) ein. Es ist das »anything goes« in den Formen des Dilettantismus und des Ästhetizismus ohne jede Verpflichtung.

Blondel kennt sodann ausdrücklich die klassische Bestimmung der Negation: »omnis determinatio negatio est« (A 203). Jede Bestimmung erhält gerade von ihrer Negation her ihre Gestalt. Die Formel wird bei Blondel aber zum Dreh- und Angelpunkt seines praktischen Denkens.[10] Die Formel ist in der klassischen Philosophie des Aristoteles Ausdruck der formalen Logik. In ihr gilt der Satz vom Widerspruch: Dieses ist nur Dieses und nicht Jenes. Die negatio ist reine Negativität und schließt den Gegensatz aus. Die »negatio« muss aber nicht als reine Negation verstanden werden. Für Blondel steht dafür die »Steresis«, d. i. ein Mangel, ein »Fehl«.[11] Die Steresis macht auf die Abwesenheit aller anderen Bestimmungen aufmerksam, sie grenzt Dieses aus dem Universum des Anderen aus. Das bedeutet aber keine reine Negativität, kein bloßes Nichtsein. Die Steresis wird für Blondel in der Philosophie des »Handelns« zum Angelpunkt der Logik des Handelns. Für das Handeln ist das Gesamt und das Ganze bleibend wichtig; denn das freie Handeln wählt aus allen Möglichkeiten eine bestimmte Tat aus. Nach Blondel enthält die Bestimmung der Tat beides, Negativität als Fehl oder Mangel (Steresis) und Positivität (Ktesis) als Gewinn und Bestimmung.

Andere Philosophen wie Franz Baader geben die Formel »omnis determinatio negatio est« auch in einer zweiten erweiterten Form wie-

---

10 Reifenberg, Peter (2002), Verantwortung aus der Letztbestimmung. Maurice Blondels Ansatz zu einer Logik des sittlichen Lebens, Freiburg, S. 470–640; Henrici, Peter (2012), Philosophie der Glaubenserfahrung, Freiburg, S. 290–306.

11 Reifenberg, Verantwortung, hier S. 484–486.

der: »omnis negatio est positio«. Blondel spricht von »Exklusion« und »Inklusion«: Die Tat schließt aus und schließt ein. Es ist die Rede von »tiers inclus«, dem eingeschlossenen Dritten. Die »Logik der Vernunft« des Aristoteles ist Ausdruck einer binären zweidimensionalen Logik des Widerspruchs (Ja oder Nein), die »Logik des Handelns« bedarf zu ihrem Verständnis nach Blondel dagegen einer dreidimensionalen Logik (Ja und/oder Nein).[12]

Der Text »Principe élémentaire« ist das Grundbuch der Logik von L'Action (1893). Dementsprechend ist sie auch zu lesen. Das »Nicht« erscheint in ihr auf unterschiedlichen Positionen. Für Blondel hat diese Form der Negation eine wichtige operative Funktion für das Vorgehen von L'Action (1893). Blondel formuliert bei jedem seiner Schritte zuerst die Negationen, die Einsprüche gegen seine Positionen: »Entsprechend den Anforderungen einer wissenschaftlichen, kritischen und philosophischen Haltung bin ich von der Einleitung an durch das ganze Werk stets auf indirekte und negative Weise vorgegangen, indem ich jeweils alle möglichen Lösungen geprüft habe und sie erst unter dem Druck einer unerbittlichen Logik und einer Anforderung des gelebten Lebens verwarf. Ich habe mich so stets gegen die Folgerungen gestemmt, die ich schließlich zu ziehen gezwungen war.« Das ist die Methode »se raidir contre« (»sich dagegenstemmen«), wie wir sie von Pascal kennen.[13]

Das »Nein« (Nichts) führt in L'Action (1893) schließlich zum Nihilismus (Schopenhauers), wenn der Standpunkt des »Nicht-Dieses« absolut behauptet wird. Jedes »Dieses« wird schließlich von dem Nichts verschlungen.

Aber das letzte Ziel der Argumentationsweise Blondels ist nicht der Aufweis eines absoluten Nichts, sondern die Behauptung eines letzten »Ja« in jedem »Nein«. Die Quintessenz der klassischen Logik ist der Spruch »tertium non datur«. Dies gilt nach Blondel nicht für die »Logik des Handelns«. Wenn auch nicht im Blick der klassischen Logik, so ist das Dritte in der Logik des Handelns eingeschlossen (»tiers inclus«). Man

---

12 Ebd. Grundlage der Logik des Handelns ist bei Blondel »Principe élémentaire d'une logique de la vie morale (1900/1903), übersetzt von Reifenberg, Verantwortung, S. 521–537.

13 Übersetzung und Hinweis bei Henrici, Philosophie, S. 23.

muss mit Blondel ein »tertium datur« für das Handeln annehmen. Das Dritte ist aber der Hinweis auf ein »Und«, das Band von Ja und Nein. Zum Schluss von L'Action (1893) kommt Blondel auf den Anfang zurück. Er bestätigt noch einmal die Methode des Buches. Es folge »allein dieser einzigartigen und universellen Frage, die die ganze Bestimmung des Menschen umfasst: ›Ist es oder ist es nicht?‹« Und Blondel schließt, es fehle nur noch eines, das »Und«, das »Ja«. Und dieses Ja heißt: »Es ist« (»C'est«) (A 617).

Oder thematisch geht die Untersuchung des Buches hinsichtlich der *action* auf dieses »Und« oder »Ja« hinaus: »An der Wurzel der stursten Verneinungen oder der verrücktesten Ausschweifungen des Willens ist nach einer sich ständig durchhaltenden Grundbewegung zu forschen, die man liebt und die man will, sogar wenn man sie verneint oder sie missbraucht. [...] Wir wollen wissen, ob [...] im Schicksal eines jeden [...] ein endgültiges Ja des Menschen seinem Schicksal gegenüber besteht« (A 39–40)«.

1.3 Die Grundworte »Dieses (Ja)« und »Nicht-Dieses (Nichts)« bei Welte

Über das phänomenologische »Etwas« in jedem »etwas erkennen« bei Welte habe ich schon hingewiesen. Darüber hinaus hat aber das »Nichts« bei Welte einen ganz besonderen Akzent. Natürlich kennt Welte die klassische Formel: »omnis determinatio negatio est«. Aber er versucht, phänomenologisch diesem logischen Nichts auf den Grund zu kommen. Und da zeigt es sich, dass Welte zum Aufzeigen der Negation bzw. Negativität einen anderen Weg als Blondel geht.

Ich versuche die Betonung des Nichts an der *Religionsphilosophie* Weltes zu erläutern. Ich möchte dazu nur die tiefste Quelle dieser Überzeugung Weltes nennen. In der Lektüre von Heideggers *Sein und Zeit* wurde Welte gewahr, dass Heidegger über die fundamentale Stimmung der Angst seinen Zugang zur Daseinsanalyse und damit Zugang zum ontologischen Seinsgeschehen fand. Oder mit anderen Worten: ›Sein‹ liegt niemals vor; es meldet sich in der Stimmung der Angst und diese ist Ausdruck des andrängenden Nichts. In der phänomenalen Erscheinungsweise der Angst und in der ontologischen Kategorie des Nichts gibt sich also Sein kund – nicht umgekehrt. Und zugleich kann einem Denken, das von der Erfahrung des Nichts und der Negativität herkommt, die Erkenntnis widerfahren, dass dieses sich verbergende Sein die ›Gewähr‹ dafür ist, ›dass überhaupt etwas ist und nicht nichts‹.

In seinem Beitrag *Gott im Denken Heideggers* macht Welte dazu eine erhellende Aussage: »In der hellen Nacht des Nichts der Angst ersteht erst die ursprüngliche Offenheit des Seienden als eines solchen: daß etwas ist – und nicht nichts«, und zugleich »wird auch und [...] früher das erfahren, von dem her erst von allem Seienden gesagt werden kann: es ist, nämlich das Sein [...]. Das Sein aber, was es im übrigen auch sein mag, ist jedenfalls das, was allem Seienden, d.h. allem, was ist, die Gewähr gibt, zu sein. [...] Darum darf dieses Nichts auch das Sein genannt werden.«[14]

Es hat den Anschein, als ob diese Denkform für Welte immer wichtiger geworden ist. Einen nachhaltigen Eindruck davon kann die später erschienene kleine und kostbare Schrift *Das Licht des Nichts* (1980) geben.

Diese Überzeugung hat sich bei Welte deutlich in der Methode der *Religionsphilosophie* niedergeschlagen. Es ist die dialektische Denkform, die in Weltes *Religionsphilosophie* auffällt. »Negativität« und »Nichts« sind darin grundlegende philosophische Kategorien: In der Gestalt des »Nichts« geht dem Menschen anfänglich das Sein auf; in der Form der »Negativität« tut es sich dem Denken kund. Im zweiten Kapitel über die Gottesrede ist das Strukturprinzip sehr deutlich präsent: Ein erster Zugang zur klassischen Gottesrede beginnt bei der Positivität des Daseins (§5), der zweite bei der Negativität des Nichts (§6). Aber auch innerhalb dieser mit einem positiven oder negativen Vorzeichen versehenen Abschnitte wird nach der Nennung des Themas sogleich dessen Gegenteil evoziert: Dem positiven Dasein antwortet auf der Stelle das Nichts (§5), dem Nichts das Geheimnis des Etwas (§6) (RPh 82–116). Ähnliche Beobachtungen könnten für die anderen Kapitel gemacht werden.

Die Dialektik von Sein und Nichts prägt die ganze *Religionsphilosophie* und ist in vielen Werken und Artikeln Weltes zu beobachten. Ent-

14 Welte, Bernhard (1975), Zeit und Geheimnis, Freiburg, S. 262–263.

weder führt Welte einen Gedanken aus und stellt ihm im nächsten seine Negation gegenüber. Oder Welte nähert sich einem Gedanken durch das ihn umgebende »Geheimnis« oder durch das »Schweigen«, wie bei der Gottesrede.

Ein sprechendes Beispiel ist einer der wichtigsten Artikel Weltes *Zur Christologie von Chalkedon.*[15] Die christologische Formel von Chalkedon des »unvermischt – ungetrennt« der Naturen in der Person Jesu Christi ist bis heute zentrale Glaubenswahrheit. Welte interpretiert dazu die führenden Begriffe von »Natur« und »Person« bzw. »Hypostase« neu. Dabei formuliert er die klassische »Natur (Physis)« als »Beim-Anderen-Sein« (»Andere«), die »Hypostasis« als »Selbst-sein« (»Ich«) und die Einheit aus beiden als »partizipative Einheit« (»und«). Mit diesem Beitrag ist Welte für die Christologie sehr wichtig geworden. Wir werden bei Hemmerle auf diese klärenden Bestimmungen zurückkommen.

1.4 Das Grundwort »Und« bei Bernhard Welte

Nach Welte und Hemmerle enthält jede determinatio, jede Bestimmung wissenschaftlicher, philosophischer oder theologischer Art die drei Grundworte von Ja, Nein, Und. Ähnlich große Bedeutung wie das Nichts hat das Und bei Welte. Hemmerle weist dazu ausdrücklich auf Franz Rosenzweig hin. Rosenzweig hatte in *Das Neue Denken* auf die Bedeutung des Und für die abendländische Philosophie hingewiesen. Es fällt dort nämlich weithin aus. Rosenzweig schreibt: »Die Erfahrung entdeckt im Menschen […] nur Menschliches, in der Welt nur Weltliches, in Gott nur Göttliches. Und nur in Gott Göttliches, nur in der Welt Weltliches, nur im Menschen Menschliches.«[16] Mit anderen Worten stellt Rosenzweig fest, dass das Und zwischen den drei Dimensionen von Mensch, Welt und Gott ausfällt. Die drei Urgrößen der Wirklichkeit von Gott, Mensch und Welt stehen wie »Urberge«, wie er sie nennt,

15 Welte, Spur, S. 429–458.

16 Rosenzweig, Franz, Das Neue Denken, Einige nachträgliche Bemerkungen zum »Stern der Erlösung«, GS III, S. 144.

in der abendländischen Philosophie isoliert nebeneinander. Was ihnen untereinander fehlt, damit ihnen aber auch selbst, ist das sie und sie mit allem verbindende »Und«.

Rosenzweigs Anstrengung geht dahin, »Gott *und* die Welt *und* den Menschen« zusammenzubringen. Das ist nur durch das *Und* möglich. Dieses Und ist aber nicht durch irgendwelche Erkenntnis, sondern allein durch »Erfahrung der Tatsächlichkeit« zu erreichen. Für Hemmerle und auch für Welte wird das »Und« zum »Grundwort aller Erfahrung«, zum Kern und Stern ihres Denkens.

Die Art und Weise aber, das Und zu denken, ist allein der Phänomenologie möglich. Denn das Und meint das Zueinander von Beziehungen, Korrelationen, Polaritäten, die zu bedenken sind. Und es ist gerade die Auszeichnung der Phänomenologie, Polaritäten zu denken. Das Und ist das Grundwort von Struktur. Hemmerle findet diese philosophische Konstellation in der Strukturphänomenologie Heinrich Rombachs wieder, wie wir sehen werden.

1.5 Das Grundwort »Und« bei Maurice Blondel

»Ja oder Nein« – die *Action* will eine Entscheidung herbeiführen. Es ist offensichtlich die Methode des Werkes. Blondel weist am Anfang und ebenso am Ende von L'Action (1893) darauf hin. Die klassische Logik setzt einen Widerspruch zwischen Ja und Nein. Die »Logik des Handelns« baut auf das Und, das Band von Ja und Nein; denn die freie Tat ist die Einheit von Ja und Nein. Das Handeln folgt einer anderen Logik: »tertium datur«. Das Dritte des »tiers inclus« meint dieses Und von Ja und Nein.

Juan Carlos Scannone spricht von der »logique du tiers inclus« bei Blondel: »Diese Logik des ›tertium admissum‹ […] schließt in ihrer dreieinen Bewegung das Ganze ein, ohne die unaufhebbare absolute Differenz preiszugeben. Dies war im Rahmen der Vinculumlehre möglich, weil sie Inkarnation, Freiheit und Kommunikation besagt.«[17]

---

17 Scannone, Juan Carlos (1968), Sein und Inkarnation. Zum ontologischen Hintergrund der Frühschriften Maurice Blondels, München, S. 206.

Zur Entscheidung der Tat führt nach Blondel die *action*, die Handlung – die *action* selbst ist aber: Ja und Nein. *Action* ist nach Scannone Bewegung, nach Blondel eine »Urbewegung«. Die Ausdrücke für das Ja und Nein der *action* sind bei Blondel »Kooperation«, »Synthese«, Kooperation von »volonté voulante« und »volonté voulue«. Scannone verweist dazu auf die Vinculumlehre Leibnizens, wie sie Blondel rezipiert hat.

Eine elementare Aussage bei Blondel ist: »Man hat ausgiebig über die Idee der Substanz diskutiert: Zurückgeführt auf das, was die Analyse davon in L'Action (1893) entdeckt, ist gerade die Tat (*action*) die Substanz des Menschen, er ist das, was er tut. In der Tat liegt das Sein [...]. Wir sind, erkennen und leben nur sub specie *action*is [unter dem Blickwinkel der Tat]. Die Tat zeigt nicht bloß das, was wir bereits waren, sondern sie lässt uns außerdem wachsen und gleichsam aus uns selbst herausgehen« (A 278). *Action* ist Band und Bindeglied (»und«). Sie versammelt den Menschen zu sich selbst, indem sie ihn mit der Wirklichkeit vermittelt. Nach Blondel bildet die *action* die Mitte des Lebens. Nur »sub specie *action*is« existieren und erkennen wir.

Die *action* ist die Kooperation und Synthesis von »volonté voulante« und »volonté voulue«. Es gilt, die Dialektik zwischen volonté voulante und volonté voulue aufzuweisen, ebenjene Ursprungsbewegung (mouvement initial), die sich in allen Einzelphänomenen unseres Tuns durchhält (Action 39, 92). Die *action* ist Bewegung. Daraus folgt nach Blondel: »jeder Akt ist in seinem Ursprung eine unteilbare Einheit (unité indivisible), in der die menschliche Initiative und der Beitrag des Weltganzen (univers) zusammentreffen. So vereinen sich die beiden Formen von Phänomenen, um eine neue Wirklichkeit zu bilden« (A 276). Das Ganze und das Einzelne werden in L'Action (1893) miteinander vermittelt. Jede *action* ist »die Projektion der komplexen Einheit auf einen Punkt« (A 380). *Action* ist das »universel concret«, wir existieren »sub specie totius«, »sub specie universi« (A 201, 260f, 289).[18]

18 Van Hooff, Anton (1983), Die Vollendung des Menschen. Die Idee des Glaubensaktes und ihre philosophische Begründung im Frühwerk Maurice Blondels, Freiburg, S. 41.

Die Entscheidung des »Ja oder Nein« fällt in L'Action (1893). Sie vermittelt konkret zwischen Einzelnem und Ganzem. Die *action*, in der wir uns für oder gegen die Wirklichkeit als Ganzes entscheiden, nennt Blondel *option*. Es liegt an unserer notwendigen Freiheit, ob wir die Wirklichkeit in ihrer Totalität besitzen oder nicht. »Die Grundentscheidung ist die notwendige Form, unter der ein sich selber auferlegter Wille von sich selbst Besitz ergreift, um das zu wollen, was er ist, indem er das ist, was er will.« Die *action* ist ein Handeln, das einen Ausgleich zwischen dem Grundwollen (le volontaire) und dem bestimmten Gewollten (le voulu) sucht, die zusammen die Synthese des konkreten Tuns bilden (A 464).

1.6 Leibniz: vinculum substantiale – vinculum metaphysicum

Die *action* ist nach Blondel auf der Suche nach dem »Und« von »Ja und Nein«. Scannone hat dazu auf das »vinculum substantiale« bei Leibniz hingewiesen. Leibniz suchte nach dem »vinculum substantiale«, das die Monaden, die eigenständigen Entitäten (»simples«), zu einer zusammengesetzten Substanz (»substantia composita«) verbindet. Das vinculum liefert die Grundlage für die Realität und Einheit des Körpers – ein für die gesamte Metaphysik Leibnizens zentrales Problem.

Blondel sagt zusammenfassend zum »vinculum substantiale«: »Für alle gilt, ob sie es nun wissen oder nicht, dass das Problem des Lebens zugleich eine Frage der Metaphysik, der Moral und der Wissenschaft ist. Die Tat ist jene Synthese des Wollens, des Erkennens und Seins, jenes *Band* des menschlichen Gefüges, das man nicht zerteilen kann, ohne all das zu zerstören, dessen Einheit man zerstückelt hat. Die Tat ist exakt der Punkt, in dem die Welt des Denkens, die Welt der Moral und die Welt der Wissenschaft zusammentreffen. Wenn sie dort nicht ihre Einheit bilden, dann ist es um alles geschehen« (A 77). Das »vinculum substantiale« Leibnizens ist nach Henrici der »Wurzelgrund, aus dem Blondels eigene Philosophie erwachsen ist«[19].

19 Henrici, Philosophie, S. 110.

2.1 Die Bedeutung Bernhards von Clairvaux für Hemmerle und Blondel

Bischof Hemmerle beginnt einen Vortrag vor dem Evangelischen Bund 1983 mit einem bekannten Zitat von Bernhard von Clairvaux. Er bedient sich dann desselben Zitates als Leitmotiv des gesamten Vortrages, zugleich bietet er damit einen Überblick über wesentliche Themen seiner Theologie.

Hemmerle: »Lassen Sie es mich wagen, mit einem sehr katholischen Wort zu beginnen, das ich, weil es sehr prägnant ist, zunächst auch in seiner lateinischen Urfassung zitieren will. Dieses Wort lautet: ›Quod Christus ab aeterno sciebat per divinitatem hoc aliter temporali didicit experimento per carnem.‹ ›Das, was Jesus Christus, der Sohn Gottes, von Ewigkeit her durch sein Gottsein wusste, das lernte er anders durch ein zeitliches Experiment (durch eine zeitliche Erfahrung) im Fleische.‹ Dieses Wort habe ich gefunden in dem für katholische und vielleicht nicht nur katholische Religionsphilosophie bedeutsamen Werk von Maurice Blondel, L'Action (1893, S. 619). Dort hat er es falsch, aber treffend zitiert aus *De gradibus humilitatis* von Bernhard von Clairvaux (*De gradibus humilitatis et superbiae III, 6,10*). [...] Ich muß sagen, daß diese Worte für mich einen Inbegriff katholischer Inkarnationstheologie darstellen, einen, der alles das bestätigt, was bekanntermaßen diese Inkarnationstheologie enthält, aber es zugleich kühn nach vorne öffnet.«[20]

Nach Hemmerle ist in dieser Aussage das »theandrische Zentrum« der Inkarnation ausgesprochen. Hemmerle hat das Zitat im Lauf der Begleitung der Promotion von Anton van Hooff kennen gelernt und war davon sehr angetan. Er unterstrich auch die theandrische Interpretation Blondels. Dieser hatte von der theandrischen Form der Aussage gesprochen: »Die theandrische Action ist ganz begründet im gött-

---

20 Vgl. A 582. Hemmerle, Klaus (1982), Erfahrungen mit Wort und Sakrament, in: www.klaus-hemmerle.de: Erfahrungen, S. 70–71; s. auch ders., Leben aus der Einheit, in: www.klaus-hemmerle.de, Leben aus der Einheit, S. 64.

lichen Willen, der menschliche Wille aber bleibt mit diesem koextensiv (»Cette action *théandrique* soit toute fondée sur la volonté divine, la volonté humaine lui demeure coextensive)« (A 516).

Theandrisch meint in diesem Zusammenhang zunächst das Verhältnis zweier Ordnungen zueinander, nämlich der göttlichen und menschlichen, hier in der Inkarnation. Theandrisch meint dann weiter, dass beide Ordnungen »koextensiv« sind, also beide ihr ganzes Wesen behalten und zugleich zusammen eine originäre Einheit bilden. »Theandrisch« ist ein altchristlicher und heute noch orthodoxer Ausdruck des Verhältnisses von göttlichem und menschlichem Wesen in Jesus Christus, dem Zentrum der Inkarnation. Es ist interessant zu sehen, dass in der frühen Zeit nicht so sehr die Metaphysik das Geschehen der Inkarnation bestimmte, sondern wie bei Bernhard von Clairvaux das Geschehen der Zeitlichkeit bzw. die Einheit von göttlichem ewigem und zeitlich menschlichem Wesen. »So schuf Gott den Menschen theandrisch, auf daß Gott im Menschen und der Mensch in Gott erschaut wird.«[21]

Hemmerle gibt in dem genannten Vortrag auch einen Hinweis, wie er das theandrische Verhältnis der Inkarnation näher versteht. Vor allem die menschliche Ordnung ist dabei angefragt. Bernhard sprach davon, dass Jesus »durch die zeitliche Erfahrung (im Fleisch) lernen musste«. Hemmerle legt dieses Lernen folgendermaßen aus: »Was hat er gelernt? Er hat *uns* gelernt, unser Menschsein, das doch von ihm geschaffen ist, unsere Existenz, dort, wo sie ist. Und er hat – recht verstanden – darin menschlich ›den Vater‹ gelernt. Er hat eine Erfahrung gemacht, in welcher er das, was der Vater für den Sohn ist, auslegt, darstellt, erfährt, erlernt von unten her. Der Gott von oben ist in ihm der Gott von unten geworden, indem er Mensch geworden ist. Und darin geschehen zwei Dinge zugleich. Einmal geschieht Offenbarung, Ansage, Anruf, Mitteilung; zum andern geschieht Kontakt, Weitergabe von Leben, Eindringen von Leben in Leben. Also: gebendes Sagen und sagendes Geben.« – In der Inkarnation wird »der Gott von oben« zum

21 Alle Zitate in: Schneider, Michael, Theologie des menschlichen Antlitzes (Sendung Radio Horeb am Pfingstdienstag 2014), hier S. 3ff.

»Gott von unten«, eine oft gebrauchte Formel Hemmerles zur Wiedergabe der Person Jesu Christi.[22]

Das Zitat von der Zeitlichkeit der Inkarnation steht gegen Ende von L'Action (1893). Für Hemmerle ist in der Aussage ihr Höhepunkt in ein treffendes Wort gefasst. Es ist die Kurzformel einer weiteren Stelle von Bernhard von Clairvaux, von der Blondel selbst sagt, dass es das Herzstück von L'Action (1893) überhaupt ist. Es ist eine grundsätzliche Aussage zum Verhältnis göttlicher und menschlicher Ordnung, von Natur und Gnade u. a.:

»Die Gnade kommt dem Willen zuvor, dass er von nun an mit ihr mitwirken kann. Demnach wird das, was von der Gnade allein begonnen wurde, in gleicher Weise von beiden ausgeführt, so daß sie miteinander, nicht einzeln (mixtim, non singillatim) und gleichzeitig, nicht abwechselnd (simul, non vicissim), das fortschreitende Werk ausführen. Es ist nicht so, dass teilweise die Gnade wirkt, teilweise der freie Wille, sondern beide führen das Ganze im ungeteilten Werk aus. Das Ganze bewirkt der freie Wille, das Ganze die Gnade, aber wie das Ganze in ihm, so das Ganze aus ihr« (A 516).[23]

---

22 Hemmerle, Erfahrungen, S. 71.
Um die Aussage Bernhards besser zu verstehen, ist der Kontext zu beachten. Hemmerle versucht das ›Lernen‹ des Sohnes zu beschreiben. Bernhard unternimmt etwas Ähnliches. Er verbindet das Lernen damit, Barmherzigkeit zu lernen. Barmherzigkeit kann nicht abstrakt ausgeübt werden, sondern wird im Anblick konkreter Not gelernt und getan: »Non quod ante misereri nesciret, cuius misericordia ab aeterno et usque in aeternum; sed quod natura sciebat ab aeterno, temporali didicit experimento« – »Wie von ihm geschrieben steht, dass er durch das, was er erlitt, den Gehorsam gelernt hat (Hebr 5,8), so wollte er auch das Mitleiden lernen. Nicht etwa, dass er vorher kein Erbarmen gekannt hätte, denn sein Erbarmen währt von Ewigkeit zu Ewigkeit (Ps 103,17), aber was er kraft seines Wesens von Ewigkeit her kannte, das wollte er in zeitlicher Erfahrung lernen«. – »Non ergo debet absurdum videri, si dicitur Christum non quidem aliquid scire coepisse, quod aliquando nesciret, scire tamen alio modo misericordiam ab aeterno per divinitatem, et aliter in tempore didicisse per carnem« – »Es ist nicht absurd zu sagen, Christus habe etwas zu wissen begonnen, was er einmal nicht wusste, doch anders ist das Wissen der Barmherzigkeit durch die Gottheit seit Ewigkeit, anders das Lernen in der Zeit durch das Fleisch« (*De gradibus humilitatis et superbiae* III, 6).

23 »Gratia liberum excitat arbitrium, cum seminat cogitatum; sanat, cum immutat affectum; roborat, ut perducat ad actum; servat, ne sentiat defectum. Sic autem ista

Es ist klar, warum Blondel in dieser Aussage den Kern seines Werks ausgesprochen findet: Es geht um das Verhältnis unterschiedlicher Ordnungen, von Natur und Gnade oder von Gnade und freiem Willen oder von göttlichem und menschlich freiem Willen. Was Blondel darzustellen versucht, ist die Kooperation der Ordnungen. Es geht um ein Ganzes, das gemeinsame Werk von göttlichem und menschlichem Willen, wobei dieses Ganze nicht einzeln, sondern miteinander vollbracht wird. Die Nähe zur christologischen Formel von Chalkedon ist offensichtlich: ›Das Ganze bewirkt die göttliche Natur, das Ganze bewirkt ebenso die freie menschliche Natur, wie das Ganze in ihm, so das Ganze aus ihr‹. Mit anderen Worten ist die Inkarnation die Aufgipfelung der Schöpfungsordnung, von Natur und Gnade, die Aufgipfelung auch der *action*.

2.2 Das »vinculum substantiale« bei Leibniz und Blondel

Wie vermag Blondel in der *action* dieses fundamentale Verhältnis so unterschiedener Ordnungen wie das Göttliche und Menschliche zu verbinden? Es ist das Programm von L'Action (1893) insgesamt. Kommen wir auf Leibniz zurück. Er hat mit einem Jesuiten über die Transsubstantiation einen umfangreichen Briefwechsel geführt. Bei der Transsubstantiation standen die unterschiedlichen Ordnungen von Brot als Natur und Leib Christi als Gnade zur Debatte. Aber das war nur ein Fall eines grundsätzlich metaphysischen Problems. Im Gefolge von Leibniz betrachtet Blondel in seiner Arbeit zum »vinculum substantiale« die zusammengesetzte Substanz (substantia composita), die Vermögen des Menschen und die Eigenschaften der Wesenheit Gottes als eine vollkommene Einheit von »zwei grundverschiedenen Reihen.

---

cum libero arbitrio operatur, ut tantum illud in primo praeveniat, in ceteris comitetur; ad hoc utique praeveniens, ut jam sibi deinceps cooperetur. Ita tamen quod a sola gratia coeptum est, pariter ab utroque perficitur; ut mixtim, non singillatim; simul, non vicissim, per singulos profectus operentur. Non partim gratia, partim liberum arbitrium, sed totum singula opere individuo peragunt. Totum quidem hoc, et totum illa; sed ut totum in illo, sic totum ex illa« (*Sancti Bernardi abbatis Tractatus de Gratia et Libero Arbitrio*, cap. xiv, §47).

Es herrscht der ›duplex rerum ordo‹.«[24] Der duplex ordo betrifft grundsätzlich alle großen Themen der Philosophie und auch der Theologie: wie Essenz und Existenz, Wirkursache und Zielursache, Notwendigkeit und Freiheit, ideale und reale Beziehung die Ordnung der Möglichkeiten a priori und die Ordnung der Existenz a posteriori, von Wesenheit und Substanz, aber auch von Verstehen und Sein, von Erkennen und Wollen.

Der duplex ordo betrifft grundsätzlich ebenso alle großen Themen der Theologie: Wie bei Leibniz Brot – Leib der Transsubstantiation zwei unterschiedliche Ordnungen vertreten; so sind auch die Beziehungen betroffen von Wissen und Glauben, Natur und Gnade, Inkarnation, Eucharistie, Gott Mensch, Wort Fleisch, Buchstabe Geist, Stoff Geist oder bei Bernhard die Ordnungen von Gottes ewigem Wesen – Jesu zeitlichem Lernen.[25]

Für Hemmerle ist die Aussage der unterschiedlichen Ordnungen und ihres Verhältnisses, zum Unterschied verschiedener Ordnungen, ihrer Kooperation und ihrer Einheit von größter Bedeutung, wie es der Zusammenhang mit der Inkarnation zeigt. Die Bedeutung ist für Hemmerle von grundsätzlicher Art. Hemmerle hat die Verschiedenheit von Ordnungen und ihrer Einheit in den Grundsatz der »Mehrursprünglichkeit« von Ordnungen und Strukturen gefasst.

Leibniz scheint mit der Theorie des »vinculum substantiale« sein Ziel nicht erreicht zu haben, das »ens compositum« als substantiale Einheit zu erklären. Das dürfte an seinem Haften an der Metaphysik der Substanz liegen; eine andere Lösung schien für Leibniz nicht gangbar. Leibniz spricht auch vom »vinculum metaphysicum«, was dem Problem besser entsprechen dürfte. Blondel geht den Weg über die *action*, die eine Philosophie des »Handelns« ist. Dieser Weg führt in die Nähe der Phänomenologie, wie sie Hemmerle bei Heinrich Rombach kennengelernt und selbst geübt hat.

---

24 Hooff, Vollendung, S. 109–117, hier S. 113.
25 Ebd., S. 116.

Man kann Blondels Hauptwerk als eine »Philosophie des Handelns« verstehen. Heinrich Rombach nennt seine erneuerte Phänomenologie gerne »Phänopraxie«, also eine Phänomenologie des »Handelns«.[26] Auch L'Action (1893) ist phänomenologisch angelegt, transzendental phänomenologisch. Die erneuerte Phänomenologie Rombachs ist kurz mit Blick auf Klaus Hemmerle zu erläutern.[27]

Hemmerle brachte die Inkarnation im Anschluss an Blondel auf die Kurzformel: »Gebendes Sagen und sagendes Geben« (s. oben). »Sagen« – »Geben« sind nach Rombach und Hemmerle Grundworte bzw. Grundphänomene. »Sagen« Gottes meint dabei den Vorgang der Offenbarung, Selbst-Mitteilung Gottes; »(Sich-)Geben« Gottes meint dabei, den Menschen Leben geben und göttliches Leben mit uns teilen. »Sagen« und »Geben« sind Grundworte der Theologie Hemmerles. Das gemeinsame Grundphänomen von »Sprechen« und »Geben«, so wäre zu sagen, ist »Handeln«. Heinrich Rombach führt in der Tiefenphänomenologie die Grundphänomene auf das »Handeln« zurück und zeigt einen ganzen Baum von Grundphänomenen, die das »Handeln« als Grundstruktur haben.

In der kurzen Autobiographie formuliert Heinrich Rombach seinen neuen Ansatz: »Mit meiner eigenen Phänomenologie versuche ich den Gedanken [Heideggers] aufzunehmen, ihn aber dadurch zu erweitern, dass ich die ›Offenbarkeit des Seins‹ nicht nur im Verstehen des Menschen, sondern in jeder Wirklichkeitsform des Seienden sehe [, die sich] in ›*Grundstrukturen*‹ oder ›*Grundphänomenen*‹ auslegt. [...] Meine ›Struk-

26 Rombach, Heinrich (1983), Strukturanthropologie, Freiburg, S. 12; ders. (2003). Die Welt als lebendige Struktur, Freiburg, S. 20.24.66. Vgl. auch Feiter, Reinhard (2002), Antwortendes Handeln. Praktische Theologie als kontextuelle Theologie, Düsseldorf.

27 Kienzler, Klaus (2017), Bewegung in die Theologie bringen. Theologie in Erinnerung an Klaus Hemmerle, Freiburg; Rombach, Heinrich (1971), Strukturontologie, Freiburg; Kienzler, Klaus (2013), Strukturtheologie – von Heinrich Rombach zu Klaus Hemmerle, in: Bausenhart, Phänomenologie, S. 248–265; ders. (2013): Phänomenologie des Glaubens – von Bernhard Welte zu Klaus Hemmerle, in: Bausenhart, Phänomenologie, S. 227–247.

turphänomenologie‹ geht dahin, die Grundphänomene, die das Menschsein tragen, als elementarer denn ›Dasein‹ und ›Sein‹ anzusehen.«[28]

2.4 Grundphänomene nach Rombach

Rombach nennt sein erneuertes Verständnis der Phänomenologie auch ›Tiefenphänomenologie‹. Im Zentrum stehen dabei die zentralen Dimensionen von »Grundphänomenen« und »Grundstrukturen«. Rombach geht auf den Freiburger Phänomenologen Eugen Fink zurück; dieser hat von den »Grundphänomenen menschlichen Daseins« gesprochen: »Arbeiten, Kämpfen, Lieben, Spielen, Erkennen, Gestalten«.[29] Rombach erweitert die von Fink genannten um das »Wahrnehmen« und das »Handeln« (StA 133f). Und er führt andere an, indem er die Bezugspersonen dazu nennt: »Glauben« (Kierkegaard)[30], »Bekennen« (Augustinus) (Welt, 63 bzw. 65; STA 133), »Kennen, Erkennen, Bekennen« (Pascal); Habermas nennt »Arbeiten«[31] und »Herrschaft« als solche[32]. Bei Hemmerle spielen die Grundphänomene dann eine zentrale Rolle wie »Gehen, Leben, Sprechen, Spielen« (AS II 124–162), ähnlich die Grundspiele: »Interesse, Dasein, Sprechen, Sich-Geben« (AS II 12–123).

»Grundphänomene« zeichnen sich dadurch aus, dass sie eine Handlung ansagen; es sind Verben, Tun-Wörter wie: »handeln«, »sprechen«, »geben«, »lieben«. Grundphänomene sind Handlungsweisen, die nicht auf andere zurückgeführt werden können. Grundphänomene sind die Ansage einer Handlung in Form von Verben. Aber das Ansagen einer Handlung reicht phänomenologisch nicht aus, sondern es bedarf einer inneren Ordnungs- oder besser einer »Grundstruktur« der Phänomene. Ein Grundphänomen wird erst dann erfasst, wenn es in seinem spezi-

---

28 Rombach, Heinrich, Versuch einer Selbstdarstellung. Broschüre, Freiburg o.J., S. 1.

29 Fink, Eugen (1979), Grundphänomene menschlichen Daseins, Freiburg; s. Rombach StA S. 133ff.

30 Rombach, Heinrich (1988), Die Gegenwart der Philosophie. Die Grundprobleme der abendländischen Philosophie und der gegenwärtige Stand des philosophischen Fragens, Freiburg, S. 169–170.

31 Rombach, Gegenwart, S. 168–169 (Marx).

32 Vgl. Habermas, Jürgen, Erkenntnis und Interesse (1965), in: ders., Technik und Wissenschaft als ›Ideologie‹, Frankfurt 1968, S. 146–168.

fischen Akt oder Vollzug (handeln, geben, sprechen etc.) und in seiner besonderen Grundstruktur (z. B. beim »Geben«: die Trias von Geber, Empfänger, Gabe) berücksichtigt wird. Oder anders ausgedrückt: die besonderen Auszeichnungen der Grundphänomene sind: (a) Verbalität und (b) Transitivität. Man könnte mit Heidegger und Rombach, und auch bei Blondel, von »genetischer« und »darstellender Ordnung« sprechen.

Ich beschreibe kurz diese Auszeichnungen, wie sie Hemmerle vornimmt. Als Paradigma dient ihm das Verbum »leben«. Zuerst der Einsatz bei der Verbalität (a): »Das Hauptwort eines solchen Denkens ist nicht mehr das Substantiv, sondern das Verb.« Warum der Vorrang des Verbums? Weil das Verbum, etwas altdeutsch »Tun«-Wort genannt, eine Handlung oder einen Vorgang vertritt. Das Verbum ist der sprachliche Stellvertreter einer »Bewegung«. »Das Verbum [...] eröffnet (sodann eine Ordnung), was vor-geht, wer vor-geht, woher und wohin das Vorgehen geht.« »Bewegung« zwischen Menschen geschieht dabei vor allem als »Beziehung« (AS II, 141f).

Deshalb die zweite Auszeichnung der »Transitivität«. Es reicht nicht, den Vorgang »leben« zu nennen, sondern es bedarf, um das Verbum leben zu verstehen, die innere Ordnung oder Grundstruktur von »leben« zu beschreiben. Die Grundstruktur entspricht dabei der Bewegungsstruktur von »leben«, wie Hemmerle sie genannt hat: ›was geht vor, wenn leben geht, wer lebt, woher kommt leben und wohin führt leben‹. Dabei sind die Bestimmungen keine konkreten, sondern formale, eben strukturale, die bei der Beschreibung etwa individuellen Lebens konkretisiert werden müssen. Die Transitivität ist ein besonderes Kennzeichen der Phänomenologie. Heidegger hat besonders darauf geachtet. Hannah Arendt hat es einmal so zum Ausdruck gebracht, Heideggers Denken sei kein Denken »über etwas«, sondern ein »etwas Denken«.[33] Oder Welte eröffnete seine Vorlesungen gewöhnlich mit der einfachen Aussage: Erkennen ist »etwas erkennen«, das ist die schlichte Formel jeder Phänomenologie, die im Handeln oder Erkennen jeweils zwischen Akt oder Noesis (erkennen) und Thema oder Noema (etwas) unterscheidet.

---

33 Arendt, Hannah, Martin Heidegger ist achtzig Jahre alt, in: Merkur 23 (1969), S. 902–917.

(c) Ein weiteres wichtiges Merkmal der Phänomenologie Hemmerles ist die »Mehrursprünglichkeit« (AS II, 142f). Darauf habe ich oben im Zusammenhang mit der Einheit und Verschiedenheit philosophischer und theologischer Ordnungen bei Leibniz und Blondel hingewiesen. Dort erkannte Hemmerle die Mehrursprünglichkeit der *action*, des »Handelns«. Die Mehrursprünglichkeit ist an den Grundphänomenen, wie etwa des »Gebens«, deutlich zu erkennen: Geben ist ein Beziehungsgeschehen von verschiedenen Ursprüngen: Geber, Empfänger, Gabe, Geben.

(d) Schließlich verbindet Hemmerle die Grundphänomene (von Tun-Wort und Grundstruktur) mit der Formel, die er bei Franz von Baader kennengelernt hatte: Grundphänomene vollziehen sich nach der Grundstruktur »fac ut scias«, »fac et videbis« – »Handle und du wirst sehen« (AS I, 216) oder biblisch »Komm und sieh«.

Für die erneuerte Phänomenologie von Rombach und Hemmerle gilt: Das Verbum, das Tun-Wort, hat Priorität. D.h., das »Grundphänomen«, der Vollzug, die Handlung, die »Phäno-*Praxie*«, wie sie Rombach nennt, ist die Grundlage.

Das jeweilige »Grundphänomen« eröffnet eine »Grundstruktur«, die es zu erkennen und herauszuarbeiten gilt. Es ist die Weise der Transitivität des jeweiligen Tuns. Dafür steht der Name der »Phänomeno-*Logie*«, der Erkenntnisweise des Phänomens.

An dieser Stelle dürfte deutlich sein, dass ich L'Action (1893) als Philosophie des Handelns und das »Handeln« als Grundphänomen auffasse. An einer Stelle formuliert Blondel elementar: »die Substanz des Menschen ist die *action*, er ist das, was er tut« (A 278). Das erinnert zum einen an Hemmerles Aussage »Das Hauptwort eines solchen Denkens ist nicht mehr das Substantiv, sondern das Verb«. Vor allem zeigt die Formulierung »der Mensch ist das, was er tut«, die Nähe zur »Phäno-Praxie«.

2.5 Grundphänomene in der Philosophie und Theologie Klaus Hemmerles

Für Hemmerles Theologie sind die Grundphänomene des »Sprechens« und »Sich-Gebens« führend. Mit dem Grundphänomen des »Sprechens« kann das ganze Geschehen der theologisch bezeichneten »Offenbarung«

wiedergegeben werden: »Gott (ist einer), der spricht.« Mit dem Grundphänomen »Geben« bzw. »Sich-Geben« können die großen Themen der Theologie, die »Gottesrede« und die »Soteriologie«, betrachtet werden: »Gott (ist einer), der gibt und der sich gibt.«

»Sprechen« und »Geben« zeigen eine deutlich der *action* entsprechende Grundstruktur, der Philosophie des »Handelns« bei Blondel. Die *action* lebt von der Dialektik von »volonté voulante« und »volonté voulue« oder von »Wollen« und »Gewolltem«. Für das Grundphänomen des »Sprechens« ist die fundamentale Unterscheidung von Levinas entscheidend: der Unterschied von »Sagen (dire)« und »Gesagtem (le dit)«. Es ist die Unterscheidung des Grundphänomens Sagen oder Sprechen. Sprechen ist zunächst ein ursprüngliches unthematisches reines »Sagen« mit den Vollzugsweisen der Verbalität und Transitivität.[34] Und ähnlich ist beim »Geben« die fundamentale Unterscheidung von »Geben« und »Gabe« etwa, aber auch von »Geber« und »Empfänger« nach Bernhard Waldenfels entscheidend.[35] In der Philosophie der *action* bei Blondel ist die Grundstruktur des »Handelns« das »tiers inclus (das eingeschlossene Dritte)« des verbalen »Handelns« aufzudecken und zu entfalten (A 180, 594).[36]

2.5.1 Das Grundphänomen »Sagen«

Die Phänomenologien des »Sagens« und »Sprechens«, wie sie bei Levinas und Waldenfels vorliegen, sind für das Verständnis von Gott und »Offenbarung« erhellend (AS II, 44–45): »Gott spricht« ist die erste Aussage der Offenbarung. Das erste Sagen ist kein thematisches Sprechen, sondern »dire« nach Levinas, »le dit« folgt diesem ursprünglichen Sagen.

Das hat Bedeutung für die Offenbarung. Sie beginnt nicht mit dem thematischen Wort (Logos), sondern mit dem »Sagen«: »Gott ist einer, der spricht.« Für Hemmerle ist das Sprechen nicht Worte sprechen, sondern Wort ist mehr: »Was meine ich damit? Nicht nur Jesus Christus

---

34 Levinas, Emmanuel (1983), Die Spur des Anderen, Freiburg, S. 293–294.

35 Waldenfels, Bernhard (1995), Deutsch-Französische Gedankengänge 2, Frankfurt, S. 209–211.

36 S. o. den Beitrag von Peter Reifenberg.

sagt als das Wort sich in Worten, sondern gerade das, was nicht Wort ist, gerade Schrei und Verstummen am Kreuz, der Schweiß Christi und das Weinen Christi und das Fleisch Christi und das Leben Christi, jenes, was gar nicht nur ins Wort geht, ist ›Wort‹.« Nicht nur das, was bei ihm ins Wort kommt, sondern gerade auch das, Erfahrungen mit Wort und Sakrament was nur im Sterben, im Wirken und Nicht-mehr-Wirken aufgeht, gerade das ist auch Wort. Und umgekehrt geschieht nicht nur dort, wo er sich gibt, wo er sich engagiert, wo er sich einlässt, wo er sich loslässt, wo er in uns hineingeht, jenes sakramentale Berühren und Mitteilen, sondern auch im Wort sind nicht nur Inhalte gesagt, ist nicht nur etwas gesagt. Nein, dieses Sagen selber, diese Bewegung des Öffnens und Sagens ist Kontakt, Lebensmitteilung. Wort ist auch sakramental und Sakrament ist auch Wort.«[37]

Aber Sagen (dire) ereignet sich andererseits nur im »Gesagten« (le dit). Eine gleiche Struktur können wir bei anderen Grundphänomenen wie »Geben« feststellen. Und bei Blondel vollzieht sich das »Handeln« ähnlich in der Dialektik von »volonté voulante« und »volonté voulue«.

Levinas ist für das christliche Offenbarungsverständnis anregend: »Das Sagen zeigt sich im Gesagten.« »Gott, der spricht«, wird »Wort«. Levinas spricht vom »inkarnierten Sprechen« und »inkarnierten Wort«[38]. Inkarnation natürlich nicht in unserem christlichen Sinn verstanden.

Die Grundgestalt und Grundstruktur des »Wortes Gottes« wird im Menschen Jesus Christus »Wirklichkeit«. Das »Wort Gottes« wird »Menschenwort«. Das Gotteswort ist von seiner Grundgestalt und Grundstruktur her keine abgehobene Idee, sondern entspricht zugleich wahrhaft dem Menschenwort. In Jesus Christus ist das Wort Gottes wahrhaft Mensch geworden.

Gottes Sagen wird »Wort« (Logos), Wort wird »Schrift«. Es bedarf aber der Verlebendigung der Schrift für unseren Glauben. Es ist die Stufe, wie die Bewegung des Wortes Gottes uns, die Hörer des Wortes, erreicht. Der Übergang vom Wort Gottes zur Schrift und der Schrift zum lebendigen Glauben geschieht in der »Tradition«.

---

37 Hemmerle, Erfahrungen, S. 71.

38 Levinas, Emmanuel (1987), Totalität und Unendlichkeit. Aus d. Franz. v. Nikolaus Krewani, Freiburg, S. 297.

2.5.2 Das Grundphänomen »(Sich)Geben«

Nach dem »Sprechen« (Offenbarung) ist das »(Sich)Geben« das entscheidende Grundphänomen der Theologie. »Geben« ist »ein Urwort der Theologie« (Oswald Bayer).[39] Alle großen Themen der Theologie haben das »Geben« als Vollzugsform, ob es sich um die Schöpfung handelt, den Bund Gottes, das Wesen Gottes als Liebe, die Menschwerdung des Sohnes Gottes, das neue Leben der Auferstehung, die Gnaden und Gaben des Heiligen Geistes oder die eucharistische Gabe u. a. Es zeigt sich, dass dabei das rechte Verständnis des Grundphänomens des Gebens entscheidend ist. Es ist geradezu so, dass das Phänomen des Gebens eine ganze Kriteriologie für die unterschiedlichsten Weisen des Gebens, auch des theologischen Gebens, aus sich entlässt.

Hemmerle hält für die Gottesrede die »Phänomenologie des Gebens bzw. Sich-Gebens« für entscheidend (AS II, 141). Er hat zu einer solchen Phänomenologie des Gebens Ansätze aufgezeigt, aber nicht ausgeführt. Gabe und Geben sind in der neueren Philosophie zu einem zentralen Thema geworden. Aber auch zu einem kontroversen. Als Beispiel mag die Auseinandersetzung in Frankreich zwischen Jean-Luc Marion und Derrida angeführt werden. Während Marion Geben und Gabe als Grundphänomen in die Philosophie zurückbringt, bestreitet Derrida die Möglichkeit eines reinen Gebens insgesamt. Für ihn gleitet jedes Geben in Ökonomie ab, was dem Geben selbst widerspricht. Ob man das Geben von Seiten des Gebenden, des Beschenkten oder auch der Gabe bedenkt, das Geben verdirbt sofort, sobald es von einer Seite allein betrachtet wird. Denn dann bemächtigt sich nach Derrida die Ökonomie sofort der Gabe und des Gebens. Wie das Dilemma vermeiden? Das Geben ist aus der Ökonomie zu befreien. Das ist auch für die Theologie von höchster Bedeutung. Denn sowohl die Gottesrede wie alle großen Themen des Glaubens können auf dem Hintergrund der Philosophie und Theologie des Gebens und der Gabe gelesen werden. Und auch in der Theologie ist in allen Themen zu vermeiden, in die Falle eines »ökonomischen« Gebens zu geraten.

---

39 Bayer, Oswald, Ethik der Gabe, in: Veronika Hoffmann (Hg.) (2009), Die Gabe. Ein »Urwort« der Theologie, S. 99–124, hier S. 102.

Auf dem Hintergrund der Phänomenologie des Sich-Gebens sind die großen Themen der Theologie in den Blick zu nehmen: Gottesrede, Trinität, Schöpfung, Christologie, Pneumatologie, Soteriologie und Ekklesiologie. Vor allem ist das integrale Grundphänomen des »Gebens« auch in allen Gabeverhältnissen wie der Glaubensbeziehung zwischen Gott und Mensch, der Gnaden- und Heilsverhältnisse, aber auch der gelebten Spiritualität und den Frömmigkeitsformen zu beachten.

2.6 Die christologische Formel von Chalkedon – was bedeutet Inkarnation?

Was eine erneuerte Phänomenologie im Sinne Hemmerles für die Theologie bedeutet, kann hier nicht mehr für die Theologie insgesamt ausgeführt, sondern zum Schluss nur noch einmal an der Inkarnation aufgezeigt werden. Die substantivische Formel Chalkedons von Natur, Wesen und Person kann nach Hemmerle auch und vielleicht besser durch eine Philosophie des Handelns wiedergegeben werden. Zu erinnern sei an Blondels Aussage: »Die Substanz des Menschen ist die *action*, er ist das, was er tut« (A 278).

Hemmerle legt die Formel von Chalkedon oft »theandrisch« aus. Oder in seinen Worten: »Demnach wäre also die Menschheit Christi, das Menschsein Christi nicht eine zufällige und äußere Addition zu seinem dem vorgeschalteten oder nachfolgenden oder darin bloß versteckten Gottsein, sondern dieses Menschsein – ungetrennt und ungeschieden vom Gottsein, weit weg von allem Monophysitismus – ist nicht nur Ort eines Mitteilungsprozesses und Durchgabeprozesses Gottes an den Menschen, um ihm an seinem Leben teilzugeben; dieses Menschsein ist vielmehr nur dadurch Weitergabe des göttlichen Lebens, Offenbarung des göttlichen Lebens, daß in diesem Menschsein von unserer Situation aus, von dort aus, wo wir stehen, von dem Ort unserer Erfahrung aus der Sohn Gottes etwas ›gelernt‹ hat.«[40]

Dementsprechend heißt eine der dichtesten Glaubensaussagen zur Christologie in den Worten Hemmerles: »[in ihr] geschieht eine radi-

40 Hemmerle: Erfahrungen, a.a.O., S. 71.

kale, vorbehaltlose Kommunikation zwischen Gott und uns. Er selbst teilt in Jesus all das Unsere und all das Seine. Nichts von sich ist draußen aus dem Geschenk, das er in Jesus Christus uns macht; nichts von uns ist draußen aus der Geschichte, die Gottes eigene Geschichte ist. […] In Jesus kommt Gott ganz hinein in die Geschichte – und bleibt doch über ihr« (AS II, 138–139).

Für die christologische Formel heißt es dann nicht substanztheologisch: »Gottes Geheimnis heißt Sichgeben; der Gott, der sich gibt, ist die christliche Alternative zur unbedingten Substanz […]. Dies schließlich ist das Geheimnis Jesu: in ihm gibt sich Gott ganz dem Menschen, und zugleich ist er der ganz an Gott gegebene Mensch; somit aber ist Jesus die Identifikation des Menschen und Gottes, ihr Aufgang in ihre eine *ungetrennte und unvermischte* Wahrheit. Sich-Geben aber ist nicht nur Inhalt dieses dreifachen Geheimnisses, sondern auch unser Zugang zu ihm.«[41]

41 Hemmerle, Klaus (1976), Die Wahrheit Jesu, AS II, S. 176–200, hier S. 198.

Peter Henrici

Warum ich mich mein Leben lang mit Maurice Blondel beschäftigt habe

Thomas von Aquin soll gesagt haben: »Hominem unius libri timeo« – wobei »timeo« sowohl Bedenken wie Hochachtung ausdrücken kann. Obwohl ich als Professor für Neuere Philosophiegeschichte und als Leiter von etwa 60 Doktordissertationen unzählige Bücher lesen musste, bin ich im Grunde stets »homo unius libri« geblieben: ein Leser der »Action« Maurice Blondels von 1893[1]. – Weshalb? Und was hat das mir gebracht?

1. Wie ich Blondel kennen und schätzen lernte

1947: Ich war entschlossen, im Herbst ins Jesuitennoviziat einzutreten. Meine Eltern fanden, bevor ich die Welt verlasse, müsse ich ein Stück Welt kennen lernen; in den Kriegsjahren waren wir ja in der kleinen Schweiz sozusagen eingesperrt. So machte ich in den Ostertagen mit einer großen Gruppe katholischer Studenten und Studentinnen aus Zürich eine dreiwöchige Reise nach Florenz und Rom. Im Sommer wollte mir dann meine Mutter Paris zeigen, wo sie studiert hatte. Ein Visum war damals aber nur für teures Geld zu erhalten. So riet uns ein befreundeter Jesuit, wir sollten uns für die »Semaines Sociales« anmelden, die in jenem Jahr in Paris stattfanden.

1 Maurice Blondel, L'Action. Essai d'une critique de la vie et d'une science de la pratique. Paris 1893; jetzt in: Maurice Blondel: Œuvres complètes Bd. I: 1893 – les deux thèses. Paris 1995, 15–526; Übersetzung: L'Action – Die Tat (1893). Versuch einer Kritik des Lebens und einer Wissenschaft der Praxis. Aus dem Französischen übertragen von Anton van Hooff unter Mitarbeit von Ruth Beissel. Freiburg/München 2018.

Dieses Vorhaben brachte uns in Verbindung mit Charles Flory, dem Schwiegersohn Blondels, und dessen Gattin Elisabeth Blondel, mit der sich eine echte Freundschaft anbahnte. Höhepunkt der »Semaines«, die bei glühender Hitze im Garten des »Institut Catholique« stattfanden, war ein Vormittag, an dem nacheinander Henri de Lubac, Marie-Dominique Chenu und Maurice Blondel sprachen (dessen Manuskript sein Sohn Charles vorlas). Blondels Vortrag über »La conception de l'ordre social« hinterließ mir mit seiner Klarheit und Tiefe einen bleibenden Eindruck.[2]

Drei Jahre später begegnete ich am Ende meines ersten Philosophiejahres L'Action (1893). Ich interessierte mich damals für eine philosophisch-theologische Umsetzung der ignatianischen Spiritualität, die ich im Noviziat kennen gelernt hatte, insbesondere des »contemplativus in actione«. Als uns P. Johannes B. Lotz in seiner Metaphysikvorlesung die These vortrug: »Esse et operari convertuntur«, bat ich ihn deshalb gleich um eine mögliche Vertiefung dieses Themas. Er gab mir L'Action (1893) Blondels in die Hand, damals noch in einer schwer leserlichen hektographierten Abschrift, mit der ich mich ein Jahr lang abquälte. Ein besser betuchter Mitbruder aus Brasilien hatte inzwischen den Neudruck von 1950 erworben, den er mir auslieh. Und dort entdeckte ich das erst für die endgültige Veröffentlichung (November 1893) beigefügte letzte Kapitel, das in meiner Abschrift der Doktorthese (Juni 1893) noch fehlte. Es faszinierte mich so, dass ich als Lizenzarbeit einen quasi interlinearen Kommentar dieses schwierigen Kapitels zu schreiben versuchte.

2. Meine Doktorarbeit und die Entdeckung des Faktums

Nach dem Lizenziat wurde ich für drei Jahre nach Rom geschickt, als »Repetitor« (Mentor) im Collegium Germanicum. Um keine Zeit zu verlieren, befahl mir mein Provinzial, neben den übrigen Aufgaben auch eine Doktorarbeit zu schreiben. Weil im gleichen Jahr auch

2 La conception de l'ordre social. Cours de M. Maurice Blondel, in: Semaines sociales de France XXXIVe session (Paris): Le catholicisme social face aux grands courants contemporains. Lyon: Chronique sociale de France 1948, 215–229.

P. Lotz für je ein Semester als Professor an die Gregoriana kam, lag es nahe, dass ich meine Blondelarbeit bei ihm weiterführte. Hans Urs von Balthasar, der meine Studien von ferne überwachte, schrieb mir kategorisch: »Du musst die ›Action‹ mit Hegels ›Phänomenologie des Geistes‹ vergleichen.« Das tat ich dann auch.[3] Dabei machte ich zwei Entdeckungen:

Zum einen zeigte mir die (von Theodor Häring durchgesehene) »Jugendgeschichte Hegels« Wilhelm Diltheys, zusammen mit Karl Barths »Die protestantische Theologie im 19. Jahrhundert« und den von Hermann Nohl veröffentlichten »Theologischen Jugendschriften«, dass auch Hegels Philosophie nicht anders als die »Action« aus theologischen Interessen und Kenntnissen hervorgegangen war. Was lag da näher, als die beiden Schriften mit Blick auf das Christentum zu vergleichen und dabei zu fragen, warum sie, bei vergleichbarem Gedankengang, doch zu so verschiedenen Ergebnissen kamen. Hegel löste das Christentum mit dem »Tod Gottes« in eine Dialektik auf; Blondel bemühte sich, den Geist für die Annahme einer übernatürlichen Vollendung zu öffnen.

Das führte zur zweiten Entdeckung: Hegel arbeitete mit einer reinen, zweipoligen Dialektik, mit »Sic et Non«; bei Blondel trat immer noch ein Drittes hinzu bzw. es lag immer schon vor: die tatsächliche Gegebenheit eines Faktums. Was rein theoretisch-dialektisch unlösbar schien, beispielsweise die Widersprüche zwischen apriorisch-theoretischer und aposteriorisch-erfahrener Wissenschaft (Zenon und die Schildkröte), fand sich im tatsächlichen Tun des Wissenschaftlers de facto immer schon gelöst. Daher die Bedeutung der *action*, des tatsächlichen Tuns, welches jeweils mehr enthält als das, was die Theorie aufzeigen kann. Blondels Dialektik arbeitet deshalb nicht nur mit Sic et Non (das tut sie auch); sie lässt sich vom gelingenden oder gelungenen Faktum des Tuns immer wieder überholen. Das eröffnet eine Dimension, die von den meisten Philosophien übersehen wird und die den Menschen letzt-

3 Peter Henrici, Hegel und Blondel. Eine Untersuchung über Form und Sinn der Dialektik in der »Phänomenologie des Geistes« und der ersten »Action«. Pullach 1958 (= Pullacher philosophische Forschungen Bd. III).

lich vor die Frage stellt, ob er zu diesem »Einen Notwendigen« Ja oder Nein sagen will.[4]

Von dieser Einsicht aus habe ich mein Denken weiterentwickelt. Zunächst in einem Beitrag für den Philosophischen Weltkongress 1968 in Wien: »Die metaphysische Dimension des Faktums«[5]. Weil er in einen Sammelband »Metaphysik« der Wissenschaftlichen Buchgesellschaft Darmstadt aufgenommen wurde,[6] dürfte das mein meistgelesener Aufsatz sein – obwohl ich nie ein Echo dafür oder dagegen erhalten habe. Angelehnt an Leibniz, habe ich die »innerweltliche Transzendenz« des Faktischen aufzuzeigen versucht, zum einen dadurch, dass es immer ein »Ganzes« ist; es gibt keine echten Tatsachen, die nur teilweise der Fall sind (und damit wäre dem Hegelschen »Das Wahre ist das Ganze« bereits Genüge getan). Zum anderen ist jedes einzelne Faktum, durch das Ganze seiner Voraussetzungen (dann aber auch durch seine notwendigen Folgen) in Leibnizscher Manier mit dem Ganzen der Welt, ja des Universums verknüpft. (»Wenn ein Kind seinen Schnuller aus der Wiege wirft, wackelt der Sirius«.)

Zum Dritten, und diesen Gedanken verdanke ich Blondel, wohnt dem Faktum eine metaphysische Notwendigkeit inne; das Faktum (und nur es) untersteht dem Gesetz des Nichtwiderspruchs. Dieser hat seine ursprünglichste (und zugleich anthropologische) Form bei Descartes und schon vorher bei Bernhard von Clairvaux gefunden. »Quod factum est, infectum fieri nequit.« Und doch bleibt diese absolute Notwendigkeit (und das macht die Besonderheit des Faktums aus) eine Kontingenz: Sie entspringt nicht einer inneren notwendigen Seinsstruktur; sie könnte ebensowohl nicht der Fall sein. Es hat sich gelohnt, über diese (oder ähnliche) kontingente Notwendigkeiten weiter nachzudenken.

---

4 Vgl. Peter Henrici, Zwischen Transzendentalphilosophie und christlicher Praxis. Zur philosophischen Methode Maurice Blondels und ihrer religionsphilosophischen Bedeutung, in: ders., Philosophie aus Glaubenserfahrung. Studien zum Frühwerk Maurice Blondels. Freiburg/München 2012, 196–212, hier 202–211.

5 Akten des XIV. Internationalen Kongresses für Philosophie Wien 1968, Bd. III. Wien 1969, 589–595. Neu veröffentlicht in: P. Henrici, Aufbrüche christlichen Denkens. Einsiedeln 1978, 27–35.

6 Metaphysik. Darmstadt, Wissenschaftliche Buchgesellschaft 1977, 370–377 (= Wege der Forschung, Bd. 346).

3. *Eine Philosophie der Geschichtlichkeit im Sinne Blondels*

Die neue Studienordnung nach dem Konzil sah nur ein Biennium für das (notwendige) Bakkalaureat vor; daran konnte sich ein weiteres Biennium für ein spezialisiertes Lizenziat anschließen. In unserer Fakultät an der Gregoriana war vorgesehen, dass alle Lizenziatsstudenten (die meist ihr Bakkalaureat anderswo gemacht hatten) jedes Jahr an drei gemeinsamen Kursen über noch nicht behandelte Themen teilnehmen mussten. Mir wurde ein solcher Kurs über die Geschichtlichkeit des Menschen zugewiesen. Es sollte kein Geschichtskurs werden, nicht über die »historia rerum gestarum« berichten, sondern vielmehr in metaphysischer oder genauer meta-anthropologischer Sicht über das Zustandekommen der »res gestae« nachforschen.

Das passte zu meiner Beschäftigung mit Blondel: Geschichte besteht ja aus Fakten, die aufeinander folgen und untereinander verknüpft sind. Im Rückwärtsblick des Historikers erscheinen die Verknüpfungen als sozusagen notwendig oder wenigstens unausweichlich; in der täglich gelebten Geschichtlichkeit des Menschen eröffnet dagegen jedes Faktum weite Horizonte, die jede »Seinsnotwendigkeit« auszuschließen scheint. Um das darzulegen, konnte wiederum Blondels Philosophie des Faktums helfen.

Dazu kam ein Zweites: Jedes Faktum geschieht in der Zeit, zwischen einer Vergangenheit, die schon festliegt, und einer Zukunft, die immer mehrere Möglichkeiten offenhält. Auch hier half mir Blondel. Nach einem Überblick über die zahlreichen Philosophien der Zeit, die schon vorgelegt waren, wandte ich mich insbesondere der Betrachtung der Gegenwart zu, in der je und je Zukunft in Vergangenheit übergeht und aus einer Vielfalt offener Möglichkeiten ein einziges, nicht mehr rückgängig zu machendes Faktum entsteht. Das bedeutet einerseits, sagt Blondel in seinen logischen Studien, dass Zukunft und Vergangenheit zwei verschiedenen Logiken unterliegen. Die Vergangenheit der Logik des Widerspruchs (contradictio), des ausgeschlossenen Dritten, was für die Zukunft nicht gilt, wo es nur eine Logik des Gegensatzes (contrarietas) gibt, die alle gleich (aber nie mehrere zusammen zugleich!) möglich sind. Der Übergang von der Zukunft in die Vergangenheit, die Gegenwart, beinhaltet deshalb immer auch einen Sprung aus einem logischen System in ein anderes.

Das erinnert an Blondels »Option«, muss diese aber zugleich vervielfältigen und deshalb auch oberflächlicher machen. Ich habe diesem ständigen Sich-Entscheiden(-Müssen) den Kunstnamen »Decisionalità« oder »Dezisionalität« gegeben, um anzuzeigen, dass unser ganzes Leben eigentlich und letztlich aus Entscheidungen besteht – deren wir uns im Allgemeinen normalerweise gar nicht bewusst sind. Sich dessen bewusst zu machen wäre jedoch für eine Alltagsethik entscheidend.

Hier vermischte sich mein Blondelstudium mit einer alten Neugier. Ich fragte mich, warum modale Unterschiede in manchen Sprachen oft durch Zeitformen angezeigt werden. Wäre ich bei der Philologie geblieben, hätte ich wohl darüber gearbeitet.

4. Von der Geschichtlichkeit zur Kommunikation

Schon P. Pedro Arrupe wünschte eine vermehrte und bessere Kommunikation der Gesellschaft, d. h. des Jesuitenordens, nach innen und nach außen. So wurde unter P. Stephan Bamberger in der Kurie des Ordens ein Kommunikationsinstitut eingerichtet und wenig später in London das »Centre for Communication and Culture« eröffnet, zu dessen Vorstand ich auch gehörte. Als P. Carlo Maria Martini Rektor der Gregoriana wurde, beauftragte er mich sogleich, einen Lehrstuhl für Kommunikation zu gründen, und erteilte mir dafür alle Vollmachten. Der Lehrstuhl sollte interdisziplinär sein, damit Hörer aller Fakultäten, namentlich die Theologen, in besserer Kommunikation ausgebildet würden.

Weil ich selbst von Kommunikationswissenschaft nicht viel verstand, hielt ich nach geeigneten Professoren Ausschau und begann mit einem Kurs über »Philosophie der Kommunikation«. Da war zuerst festzustellen, wie viele bedeutende Philosophen, von Augustin bis Kierkegaard, eine unmittelbare Kommunikation von Mensch zu Mensch für unmöglich hielten, während jede Kommunikation, meinten sie, durch den Bezug mit Gott zustande kommt. Und doch: Als geschichtliches Wesen muss der Mensch in ständiger Kommunikation leben.

Auch da half mir Blondel durch verschiedene Kapitel von L'Action (1893). Zunächst zeigt er unter dem (unübersetzbaren) Titel »coaction« auf, dass jedes Faktum von Natur aus in unlöslicher Verbindung mit unzähligen andern steht, die ihm dann auch Grenzen oder Nötigungen auferlegen (»coaction« als »Zwang«). Darüber hinaus wird jeder Tätige durch »Zeichen« (allein schon durch sein Tun) andere zum Mittun, zur »collaboration« auffordern. Diese Zeichen sind der sinnenfällig kodierte Ausdruck des eigenen Tuns; sie können zu gesellschaftlich abgesprochenen »Zeichen«, zu einer Sprache werden. Diese kann nie neu erfunden werden; sie gibt eine Tradition weiter, und auch in dieser Hinsicht erweist sich der Mensch als notwendig geschichtliches Wesen. So entstehen bleibende, gemeinsame Werke oder Fakten – eben »Geschichte«.

5. Vom Sinn der Geschichte

So hat mich eine Philosophie der Kommunikation auf relativ kurzem Weg wieder zur Geschichte zurückgeführt, diesmal tatsächlich zur »historia rerum gestarum«. Ihr gegenüber stellt sich fast unweigerlich die Frage nach einem Sinn der Geschichte. Dieser ist weder von einem Anfang noch von einem Ende der Geschichte abzulesen, die uns beide nicht nur unbekannt, sondern absolut unzugänglich sind. Karl Löwith hat deshalb in seinem *Weltgeschichte und Heilsgeschehen*[7] zu zeigen versucht, dass alle Aussagen über einen Sinn der Geschichte, ausdrücklich oder mehr oder weniger bewusst, theologischer Herkunft sind. Was Löwith historisch aufgezeigt hat, habe ich auf einem etwas anderen, spekulativ-philosophischen Weg darzustellen versucht.

Zwar bleibt uns, wie gesagt, der Gesamtsinn der Geschichte ein menschlich unzugängliches Geheimnis. Dennoch können wir innerhalb des geschichtlichen Geschehens den einen oder andern »Sinn« der Geschichte entdecken – wobei ich »Sinn« in der ursprünglichen Bedeutung des Wortes als eine festgelegte Richtung verstehe. Wir können in der Geschichte Fakten erkennen, die schon seit langem

7 Karl Löwith, Weltgeschichte und Heilsgeschehen. Die theologischen Voraussetzungen der Geschichtsphilosophie. Stuttgart 1953.

vorbereitet wurden und die dann auch weitreichende Folgen haben können. Solche »sinnvollen« Fakten kennen wir auch aus unserem persönlichen Leben.

Wie ich andernorts gezeigt habe, hat Blondel mit seiner Idee des »Panchristismus« nachdrücklich auf ein solches innergeschichtliches Faktum hingewiesen, das nicht nur einzelnen Episoden, sondern letztlich der ganzen Menschheitsgeschichte einen »Sinn« gibt: auf die Menschwerdung und die Passion Jesu Christi, nochmals zusammengefasst in der Eucharistie, die als »vinculum universale« das sinnlich Wahrnehmbare und den geistigen Sinn der Welt zusammenhalten und ihm so wirkliches »Sein« vermitteln. Man kann die »Action« geradezu als philosophische Hinführung zu diesem Faktum lesen; genauer gesagt nicht zum Faktum selbst, sondern zu einem unausweichlichen Ja oder Nein zu diesem »Einen Notwendigen«.

Wie bei Löwith wird hier der Sinn der einzelnen geschichtlichen Fakten letztlich theologisch, genauer gesagt spirituell begründet; doch diese Begründung wird nicht historisch vorgetragen, sondern zuerst philosophisch erarbeitet. Eine zweite Beobachtung ist fast ebenso wichtig: Eine »historia rerum gestarum« erkennen wir immer erst im Rückblick, in der Schau auf die (auf eine) Vergangenheit. Und wie schon gezeigt, erweisen sich die Fakten unter diesem Blickwinkel stets mit einer gewissen Notwendigkeit behaftet. In dieser Sichtweise wird das »ut consecutivum« der geschehenden Geschichte in den Augen des Historikers nur allzu leicht zu einem »ut finale« – und unsere Gegenwart wird als Höhe- oder Tiefpunkt der Geschichte verstanden. Vor einer solchen Sicht warnt Blondel mit seinem »je jetzt« der »Option« (meiner »Dezisionalität«) ausdrücklich. Geschichte ist nicht; sie geschieht »je jetzt«. Nicht zuletzt dies könnte und sollte man von L'Action (1893) lernen.

Hintergrund dieser Philosophie, wir haben es schon gesagt, ist keine theologische Theorie, sondern eine Spiritualität. In der ungekürzten Ausgabe der »Carnets Intimes«, an der ich arbeite, wird diese Spiritualität noch deutlicher zu Tage treten. Dank ungefähr 1000 Zettelchen, mit denen Blondel Stellen der »Carnets« in L'Action (1893) eingefügt hat, wird dabei auch deutlich werden, wie sehr sie (namentlich deren

Dritter Teil) von den »Carnets« beeinflusst ist. Sie stellt, etwas ungeschützt gesagt, eine Philosophie dar, die auf einer Spiritualität aufruht.

So bin ich wieder zu meinem anfänglichen Anliegen zurückgekehrt, einer philosophisch-theologischen Unterbauung der ignatianischen Spiritualität – allerdings in ganz anderer Weise, als ich es mir anfänglich hatte träumen lassen.

IV

Blick des Übersetzers – ein persönliches Nachwort

Anton van Hooff

Aus der Werkstatt des Übersetzers: Zur Neuübertragung von L'Action (1893)

I. Die doppelte Fremdheit

Unter dieser Überschrift möchte ich berichten von den Erfahrungen, von der Freude und auch der Anstrengung, die ich mit der Übersetzung von Blondels Hauptwerk erlebt habe. Anfangs beabsichtigte ich nicht, philosophische Überlegungen zum Geschehen der Übersetzung vorzutragen. Solches wäre hier und heute wohl eher Jean Greisch vorbehalten gewesen. Kürzlich veröffentlichte er dazu einen Beitrag mit dem Titel »*Le désir de comprendre et la pulsion traduisante. L'herméneutique face à la traductologie*« (in: Recherches de Science religieuse 106 [2018] 15–33). Aber unter der Hand jedoch, während der Niederschrift, ist der Vortrag gewissermaßen rhapsodisch geraten, insofern narrative und reflexive Teile einander abwechseln.

Das Verlangen nach Verstehen und der der Übersetzungstätigkeit innewohnende Antrieb sind nicht identisch. Lesen, die Beherrschung der jeweiligen Sprache vorausgesetzt, ist also nicht gleich übersetzen und umgekehrt. Nach meinem Verständnis liegt der Unterschied darin, dass »lesen« einerseits und »übersetzen« andererseits – beide sind Tätigkeitswörter – sich auf verschiedene Weise, weil aus verschiedenen Perspektiven, auf die Auseinandersetzung mit dem vielschichtigen Fremden eines Textes einlassen. Solches Lesen setzt, wie es sinnvollerweise heißt, die »Aneignung« der jeweiligen Fremdsprache voraus. Dem Fremden aber wird im Akt des Lesens gewissermaßen der Stachel gezogen; es wird angepasst oder assimiliert, zu eigen gemacht. Je nach Maß der Sprachbeherrschung nehme ich nicht mehr ausdrücklich wahr, ein fremdsprachiges Buch zu lesen. Meine Tätigkeit als Übersetzer dagegen ist dadurch bestimmt, dass ich mich mit der sprachlichen und gedanklichen Fremdheit des Textes unentwegt konfrontiere, mit dessen grammatikalischer und syntaktischer Eigenheit, mit der von der Sprache bestimmten Denkweise und schließlich mit der Kultur, in der der Text eingebettet ist und die sich deshalb mit zum Ausdruck bringt. Wenn das Übersetzen eher analytischer Art ist, es gleicht ja dem Abschreiben eines Textes, Wort für Wort, dann bedeutet die Tat des Lesens eine Synthese. Oder präziser gesagt: Der Vorgang des Lesens geschieht zunächst in der Weise des Summierens. Erst wenn wir den im Text ausgedrückten Gedanken verstehen, seine immanente und ihn zugleich transzendierende Botschaft uns einverleiben, erst in diesem geheimnisvollen Akt gerät die Summe zu einer Synthese. Und auch hier gilt das Adagium, dass die Synthese größer ist als die Summe (vgl. S. Dehaene*: Lesen. Die größte Erfindung der Menschheit und was dabei in unseren Köpfen passiert.* München 2010). Wie sich die Wechselwirkung zwischen Lesen und Übersetzen abspielt, versuche ich später noch darzustellen.

An dieser Stelle fordert erst ein nächstes Phänomen die Aufmerksamkeit: das Phänomen der doppelten Fremdheit. Viele, gerade philosophische Ausführungen zum Übersetzen und zu Übersetzungen gehen von lediglich zwei Sprachen aus, von der »Ausgangssprache«, d.h. von der Fremdsprache, und der »Zielsprache«, also der Muttersprache (vgl. B. Waldenfels: *Hyperphänomene. Modi hyperbolischer Erfahrung.* Berlin 2012 [Suhrkamp Taschenbuch Wissenschaft 2047], S. 248f.). Die neue Übertragung von *L'Action* in die deutsche Sprache wurde jedoch von einem geborenen Niederländer verfasst. Meine Muttersprache ist und bleibt das Niederländische. Und Niederländisch ist nicht bloß ein vereinfachtes oder primitiveres Deutsch, wie Sprachunkundige öfters behaupten. Im Falle der Neuübersetzung von Blondels *L'Action* sind sowohl die Ausgangssprache als auch die Zielsprache für mich als Übersetzer Fremdsprachen. Im Prozess dieser Übersetzung kommt die Muttersprache gar nicht vor, es sei denn, dass ein mir spontan eingefallenes niederländisches Wort den Weg bahnte auf der Jagd nach dem adäquaten deutschen Wort. Konkret hat dies mit sich gebracht, dass die *»épreuve de l'étranger«*, die Heimsuchung (auch in einem anderen Sinne: Heim-

Suchung) durch den Fremden, sich auf beiden Seiten ergab, hinsichtlich der Ausgangssprache wie hinsichtlich der Zielsprache. Denn wie sehr ich die deutsche Sprache auch liebe, und auch wenn ich diese Sprache in einem Maße aktiv beherrsche, welches das übliche Maß für einen Ausländer überschreiten mag, Deutsch ist und bleibt für mich eine recht tückische Fremdsprache. Mir ist allmählich bewusst geworden, dass je mehr ich dieser Fremdsprache mächtig bin, sich Fehler desto unbemerkter einschleichen; gelegentlich haben sie recht unangenehme Situationen herbeigeführt. Zwischen der deutschen Sprache als Muttersprache und der deutschen Sprache als Fremdsprache musste mir von der deutschen Muttersprache her, d. h. von einem deutschen Muttersprachler, eine Brücke gebaut werden. Diese Geduldsaufgabe hat Frau Ruth Beissel übernommen. Seit mehr als dreißig Jahren begleitet und lektoriert sie meine deutschsprachigen Publikationen und Vorträge. Diese Zeitspanne hat es ermöglicht, dass sie seit langem sowohl mit meiner Denkart und meinem persönlichen Schreibstil vertraut ist als auch zu Blondels Philosophie ihre durchaus persönliche Beziehung entwickelt hat.

Aber meine sprachliche Situation ist nicht ungewöhnlich. Unter den Referenten dieser Tagung sind mehrere zwei- oder gar dreisprachig aufgewachsen. Andere Kollegen sind bereits einen ähnlichen Weg gegangen, wie ich ihn hier als meinen konkreten Weg beschreibe. Für mich erwächst daraus die Erfahrung, dass die Blondelforschung sich als echte europäische Angelegenheit erweist. Die französisch verfasste Philosophie Blondels hält dazu an, über die Grenzen zwischen den Nationen hinauszugehen und sich auf vielfache Weise ihrer Fremdheit zu stellen. In ihr gibt es also keinen Platz für Nationalismus oder Isolationismus (vgl. *L'Action*, 274–277; Übers., 369–372).

II. Die Brücke zwischen Muttersprache und Fremdsprache

Im Werdegang der langjährigen Übersetzung spielte die Brücke zwischen Deutsch als Muttersprache und Deutsch als Fremdsprache eine entscheidende Rolle. Wie hat sich dies ausgewirkt? Weil ich von jeher gewohnt bin, einem Gedankengang schreibend nachzugehen, und weil der Anblick des leeren weißen Papierbogens mit dem vertrauten Füller daneben mir trotz der fast täglichen Beklemmung Freude macht, habe ich die gesamte Übersetzung von Hand geschrieben. Nach 667 Seiten war der Schlusspunkt erreicht. Natürlich nahm ich die Unterstützung einer ganzen Reihe von Wörterbüchern in Anspruch. Valéry Larbaud, der zu der Übersetzungstätigkeit des Hieronymus geforscht hat, schreibt dazu: »Der gute Übersetzer muss alle Wörter nachschlagen, vor allem diejenigen, die er gut kennt« (in: H. J. Störig: *Das Problem des Übersetzens.* Darmstadt 1973 [Wege der Forschung, Band VIII], S. VIII). Allen voran benutzte ich das Großwörterbuch von Sachs-Villatte, ebenso das Synonymwörterbuch aus der Reihe von Duden und F. Dornseiffs *»Der deutsche Wortschatz nach Sachgruppen«*. Konnte ich die Suche nach dem meiner Meinung nach zutreffendsten Wort dennoch nicht abschließen, zog ich die hervorragenden Bände des niederländischen »Groot woordenboek van Dale« zu Rate. Auf diesem Umweg (Französisch-Niederländisch, Niederländisch-Deutsch) entdeckte ich öfters das Wort, das mir vor Augen schwebte, ohne es benennen zu können. Wenn auch dann ein Misstrauen mich noch plagte, schlug ich nach in Sachs-Villatte Deutsch-Französisch wie auch in Van Dale Deutsch-Niederländisch. Gerade dieses letztgenannte Wörterbuch informiert eingehend und klar über den Wortgebrauch in der heutigen deutschen Sprache. Die Übersetzung von R. Scherer sowie die amerikanische von O. Blanchette, die Anthologie von Peter Henrici und die niederländische Anthologie von Albert Poncelet nahm ich erst in die Hand, als meine Textarbeit sozusagen zum Abschluss gebracht war. Gelegentlich habe ich dann eine Wortwahl oder eine Satzbildung übernommen, stillschweigend, aber dankbar, oder ich habe mich auch bestätigt gesehen.

Nahezu im Gleichschritt hat Frau Beissel die Handschrift in ihr Notebook geschrieben. Ab und zu lag ich ihr 20 Seiten voraus, ein anderes Mal protestierte sie, dass sie nichts zu arbeiten hatte. Schon während des Abschreibens achtete sie auf meinen Umgang mit der deutschen Sprache. Was nach sprachlichen Regeln falsch oder mindestens diskussionswürdig war, wurde in verschiedenen Farben markiert. Im Laufe der Zeit reifte bei ihr ein solches Gespür für Blondels Gedankengang und Ausdrucksweise, dass sie mir ab und zu sagte: »So kann Blondel dies nicht gemeint haben!« Beim Nachprüfen der Textstellen im Original traf dies meistens zu. Da ich wiederum alle Richtigstellungen und Änderungen von Hand in den ausgedruckten Text eintrug, entstanden nach der Handschrift insgesamt drei weitere Versionen des gesamten Textes. In gut einem Jahr hatte Ruth Beissel die Übersetzung vier Mal gelesen. Die letzte Version begutachteten und ziselierten wir gemeinsam, jeweils am eigenen PC, während Ruth den gesamten deutschen Text laut vorlas. Gut drei Stunden nachmittags, fast drei Monate lang. Diese Methode hatten wir von Swetlana Geier übernommen, der bekannten Übersetzerin von Dostojewskij und Solschenizyn. Wie ist der Klang des Textes? Laufen die Sätze rhythmisch ab? Stimmen die vielfältigen Anschlüsse? Stimmen die Bezüge in den Sätzen, die bei Blondel häufig mehrere Zeilen, manchmal fast eine halbe Seite lang sind, wirklich genau? Gibt es nicht noch zutreffendere Begriffe? Der Brückenbau zu mir als Fremdsprachler, der ich Blondels Text unmittelbar ins Deutsche übertragen hatte, forderte einige Jahre intensiver Arbeit. Zumal es gesundheitsbedingt, aber auch wegen einiger Vorträge, die ich zu halten angenommen hatte, immer wieder auch längere Unterbrechungen gab. Ohne Ruth Beissels Kooperation hätte meine Übersetzung nicht erscheinen können. Für diesen unermüdlichen Beistand bin ich ihr von ganzem Herzen dankbar.

III. Der »Ort« der Übersetzung

Worauf lassen wir uns ein, wenn wir Blondels *L'Action* lesen und übersetzen? Auch diese Frage hat Blondel selber in seinem Buch eigens reflektiert. Ich möchte dies in gekürzter Form darlegen:

Indem wir handeln, überschreiten wir die zwar nicht markierte, aber dennoch offenkundige Grenze unseres zunächst verborgenen Innenlebens. Wir gehen hinaus in die so wahrgenommene Außenwelt. In dieser schier endlosen Weite sind wir jedoch nicht allein. Alle Menschen agieren dort gemeinsam, bringen sich vor sich selbst und vor allen anderen zum Ausdruck. Unsere Taten weisen so einen Zeichencharakter auf; sie sind kommunikativ und ausdrucksstark. Ihre Mitteilung beschränkt sich jedoch nicht auf die Jeweiligkeit der handelnden Personen. Jede Person bekundet ihre Einmaligkeit in ihrem eigenen tätigen Verhältnis zur Welt. Bei aller Prägung durch ihre Einzigartigkeit bringen die Taten immer zugleich das zur Gestalt, was die handelnde Person übersteigt. Blondel nennt dies »impersonnel«, was ich mit »überpersönlich« übersetzt habe. Handelnd konstituiert die Person sich selbst, indem sie die Wirklichkeit ver-wirklicht, in der und von der sie je schon konstituiert ist. Unsere Taten sind Erfahrungen von Wirklichkeit, die auch selbst wiederum Erfahrungen mit Erfahrungen widerspiegeln. Selbsterfahrung ist stets zugleich Welterfahrung und umgekehrt. In ihrer konkreten Gestalt vergegenwärtigen sie das Ganze von Welt, das Universelle, in und aus dem – wie Blondel oft formuliert – alle Menschen die »Nahrung« ihrer Taten schöpfen. In dieser Weise ist jedwede Tat »das Ganze im Fragment« (H. U. von Balthasar), ein »universale concretum« und ein »concretum universale«. Als Erfahrungen von Wirklichkeit sind die Taten als solche Phänomene, in denen die die Person übersteigenden Phänomene zum Vorschein treten. Für uns geistbegabte Wesen stecken sie den Weg ab, dem entlang wir einerseits zum Wissen und zur Weisheit gelangen und dadurch andererseits der Ideen gewahr werden, die wiederum zur Tat schreiten lassen.

Die Aussagekraft unserer Taten beruht darauf, dass sie in ihrem Vollzug eine konkrete Synthese des Individuellen und des Universellen bilden. Einzig in der Verleiblichung durch die Tat ist das, was jeden Menschen überschreitet und dennoch ganz in ihm anwest, auf konkrete Weise gestalthaft und deswegen sowohl erfassbar als auch aussagbar. »Wenn jede Tat durch das Wort ausgedrückt und dargelegt werden kann, so deshalb, weil jede Tat zuerst ein implizites Wort ist«, schreibt Blondel (*L'Action*, 232; Übers., 319). Im Wort, das einerseits selbst Tat ist und andererseits auch von einer Tat hervorgerufen wird, ist jede Tat Mitteilung im eigentlichen Sinne. Sie stellt sich »in Gemeinschaft mit dem Weltganzen zur Verfügung« und wird zum »Organ der geistigen Fortpflanzung« (*L'Action*, 232; Übers., 318). Sie ist »aktiv und erzeugt« ihrerseits (*L'Action*, 233; Übers., 319). Durch das Wort, das eine Tat ausdrückt, können Außenstehende in diese Tat als in eine »expérimentation toute préparée«, in eine bereits vorliegende Erfahrung eintreten und sie sich ihrerseits handelnd zu eigen machen. In gleicher Weise ist auch das Buch *L'Action* die vielschichtige Wortgestaltung von persönlichen Lebenserfahrungen Blondels. Die reflektierende Darstellung durch das Wort ist gleichsam sein eigener Meta-Vollzug seiner ursprünglichen Erfahrungen. Jede Erzählung gibt ja nicht bloß die zu erzählenden Ereignisse wider, sondern diese Geschehnisse erscheinen einzig in der Weise, wie der Erzähler selber sich zu ihnen ins Verhältnis setzt. Gerade deswegen, um uns eigens zur ursprünglichen Erfahrung ins Verhältnis setzen zu können, erzählen wir von ihr. Zum Gelingen solcher Äußerungen (im wortwörtlichen Sinne) setzen wir den verständnisvollen Zuhörer einfach voraus, der dazu bereit ist, seinerseits die vielschichtigen Vollzüge mitzuvollziehen. Als Zuhörer erlangen wir zwar Kenntnis von der Erfahrung des Erzählers, aber mehr noch liegt darin der Aufruf beschlossen, diese Begegnung zu einer eigenen Erfahrung mit der Erfahrung eines anderen Menschen gerinnen zu lassen.

Dieser ganze Prozess verläuft jedoch nicht in geradliniger Weise. Er weist noch andere Dimensionen auf, die für Übersetzungen überhaupt von entscheidender Bedeutung sind.

Das Wort einerseits und die von ihm ausgedrückte gedanklich erfasste Erfahrung andererseits unterbieten und überbieten einander – je nach Blickwinkel. »Wie die Wolke Dunkel und Licht miteinander vermischt, so entsprechen die Worte nicht dem Unendlichen der Gedanken und die Gedanken nicht dem Unendlichen der Worte. Sie drücken das Individuelle im Universellen aus und das Universelle im Individuellen« (*L'Action*, 232; Übers., 318). Der Grund des gegenseitigen Überschusses liegt darin, dass der Gedanke das Werk (»œuvre«) des tätigen Denkens ist wie das Wort das Werk des tätigen Sagens. Beide, der konkrete Gedanke und das einzelne Wort, tragen die Fülle der sie hervorbringenden Tat in sich. Jede Tat stellt eine konkrete Synthese des Weltganzen dar. So ist im einzelnen Gedanken wie im einzelnen Wort auch all das implizit gegenwärtig, was dieser Gedanke nicht ausdrücklich denkt und dieses Wort nicht ausdrücklich aussagt. Im einzelnen Gedanken werden wir des noch Ungedachten gewahr, welches sich uns in benennbarer Weise dennoch zu denken gibt. Und das eine Wort führt zum nächsten Wort. In dieser Differenz zwischen dem einzelnen Gedanken und dem tätigen Denken, zwischen dem einzelnen Wort und dem tätigen Sagen öffnet sich gerade der »Ort« für andere Gedanken und andere Worte, und zwar unter Wahrung ein und desselben Bezuges. Deswegen können wir dasselbe auch mit anderen Worten sagen und dasselbe mit anderen Gedanken denken. Genau dies ereignet sich jedes Mal, wenn wir miteinander diskutieren. Letztendlich beabsichtigen wir dabei wohl nicht, bloß Widersprüchliches gegeneinander ans Licht zu bringen, sondern wir wollen vielmehr, dass sich Verbindendes und Einigendes auf alle Gesprächspartner auswirkt. Wir reden doch gemeinsam über die gleiche Sache, von der wir uns gegenseitig zu überzeugen suchen.

Gerade wegen dieser immerwährenden Differenz, die der Gedanke und das Wort auf je eigene Weise offenbaren, fordern und fördern sie die Interpretation oder die Deutung. »Was dem wahrgenommenen und gedeuteten Werk seine ganze Wirkung auf den verleiht, der es wahrnimmt, liegt in dem, was im Werk der Deutung bedarf« (*L'Action,* 236; Übers., 323). Nicht das Einbahn-Verständnis eines Werkes begründet eine »famille d'esprits« – dies wäre eine geistige Diktatur oder ein Totalitarismus der Geister –, sondern das, was in einem Werk wie auch immer unklar und düster bleibt und »verborgene Virtualitäten« in sich trägt (*L'Action,* 236; Übers., 323), macht seine Fruchtbarkeit aus. »Es gibt kein großes Werk, an dem nicht eine ganze Menge Menschen mitwirken. Durch die Jahrhunderte nehmen diese Mitwirkenden ihren Teil wieder zurück oder fügen ihn hinzu. […] Nicht, dass der Urheber sogleich alles gesehen hätte, was die nachfolgenden Zeiten in seinen ihm eigenen Gedanken entdeckten. Das Los der großen Entdecker ist gewöhnlich, etwas anderes und mehr zu finden, als sie selbst wissen« (*L'Action,* 236; Übers., 323). »Die Werke [gehen] stets über die klare Schau ihres Urhebers hinaus.« »Ihre hervorbringende Kraft [rührt] von dem her, was sie noch an Unvollendetem in sich tragen« (*L'Action,* 237; Übers., 324).

Der hier umschriebene »Ort« der Differenz, in dem sich dasselbe mit anderen Gedanken denken und mit anderen Worten sagen lässt, der Deutung abverlangt und Virtualitäten in sich birgt, ist gerade der »Ort«, an dem die Übersetzung eines Werkes anzusiedeln ist. Um lange Wege einer Erklärung abzukürzen, zitiere ich einen Satz aus dem grundlegenden Werk »*L'épreuve de l'étranger*« von Antoine Berman: »Die Übersetzung [oder Übertragung] lässt das [ursprüngliche] Werk sich um seine eigene Achse drehen, sie offenbart eine andere *Seite* [versant] an ihm. Welches ist diese andere Seite? [...] Etwas, das weder die Lektüre allein noch die kritische Analyse aufzudecken vermag. Indem die Übersetzung das innere System des Werkes in der ihr eigenen Sprache reproduziert, gibt sie dem Werk eine andere Wendung. Und dies ist zweifellos ein Gewinn, eine ›Potenzierung‹. [...] Das übersetzte Werk ist öfters ›regeneriert‹, neu hervorgebracht. Und dies nicht bloß auf der kulturellen oder sozialen Ebene, sondern in seiner ihm eigenen *Weise des Sagens* [parlance]« (Paris 1984 [Collection TEL], S. 20; kursiv im Text). Die Übersetzung deutet auf das Gleiche hin, sie lebt vom gleichen sie transzendierenden Bezug wie das Original, aber mit radikal anderen Worten. Weil jede Sprache mit einer eigenen Art des Denkens, mit einer eigenen Denkkultur einhergeht, ereignet sich in der Übersetzung, dass das Gleiche wie im Original nunmehr mit anderen Gedanken und auf eine sprachlich andere Weise gesagt wird. Die Übersetzung vermag deshalb auf andere Weise »sehen« zu lassen. Nicht dass sie solches von vornherein beabsichtigt; es ereignet sich vielmehr aus ihrer Wesensart selbst.

Zum Schluss dieses Abschnitts möchte ich noch darauf aufmerksam machen, dass die gängigen Begriffe in der deutschen und der französischen Sprache den Vorgang, den wir hier reflektieren, recht materiell und äußerlich betrachtet andeuten: »Übersetzung«, »Übertragung«, »traduction«, ebenso das Lateinische »traductio« und »translatio«; letzteres Wort wird übrigens auch für die Überführung eines Leichnams verwendet. In der niederländischen Sprache gibt es dafür Wörter, die ungleich direkter und plastischer anmuten: das Tatwort »vertalen« und das Substantiv »vertaling«; ihnen zugrunde liegt das Substantiv »taal«, Sprache. Diese Wörter deuten die Tätigkeit genauer an, bereits Ausgesagtes mit einer anderen Sprache zu versehen. Wortwörtlich müsste »vertalen« mit dem nicht existierenden Wort ›versprachen‹ wiedergegeben werden. Ein formal ähnliches Wort ist das niederländische Tatwort »verwoorden«; es leitet sich von »woord«, Wort, her. Das deutsche Äquivalent lautet, das Gemeinte eher umschreibend »in Worte fassen/kleiden«. Die gängigen niederländischen Wörter lassen etwas von der Tiefe solchen Geschehens erahnen, wohl auch vom Schmerz des Eingriffs, vom Schmerz, den das Original erleidet, weil seine Symbiose von Gedanke und Wort auseinandergebrochen wird, und die Übersetzung, weil ihre Sprache sich biegen muss, um sich dem zunächst von auswärts kommenden Gedanken anzugleichen und ihn zu inkorporieren.

IV. Deutsch als Fremdsprache

Vorhin habe ich davon gesprochen, dass sich in der Kenntnisnahme von Erfahrungen und Gedanken eines anderen Menschen verschiedene Dimensionen auftun. Eine weitere Dimension, auch ihrerseits ein Phänomen im Vorgang der Übersetzung, will ich mit wenigen groben Zügen skizzieren.

Zwei Buchtitel von Antoine Berman zeigen auf das hin, was es jetzt zu bedenken gilt. Das eine Buch heißt, wie bereits erwähnt: *L'épreuve de l'étranger.* Paul Ricœur schlägt vor, das bedeutungsreiche Wort »épreuve« auf zweifache Weise zu verstehen: als »peine endurée« und als »probation«, d.h. als »Prüfung« oder »Probe«. Aus den vielen Bedeutungsmöglichkeiten für »peine«, die auch Le nouveau petit Robert und Sachs-Villatte angeben, entscheidet Ricœur sich für »travail« (Arbeit) und weist hin auf den Wortgebrauch »travail de souvenir« und »travail de deuil« (vgl. Paul Ricœur: *Sur la traduction.* Paris 2004, 8). Es geht demnach um die Verarbeitung bzw. Aufarbeitung von Erinnerungen und von Trauer. Im Rückgriff auf die gängige deutsche Sprache könnte auch das Wort »Auseinandersetzung« hinzugezogen werden. Wie Bermans Buch im Deutschen auch heißen würde, ich schlage vor: *Die Heimsuchung durch den Fremden.* Das andere Buch von Berman trägt den Titel: *La traduction et la lettre ou l'auberge du lointain* (Paris 1999 [L'ordre philosophique]); übersetzt heißt dies: Die Übersetzung und der Buchstabe oder der Gasthof des bzw. für den aus der Ferne Kommenden. Diese beiden Buchtitel stecken sozusagen den Bereich ab, innerhalb dessen der Übersetzer und seine Übersetzung sich bewegen. Der Fremde in meinem Haus, der gerade als Fremder in seiner ganzen fremden Eigenheit wahrgenommen werden will, ist zugleich der respektierte Gast. Aber das Verhältnis zwischen mir als Übersetzer und der französischen Fremdsprache ist zugleich völlig anders. Ohne dieses andersgeartete Verhältnis hätte es nie zu der Übersetzung kommen können. Denn seit Herbst 1973 bin ich zu Gast gewesen im »Gasthof« von *L'Action*. Im Laufe der Dezennien habe ich das gesamte Werk mindestens fünf Mal gelesen; mit einigen Paragraphen und Kapiteln habe ich mich unzählige Male befasst. Obwohl ich mir stets dessen bewusst geblieben bin, Fremder und Gast zu sein, ist *L'Action* mir sehr vertraut geworden. Im Hause dieses Buches kann ich umhergehen wie im Hause eines geliebten Freundes. Im Geiste habe ich mit Blondel zahllose Gespräche geführt, ihm bewundernde Komplimente gemacht, ihm aber ebenso Vorwürfe gemacht, wenn er seinem literarischen Eifer zu sehr nachgegeben hatte, wenn er das Formulieren bis ins Erbauliche und Sentimentale auskostete. An solchen Stellen, die ich stets als ärgerlich empfunden habe, ließ er sich vom »fervor noviciosus«, vom Eifer eines Novizen, mitreißen. Leicht vergessen wir, dass er *L'Action* im jungen Alter zwischen 26 und 32 Jahren redigierte. Die französische Sprache stand meiner Vertrautheit mit *L'Action* dabei nicht im Wege. Eher im Gegenteil. Sie war Teil meiner Gedankenwelt, in der ich lustwandeln konnte; sie prägte die Erscheinung von Blondels Gedanken, wurde gar zum Symbol dessen, was ich lieb gewonnen hatte. Obwohl ich nicht sagen kann, in welcher Sprache Blondels Gedanken in meinem Herzen leben, steht mir stets die französische Formulierung vor Augen, sobald ich darüber sprechen will. Die französische Sprache von *L'Action* hatte im Laufe der Zeit ihren Charakter als Fremdsprache mehr oder weniger verloren. Sie war ins Eigene eingewandelt, das sich in eben solchem Maße ausgeweitet hatte. Wie Blondels Gedanken in zwei Richtungen zu »pensées pensantes« geworden waren, so wurden auch seine geschriebenen Worte zu »paroles parlantes«. Ich darf hier einen Satz Paul Ricœurs zitieren, mit dem Jean Greisch seinen bereits erwähnten Beitrag abschließt: »Das Vergnügen, in der Sprache des Anderen zu wohnen, wiegt das Vergnügen auf, das Wort des Fremden bei sich daheim, in der eigenen Bleibe, zu empfangen« (*Le désir de comprendre*, S. 33). Diese beiden Arten des Vergnügens haben allerdings jeweils ihren Preis.

Die von mir errungene, fast idyllische Einmütigkeit wandelte sich, ohne jedoch gänzlich zu verschwinden, nachdem ich damit anfing,

Blondels Werk zu übersetzen. Der Charakter des Fremden drängte sich mir jetzt förmlich auf. Die Fremdheit der Fremdsprache und mit der Sprache auch die Fremdheit des Sagens und insofern auch der Denkart waren durch die jahrelange Vertrautheit überdeckt worden. Im Vorgang des Übersetzens bewahrheitete sich für mich die Aussage Ricœurs, dass die Differenz zwischen Eigenem und Fremdem nicht aufgehoben werden kann (in: Jean Greisch, *Le désir de comprendre*, S. 33). Die Unüberwindbarkeit dieser Differenz zu erwähnen, ist aber keine vorsorgliche Entschuldigung für eventuell nicht so gutes Deutsch. Das auf Erfahrung beruhende Wissen um sie war vielmehr ein Ansporn, in die grundsätzliche Unübersetzbarkeit des fremden Textes einzuwilligen, während ich mich zu gleicher Zeit anstrengte, ihn trotzdem möglichst genau zu übersetzen. Gerade diese bewusste Einwilligung eröffnete der Zielsprache im Übersetzungsprozess einen Raum der Freiheit. Wenn es für die Übersetzung zwei Möglichkeiten gibt, entweder den Leser an den fremdsprachlichen Text heranzuführen oder den fremden Text in das Eigene des Lesers hineinzubringen, dann habe ich zwar für die zweite Variante optiert, aber solches ist nur möglich gewesen, weil ich vorher den mich aufreibenden Weg der ersten Variante selbst gegangen war: mich mit allem Fremden an *L'Action* auseinanderzusetzen. Die Differenz zwischen Eigenem und Fremdem nahm jedes Mal die Gestalt einer unüberschreitbaren Schwelle an. Indem ich sie zu überwinden meinte, verlegte sie sich immerfort gleichsam nach hinten; eingeebnet war sie also nie. Weil die Übersetzung nur Fremdes als Fremdes wiederzugeben vermag, ist Fremdes als solches nie aufgehoben; seine Widerborstigkeit macht sich unaufhaltsam bemerkbar (vgl. B. Waldenfels: *Hyperphänomene*, S. 249). Dieser bereits spannungsgeladene Sachverhalt ist in meinem Fall noch verstärkt oder gleichsam potenziert worden: Das »Eigene«, von dem die »traductologie« stets spricht, ist für mich noch einmal ein Fremdes. Das Deutsche bleibt letztendlich Fremdsprache. Im Französischen bezeichnet Berman solche Sprache als »français étranger«, das heißt hier als »allemand étranger«, als »fremdes Deutsch«, »Deutsch als Fremdsprache«. Berman fügt hinzu: »Die so verfassten Werke tragen das Merkmal dieser Fremdheit in ihrer Sprache« (*L'épreuve de l'étranger*, S. 18). Ich selber vermag diese zweite Art von Fremdheit nicht festzustellen, denn die überlegene Position des Muttersprachlers bleibt mir ja verwehrt. Der Wundermacht der Sprache ist aber zu verdanken, dass Blondels Gedanken sich auch in der Wortgestalt, die von sich gegenseitig überlagernden Fremdheiten gezeichnet ist, dem Leser dennoch anheimstellen. Diese Macht gründet letztendlich in dem, was jede einzelne Sprache konstituiert und sie zugleich uneinholbar übersteigt: im jeweiligen und zugleich übereinstimmenden Bezug auf das von allen involvierten Sprachen eine Gemeinte.

Mit einem Zitat aus *L'Action* von Maurice Blondel schließe ich diese Ausführungen ab: »Die großen Werke der Wissenschaft, der Kunst und der Tugend, die über das Bewusstsein des Individuums hinausreichen, gehören deswegen allen. Von allen bekommen sie nach und nach Sinn und Deutung; allen ist anheimgestellt, das Urteil darüber unmerklich zu wandeln. Ihr Einfluss ist nicht von vornherein festgelegt. Das Werk wird angereichert mit dem, was die Zeit langsam hinzufügt. Und dennoch bleibt es stets dasselbe, denn man hat dort nur hineingelegt, was eine längere und verschiedenartige Lebenspraxis als seinen tatsächlichen Inhalt ausgewiesen hat. [...] Wenn naturgemäß die sich vollziehende Tat wie die Einigung einer Idee und eines Leibes ist, gámos [Ehe], ist diese Ehe endlos unauflöslich und fruchtbar« (*L'Action* 237; Übers., S. 329).

Anmerkung des Verfassers: Der Stil des mündlichen Vortrags wurde in dieser Veröffentlichung beibehalten. – Ein Tagungsteilnehmer fragte mich nach der »Theorie«, die der Übersetzung zugrunde gelegt wäre. Meine Antwort lautete: Ich habe aber keine vorgefasste Theorie. Das *Geschehen* der Übersetzung ist, wie hier kurz umrissen, aus dem *Geschehen* eines langjährigen intensiven Umgangs mit *L'Action* hervorgegangen und bleibt ein Teil davon. Es gibt für mich keine andere reflexive Rechtfertigung für diese Übersetzung als die, welche sich aus dem Tun selbst ergibt. Im Nachhinein könnte man dies »dialogisch« nennen, allerdings unter der Bedingung, dass diese Bezeichnung nicht eine Einordnung im Feld der Übersetzungstheorien andeutet. Die konkret erfahrene Einbettung in persönlichen, gewissermaßen spontanen Lebensvollzügen ist als Grund anzuführen, weswegen ich hier nicht den Umweg einer Aufarbeitung der reichlich vorhandenen theoretischen Literatur gegangen bin.

V

Ein Blick des Rezensenten auf die Neuübersetzung

Albert Raffelt

Eine Neuübersetzung von Maurice Blondels L'Action (1893)[1]

Maurice Blondels *L'Action* von 1893 ist immer noch eher ein »Geheimtipp« als ein zum selbstverständlichen philosophischen und theologischen Kanon in Deutschland gehörendes Buch. Dabei war sein Start in Deutschland erfolgversprechend. Die große Rezension von Adolf Lasson[2] aus dem Folgejahr konstatiert: »Wir haben es mit einer gründlichen, ernsten philosophischen Gedankenarbeit zu tun, mit einer oft bewunderungswürdigen Kunst der Analyse, die mehr dialektisch als psychologisch, mit echtem Tiefsinn den Kern der Sache trifft.« Und Lasson wusste korrekt auch einiges zum Hintergrund beizusteuern: »Die Form ist für einen deutschen Leser nicht unmittelbar anmutend, vielfach rhetorisch, wohl auch gekünstelt; man wird an St. Augustinus und St. Bernhard erinnert. Oft aber wirkt sie hinreißend, und die Worte dringen ebenso tief ein wie die Gedanken.« Dass die Arbeit Blondel eine Aufforderung zur Mitarbeit an den *Kant-Studien* einbrachte, gehört auch hierher, war aber in der damaligen Situation für einen so prononciert katholischen Philosophen problematisch, so dass sich Blondel zurückhielt. Es zeigt aber die damaligen positiven Rezeptionsmöglichkeiten in Deutschland auch außerhalb des katholischen Milieus.

---

1 Maurice Blondel: *L'Action – Die Tat (1893). Versuch einer Kritik des Lebens und einer Wissenschaft der Praxis*/aus dem Französischen übertragen von Anton van Hooff unter Mitarbeit von Ruth Beissel. Freiburg i. Br. – München: Alber, 2018. – Erstveröffentlichung dieses Aufsatzes in: *Theologie und Philosophie* 94 (2019), S. 403–410.

2 Jahresbericht über Erscheinungen der philosophischen Literatur in Frankreich aus den Jahren 1891–1893. In: *Zeitschrift für Philosophie und philosophische Kritik* 104 (1894), S. 242–244.

Die französische Situation war in dieser Hinsicht weniger günstig. Bekannt ist die frühe Rezension von Léon Brunschvicg (1893)[3], der dem Autor seitens der Verteidiger der Rechte der Vernunft eine höfliche, aber entschiedene Gegnerschaft versprach. Die spätere gegenseitige Hochschätzung und auch die Hilfe Blondels für den jüdischen Philosophen in der Kriegszeit stehen auf einem anderen Blatt. Damals jedenfalls war für Blondel die Situation im laizistischen Frankreich prekär und führte auch erst auf Umwegen zu einer universitären Laufbahn, wenn auch in der Provinz: in Aix-en-Provence. Die schwierige innerkirchliche Situation – Angriffe von neothomistischer bzw. neuscholastischer Seite, schließlich die Problematik der Modernismuszeit – taten ihr Übriges dazu, die Wirkung Blondels einzuschränken. Sie blieb freilich zumindest in der katholischen Theologie bedeutsam, vor allem durch den Kontakt zu den französischsprachigen Jesuiten. Pierre Rousselot, Auguste Valensin, Henri de Lubac,[4] durch diesen Hans Urs von Balthasar,[5] Joseph Maréchal – und durch diesen wiederum Karl Rahner[6] – sind von ihm in hohem Grade beeinflusst. Und so gibt es zweifellos eine große Tiefenwirkung Blondels in der Theologie.[7] Blondels Bedeutung für die französische Philosophie wäre ein eigenes Thema,[8] für die deutsche darf man

3 Erschienen in der *Revue de métaphysique et de morale* 1 (1893), Supplément, S. 1, jetzt in M. Blondel: *Œuvres complètes*. Bd. 2. Paris: PUF, 1997, S. 49.

4 Dazu umfassend Antonio Russo: *Henri de Lubac. Teologia e dogma nella storia. L'influsso di Blondel.* Roma: Studium, 1990 (La cultura. 40).

5 Wie intensiv auch hier der Einfluss Blondels anzusehen ist, zeigt Werner Löser: Paradox und Synthese – Wege des Denkens Hans Urs von Balthasars. In: ders.: *Geschenkte Wahrheit. Annäherungen an das Werk Hans Urs von Balthasars.* Würzburg: Echter, 2015, S. 193–216.

6 Dass es nicht nur diesen indirekten Einfluss auf Rahner gab, zeigen seine frühen Lektürelisten, die so grundlegende Texte Blondels wie *Le problème de la philosophie catholique* und den *Itinéraire philosophique* umfassen. Vgl. K. Rahner: *Sämtliche Werke.* Bd. 1. Freiburg i. Br.: Herder, 2014, S. 430, und A. Raffelt: Rahner und Blondel. In: Andreas R. Batlogg – Mariano Delgado – Roman A. Siebenrock (Hrsg.): *Was den Glauben in Bewegung bringt. Fundamentaltheologie in der Spur Jesu Christi.* Freiburg i. Br.: Herder, 2004, S. 17–33.

7 Vgl. dazu auch A. van Hooff im Nachwort S. 621–628.

8 Ein Kolloquium in Lyon hat sich dem gewidmet: Emmanuel Gabellieri – Pierre de Cointet (Hrsg.): *Maurice Blondel et la philosophie française.* Paris: Parole et silence, 2007.

sie nicht zu hoch einschätzen. Immerhin hat aber Martin Heidegger gesagt, er habe Blondels *L'Action* »en cachette, chez les Jésuites, au temps de sa jeunesse«[9] gelesen. Das ist verwunderlich, da in der kurzen Novizenzeit Heideggers solche Lektüre sicher nicht empfohlen wurde. Über die Nachwirkung bei Heidegger kann man andererseits wieder nur Vermutungen anstellen.[10]

Den Versuch, die grundlegenden Texte Blondels selbst in Deutschland heimisch zu machen, hat vor allem der langjährige theologische Cheflektor des Herder-Verlags Robert Scherer (1904–1997) durch seine Übersetzungen gemacht. Er hat das noch im Kontakt mit Blondel begonnen. Ein Briefwechsel zeugt davon. Das erste Großprojekt war das zweibändige Spätwerk *La pensée*[11]. Es zeigt den Denker Blondel von einer Seite, die letztendlich bis heute wenig rezipiert worden ist.

Ein Jahrzehnt später hat Scherer auch *L'Action* in Übersetzung vorgelegt.[12] Leider war die Übersetzung insgesamt kein Glücksfall. Sosehr einerseits das Engagement und die nebenberufliche Leistung Scherers anzuerkennen ist, so sehr sind die Unzulänglichkeiten dieser Arbeit deutlich, die wohl vor allem auf die mangelnde Durcharbeitung des Textes zurückzuführen sind. Vermutlich hat der »Zweisprachler« Scherer zu sehr auf seinen ersten Entwurf vertraut. So sind viele, auch leicht zu vermeidende Fehler stehengeblieben.

---

9 So nach Henri DUMÉRY: Blondel et la philosophie contemporaine. In: *Études blondeliennes* 2 (1952), S. 71–141.

10 Dies tut etwa Max MÜLLER: Zu Karl Rahners »Geist in Welt«. In: *Karl Rahner – Bilder eines Lebens*/Hrsg. von Paul IMHOF und Hubert BIALLOWONS. Zürich: Benziger – Freiburg i. Br.: Herder, 1985. S. 28–31, der S. 31 die Aufgabe stellt, zu »klären, was es bedeutet hat, daß in einer ziemlich genau parallelen Entwicklungsphase Heidegger auf Maurice Blondels ›Action‹, Rahner aber auf Joseph Maréchals ›Le point de départ de la métaphysique‹ (cahier V) gestoßen ist, und welche Folgen für beide sich daraus ergaben«. Der Aufsatz ist allerdings hinsichtlich der Frage nach dem »Scheitern« der Dissertation Rahners und dem mangelnden Einsatz Heideggers dabei historisch nicht korrekt.

11 M. BLONDEL: *Das Denken. 1. Die Genesis des Denkens und die Stufen seiner spontan aufsteigenden Bewegung.* Freiburg i. Br. – München: Alber, 1953; *Das Denken. 2. Die Verantwortung des Denkens und die Möglichkeit seiner Vollendung.* Ebd. 1956.

12 M. BLONDEL: *Die Aktion (1893). Versuch einer Kritik des Lebens und einer Wissenschaft der Praktik.* Freiburg i. Br. – München: Alber, 1965.

Die wissenschaftliche Beschäftigung mit Blondel in Deutschland bzw. in deutscher Sprache war trotzdem nicht unbedeutend. Wichtig waren hier einerseits die Arbeiten von Peter Henrici SJ, der in Rom mit seinen Studien im deutschen, französischen wie italienischen Sprachraum präsent war und ist. Durch den von ihm promovierten Karl – später Kardinal – Lehmann wurden weitere Studien angeregt. Auf philosophischer Seite kann man Max Müller nennen. Schließlich hat Hansjürgen Verweyen das Werk Blondels verarbeitet und für es in Übersetzungen geworben.

Eine intensivere Beschäftigung mit Blondel – und dabei eben vor allem auch mit seinem Hauptwerk *L'Action* von 1893 – bleibt trotzdem in der deutschen Philosophie (und inzwischen auch wieder in der Theologie) ein Desiderat.

Blondels Buch wirkt auf den ersten Blick wie reines »Selbstdenken«, literarisch wenig informiert. Es werden nur wenige Namen zitiert. Wenn man genauer hinschaut, fehlen einige der wichtigsten, die im Hintergrund stehen, z.B. Augustinus. Blondel selbst hat auf die Empfehlung des Bibliothekars der *École normale* Lucien Herr hingewiesen, der gesagt habe: »Mein kleiner Blondel, du solltest keine Eigennamen in dieser Dissertation aufführen, die in solch einer Weise ins Volle geht: Das ist etwas Neues!«[13] Natürlich ist dies bei allem Anspruch des Neuen (»Nichts anderes hatte ich vor«, ebd.) eine Verschleierung. Und das betrifft nicht nur die »großen« Anreger wie Augustinus, sondern auch die intensive Verarbeitung der zeitgenössischen Diskussionen etwa in den maßgeblichen Zeitschriften der *Revue philosophique de la France et de l'étranger*, der *Revue scientifique* usw., die zeigt, wie fundiert Blondels Ausführungen sind. Durch die Edition der *Notes philosophiques*[14] und die in Vorbereitung befindliche vollständige Edition der einschlägigen *Carnets intimes* durch Peter Henrici ist das deutlich nachvollziehbar.

13 M. Blondel: *Der philosophische Weg*. Freiburg i. Br. – München: Alber, 2010, S. 44.

14 Derzeit noch in einer nicht definitiven Fassung unter https://www.ub.uni-freiburg.de/fileadmin/ub/referate/02/blondel/blondel0.htm. – Einen anderen Hinweis bietet die Liste der von Blondel bei der Bibliothek der *École normale supérieure* ausgeliehenen Werke in Simone d'Agostino: *Dall'atto all'azione*. Roma: Ed. Pont. Univ. Gregoriana, 199 (Analecta Gregoriana. 279), S. 451–473.

Deutlich ist auch die Auseinandersetzung mit der zeitgenössischen, die öffentliche Meinung und das literarische Leben bestimmenden intellektuellen Elite Frankreichs. Hier hat Blondel selbst den Hinweis gegeben, dass er einiges aus zeitgenössischen Schriftstellern übernommen hat: »Ich habe es vorgezogen, sie nicht zu zitieren, um nicht den Eindruck zu erwecken, ich wollte ihnen indiskreterweise Absichten zuschreiben, die sie vielleicht nicht haben. Die Doktrin, die seelische Verfassungen und unbestimmte Tendenzen heimlich anregt, versuche ich hier freizulegen« (S. 47). Das Verfahren reizt natürlich zur Spurensuche, und sie ist auch nicht allzu schwierig. Die Zitate und Anspielungen auf Maurice Barrès, Joris-Karl Huysmans, Paul Bourget, Paul Verlaine, auf Ernest Renan und andere sind deutlich. Aus der damals »modischen« Philosophie kommen etwa Arthur Schopenhauer und Jean-Marie Guyau hinzu.

Auf diesem Hintergrund kann man vielleicht doch sagen, dass die Aktualität des Blondelschen Projekts in mancher Hinsicht eher wieder zugenommen hat. Denn der erste Teil mit seiner Zurückweisung des sog. »Dilettantismus«, eines rein ästhetischen Weltumgangs, wirkt wie eine Auseinandersetzung mit der sogenannten Postmoderne. Gerade dieser Diskussionsraum ist heute wieder virulent.[15] Die literarische Möblierung des späten 19. Jahrhunderts ist zwar in Deutschland nicht so bekannt – von Barrès, Bourget und Huysmans ist Letzterer höchstens durch M. Houellebecq indirekt wieder bekannter geworden –, aber Thematik und Lebensgefühl bieten doch manche Anknüpfungspunkte. Das gilt auch für das »Pessimismus«-Kapitel in einer Zeit, wo man in Deutschland fast 800 Seiten *Nichts* publizieren kann – sogar in durchgesehener Auflage.

Und schließlich war zu Zeiten der Heidegger-Nachfolge, der Hermeneutik etc. eine intensive Auseinandersetzung mit dem naturwissenschaftlichen Denken in der deutschen Philosophie nicht so weit verbreitet, so dass auch die in dem großen Wissenschaftskapitel der *Action* kulminierende intensive Beschäftigung Blondels mit den zeit-

15 Hansjürgen VERWEYEN: M. Blondels Kritik des »Dilettantismus« und das »postmoderne« Denken. In: Albert RAFFELT – Peter REIFENBERG – Gotthard FUCHS (Hrsg.): *Das Tun, der Glaube, die Vernunft.* Würzburg: Echter, 1995, S. 16–32.

genössischen Naturwissenschaften und vor allem der Wissenschaftstheorie nicht mehr recht gewürdigt wurde. Unter Stichwörtern wie »Neurowissenschaft(en)« und »Naturalismus« hat sich da manches geändert. Und z. B. Blondels Bemühungen um die Integration anthropologischer und psychologischer Forschungen in seinen philosophischen Diskurs wirken nicht mehr so abseitig, wie etwa im Gefolge Heideggerschen Denkens Bernhard Welte in seiner Rezension von *Das Denken* 1955 meinte.[16]

So bietet es sich an, den philosophischen Duktus der *Action* neu nachzuvollziehen. Das Werk ist ja nicht auf die Religionsphilosophie zu beschränken, wie es der Hauptstrang der theologischen Rezeption und das weitgehende Übergehen in der philosophischen nahelegen, auch wenn der damalige Skandal des Blondelschen Denkens – einer Rechtfertigung des religiösen Lebensvollzugs – für das laizistische Frankreich in der deutschen »Postmoderne« eher spürbarer ist als im damaligen zeitgenössischen deutschen Kontext.

Ein inhaltlicher Durchgang durch die *Action* kann hier nur sehr knapp vorgenommen werden. Es gibt dazu Lexikonartikel[17] oder – als historische Quelle – immer noch die ausführliche erste deutsche Rezeption und Rezension durch Adolf Lasson in der *Zeitschrift für Philosophie und philosophische Kritik*[18]. Zudem kann dies den Reichtum der Analysen nicht deutlich machen, die seine große Phänomenologie der Tat auch in den Einzelschritten außerordentlich anregend sein lassen.

---

16 Bernhard WELTE: Maurice Blondel. In: *Theologische Revue* 51 (1955), Sp. 5–12, hier S. 11: »Merkwürdig ist an Blondel, vor allem von den Gesichtspunkten des deutschen philosophischen Denkens her, daß das Weltbild der *Wissenschaft*, vor allem der Naturwissenschaft mit solcher Unbefangenheit zum Ausgangspunkt des Gedankens wird, und daß gelegentlich auch Begründungen für philosophische Gedanken gesucht werden, die einzelwissenschaftlicher, etwa psychologischer oder linguistischer Art sind.«

17 Vgl. etwa Anton van HOOFF: Blondel, Maurice. In: Markus VINZENT (Hrsg.): *Metzler Lexikon christlicher Denker*. Stuttgart: Metzler, 2000, S. 102–104; Johanes BUCEJ: Maurice Blondel. In: *Kindlers Neues Literaturlexikon*. Bd. 2. München; Kindler, 1989, S. 795–597.

18 Vgl. Anm. 2, Ausschnitt in der *Wikipedia*: https://de.wikipedia.org/wiki/Maurice_Blondel [Abruf 15.08.2018].

Dazu finden sich unten anhand der sprachlichen Gestalt dieser Übersetzung noch einige Hinweise.

In den beiden ersten Teilen der Schrift sucht Blondel einen unhintergehbaren Ausgangspunkt für das Weitere zu gewinnen. Gegen die Beliebigkeit des ästhetischen »dilettantisme« (Renan, Barrès u. a.), der bereits die bloße Frage nach der ethischen Bedeutung des Tuns bzw. nach einem Lebenssinn ablehnt (1. Teil), und gegen den (nach Schopenhauer skizzierten) Nihilismus (2. Teil) wird nachgewiesen, dass ihre Positionen gleichwohl von dem Bestrittenen leben: »Man kann sich nicht entziehen, zu sein und zu handeln, eben weil man dies nicht will« (S. 68). So kann Blondel im 3. Teil von dem Minimalpunkt des »Es gibt etwas« (S. 95) aus eine Phänomenologie des menschlichen Tuns entwickeln: »Vom ersten Erwachen des Sinnenlebens an bis zu den höchsten Formen des sozialen Handelns entfaltet sich eine kontinuierliche Bewegung in uns, deren strenge Verkettung zusammen mit dem vom Willen bestimmten Charakter aufgezeigt werden kann. Auf dem Weg der langen Untersuchung, die wir durchzuführen haben, wird man so feststellen, dass sich die zutage tretende Notwendigkeit jeden einzelnen Abschnitts aus einem impliziten Wollen ergibt« (S. 92). Der lange Weg von der Sinnesempfindung, den Bewältigungsversuchen ihrer Inkonsistenz, der wissenschaftlichen Objektivierung, deren Inkohärenz und ihrer subjetiven Voraussetzung, der Analyse des Bewusstseins usw. bis zur Phänomenologie der Leiblichkeit – ein vor und nach Blondel gegenüber der deutschen Philosophie typisch französisches Thema –, schließlich über weite Wege die Diskussion der Freiheit, der sozialen Gebilde usw. könnte nur in einer umfänglichen Darlegung verdeutlicht werden. Die weitgespannten Analysen gewinnen ihre Eindrücklichkeit insbesondere durch die von Blondel entwickelte Dialektik der »zwei Willen«, d. h. der vergeblichen Versuche, ein Gleichgewicht zwischen den konkreten Selbst- und Weltgestaltungen und dem grundlegenden Dynamismus der menschlichen Existenz zu finden. Diese Spannung lässt sich nach Blondel auch in den höchsten Formen des menschlichen Geistes, in der Metaphysik und in seinen religiösen Projektionen – auch sie sind »Superstition« –, nicht aufheben. Das absolut Unmögliche und absolut Notwendige für den Menschen ist Blondel zufolge zugleich das »Übernatürliche« (S. 498). So führt die Phänomenologie des Tuns schließlich zu einer paradoxen Anthropologie.

Der 4. und 5. Teil nehmen von einer höheren Warte aus die Bestreitungen der ersten beiden Teile wieder auf. »Das notwendige Sein der Tat« (4. Teil) wird dabei aus der Alternative einer Selbstabschließung des Wollens (»Gott sein ohne Gott«) oder aber dem freien Sichüberlassen (»Gott sein durch Gott und mit Gott«, vgl. S. 462) entwickelt. Es geht Blondel dabei nicht um ein bloßes Moralisieren, sondern um eine erstphilosophische Fundierung, die den Sinn des gesamten Erkenntnisprozesses bestimmt. »Die Vollendung der Tat« (5. Teil) reflektiert die Frage nach Autorität und Glaubwürdigkeitsbedingungen von »Offenbarung« und der Kriteriologie konkreter religiöser Handlungsformen. Die schwierige Frage nach dem wahren Sein der Phänomene wird im Schlusskapitel in einer »Metaphysik in der zweiten Potenz« (S. 586) erörtert. Sie kommt nach Blondel erst in der Erkenntnis des Schöpfungsmittlers zur Ruhe (Panchristismus). Der Hintergrund des Blondelschen Denkens scheint hier durch. Die Philosophie selbst setzt jedoch den Überschritt zur Offenbarung nicht, sie führt aber bis vor die Entscheidung für das »Es ist« (S. 617).

Für eine Neugewichtung dieses philosophischen Meisterwerks war aber eine angemessene deutsche Übersetzung bislang ein Desiderat. Was bietet nun die neue Ausgabe?

Die Grundschwierigkeit hat – auch wohl zur Entlastung Robert Scherers – Bernhard Welte 1958 so beschrieben: »Die eigentliche Schwierigkeit, welche sich der Lektüre des Blondelschen Textes entgegenstellt, kann von keiner Übersetzung voll behoben werden, nämlich der eigentümlich pleonastische, immer wieder nach anderen Seiten überquellende Denkstil des großen Franzosen.«[19] Nun ist das vom erblindeten Philosophen diktierte und nicht konsequent durchredigierte Spätwerk, um das es Welte hier geht, eine eigene Sache. Auch die Sprache der *Action* von 1893 ist keine leichte Aufgabe für den Übersetzer. Aber sie ist bei allem Pathos, allen ausholenden Formulierungen und komplizierten Sätzen doch wesentlich präziser als die Sprache des Spätwerks.

19 Rezension von *Das Denken*. Bd. 2. In: *Theologische Revue* 54, Sp. 159–161, hier 160.

Und daher war es in dieser Übersetzung wirklich möglich, dem Vorbehalt Weltes zu entgehen. Dazu einige Beobachtungen und Beispiele.

Gegenüber der früheren Übersetzung ist zum einen die philosophische Qualität zu nennen. Scherer hatte – im Gefolge der vorhin skizzierten deutschen Situation in der Mitte des letzten Jahrhunderts – bestimmte Denkfiguren Blondels eher reduktiv zu übersetzen versucht. Ein Beispiel ist für mich die Übersetzung von *déterminisme* mit Wendungen wie »der bestimmende Zug«. Wenn man die Bedeutung von *déterminisme* in der damals zeitgenössischen wissenschaftstheoretischen Diskussion kennt (etwa bei Claude Bernard, Jules Lachelier, Alfred Fouillée), sieht man, dass Blondel hier sozusagen den Stier bei den Hörnern gepackt und seinen Versuch im zentralen Diskussionsfeld angesiedelt hat. Da ist nichts abzuschwächen. Entsprechend übersetzt A. v. Hooff korrekt und schlicht mit *Determinismus.*[20]

Über die sinnentstellenden Flüchtigkeitsfehler der alten Übersetzung braucht hier nicht im Einzelnen gerechtet zu werden. Nur ein Beispiel: Nachdem die Negierung des Lebensproblems (»dilettantisme«) und die Lösung des Nichts (»pessimisme«) weggeräumt wurden, wird – wie schon gezeigt – als von dem kleinsten anzunehmenden »es gibt etwas«, nämlich der Sinneswahrnehmung ausgegangen. 1965 las man: »Ich folge dem, was ich empfinde, und in eben dem Augenblick, da ich es empfinde«; jetzt: »Ich bin, was ich empfinde, im Augenblick, in dem ich es empfinde.« Der Abschnitt über die sinnliche Gewissheit in Hegels *Phänomenologie des Geistes* stand für Blondel sicher im Hintergrund.[21] Andere, den Sinnzusammenhang nicht mehr erkennen lassende Flüchtigkeitsfehler (die Übersetzung des »ne … pas« durch eine doppelte Verneinung etwa) und unkorrigierte Stellen finden sich bei Scherer ebenfalls.

---

20 Vgl. zur französischen Diskussion z. B. zusammenfassend den entsprechenden Artikel in André Lalande (Hrsg.): *Vocabulaire technique et critique de la philosophie.* Paris: P. U.F., [10]1968, S. 221–224.

21 Vgl. zur Parallelität Peter Henrici: *Hegel und Blondel. Eine Untersuchung über Form und Sinn der Dialektik in der »Phänomenologie des Geistes« und der ersten »Action«.* Pullach: Berchmanskolleg, 1958 (Pullacher philosophische Forschungen. 3), S. 33–35.

Die sprachliche Problematik für einen Nicht-Muttersprachler hat der Niederländer Anton van Hooff in der Mainzer Akademietagung anlässlich der Neuübersetzung eindringlich dargestellt.[22] Aus paralleler Erfahrung in unserer gemeinsamen Studienzeit habe ich seine stupende Kenntnis des französischen Originals kennengelernt. Die Übersetzung bedeutet nun eine Transposition aus dieser Vertrautheit in die neue sprachliche Form.

Sie ist mit äußerster Disziplin und Benutzung sprachlicher Hilfsmittel ausgeführt worden, die ein in beiden Sprachen sich quasi muttersprachlich bewegender Übersetzer wie Robert Scherer sicher für unnötig hielt. Dadurch ist eine sprachliche Prägnanz erreicht, die außergewöhnlich ist. Dass ein intensives Lektorat durch die als Mitarbeiterin auf dem Titelblatt genannte Ruth Beissel zu diesem Ergebnis nötig war, hat der Übersetzer dankbar anerkannt.[23]

Das diffizile Verhältnis zweier Sprachen lässt natürlich immer wieder die Diskussion zu, ob wirklich der angemessenste Ausdruck gewählt worden ist. In seinem Vorwort hat Kardinal Lehmann schon auf die Schwierigkeit der Übersetzung von *action* verwiesen (S. 13). Im vorliegenden Fall wurde dafür die »Tat« gewählt. »Aktion« bei Scherer war sicher nicht glücklich und erinnerte an Franz Pemferts *Die Aktion* zwischen linkem Kampfblatt und Expressionismus. Andere Wendungen – das »Tun« etwa – wären denkbar gewesen. Aber jede Wahl hat ihre Vor- und Nachteile. Der Autor hält seine Entscheidung für treffender, da es nicht um eine Reflexion auf allgemeines Agieren, sondern auf die jeweils konkrete Tat gehe.

Gestutzt habe ich bei der »Superstition«, zu dem der *Duden* »veraltet« schreibt. Aber – dass hier das gängige »Aberglaube« vermieden wurde, scheint mir doch eine gute Überlegung für den Sachverhalt, der ja nicht dem im *Handwörterbuch des deutschen Aberglaubens* Notierten entspricht, sondern bei Blondel selbst sublimste Formen der Metaphysik umfassen kann. Es geht im Sinne der Dynamik seiner Argumenta-

22 »Die Tat«. L'Action und die Phänomenologie. Internationales Forschungskolloquium im Erbacher Hof, Mainz, 23./24.02.2018.

23 Vgl. im Nachwort S. 629.

tion um das, was »übrigbleibt« (*Aliquid superest*, S. 404), eher um eine Vergötzung als um Aberglaube im geläufigen Sinne. Mit der gängigen Wörterbuch-Übersetzung – wie sie Scherer gewählt hat – wäre die Sinnspitze vielleicht doch verloren gegangen. So ist auch dies ein Beispiel für das subtile Bemühen um den rechten Wortgebrauch in dieser Übersetzung.

Der Übersetzer hat mitgeteilt, dass er sich das ganze Werk von Ruth Beissel hat vorlesen lassen. Bei 600 Seiten ein vielwöchiges Unternehmen! Es ist aber dem Sprachfluss (Hörfluss kann man nicht gut sagen) sehr zugute gekommen. Zwar bleibt Blondels Sprache nicht einfach. Aber im Rahmen des Möglichen ist hier ein flüssiger Text entstanden.

Die Charakterisierung der Sprache Blondels als »nicht einfach« soll aber nicht übersehen lassen, dass diese durchaus ihre eigenen Qualitäten hat. *L'Action* ist so auch ein literarisches Werk. Es verarbeitet nicht nur auf originelle Weise ein großes Erbe der Tradition und setzt sich andererseits intensiv mit den geistigen Strömungen seiner Zeit auseinander, sondern es lebt auch aus einem Erfahrungsfundus, der hier eine reflektierte Form gefunden hat.[24]

Der Beginn des Werks ist wie ein Paukenschlag: »Ja oder nein: Hat das menschliche Leben einen Sinn? Hat der Mensch eine Bestimmung?« (S. 27). Die Einleitung ist überhaupt sprachlich prägnant, zielführend und eindrücklich: »Wird mir die Hoffnung bleiben, mich selbst, so ich dies will, bei völliger Klarheit zu lenken und mich selbst einzig nach meinen eigenen Vorstellungen zu steuern? Nein. Die Praxis, die keinen Verzug duldet, hält nie eine völlige Klarheit bereit; deren vollständige Analyse ist mit einem endlichen Denken nicht möglich. Jede Lebensregel, die sich einzig auf eine philosophische Theorie und auf abstrakte Grundsätze stützen würde, wäre vermessen. Ich kann das Handeln nicht aufschieben, bis Evidenz sich einstellt, und jede Evidenz, die vor dem Geiste aufleuchtet, ist Stückwerk. Eine reine Erkenntnis genügt nie, um

24 Der heutige Leser kann einen etwas indiskreten Einblick in diesen Hintergrund gewinnen, wenn er die *Carnets intimes* Blondels liest, besonders den von Hans Urs von Balthasar übersetzten ersten Band: M. Blondel: *Tagebuch vor Gott. 1883–1894.* Einsiedeln: Johannes-Verlag, 1964.

uns zu motivieren, denn sie erfasst uns nicht ganz: In jeder Handlung steckt ein Glaubensakt« (S. 29).

Die Sprache Blondels hat ihr eigenes Pathos und ist nie akademisch, auch wenn sie »akademische Probleme« formuliert wie beim Versuch einer naturalistischen Lösung des Lebensproblems: »Wenn der Mensch ganz und gar aus der Natur hervorgeht, wenn seine Handlungen bloß Systeme von Fakten sind wie die anderen, wenn die Bewegung seines Willens beschränkt bleibt auf die Grenzen der positiven Wissenschaften, wird man dann nicht das Recht haben, das Gespenst des verborgenen Seins für immer auszutreiben?« (S. 96).

Technisch in einem engeren Sinne ist das schon erwähnte große Wissenschaftskapitel. Der Autor bietet deshalb eine thesenartige Zusammenfassung an (S. 107f.). Es wäre trotzdem schade, es zu überschlagen, da »Die Vermittlung der Tat« ein zentrales Gelenkstück der Argumentation auch hier ist: »Einerseits holt die mathematische Analyse am Ende ihrer Abstraktion die Sinneswirklichkeit niemals ein. Andererseits mag die unmittelbare Beobachtung sich noch so anzustrengen, um aus dem Konkreten, dem Einzelnen, aus der Qualität etwas Wissenschaftliches zu machen, indem sie unter die Sinneswahrnehmung eine Welt von quantitativen Determinierungen schiebt; statt das qualitative Phänomen innerhalb einer abstrakten Formel verschwinden zu lassen, lässt sie dessen nicht reduzierbare Ursprünglichkeit hervortreten. Weder vermag die Erfahrung das rein Abstrakte zu erbringen, noch das Kalkül das wahrhaft Konkrete« (S. 139). Blondels Lehrer Émile Boutroux oder sein Freund Pierre Duhem waren die Garanten dafür, dass Blondel auch in wissenschaftstheoretischen Fragen auf der Höhe der Zeit war. Seine Leistung war, dies eigenständig in seine Konzeption der *action* einzubauen.[25]

Die wissenschaftstheoretischen Ausführungen Blondels haben wir hier eher der sprachlichen Seite wegen angeführt. Das Kapitel zeigt auch, welche Breite an dargestellten Phänomenen der Übersetzer »umzuset-

25 Ausführlich zum wissenschaftstheoretischen Konzept Michael A. Conway: *The science of life. Maurice Blondel's philosophy of action and the scientific method.* Frankfurt u. a.: Lang, 2000 (European University Studies. XX; 616).

zen« hatte, hier wesentlich auch zeitgenössische Fachterminologie (traducere – A. v. Hooff selbst machte auf das adäquatere, nicht so statische niederländische »vertalen« und »verwoorden« aufmerksam).

Eine andere Seite sind Sprachbilder, Beispiele, Metaphern, die Blondel gerne verwendet. »Die Intention wirft sich blindlings in die Bewegung, von der sie vollbracht wird, als ob wir in dem Augenblick, da wir anfangen, sie durchzuführen, in die Nacht eines hypnotischen Schlafes hineingehen. Staunt man nicht, wie die Heuschrecke mit aller Kraft ungestüm wegspringt? Wenn man sich der Tat hingibt, weiß man dann jemals klar, wo man ankommen wird? Und wüsste man dies klar, würde man dann noch handeln? Wenigstens sieht man schon klar, dass und warum man handeln will. Man sieht sogar, dass, indem man handelt, man das Licht in die Dunkelheit hineinträgt, in der man vorwärtsgeht, und verbunden mit jedem Schritt, den man tut, ein Lichtschein einhergeht, *lucerna pedibus et lex lux*« (S. 213f.) – wobei die biblische Zitatenkombination aus Ps 118,105 Vulg.: *lucerna pedibus* meis verbum tuum ..., und Prov 6,23 quia mandatum lucerna est et *lex lux* ... typisch für Blondels meditativen Umgang mit der Schrift ist.

Für Blondelsches Pathos – und seine spirituelle Verankerung – noch ein Beispiel: »Deshalb raten uns die Meister des inneren Lebens, die Leidenschaften, die man kennen und austreiben lernen soll, wie in einem besonderen Kampf herauszufordern. So eröffnet die Tat wie ein schneidendes Schwert dem Blick eine Schneise bis in die dunklen Tiefen, in denen sich die großen Strömungen des inneren Lebens anbahnen. Durch die schmale Öffnung im Bewusstsein enthüllt die Tat uns auf dem Hintergrund dieser komplizierten Welt, die wir sind, unendliche Perspektiven. Ständig erneuert sie, zusammen mit den Kontrasten und den inneren Kämpfen, die Quelle des Denkens und der Freiheit« (S. 243). Das dahinterstehende (ignatianische) Prinzip des *agere contra* kommt auch andernorts bei Blondel vor (hier z. B. S. 272). Man könnte hier noch anhängen: »Je mehr Energie man verströmt, desto mehr besitzt man davon. *Caro operando deficit; spiritus operando proficit*« (S. 264) – wobei hier wieder jesuitische Spiritualität im Hintergrund steht, diesmal die *Pratique de la perfection chrétienne et religieuse* I,12 von Alonso Rodríguez.

So ließen sich viele Beispiele aneinanderreihen, die einerseits die Blondelsche Sprachgestalt, andererseits die Einfühlsamkeit und die sachliche Qualität der Übersetzung demonstrieren.

Wir haben oben dafür plädiert, die *Action* als philosophischen – nicht nur religionsphilosophischen – Entwurf zu würdigen. Das wiederum darf nicht verdrängen, dass es eben auch ein Lebensbuch ist, gespickt mit Erfahrungen, nicht nur mit Lesefrüchten, auch wenn solche Blondel immer wieder leicht zur Verfügung stehen – und meist verdeckt werden. Dazu ein letztes Beispiel: »Die Spekulation muss die Gefahren der Spekulation beheben, indem sie aufweist, dass sie dem Bewusstsein eine Klarheit gibt, die nicht bloß zum Leuchten da ist, sondern um darin vorwärtszugehen. Erkennen stellt nicht frei vom Tun; Tun kann vom Erkennen freistellen. Wenn das Leben selbst für gescheite Leute ein Rätsel ist, so genügt ein voller guter Wille, damit selbst die einfachen Leute es fließend lesen. Es spielt schließlich keine große Rolle, ob sie wissen, was sie tun, insofern sie tun, was sie wissen. Die Lauterkeit des Gewissens und die Gewahrwerdung der lebendigen Wahrheiten hängen mehr von den Handlungen ab als von den Gedanken. Denn niemals genügt es ganz, das zu tun, was man für gut erachtet; es muss auch gut sein, zu erachten, dass man es tun muss. Die Logik der Tat sucht einzig eine Wegstrecke zu entdecken, die es dem Verstand der Klugen erlaubt, langsam und sicher die Gipfel der einfachen und kleinen Leute zu erreichen; sie führt sie zu einem Ausgangspunkt. Aber das Licht, mit dem die Logik der Tat den Weg ausleuchtet, befreit niemanden von der Anstrengung, die notwendig bleibt, um dorthin aufzusteigen« (S. 595f.).

Angesichts der Qualitäten dieser neuen Übertragung der *Action* ins Deutsche möchte man wünschen, dass das Buch endlich die Würdigung in größerer Breite erfährt, die es verdient. Das Motto kann nur sein: *Tolle lege.*

Maurice Blondels *L'Action* von 1893 ist eines der Schlüsselwerke im Hintergrund der katholischen Theologie des 20. Jahrhunderts. Im laizistischen Frankreich war die Wirkung des breit angelegten, aber in einer positiven Würdigung des religiösen Lebensvollzugs gipfelnden Werkes in der Philosophie problematischer, was sich trotz früher positiver Wahrnehmung auch in der deutschen Philosophie auswirkte. Erst 1965 erschien eine deutsche Übersetzung, die aber wegen sprachlicher Mängel die Rezeption eher beeinträchtigte. Die Neuübersetzung durch Anton van Hooff zeichnet sich durch große sprachliche Sorgfalt, konsequente Terminologie und flüssigen Duktus aus. Sie lässt eine neue Würdigung des Werkes im deutschen Sprachraum erhoffen – in der Philosophie wie auch der gegenwärtigen Theologie.

Autorenverzeichnis

Marie-Jeanne **Coutagne,** geb. 1950, Dr. phil., Prof. em. für Philosophie an der Katholischen Universität Lyon, Präsidentin der »Association des Amis de Maurice Blondel« und Verantwortliche des »Centre Maurice Blondel«, Aix-en-Provence.

Simone **D'Agostino,** geb. 1968, Dr. phil., Prof. für Philosophie an der Gregoriana, Rom.

Jean **Greisch,** geb. 1942, Dr. phil., Prof. em. für Philosophie am Institut Catholique de Paris. 2009–2012 Inhaber der Guardini-Professur für Religionsphilosophie und Katholische Weltanschauung an der Humboldt-Universität zu Berlin.

Peter **Henrici SJ,** geb. 1928, Weihbischof em. im Bistum Chur, Dr. phil., Prof. em. für Philosophie an der Päpstlichen Gregoriana, Rom, heute Brig (CH).

Anton **van Hooff,** geb. 1944, Dr. theol., Ordinariatsrat i.R., Mainz/Aachen.

Klaus **Kienzler,** geb. 1944, Dr. theol., Prof. em. für Fundamentaltheologie an der Universität Augsburg.

Jean **Leclerc,** geb. 1966, Dr. phil., Prof. für Philosophie an der Universität Louvain-la-Neuve. Direktor des Blondel-Archivs.

Albert **Raffelt,** geb. 1944, Dr. theol., Honorarprofessor für Dogmatik und ehemals stellvertretender Direktor der Universitätsbibliothek Freiburg im Breisgau.

Peter **Reifenberg,** geb. 1956, Dr. theol., Prof. für Moraltheologie an der Universität Freiburg. Direktor des Erbacher Hofs, Mainz.

Juan Carlos **Scannone SJ,** geb. 1931, gest. 2019, Dr. phil., Prof. em. an der Philosophischen Fakultät in San Miguel, Argentinien.

Christoph **Theobald SJ,** geb. 1946, Dr. theol., Dr. h.c., Prof. em. für Fundamentaltheologie und Dogmatik am Centre Sèvres, Paris.

Der Umwelt zuliebe verzichten wir bei unseren Büchern
auf Folienverpackung.

Bibliografische Information der Deutschen Nationalbibliothek

Die Deutsche Nationalbibliothek verzeichnet diese Publikation
in der Deutschen Nationalbibliografie; detaillierte bibliografische Daten
sind im Internet über ›http://dnb.d-nb.de‹ abrufbar.

1. Auflage 2020

www.echter.de

Gestaltung: Crossmediabureau
Druckerei: CPIbooks, Clausen & Bosse, Leck

ISBN 978-3-429-05500-4

PETER REIFENBERG (HG.)

Maurice Blondel: L'Action (1893) – Die Tat

Eine Phänomenologie der Liebe